U0113694

本书获碧泉书院·哲学与历史文化学院优秀著作出版资助

碧泉文库
哲学与文化系列

明代心学本体论

周丰堇 著

The Ontology of Mind
in Ming Dynasty

中国社会科学出版社

图书在版编目（CIP）数据

明代心学本体论／周丰堇著 . —北京：中国社会科学出版社，2023. 12
（碧泉文库）
ISBN 978-7-5227-2884-1

Ⅰ. ①明…　Ⅱ. ①周…　Ⅲ. ①心学—本体论—研究—中国—明代
Ⅳ. ①B248

中国国家版本馆 CIP 数据核字（2023）第 241207 号

出 版 人	赵剑英
责任编辑	宋燕鹏
责任校对	李　硕
责任印制	李寡寡

出　　版	中国社会科学出版社
社　　址	北京鼓楼西大街甲 158 号
邮　　编	100720
网　　址	http://www.csspw.cn
发 行 部	010-84083685
门 市 部	010-84029450
经　　销	新华书店及其他书店

印　　刷	北京明恒达印务有限公司
装　　订	廊坊市广阳区广增装订厂
版　　次	2023 年 12 月第 1 版
印　　次	2023 年 12 月第 1 次印刷

开　　本	710×1000　1/16
印　　张	23
字　　数	321 千字
定　　价	128.00 元

碧泉文库

总主编：张今杰

编　委：陈代湘　　陈　明　　陈晓华　　方红姣
　　　　蒋　波　　黄海林　　刘啸虎　　林明华
　　　　罗伯中　　陆自荣　　毛小平　　宋　翔
　　　　周　骅　　邬欣言　　郑　鹏　　张今杰

哲学与文化系列

总主编：陈代湘

编　委：陈代湘　　陈　明　　陈晓华　　方红姣
　　　　罗伯中　　李锋锋　　王丽梅　　张晚林
　　　　周　骅　　周丰堇　　邹崇礼　　张今杰

《明代心学本体论》序

　　古希腊哲学最早出现的宇宙论，追问宇宙最原始的开端，宇宙开端又称为本原，故这种宇宙论即本原论。巴门尼德以存在为对象，后来便把关于存在（古希腊文 on）的理论称为本体论。所以，大体言之，宇宙论追问的是本原，本体论追问的是本质。参考西方哲学史的这种分别，二十世纪中国哲学史的研究也应用了这种类型分析。张岱年先生曾发表过关于中国哲学本体论的论文，他指出，关于宇宙哲学，近代西方分为本体论和宇宙论两个部分。本体论（ontology）也有人译为存在论，讲万物的根据。宇宙论（cosmology）也有人译为生成论，讲天地的起源、宇宙变化的过程。张先生指出，在中国哲学中，在许多哲学家的思想中，宇宙论和本体论两方面是结合的，这与西方不同。

　　学者早就指出，中国哲学自己的本体论不同于西方哲学的存在论，中国哲学所说的"本体"亦不同于西方哲学所说的 ontology 里面的 onto。现代中国的哲学语汇中，"本体论"是 ontology 的译名，而在古代中国，"体"和"本体"都是固有的哲学概念，而且体与用还构成一对重要的哲学范畴。先秦时代如荀子讲的体主要是形体，汉魏以后，体的观念主要有两层，即形质和原理。"本体"一词始于汉代，本体的哲学意义是本来而恒常者。如宋代张载提出太虚为气之本体，指气的本然状况。宋代程朱理学讲性之本体，此本体也是本然状况和内容之义。故张岱年先生认为，宋代理学所谓本体，一是本然，二是无形，本体是本然无形而永恒存在。他还认为王阳明讲心之本体，此本体也是本然状况。因此他特别强调，在宋明理学中"本体"一词并非指宇宙之最究竟者。但很明显，宋明理学中，理、气、心都在不同的哲学家思想中被当做宇宙之最究竟者。

张先生所讲的，是中国哲学史上本体论说的一般特点，而且张先生较少关注宋明理学中心学的本体观念。因此，中国哲学的本体论之研究，还有很大的空间。本书继承了张先生对中国古代本体观念的基本认识，并对中国哲学的本体论作了进一步的研究，主要集中于明代心学中心本体的特征、内涵，对此作了深入阐释和分析。

本书的立意不是以西方哲学的本体论为标准来检视中国哲学，而是对中国哲学自身对本体概念的使用所形成的本体论说展开分析和思考，以明代心学有关本体的思想和论述为主要内容。本书认为，中国古代哲学有关本体的理论主要有三种，一是以气为本体，如张载讲"太虚无形，气之本体"，以太虚为气的本然状态。二是以理为本体，如朱子讲"天道者，天理自然之本体"。三是以心为本体，以作为经验来源的纯粹经验为本体，以阳明学为代表。本书关注在于探索中国哲学自身的"本体"概念和中国哲学自身的本体论，而其具体研究以明代阳明学为对象，尤注重探讨心本体的呈现方式，及心本体呈现所带来的体用关系等。在这些方面，有力地推动了中国哲学本体论的研究。

本体问题的研究既重要又复杂。本书研究深入，分析缜密，富有创造性，达到了较高的学术水平，颇具学术价值。本书的研究是中国哲学研究的一个重要成果，亦显示出作者具有较强的理论思维能力，值得予以表彰。由于本书书稿是以作者博士论文的前半部分为基础，而我曾对其博士论文负指导责任，所以作者请序于我。听闻此书将获中国社会科学出版社出版，对此我是很感欣慰的，特将本书的立意及特点简述如上，以向读者积极推荐，亦向作者表示衷心的祝贺。

陈　来

2023 年 2 月 9 日于清华学堂

目　　录

引　言 ……………………………………………………………（ 1 ）

第一章　**本体诸义** …………………………………………………（ 6 ）

　　一　本体无体而有体 …………………………………………（ 6 ）

　　二　易学的方体、常体和道体 ………………………………（ 15 ）

　　三　朱子的形体、载体、道体和全体 ………………………（ 26 ）

　　四　心学的"本体即全体大用" ……………………………（ 42 ）

　　五　心学的虚体、实体与有无之体 …………………………（ 50 ）

　　六　总论体之诸义 ……………………………………………（ 82 ）

第二章　**"本体无体，以用为体"的存在论和实体观** …………（ 88 ）

　　一　三种界定 …………………………………………………（ 89 ）

　　二　阳明学的"心无体，以用为体" ………………………（ 93 ）

　　三　心有定体和心无定体 ……………………………………（122）

　　四　本体无体，以众体为体 …………………………………（141）

　　五　王时槐的极端无实体论和"以贯为体" ………………（153）

　　六　"本体无体，以用为体"的功夫论、价值观和世界
　　　　观的意义 …………………………………………………（162）

第三章　**即体即用和不离不混的体用观** …………………………（165）

　　一　即体即用的表现 …………………………………………（167）

　　二　王时槐"不离不混"的体用观 …………………………（183）

第四章　生几论 ……………………………………………（191）

一　易学中动之微的事几 ……………………………………（193）

二　周敦颐和朱子的"诚神之几"和"善恶之几" ……（195）

三　明代"几"的思想异见 …………………………………（198）

四　对"念动之几"和"善恶之几"的批评 ……………（201）

五　阳明学的"体用之几" …………………………………（204）

六　几的样态 …………………………………………………（216）

七　从"有无之间"的几到"不分有无"的独 …………（219）

第五章　独体论 ……………………………………………（226）

一　朱子的人心隐微与道心惟微之独 ……………………（226）

二　王阳明的良知即独知：心体之统觉 …………………（231）

三　阳明后学的独知异见 …………………………………（237）

四　王时槐的独几和独体 …………………………………（244）

五　晚明心学家的独体论 …………………………………（255）

第六章　本体宇宙论 ………………………………………（259）

一　中国哲学语境中的窍 …………………………………（261）

二　气之灵窍与气化宇宙论 ………………………………（266）

三　理之灵窍与理性宇宙论 ………………………………（276）

四　心之发窍与心性宇宙论 ………………………………（284）

五　发窍的本体宇宙论特征 ………………………………（290）

六　为哲学留下地盘的心性宇宙论 ………………………（297）

第七章　生生本体论与心性现象学 ………………………（300）

一　纯粹经验与心性现象学 ………………………………（302）

二　两种世界观 ……………………………………………（308）

三　生生与理气 ……………………………………………（312）

四　生生与活动 ……………………………………………（331）

参考文献 ……………………………………………………（351）

后　记 ………………………………………………………（360）

引　言

　　本书以明代心学，尤其是阳明学者群体为主要对象，通过对比中国哲学中易学、理学和心学关于本体的思想，在语义分析的基础之上研究宋明哲学家的心性思想，阐发心学本体论的多重维度：本体内涵、存在论、实体观、体用论、生几论、独体论、本体宇宙论和心性现象学，来探索汉语言自身的本体概念和本体思想，展示中国哲学内在理路中的本体论和形上学，揭示其不同于或相近于西方哲学本体及本体论的特征。本书的写作可以概括为：一个主题，两种方法，三个层面，七个主体。

　　一个主题，即明代心学的本体论。本体在中文语境中有两个维度，一是形而下的本体，指具体事物存在的本然状态或能产生作用和现象的实体；二是形而上的本体，指本然世界、终极存在或能发出大用流行的实体，即所谓本原或本根。所有形式的哲学都或明确或隐晦地展示出探索本原的特点，无论是自然哲学寻求世界从何而来的起点、世界由何构成的基质，还是亚里士多德寻求"存在之为存在"的第一因或第一原则，也无论是经院哲学对最高实体的追求，还是笛卡尔以来的近现代哲学探索知识的确定起点或第一原则，他们都是在追求《形而上学》所谓的本原：开端、原则、原因、基础。这种本原的内涵也适用于中文语境中的形而上本体。在中文语境中，本体论并不是如 ontology 那样研究实体存在的种类范畴，而是更接近于以第一原则或终极实在为关怀对象的本原论。冯友兰认为，研究存在之本体及真实之要素者，此是所谓本体论。所谓存在之本体，指西方哲学所谓存在之依据、物自身，中国哲学所谓存在的所以然之理，佛教哲学所谓实相或真相，这就是所谓的本质论；所谓真实之要素，指万物存在之真实基础，即西方哲学所谓本原、基质、质料等，中国哲学所谓气、精气、元气等，这就是所谓的本原论。按照冯友兰的说法，中国哲学的本体论兼有本质论和本原论两种内涵，本体与本质或本原并不是不同层面的范畴，而是具有一致性，作为存在的本原也能成为存在的本体，反之亦然。基于此种一致性，中国哲学语境中的本体论和本原论、本根论、宇宙论也不是对立或不同的理论系统。

中国哲学发展到近代，对于宇宙万物存在之本体及真实之要素，大约有三种观点。一是以作为载体或构成基础的气为本体，张载《正蒙·太和》更以"无形之太虚"为气之本体（本然状态）。二是以所以然之理和所当然之则为本体，如朱熹《论语集注·公冶长》认为："性者人所受之天理，天道者天理自然之本体，其实一理也。"① 这是说天性是人之本体，天理是性之本体，天道又是天理之本体，皆是一个本体的不同层面意义。至于汤用彤《魏晋玄学论稿》所谓的"王氏（王弼）所谓本体，盖为至健之秩序"②，其实只是说出了本体的规律秩序意义，而没有道出本体是万物存在之所以然依据的意义。三是以形成经验之基础、为经验之来源的纯粹经验为本体，这就是心学中的心本体（精神本体）。

心本体大致有以下特征。首先，心本体不是理气之外的本体，而是既有心知体验的特色，又能涵摄气本体和理本体的本体；心本体以气之精爽的活动为存在形式，以理的内涵为存在内容，以道德体验为存在特征，可以展开为气、理、知这三种维度。其次，心本体是恒动恒静的本体，既是"万古如一、万物一体"的恒常存在，又总处在

---

① 朱熹《四书章句集注》，中华书局 1983 年版，第 79 页。
② 汤用彤：《魏晋玄学论稿》，上海古籍出版社 2001 年版，第 84 页。

动态的生成变化中，且以发用活动为存在之样态；心本体对于人们来说，是动而未尝动，静而未尝静的。再者，心本体是虚而实的本体，易学所谓"方体"是经验的实体，朱子的理本体是超验的静态实体，而心本体的显现是"心无体，以用为体"的；无体则虚，为体则实，虚表明心体是超出感觉经验的，实表明心体是可展现、可体验的；心本体不是知觉意念而不离知觉意念，可默会而不可把捉思维，所以是虚而实、即经验又超验的。复次，方东美认为道家哲学是超本体论，而明代心学中的心本体，是即本体即超本体的；心体既为万物存在和经验展开之根据，又内涵至善之理，故是传统哲学所谓之"本体"；心体同时又无声无臭、虚寂无形的，不是传统所谓的实体，所以又是超本体的。最后，真正的本原必须是绝对"无前提"的自明、自足和自身显现，明代心学的核心概念良知作为"一念入微"的当下实体，是无前提、自明、自足和自身显现的本体，而把握心性本体的方法，是直接在事实上体悟体知而在非意识中认知思维。如果要理解明代心学的心性论，除了哲学史、道德学和伦理学等层面，探讨本体之内涵的心性形上学和本体之活动的心性现象学是最值得关注的学问。

两种方法，即哲学史叙述和哲学诠释两种方法。哲学史叙述带来一种比较的视野、发展的脉络和文化的背景，哲学诠释则能阐发心学本体论的内涵。本书的哲学诠释特色，就是在中文语境中按照语义分析的方式来探讨心学本体论。语义分析的方法，是从语言到思想的方法，不同于以理论灌注、体系归并、概念比较的方式去对心学家的思想作"先入为主"的理论规划。比如对于心学家的本体论，我们并不用西方哲学的本体论或本原论来判断中文语境的"本体"是不是合乎西方哲学的标准，中国哲学中有没有他们所谓本体论，而是建立在汉语言特有的书写方式和语义分析之基础上，去探索汉语言及中国哲学自身的本体及本体论。兹举一例以说明这种方法：在汉语言中，"体"本来指实在的身体，能撑起、承载一身的存在，"本"指初始、开端、根源，我们就需要探讨支撑意义的"体"与初始意义的"本"相结合，如何能成为存在之根据或真实之要素的"本体"，这便是语义分析的方法。"本"有根据义，作为根据的体是有根之据，物据以存在，这便是现象背后的物自身。"本"有初始来源义，作为初始来源的体，则为事物之根基的本体，亦被称为本根，这便是事物的本原。将本体解释成来源、根由，便属于探讨事物产生发展的宇宙论。将本体解作依据，便属于探讨事物存在基础的本质论。但语义分析的方法，并不是专就概念作词源学上的梳理或概念意义的比较，而是要展开为能体现义理分析的问题，从语言到思想要通过问题来展开。比如探讨明代心学本体之内涵，就可以展开为以下问题：一、心本体为何无体而有体？二、心本体是如何呈现的？三、由心本体的呈现所带来的体用关系是什么？体现了什么样的存在论、实体观和现象学？易言之，明代心学本体论需要明了何谓心本体，心本体的呈现方式，性和心之所以被称为本体的理由，本体论与宇宙论的关系等问题。因此，语义分析的方法是通过分析问题来带动语义诠释，而不限于词源学之梳理和概念比较，这可谓本书哲学诠释方法的特色。以上语义分析只是一例，在明代心学中，尚有大量的思想论述值得分析探讨。事实上，本书对明代心学本体论的分析方法与其说是语义分析法，不如说是以语义为桥梁的还原法。还原不是狭义的现象学还原法，而是通过对语言的解构，逐步对中国哲学自身的本体论内涵、文化心理、文化结构和存在经验的作一番还原。当然，在某些具体论述中，我们可以在中西比较维度上作心性现象学的还原理论及与胡塞尔现象学还原理论的比较。

三个层面，即本书包含人物思想、哲学史问题、哲学比较三层。人物思想指包含朱子、阳明、阳明后学等人物的心性本体论。哲学史问题指中国哲学史上的本体论问题，包含易学解释学、理学和心学对本体、本体呈现方式及体用关系的理解。哲学比较层面指本书在具体论述中还会引入中西哲学比较的内容，为探讨哲学比较视野中的儒家哲学作出参考。

七个主体，即本书主要分为七个部分来展开论述。（1）本体的意义。既然要探讨明代心学本体论的问题，那么明代心学所理解的本体是什么？如何在悬置西方哲学"ontology"的前提下，顺着中国哲学的内在理路探讨本体的含义？堪为宇宙之本根和存在之依据的"本"既然是"无体"的，为何又称为"本体"？以上问题是第一章"本体诸义"所要解决的问题。（2）本体（心体、性体）之呈现，即本体何在、如何在的问题，体现了什么本体观、实体观和存在方式，这是本书第二章"本体无体，以用为体"所要解决的问题。（3）无论是理本体的去实体化还是"心体无体，以用为体"，都说明了本体要依存于发用流行，本体的呈现就是本体的发用化和实体的流行化，体用是"共时性"的存在。离用求体固然不识真面目，但不加分别地体用一源，断言世界就是大用流行，也会导致体用混淆，那么因本体的发用流行化所带来的体用关系是什么，这是本书第三章"即体即用和不离不混的体用观"所要解决的问题。（4）本体不是极端实在论所谓的孤悬本体，也不是极端唯名论所认为的仅仅是概念，也不会如温和实在论所认为的是事物的一般原则，而是在保持"本"的价值地位的同时，会有所呈现。本体的呈现包含"有无之间"的几和"不分有无"的独两种思路。如何理解本体呈现的状态，这是本书第四章"生几论"和第五章"独体论"所要解决的问题。（5）儒家心性哲学中的本体和本原具有一致性，本体论既探讨作为"存在之依据"的本体，又阐述本体生发演化的宇宙过程。如何理解心学中"本体论"和"宇宙论"之结合，是本书第六章"本体宇宙论"所要解决的问题。（6）如何走出理论框架，从体验维度或纯粹经验层面描述心性本体和本体论，描述宇宙本体呈现为本心的纯粹经验，再焕生出道德意识的过程，是本书第七章"生生本体论与心性现象学"所要解决的问题。这是本体论和现象学的结合，既需要从现象学角度描述本心的纯粹经验，还要从现象学角度重构道德本体的意涵。在体验维度下，纯粹经验既是道德本体的显现方式，又是心性现象学的核心内容。

第一章　本体诸义

一　本体无体而有体

心无体是一个自古就存在的话题。《祖堂集》载：

> （惠可）问："请和尚安心。"师曰："将心来，与汝安心。"
> 进曰："觅心了不可得。"师曰："觅得岂是汝心？与汝安
> 心竟。"①

惠可请教达摩如何安心，达摩让其取心来，惠可却无从觅心。暂不考虑禅学韵味，此语录至少从最基本的意义上说明，真心既不像具体事物那样有形质、体段而可以感觉，也不如情识思虑那样可以联想、思忆和反省。具体事物不是真心自不待言，而凡可以思量、记忆、定执的心也不是具有终极价值的真心（觅得岂是汝心）！真心的存在是一个问题。若说心在，却不可把捉与思忆；若说心无，可是日用百行中又无时不感觉心的存在。如果以为"心在不在"的问题只是以常人有限量的境界造出的假问题，真心自然是在的，不然何以在日用百行有知觉、思量等泛泛之心！那么真心何在、如何在又是进一步的问

_____

① 静筠二禅师：《祖堂集》上，中华书局2007年版，第98页。

题。若是居于形气之中，然而形气皆在成毁流变中，岂能安居而具有终极价值？若是居于时空中，空则有方位、边际，可居之所必是分殊之偏边，不能寓之终极关怀；时则有过去未来，是"过去之心不可得，未来之心不可得"的状态；所以真心不能局囿于时空。《楞严经》有"七处征心"之说，若以为心在身之内、外、根、闭藏见暗开窍见明之活动、随有（思维意识作用）、根尘感应之中乃至无所着处，"皆无有是处"，因"七处征心"以意识活动及根尘作用觅小我之心，而不识无所不在之常住真心。若心是安居于清净不变之真性，则此真性是否可被定执？如果不可定执，性又在何处？这仍是一个重复的问题。

产生此类相似的问题，皆因为心、性、道等终极价值存在既不是物事一般的实体存在，却又总和时空、后天经验有千丝万缕的关系。人之终极关怀，现代语境谓之终极价值（终极原因、终极存在），周朱二子谓之太极，太极即终极而无以复加的存在。然而一方面此太极是无极而超越时空经验的，另一方面人于后天经验中追寻终极关怀，又不得不借助于后天有限视角，所以先天后天、无限有限、本然发用等有无境界总是混杂一处，以致造成此终极价值兼具两面性：它既是本然的、超越的、无限的（无极）、终极的（太极），又不免带着现实的、内在的、有限的、具体的经验（语言），兼具着对立统一的本然性与现实性、内在性与超越性、超验性与经验性、无限性与有限性。在中文语境中，此终极价值存在皆谓之本体，如心体、性体、道体。无论是哪一个本体概念，都需要处理相似的问题：即终极价值而言，本体如何存在？（本体论）即人而言，如何求得本体？（功夫论）求得之后又是何种状态？（境界论）其中，本体论是首要的问题，对本体的理解决定了功夫的深度和境界的层次。

在理学语境中，"本体无体"主要指理是"太极本无极"。朱子说："'无极而太极'，只是说无形而有理。"[①] 这是说，理作为本体是

① 黎靖德：《朱子语类》卷九十四，中华书局1986年版，第2365页。

无形体的。薛敬轩云："无形而有理，所谓无极而太极，有理而无形，所谓太极本无极。形虽无而理则有，理虽有而形则无，此纯以理言。"① 这是形容理无形体而实在，是无极之太极。在心学语境中，"本体无体"指的是心体（知体）、性体、道体无体段、无方体。王畿说："……易有太极，易无体，无体即无极之义。"② 以心体为例而言，不仅禅宗认为本心不能如形体事物一样能寻觅、定执，心学家也基本上认为"心"是无体的，"心无体"几乎是所有学者的共识。比如，杨简经常论无体之心："心本虚明，无方无体。"③ 这是说心没有广延和形体，没有大小可言。又说："心无体质，清明无际畔，变化云为，莫非大道。"④ "心无体质"指道德本心无形质、体段，是清虚明彻的，其变化皆是道的呈现。又说："道心无体，神用无方，不可得而屈，不可得而穷。"⑤ 这是说道心是无形体的，其作用是无方所的，不能在时空范畴内对其作出形质与数量上的改变。阳明学者更是盛论"心无体"之思想。王阳明曰："心无体，以天地万物感应之是非为体。"⑥ 欧阳德说："性无体，以知为体；知无实，事物乃其实地。"⑦ 钱德洪认为："心无体，以知为体，无知即无心也。知无体，以感应之是非为体，无是非即无知也。"⑧ 孟秋曰："心无方无体，凡耳目视听，一切应感皆心也。"⑨ 总之，在心学语境中，心体不是像个体事物那样具有质料、形状、方位等在时空中表现的特征。"本体无体"（心体无体）是经验人理解一切先验本体问题的出发点和关键之处。

"心体无体"是一个自始至终都存在的话题，和元明之际产生的

---

① 黄宗羲：《明儒学案》卷七《文清薛敬轩先生瑄》，中华书局 2008 年版，第 114 页。
② 王畿：《王畿集》，凤凰出版社 2007 年版，第 482 页。
③ 杨简：《先圣大训》卷四，明万历刊本，第 18 页。
④ 杨简：《先圣大训》卷四，明万历刊本，第 46 页。
⑤ 杨简：《杨氏易传》卷十二 "大壮" 卦辞解，江户写本（旧藏者）昌平坂学问所（无页码）。
⑥ 王守仁：《王文成公全书》第一册，中华书局 2015 年版，第 134 页。
⑦ 欧阳德：《欧阳德集》，凤凰出版社 2007 年版，第 109 页。
⑧ 黄宗羲：《明儒学案》卷十一，中华书局 2008 年版，第 232 页。
⑨ 黄宗羲：《明儒学案》卷二十九，中华书局 2008 年版，第 637 页。

"理的去实体化趋势"关系不大。元明之际有一个思想转向，在朱子后学和明代气本论者那里，理逐渐从恒常的终极实体过渡为气的属性，从恒常实体的角度而言，这是"理的去实体化趋势"①。然而"心体无体"主要是从形质实体的角度而言，指心、性、道等终极价值本体从来就不是如个体事物一样是有形存在，从来就不具有可把捉的形质实体特征，不存在去恒常实体化的问题。即便从恒常实体的角度而言，心、性、道等终极价值本体也不存在去实体化的趋势，阳明曰："诚是实理，只是一个良知。"②"良知即是天理。"③与朱子后学和气本论者逐渐将天理降低为气质之属性不同，心学家始终坚持天理是终极实在的、并以心的方式而活动的。所以，"心体无体"的问题并未受到"理的去实体化趋势"的影响。"心体无体"表明心体是一种不局囿于日常经验中的虚拟之体，日常经验所感知、思量、执着的只是心体的发用和功用；"心体有实理"，表明心体又非绝对虚无而具有实在内涵。然而此实在本体既不可以日常经验直观，也不可当作被思维的对象，此实在本体存在于纯粹经验的直观中，存在于本心对赋性之天命的自觉中。

这时候便出现一个问题，既然心（性、道）是无体的，何以又谓之本体？这个问题体现了"终极价值本体"既超越又现实的两面性。心体是兼具虚实有无的。谓之"本"是先验的、终极的、本然的一面，谓之"无体"是超验的、虚无的一面，谓之"体"则不免带着现实经验的直观因素。作为"本"的终极价值不是无体质的吗，为何又要以体的面目出现？这个问题绝非对概念的纠缠，其中蕴含着本然的、初始的、普遍永恒的、超越的终极价值具有何种内涵，以及如何存在、显现的方式。本体无"体"，表明此终极价值决不可被思

<hr />

① 陈来：《元明理学的"去实体化"转向及其理论后果》，参见陈来《从思想世界到历史世界》，北京大学出版社 2015 年版，第 313—347 页。

② 王守仁：《王文成公全书》第一册，中华书局 2015 年版，第 135 页。

③ 王守仁：《王文成公全书》第一册，中华书局 2015 年版，第 89 页。

为一个有形质的具体事物，不可能是以具体实体的方式存在，它不是日常经验中和时空中的一个具体存在者，而是以超越于万有、超越时空的方式存在。它或者作为所以然、所当然的依据存在于万有之中（理本论），或者作为本然状态是万有的存在目的（境界论），或者作为初始状态是万有所从生的根基（宇宙论）。但无论哪种意义，此本体都既不能被视为具体事物，因为一旦具体了，它就沦为有限的存在者，从而丧失了终极价值的意义；本体也不可被视为独立孤悬的主宰实体（极端的实在论），因为一旦孤悬独立了，表明它已经居于时空中或者在时空外，而成为一个可以定执、可思维的对象而沦为先验幻相了。甚至，当我们称呼为"它"的时候，已经不得已将此无体的终极价值对象化了，使其沦为一个具体存在者。另一方面，本体谓之"体"，又表明此终极价值绝非虚无的，或者仅是一个假设而只存在于概念中（极端的唯名论），本体谓之体表明它是实在的且带有某些实体特征。它不是一个假设而是一个呈现。只是这种实在既不同于极端的实在论而将本体视为孤悬统领的主宰（如上帝、第一原因），也不同于日常的实在论而将本体视为具体事物。它可能和温和的实在论有一些相似之处（后者视本体为所以然的依据和一般性原则而存在于事物中），但是若将本体仅仅视为事物的所以然依据和一般性原则，则只得到本体的理本论（本质论）意义而将其真正意蕴庸俗化为共性和殊相的关系。本体谓之体的实在性，一方面通过天理的恒常实在性表现，天理的恒常性使得本体虽无体（段）而虚，却因具天理而实。此时，"本"即是"常体"而具有恒常实在性。本体谓之体，还表明本体其实是有体（段）的，这种有体的实在性主要通过本体之发用（现象）、功用（效能）在经验直观中的实在性来表现。此时，"本"其实是"以用为体"而具有存在的实在性，本体的显现存在方式可总结为"本体无体，以用为体"。只是此"体"不是具体事物那样的方位体段（时空中的属性），而是大化流行实体或人伦事物之感应实体。无论是具体事物那样的方体，还是大化流行、感应是非这样的气质流行实体，都具有承载功能，前者能承载具体的理而构成完整有体段的事物，后者能承载太极之理（或诚、至善）而构成心体、性体或道体。所以，"本体无体，以用为体"表明本体不是外在于发用的，真正的体用一源不是先有体后有用，再寻求一个中介使二者沟通联结而成为一体，而是本体本身就既包含本然状态，又具备发用的显现状态。这近乎海德格尔所谓的现象的"形式指引"（形式显示），本体既非抽象的概念而沦为思维对象，也无对象和对象域而不是与客体对立的主体，它是一种关系的存在，在其存在中蕴涵了所要显现的现象（发用）及其与现象的一致性关系（体用一源），且在关系中保持了与显现现象（发用）若即若离的关系，既保持了先天的超越性而与显现现象（发用）不同，又不相分离地依存于发用现象之中。我们可将这种特征称为"本体的形式显示"。

本体因无体而是超越的、先验的，并不表明它就是绝对形而上的，因为它可谓之体，还带有时空的视角，还有存在、显现的实在性。本体虽虚拟为体，却并不表明它是一个"先验的幻相"，因为它具有终极超越性而不是经验世界的现象，不存在于感觉经验中（阳明云："无声无臭独知时。"唐一庵云："性之本体，自然而无声无臭者。"）和思维、判断中（明道云："人生而静以上不容说。"王时槐云："性不容言。"），故而不是感觉和思维判断的对象，它冥冥地存在于经验主体对天命的自觉中，对它的把握并不是认知理性以认识现象的知性范畴僭越地去认知此终极本体，而是依靠纯粹经验的直观、人伦事物的实践和天命的自觉。故而"本体无体而有体"不是如"上帝存在与否"、"有限无限与否"之类的二律背反问题。阳明后学总有一派使用认知理性对心体作出思维判断，认为心体是虚寂的定体，这是将本体当作孤悬主宰的思维对象，从而使其沦为一种"体用殊绝"的本体，阳明谓之"悬空想个本体"①，康德谓之"先

---

① 王守仁：《王文成公全书》第一册，中华书局2015年版，第146页。

验幻相"。又有一派认为心体总是无体的，认为世界就是大化流行的经验本身，从否定定体至于否定本体的实在性，这是无法在纯粹经验中直观到终极超越的价值本体，也缺乏终极超越的价值关怀。本体的存在是超越于万有又依存于万有的，是即形而上即形而下的，其本身即已经涵摄形而上之本和形而下之体。从这个角度而言，本体不应仅仅停留在本然状态（境界论和目的论）、所以然之依据和所当然之法则（理本论或本质论）、所从生之根基（宇宙论）等意义上，它具有更广阔的意义。本体是本身无体、以大化流行的万有为载体、以天理为实性、以心知为自觉主体的本然实体。本体就是大全的道体，本身就包含本然状态，具备发用的显现状态，以及自觉自知的主体状态。本体、虚体（无）、实体（有）和主体（觉知）是统一的，这种本然实体和斯宾诺莎的"实体"有几分相似。只有在这个意义上，才能理解心学家的"盈天地皆心（性、道、气）"① 等表述的意涵。

无论怎么描述理学、心学语境中的本体，体与本体的含义需要首先得到澄清。中文语境中的"本体论"和西文语境中"ontology"不一样。日本学者首先使用"本体"和"本体论"来翻译"to on"和"ontology"，使得"本体"原初的思想内涵日益晦涩。尽管中国思想中几乎没有西方哲学的"ontology"传统，然而对西方哲学的这种翻译传播已久了，以至于现代人一看到"本体"二字首先联想的是"to on"、"ontology"，而遗忘了中国语境中自有的"本体"含义。正如海德格尔曾谓西方哲学遗忘了"存在"一样，在近百年的中文语境中，我们也似乎遗忘了具有终极价值关怀的"本体"。最初翻译和接受西学的学者，固然是参照"ontology"来建构中国思想中的本体

---

① 王时槐云："夫盈宇宙间，惟此性而已。天地万物，皆此性之流形也。"（《王时槐集》，上海古籍出版社 2015 年版，第 426 页）罗汝芳云："夫盈天地间只是一个大生，则浑然亦只是一个仁。"（《明儒学案》卷三十四，中华书局 2008 年版，第 789 页）杨晋菴云："盈天地间皆气质也。"（《明儒学案》卷二十九，中华书局 2008 年版，第 650 页）刘宗周云："盈天地间，一气而已矣。""盈天地间，皆道也。"（刘宗周：《刘宗周全集》第二册，浙江古籍出版社 2007 年版，第 407 页）黄宗羲云："盈天地皆心也。"（《明儒学案》序，中华书局 2008 年版，第 7 页）

论；而反对中文语境有"本体"和"本体论"的意见，也不免是先入为主地以"to on"和"ontology"来曲解汉语文本中的"本体"。但是一个不可否认的事实是，"本体"首先是汉字，带有中国思想文本的自身含义，并且在不受西方近代思想的影响之前已经长期使用了。尽管人们认识到中文语境中的本体固然不是西方哲学中的"to on"，而中文语境中的本体论也绝非西方哲学中的"ontology"，但从学理而言也绝不应避讳探讨中文语境中本有的本体、实体、方体、定体、道体等诸体之论。本论对中西比较和格义纠缠的问题暂且悬置，单从中文境界中探讨"体"和"诸体"的含义。同时，和玄学追求区分本末有无的目标不一样，本论侧重于解释"体"而不是"本"，因为如果知晓了"体"的含义，则和"体"相关的本体、末体、虚体、实体、方体、定体等具有规定性的词，以及道体、性体、心体、知体、诚体等具有所指与内涵的词，就相对容易理解了。

回到最初的问题，既然心（性、道）是无体的，何以又谓之本体？这个问题事关如何在经验的层面上理解超越的先天本体，如何通过语言描述终极本体。如果心（性、道）等也是体，那么这个"体"表达的应该是与有形象、方体的后天事物不一样的"无体之体"。"无体之体"的前一个体指的是形体、形质，后一个体指的是本体，合而称之就是无形体、体段的本体。①"无体之体"的概念并不鲜见，除了在心学中常说"心体无体"或"道心无体"之外，在易学解释学中也常以"无方之方，无体之体"来说明"神无方而易无体"，如《周易义海撮要》云："神以易为方，易以神为体。以易为方者，无方之方也，故无乎不在。以神为体者，无体之体也，故无乎不为。"②这是说，日常经验中的"方"有明确的空间方位、边际，是有限存

---

① 按：除了本体（心、性、道）可以称为"无体之体"外，在理学语境中，易的变化流行活动可以称为道的体段，即朱子所谓的"其体则谓之易"，故而易虽无体，当其作为道体的载体时，也可称为"无体之体"。

② 李衡：《周易义海撮要》卷七，文渊阁四库全书本，第24页。

在的特征，但是"神以易为方"则是无方之方，是超越具体空间方位的存在；日常经验中的"体"有广延和形质，能凝聚各种属性为一个整体，并具备特定的功能，但是"易以神为体"则是无体之体，是超越具体形质和特性的整体与功能。无方之方具备了"方"的"必有所在"的特征，无体之体具备了"体"的承载、能施为的功能，都超越了方体的具体时空限度。

在理学中也常有"无体之体"的说法。朱子就以"无体之体"说明道体和太极。《朱子语类》载：

> 周元兴问"与道为体"。曰："天地日月，阴阳寒暑，皆'与道为体'"。又问："此体字如何？"曰："是体质。道之本然之体不可见，观此则可见无体之体，如阴阳五行为太极之体。"又问："太极是体，二五是用？"曰："此是无体之体。"叔重曰："如'其体则谓之易'否？"曰："然。"①

道之本体不可见，通过天地日月和阴阳寒暑来观道之本体，即能见道的"无体之体"。又如"阴阳五行为太极之体"，周元兴将其理解为"太极是体，二五是用"，而朱子认为这是通过阴阳五行来见太极的"无体之体"。可见，"无体之体"是易学、理学和心学中常用的概念。既然所谓的"体"是从形质、形体等空间性和经验性要素而得到规定的，那么道体、心体、性体等无体的存在，为何还可谓之"无体之体"？既然易、太极、道、心都是无方体、无形体的，为何要称之为本然之体（本体）？可见，对于"体"的理解是至关重要的，所谓本体、实体等诸体都要建立在对"体"的正确理解之上。

玄学家有无本末的视野重在"本"，而本论寻求诸体之基础的视野重在"体"。我们对于"本体"之所以谓之"本"有一个大致的

---

① 黎靖德：《朱子语类》卷三十六，中华书局1986年版，第976页。

共识，那就是这种有"本"的"体"带有先天的、先验的、本然的、根基的、恒常普遍的和终极的特征，离却任何一个特征，必将沦为形而下的次要存在者，它指向人类的终极关怀和超越体验（比如，朱子所谓的"太极"本体即现代语境所谓的终极存在）。虽然我们对于"本"有一个基本的共识，但是我们对于"本"何以能谓之"体"却似乎茫然无知。有本而无体是一个虚无缥缈的设想，从而沦为极端的唯名论；有体而无本则只是活在当下的感官经验中，从而沦为极端的世俗经验主义。有本而有体，又涉及如何理解体，如果理解为具体形器事物那样有方位体段的体，则本体也会像一个具体存在者那样而成为感觉的对象，从而丧失"本"的终极超越价值；如果将"体"理解为超越世俗经验之外仅可凭借理性把握的"体"，则本体也会走向极端的实在论——既是终极超验的、却又是思维的对象，从而沦为一个先验幻相。所以，如何理解本体的体，事关终极超越的价值如何存在显现的方式。对于体的理解有一个历史过程，体的所指逐渐从日常经验的方体（以及无方无体）和超越经验的常体（以及经验中相对的常体），发展到形质实体和道体；对体的特征的思考，逐渐从方位体段、普遍恒常性，深入到承载性、凝聚性、主体性和统一性。

二　易学的方体、常体和道体

先从易学中寻找"体之为体"的理由。易学区分了两种"体"：方体和常体。体之为体的第一个理由是具有方位、形象和气质，易学称为"方体"。方体即日常经验中的形器（具体事物）。体最初是指身体这样的形质之体，但从易学思想来看，无论是有生命的身体还是无生命的事物，都可以归入到形器中。体之为体的第二个理由是，即使不具备方位、形象和气质等因素，但要具有普遍恒常性，易学便谓之"常体"。无论是方体还是常体，都是从日常经验角度来审视体之为体，即，凡是有体的都是实在的，它要么能被感官知觉而引发感受的实在性，这是具体事物这样的方体；它要么虽不能被感官知觉，但能在流变中保持普遍恒常性，是靠理性思维把握的实在性，这是"道"这样的常体。此外，还有一种存在如神易之变化流行，既不具备方位特性，也不具有恒常性，是不能被称为体的，即"神无方而易无体"。

（一）方体和无方无体

易学中的"体"首先指"方体"。"方体"即具有特定方位、体段的体，这既和卦象中的时位、卦体相关，也和实际世界的时空、形体相关。《系辞》说："范围天地之化而不过，曲成万物而不遗，通乎昼夜之道而知，故神无方而易无体。"① "无方无体"表明神易虽然是变化流行的，但由于是从整体角度描述空间变化（天地之化）、时间绵延（通乎昼夜）和存在变化（曲成万物），超越了特定的时间、方位和事物，故而是无方无体的。这从反面指出体之为体的第一个要素，凡有体者总关乎特定时空方位和形状，故谓之方体。

韩康伯将"方体"视为形器，这是从形而下的具体事物来理解体。他说："方、体者，皆系乎形器者也。神则阴阳不测，易则唯变所适，不可以一方、一体明。"② 形而下谓之器，方体是指形而下的有形器物。而神之化是阴阳不测而无特定方位，易之动是唯变所适而无具体形体，所以是"神无方而易无体"。可是，这仅仅指出了形器是有方位体段的，而神易是无方位体段的，尚未说明"本何以谓之体"的问题。

孔颖达进一步解释了方体、无方无体。他说：

> 云"方体者，皆系于形器"者，方是处所之名，体是形质之称。凡处所形质，非是虚无，皆系著于器物，故云"皆系于形器"也。云"神则阴阳不测"者，既幽微不可测度，不可测，

---

① 王弼撰，韩康伯注，孔颖达疏：《周易正义》，北京大学出版社 1999 年版，第 276—268 页。

② 王弼撰，韩康伯注，孔颖达疏：《周易正义》，北京大学出版社 1999 年版，第 268 页。

则何有处所，是"神无方"也。云"易则唯变所适"者，既是变易，唯变之适，不有定往，何可有体，是"易无体"也。云"不可以一方一体明"者，解"无方""无体"也。凡"无方""无体"，各有二义。一者神则不见其处所云为，是无方也；二则周游运动，不常在一处，亦是无方也。无体者，一是自然而变，而不知变之所由，是无形体也；二则随变而往，无定在一体，亦是无体也。[①]

孔颖达首先解释了方体。方体的属性有二：其一是方，方是空间处所，是占空间性的广延特征；其二是体，体具有相对独立整体的形态、体段，以及构成体的材质。因具有某种形式的材质而有形体，因具有形体而占空间。方体的本质是形质实体，凡有处所和形质的存在不可能是虚无，而是器物这样的形质实体，故而云"系于形器"。通常说一物有体，此"体"既有方位这种占空间性，也具有材质这种构成基质，还具有形状这种外在表现。从这个意义而言，《易传》和韩康伯所谓的"方体"就是具有空间处所、构成基质和外在形象的"形质实体"。

孔颖达进一步解释了"无方无体"。"无方无体"是不是就超出了时空而在时空之外呢？按照《易传》的意思，无方无体只是形容神易的在方位体段上的不确定性，而不是超越了时空和形体。神无方，是因为阴阳活动神妙幽微，不可以人的有限视野测度，而难知其固定居所。易无体，是因为变易无定形，而不具有确定的形体。孔颖达认为，"无方无体"各有两种意义。无方的二义，一是从人的视角看，不知神易的处所，是谓无方；二是从易之本身看，变化周流无定而不常在一处，故而谓之无方。无体的二义：其一，易之变化不像事物的变化那样有主体（谁变）、有来源（由谁变）；在常识中，运动

---

① 王弼撰，韩康伯注，孔颖达疏：《周易正义》，北京大学出版社 1999 年版，第 268 页。

是具体实体的属性，运动必本于某一主体，而神易之运动却不知其所发出的主体，故而谓之"无体"。其二，易之变化具有随变而往的不确定性，不会变成一个具体的形体；在常识中，凡运动变化都是从一方位到另一方位、从一形象到另一形象的相对确定的变化，而神易之变化无确定的形体，故而谓之"无体"。易学解释学所论之"方体"和"无方无体"皆处于时空中，只是因为变化的无限定、无方位、无主体，故而谓之"无方无体"。

（二）常体

易学还就不变特征而言"体"，此体为常体、恒体。常体指能为天下之规范的易理（或道体）。《周易正义》载：

> 夫"易"者，变化之总名，改换之殊称……既义总变化，而独以"易"为名者，《易纬·乾凿度》云："易一名而含三义，所谓易也，变易也，不易也。"又云："易者，其德也。光明四通，简易立节，天以烂明，日月星辰，布设张列，通精无门，藏神无穴，不烦不扰，淡泊不失，此其'易'也。'变易'者，其气也。天地不变，不能通气，五行迭终，四时更废，君臣取象，变节相移，能消者息，必专者败，此其'变易'也。'不易'者，其位也。天在上，地在下，君南面，臣北面，父坐子伏，此其'不易'也。"郑玄依此义，作《易赞》及《易论》云："易一名而含三义：易简一也，变易二也，不易三也。"故《系辞》云："乾坤其易之蕴邪？"又云："易之门户邪？"又云："夫乾，确然示人易矣；夫坤，颓然示人简矣。""易则易知，简则易从。"此言其"易简"之法则也。又云："为道也屡迁，变动不居，周流六虚，上下无常，刚柔相易，不可为典要，唯变所适。"此言顺时变易，出入移动者也。又云："天尊地卑，乾坤定矣。卑高以陈，贵贱位矣。动静有常，刚柔断矣。"此言其张设布列，"不易"者也。崔觐，刘贞简等并用此义云："易者谓

生生之德，有易简之义。不易者言天地定位，不可相易。变易者谓生生之道，变而相续，皆以《纬》称'不烦不扰，淡泊不失'。"此明是"易简"之义，无为之道。故"易"者，易也，作难易之音。而周简子云："'易'者，易（音亦）也，不易者，变易也。'易'者易代之名。凡有无相代，彼此相易，皆是'易'义。'不易'者，常体之名。有常有体，无常无体，是'不易'之义。'变易'者，相变改之名，两有相变，此为变易。"……盖"易"之三义，唯在于有。然有从无出，理则包无，故《乾凿度》云："夫有形者生于无形，则乾坤安从而生？故有太易，有太初，有太始，有太素。太易者未见气也，太初者气之始也，太始者形之始也，太素者质之始也。气形质具，而未相离，谓之浑沌。浑沌者，言万物相浑沌而未相离也。视之不见，听之不闻，循之不得，故曰易也。"是知易理，备包有无，而易象唯在于有者，盖以圣人作《易》，本以垂教，教之所备，本备于有。故《系辞》云："形而上者谓之道"，道即无也；"形而下者谓之器"，器即有也。故以无言之，存乎道体；以有言之，存乎器用；以变化言之，存乎其神；以生成言之，存乎其易；以真言之，存乎其性；以邪言之，存乎其情；以气言之，存乎阴阳；以质言之，存乎爻象；以教言之，存乎精义；以人言之，存乎景行。此等是也。且易者象也，物无不可象也。作《易》所以垂教者，即《乾凿度》云："孔子曰：上古之时，人民无别，群物未殊，未有衣食器用之利，伏牺乃仰观象于天，俯观法于地，中观万物之宜，于是始作八卦，以通神明之德，以类万物之情。故易者，所以断天地，理人伦，而明王道。是以画八卦，建五气，以立五常之行；象法乾坤、顺阴阳，以正君臣、父子、夫妇之义；度时制宜，作为罔罟，以佃以渔，以赡民用。于是人民乃治，君亲以尊，臣子以顺，群生和洽，各安其性。"此其作《易》垂教之本意也。①

孔颖达认为，易有相易、不易、变易三义。其中，不易涉及常体的问题。孔颖达引周简子曰："不易者，常体之名。有常有体，无常无体，是不易之义。"这是说，有恒常性则有体，无恒常性则无体，所以体有"不变易"的意义。常体和方体不一样。方体者，有方有质有形，是由气质构成的形器实体。孔颖达引《乾凿度》云："变易者，其气也。"形器实体既然是由气形成，就是变易的、非恒常的。而"无方无体"者指的是神易的变化莫测、周流无定的状态，也不是恒常不变者。此二者皆不可谓之常体。在种种变易实体的背后有不变的常存者即为"常体"，常体不易，也可谓之定体。按照孔颖达的说法，有常有体，无常无体，说明体具有恒常存在的功能，如果无体则不能恒久。事无常定，物无常形，事物皆不可谓之常体，那么常体究竟指的是什么？

观孔颖达之意，常体似乎指易理或道体。孔颖达云："是知易理备包有无，而易象唯在于有者。盖以圣人作易，本以垂教。教之所备，本备于有。"易有垂教之功能。能成为教化者，显然不是变化无常的具体事物，而是包备有无、具有普遍必然性的易理。又曰："故易者，所以断天地、理人伦而明王道。是以画八卦，建五气，以立五常之行。"能立五常之行，能剖析天地之象、规范人伦常行、显明王道政治的，唯有易理。又曰："以无言之存乎道体，以有言之存乎器用，以变化言之存乎其神，以生成言之存乎其易。"易理包备有无，形而上者谓之道，道即无，此为易理之道体。形而下者谓之器，器即有，此为易理之用。易理之变化是神妙莫测的，故而谓之神。易理之生机是生生不息的，故而谓之易（变易）。从以上来看，由于易理是包备有无，而道体存于无，易象存于有，有与神易皆非恒常不变者，

---

① 王弼撰，韩康伯注，孔颖达疏：《周易正义·卷首》，北京大学出版社1999年版，第4—6页。

所以能为不变的常体者唯有道体。道体既然寓于无，当然是无形质体段的，可谓"无体之体"因为不变而谓之常体。

除了堪为天下垂范的道体是恒常的，易学解释学还认为具体事物也是有常的，象征事物的卦爻是有体的。这源自对系辞"圆而神"和"方以知"的解释。《系辞》云："是故蓍之德圆而神，卦之德方以知。"韩康伯认为卦爻有定体，他说：

> 圆者运而不穷，方者止而有分。言蓍以圆象神，卦以方象知也。唯变所适，无数不周，故曰圆。卦列爻分，各有其体，故曰方也。①

韩康伯区分了实际世界和知识世界。实际世界是唯变所适的，周流无穷无定所的，这是易之神，所以用圆来形容。知识世界是对实际世界有体系的模拟和推演，这是用以决断事物变化的卦爻体系，卦爻各有定体，所以用方来形容。韩康伯的这种解释只是说明了卦爻是有定体、有时位的，并未说明终极本体。

孔颖达进一步将常体理解为具体事物。《周易正义》载：

> 是故"蓍之德圆而神，卦之德方以知"者，神以知来，是来无方也。知以藏往，是往有常也。物既有常，犹方之有止。数无常体，犹圆之不穷，故蓍之变通则无穷，神之象也。卦列爻分有定体，知之象也。知可以识前言往行，神可以逆知将来之事，故蓍以圆象神，卦以方象知也。②

孔颖达区分了两种无常和有常。其一是"来无方"和"往有常"，这是从事物变化的道理上说明神和知的区别。虽然同属变化，但是将至

---

① 王弼撰，韩康伯注，孔颖达疏：《周易正义》，北京大学出版社1999年版，第286页。
② 王弼撰，韩康伯注，孔颖达疏：《周易正义》，北京大学出版社1999年版，第287页。

未至的将来之事是无常的，而前言往行这种已变之事是有常的。"神以知来，是来无方也"，象征未占之前，事物是变化无方所的不确定性。"知以藏往，是往有常也"，象征既占之后，事物的吉凶悔吝啬、当位失位皆有确定性。其二是"数无常体"而"物有常体"（或卦爻有定体），这是从易学占筮方式上说明蓍数和卦爻的区别。数无常体，则以蓍数象征易之变通无穷，运用如神（圆而神）；卦爻有定体，象征易占的确定性（方以知）。孔颖达说："物有常体，犹方之有止。数无常体，犹圆之不穷。"常体是指具有特定空间方位的具体事物，而数是变通无穷的无常者。方有止所固然不难理解，而物有常体则与孔颖达关于方体的思想相矛盾。前文曾说，方体者主要是由气质形成的具体事物，而孔颖达引《乾凿度》云："变易者，其气也。"有方体的具体事物是变易的、非恒常的，而此处又说物有常体，岂非自相矛盾。看来，孔颖达分别使用了常识和哲学两种视角。以常识而论，事物是有常体的，但是事物形体只是暂时的、相对的有常，从气化论而言，事物在更广阔的时空中是变易而无常体的。

（三）道体

神易的表现是无方无体的，由于易的阴阳变化可称为道（《系辞》曰："一阴一阳谓之道。"①），那么道也是无方无体的。玄学家解易，将道由变化之道理解为形而上之虚无，以阴阳变化为形而下的作用，从而阐发"体"的另一个含义——体能生用。韩康伯说：

> 道者何？无之称也，无不通也，无不由也，况之曰道。寂然无体，不可为象。必有之用极，而无之功显。故至乎"神无方而易无体"，而道可见矣。故穷变以尽神，因神以明道。阴阳虽殊，无一以待之，在阴为无阴，阴以之生；在阳为无阳，阳以之

---

① 王弼撰，韩康伯注，孔颖达疏：《周易正义》，北京大学出版社1999年版，第268页。

成，故曰"一阴一阳"也。①

韩康伯在此表达了体之为体的另一个含义：能发出作用的为体。《系辞》虽然认为神易的阴阳变化即道，而玄学却将道和神易区分为无有、体用、本末的关系。在王弼开创的"以无为本"的思想中，无，因为无限定而无所不通达，一切存在者也由之而生起及获得存在性（无不由），所以无可比拟为道（况之曰道）。以此解易，则道为虚无之体，神易的阴阳变化为有之用。神易虽然无方体，但只是超越了特定的方体、形象，可以通过易的变化而尽神，通过神的功用来明道，总之通过有之作用来显现无的功用。这种方式就是由用显体，以有明无。韩康伯的思想集中体现了玄学的本体观，蕴含了体用的思想。因为，如果将神易（有）视为用，那么相应会将道（无）视为体。以无为本，则以有为末；以无为体，则以有为用。在易学中，道就是无、本、体，阴阳活动（神易）就是有、末、用。如此，"以无为本"就相应具有"以无为体"的含义，本即体——本体。这三个对子有相应的关系，本能生末，无为有之依据，体能发出作用。在易学中，如果以道（无）为本体，那么阴阳（有）则是无派生的作用，即"在阴为无阴，阴以之生；在阳为无阳，阳以之成"。在此需要注意"本体"和"寂然无体"的"体"的差异。道（无）是本体，"体"指能发出作用的初始存在或本然状态；道同时又"寂然无体"，"体"是方体这种占空间性的延展特征。道（无）是"寂然不动"而无形象体段的，可谓之"无体之体"。韩康伯在这里提出了玄学的本体观，体是能生出作用的本。

孔颖达进一步解释了玄学的"虚无之道"。《周易正义》载：

> 云"道者何，无之称"者，此韩氏自问其道而释之也，道

① 王弼撰，韩康伯注，孔颖达疏：《周易正义》，北京大学出版社 1999 年版，第 268 页。

是虚无之称，以虚无能开通于物，故称之曰道。云"无不通，无不由"者，若处于有，有则为物碍难，不可常通；道既虚无为体，则不为碍难，故曰无不通也。"无不由"者，言万物皆因之而通，由之而有。云"况之曰道"者，比况道路以为称也。"寂然无体，不可为象"者，谓寂然幽静而无体，不可以形象求，是不可为象。至如天覆地载、日照月临、冬寒夏暑、春生秋杀、万物运动，皆由道而然，岂见其所营，知其所为？是"寂然无体，不可为象"也。云"必有之用极而无之功显"者，犹若风雨自有之所用，当用之时，以无为心，风雨既极之后，万物赖此风雨而得生育，是生育之功由风雨无心而成。自"有之用极而无之功显"，是神之发作动用，以生万物，其功成就，乃在于无形。应机变化，虽有功用，本其用之所以，亦在于无也。故至乎"神无方而易无体"，自然无为之道可显见矣，当其有用之时，道未见也。①

在玄学思想中，"无方无体"的最终指向还是虚无之道。道是虚无之称，以虚无能开通万物，故称之曰道。不过，和理学、心学中的本体论不同，朱子认为"道体无体，以物为体"，心学认为"本体无体，以用为体"，而玄学家所谓的"道"是"以虚无为体"的。看来，玄学仍然未说明虚无之道何以能存在显现的问题，因为"道以虚无为体"其实是道以虚无为本，而不是以虚无为体段。相反，朱子所谓的"道体无体，以物为体"说道体无具体形质体段，而以万物为其形质体段；心学所谓的"本体无体，以用为体"，也是说心体（性体）无具体形质体段，而以感应是非和人伦事物为其体段。此二者皆是论述终极价值本体的内涵和外延，本体是什么状态的，本体是如何存在和显现的。玄学家的道以虚无为本，是因为虚无能开通万物，

---

① 王弼撰，韩康伯注，孔颖达疏：《周易正义》，北京大学出版社 1999 年版，第 269 页。

使得道不为万物所滞碍而"无不通",万物皆因虚无而通而"无不由",这只是强调了虚无堪为万有之本的意义,并未解决虚无与万有如何关联沟通的问题,也未说明虚无之道如何存在和显现的问题。如此一来,则是本末殊绝,有无相隔。若是有无相隔,那么无到底是一个孤悬的"无体",还是绝对的空无?若是一个孤悬的"无体",无既然有体又何以能谓之无,岂非自相矛盾?若是绝对的空无,无既然无体则根本不能生有,又何来有无之关联,何来无为有之本?若虚无是指无限性、无滞碍性,指神易的运动变化不可测度、无具体方位体段的特征,此无固然能为万有所以"无不通"的依据,可是此无仍然处在时空中,仍然是形而下的存在,只不过不是具有方体的形质实体,而是神易的阴阳不测、周流无穷的变化流行而已,又如何能谓之形而上的虚无?故而其所谓的"有无"并非真正的"有无",这一点,后文会谈到阳明如何阐述心体是一种"真有无"。总之,易学解释学所谓的方体和"无方无体"都是形而下的存在,要么是具体实体,要么是神易的变化流行。而玄学的虚无之体,并未解决"无体之本体"何以有体,何以存在的问题。

从上述易学思想可以发现,如果按照时空属性和形质属性来看,易学区分了"方体"和"无方无体"二者。方体是具有构成基质、相对独立的形体、占据特定空间处所的具体事物。无方无体者是神易的活动,是周流无穷、不可以特定方位、形体而论的状态。但是二者皆在时空中,方体是形而下之形器自不待言,神易的活动也是形而下的存在,因为凡是变化的都是形而下的。神易之活动固然无方体,但只是超越了具体的时空,而没有超越时空本身。如果按照变化和不变来看,易学解释学区分了常体和无常无体者。常体是易理或道体,也可以是暂时有相对形体的事物,而无常者主要是神易的活动。总结上述区分,体之所以为体,主要是基于两个标准,一是是否有形质方位,有则为形质实体;二是是否恒常不变,有常有体,是谓常体(道体),无常无体,是谓神易。而无论哪种有体的语境下,无常无体者都是指神易的活动。在方体的语境中，神易"不可以一方一体明"；在常体的语境中，神易变化无穷，也是"无常无体"的。尽管具体事物有体，却只是相对的形体，毕竟属于形而下的形质实体，真正能体现终极价值存在的唯有道体，道体无具体形体而又恒常不变，所以谓之常体和"无体之体"。

但是以道体为常体的问题有二：一方面，道体只是从垂教功能说明了道体和万有的关系，这种关系近乎柏拉图"理念与事物"的分有关系，而道体（似乎）是如理念般的孤悬存在。如此，既然道体是一个具有垂范作用的孤悬存在，又何以能寓之无？既然寓于无，又何以能为万有之规范？这种自相矛盾的思想，说明了将"以无为本"等同于"以无为体"的内在矛盾。其二，由于只是从分有角度说明了道体和万有的关系，而没有进一步说明道体的存在显现方式，那么既然是寓于"无"的"道体"又为何能谓之体，仍然存疑。这说明，易学解释学虽然区分了方体（形质之体）、无方无体（神易）和常体（道体），但是没有说明为万有之本的无为什么也谓之体。

三 朱子的形体、载体、道体和全体

易学解释学从两个意义上论"体"。第一，从方位、形质角度言体，这是方体，主要指形质之体（形器）。第二，从恒常不变的角度言体，这是常体，包括具有普遍恒常性的道体和相对稳定的事物形体。无论哪种角度，神易都是无方无体的流行变化。朱子认为，除了具体事物外，易之变化流行也属于形质之体，这使得"形质之体"的含义进一步扩大。"体质"在理学语境中有广义和狭义之分，狭义的体质可以指有方体形状的具体事物，广义的体质可以指阴阳五行等流行实体。这样一来，易学区分体之为体的标准就被突破。所以，需要进一步在理学语境中探索体之为体的缘由。

（一）方体、流行之体和形质实体

朱子也承认易学的方体，认为同样是形而下之气形成的，具体事物是有方体的，流行实体是无方体的。但是易虽然无方体，却可以称为道的体，即"其体则谓之易"，意思是"道的体质（体段）是易的变化流行"。《朱子语类》载：

> "神无方而易无体"，神便是忽然在阴，又忽然在阳底。易便是或为阴，或为阳，如为春，又为夏；为秋，又为冬。交错代换，而不可以形体拘也。①

> "神无方，易无体。"神自是无方，易自是无体。方是四方上下，神却或在此，或在彼，故云"无方"。"易无体"者，或自阴而阳，或自阳而阴，无确定底，故云"无体"。自与那"其体则谓之易"不同，各自是说一个道理。若恁地滚将来说，少间都说不去。他那个是说"上天之载，无声无臭"。"其体则谓之易"，这只是说个阴阳、动静、辟阖、刚柔、消长，不着这七八个字，说不了。若唤做"易"，只一字便了。易是变易，阴阳无一日不变，无一时不变。②

文中区分了两种形而下的"体"。第一种体是有方所的形体。在"神无方而易无体"中，"方"是指"四方上下"这种空间性，"体"是指有方位形象的"形体"，"神无方"是神的活动无具体方位，"易无体"是说易的变化或阴或阳，或春或夏或秋或冬，无确定的体段（形体）。所以，朱子所理解的"易无体"的"体"和易学所论"方体"的含义一致，都是指有具体方所、形体的形质实体。

第二种体是流行之体。在"其体则谓之易"中，"体"则不同于有方位体段的形质实体，而是指变化流行之体。"其体则谓之易"，是说阴阳、动静、辟阖、刚柔、消长这种变易可以当作道（理）的形体。"易是变易，阴阳无一日不变，无一时不变"，故而"其体则

---

① 黎靖德：《朱子语类》卷七十四，中华书局1986年版，第1895页。
② 黎靖德：《朱子语类》卷七十四，中华书局1986年版，第1895页。

谓之易"是以"变易的大化流行"为体的意思。这是将体的含义从"方位体段"进一步扩大到"变化流行"这种形而下之气。总之，"易无体"的体即朱子所谓的"方体"，是指可睹闻的具体形象、方位的体；"其体则谓之易"的体，是指易这种无方体的大化流行之体。这两种"体"虽然都是形而下的体质，但是也有方所形体和流行之体的区分。

朱子将易的变化流行活动也称为体，打破了易学按照方位体段来区分有体和无体的标准。于是就出现一个问题，形器事物称为体是因为形器事物具有方位体段，而易的流行变化无方无体，为何也能称为道之体？将大化流行称为体，其背后应有体之为体的更深入的依据。

进而，朱子又区分了三种体：体质，道之本体，道之载体。朱子认为，大化流行之所以也能称为体，是因为大化流行和方体事物一样都由形而下之气构成（只不过一可睹闻，一不可睹闻），此二者都可以构成道的体质，成为道的载体。《朱子语类》载：

> 周元兴问"与道为体"。曰："天地日月，阴阳寒暑，皆'与道为体'。"又问："此'体'字如何？"曰："是体质。道之本然之体不可见，观此则可见无体之体，如阴阳五行为太极之体。"又问："太极是体，二五是用？"曰："此是无体之体。"叔重曰："如'其体则谓之易'否？"曰："然。"①

方体的体是体质之意，毋须多言。此处朱子又明言易的阴阳变化流行皆"与道为体"者，也是道的"体质"。这是朱子将形器体质的含义从方体扩大到流行之体的另一个证据。无论是方体还是流行之体，都是由气质构成，其实都是体质。"与道为体"的体是体质，"阴阳五行为太极之体"的体也是体质。道与太极虽然无方位体段，但是天

---

① 黎靖德：《朱子语类》卷三十六，中华书局1986年版，第976页。

地日月、阴阳寒暑等大化流行现象都是道的体质，阴阳五行运动是太极的体质。朱子并未用玄学中的"形器"概念，而是使用具有气质含义的"体质"概念来表达与"形器"相似的意思。体质也有具体和宏观的分别，具体的体质是指有方位、体段、形状的事物；宏观的体质是阴阳寒暑、天地日月等大化流行总体，不可以具体的方位形状说明，对应存在者整体（总混群本，或天地之化）。在"无体之体"这一概念中，前一个体是方体之意，道并不像一个物事那样有方位体段，所以谓之"无体"。同样，朱子尽量避免将太极、理等终极实在视为一个有形体的事物，认为"无极"是形容太极无形状、形象，这也是从方位形状的意义来说明太极和理是无体的。如朱子云："至于太极，有何形状？故周子曰'无极而太极'，盖云无此形状，而有此道理耳。"① 又云："盖恐人将太极做一个有形象底物看，故又说无极。"② 又云："无极者无形也，太极者有理也。周子恐人把作一物看，故云无极。"③ 这里都说明太极和理不可被视为有形状、形象的具体事物，所以是无体的。"无体之体"的后一个"体"是体质之意，这个体就不能简单地视为有形状、方位的具体事物，而是指大化流行之体。文中所谓的"天地日月，阴阳寒暑，皆与道为体"，其意是"天地日月，阴阳寒暑"作为大化流行构成道的体质；"阴阳五行为太极之体"，其意是阴阳五行作为大用流行构成太极的体质。大化流行无方位体段，道也无方位体段，但是大化流行却可以成为道的体质（无方体的载体），故而从易的阴阳活动可以见"无体之体"。

所谓道的本然之体，也可以称为"无体之体"，这后一个体不是体质，而是本体。大化流行是形而下的"无体之体"，道之本体是形而上的"无体之体"。道之本体即是理或太极。道之本体不可见，其存在显现须倚靠易的变化流行活动，这是借道之体质而见道之本体。

---

① 黎靖德：《朱子语类》卷九十四，中华书局1986年版，第2365页。
② 黎靖德：《朱子语类》卷九十四，中华书局1986年版，第2365页。
③ 黎靖德：《朱子语类》卷九十四，中华书局1986年版，第2366页。

道之体质和道之本体共同构成道体本身。

朱子使用"其体则谓之易"来表达"道体无体，以易为体"，"人性无体，以心的活动为实体"的关系。《朱子语类》载：

> "其体则谓之易"，在人则心也；"其理则谓之道"，在人则性也；"其用则谓之神"，在人则情也。所谓易者，变化错综，如阴阳昼夜，雷风水火，反复流转，纵横经纬而不已也。人心则语默动静，变化不测者是也。体，是形体也，（贺孙录云："体，非'体、用'之谓。"）言体，则亦是形而下者；其理则形而上者也。故程子曰"易中只是言反复往来上下"，亦是意也。①

道、易、神是道体的三个要素，道体之本体谓之理，道体之形体谓之易，道体之作用谓之神。道体在人上的表现，道之本体（理）在人谓之性，道之形体（活动的载体）在人谓之心，道之作用在人谓之情。

凡是体质都是形而下的，具有方所、形象、体段的"体"属于形而下的实体自不待言，而大化流行之体（其体则谓之易）不具备具体的方所形象（易无体），为何也属于形而下的体质，难道不可以被理解为形而上之体吗？对此一疑问，朱子和黄干有明确解释：

> 致道谓"心为太极"，林正卿谓"心具太极"，致道举以为问。先生曰："这般处极细，难说。看来心有动静：其体，则谓之易；其理，则谓之道；其用，则谓之神。"直卿退而发明曰："先生道理精熟，容易说出来，须至极。"贺孙问："'其体则谓之易'，体是如何？"曰："体不是'体用'之'体'，恰似说'体质'之'体'，犹云'其质则谓之易'。"②

---

① 黎靖德：《朱子语类》卷九十五，中华书局 1986 年版，第 2422 页。
② 黎靖德：《朱子语类》卷五，中华书局 1986 年版，第 84 页。

朱子所谓的"其体则谓之易"指心的体段是"阴阳交易之体","其用则谓之神"指心的功用是"神妙不测之动",而不是说"易与神"有体用之分（易是神的体,神是易的用）。黄干明确向叶贺孙解释道:"其体则谓之易"的体,不是"体用"之体,而是形而下的"体质"之意。在另一处,朱熹说得更为明确:

> 问:"昨日先生说:'程子谓:"其体则谓之易。"体,犹形体也,乃形而下者。易中只说个阴阳交易而已。'。然先生又尝曰:'在人言之,则其体谓之心。'又是如何?"曰:"心只是个动静感应而已。所谓'寂然不动,感而遂通'者是也。看那几个字,便见得。"①

在这里,朱子明确指出"其体则谓之易"的体是形而下的体质,这个体质不是个体事物,而是指"阴阳交易"这种大化流行之体。在人而言,此"阴阳交易"可以表现为心的活动。"易"虽然无确定的方位和形体,无法以感觉经验来获知,具有"无声无臭"的超验特征。然而超验不等于先验,超验只是无法以有限的感觉经验获知,表明易的活动是超出日常经验限度的不确定状态,并不等于说易的活动是形而上的先验本体,凡活动者都是形而下的,故而易之大化流行是形而下的体质,是道的形体。

所以,"本体"（心体、知体、性体和道体）和"神、易"固然都是无方体、无形象的,都可称为"无体之体";但是本体之体往往从体用言,是形而上之体;而"神易"这种大化流行之体却是形而下的形体,不可以"体用"来理解。同时,无论是具体的有方所、形象的事物,还是无方所、体段的"无体之易",都是由气质形成的形而下体质,前者为具体的实体,后者为大化流行实体（无体之

———————————
① 黎靖德:《朱子语类》卷六十五,中华书局 1986 年版,第 1614 页。

体）。无论哪种体质都是变易的，大化流行实体本就是阴阳变易之体，这一点无需多言，而具体的实体虽然具有暂时的体段，也常常在生灭变化中。论述到这里，我们固然在"体"的器质（形质）意义上区分了两种形而下的形质实体：有方体的形质实体和大化流行之体，但是我们只是初步弄清了"无体之体"可以指大化流行实体作为道的体质，对于大化流行能称为体的依据是什么，对于本体为何也称为"无体之体"，我们仍然尚未明了。这就需要进一步讨论"体之为体"的含义。

（二）载体

朱子认为，"其体则谓之易"的体是载体的意思。体质所以称为体，不在于有方体或无方体，而在于是否具有承载性。有方体的具体事物能承载具体的事物之理，而无方体的大化流行（易）之所以能谓之道的体质，也是因为能承载实理。如此，则体质的根本意义是承载性。《朱子语类》载：

> 问："'上天之载，无声无臭，其体则谓之易'，如何看'体'字？"曰："体，是体质之'体'，犹言骨子也。易者，阴阳错综，交换代易之谓，如寒暑昼夜，阖辟往来。天地之间，阴阳交错，而实理流行，盖与道为体也。寒暑昼夜，阖辟往来，而实理于是流行其间，非此则实理无所顿放。犹君臣父子夫妇长幼朋友，有此五者，而实理寓焉。故曰'其体则谓之易'，言易为此理之体质也。"程子解"逝者如斯，不舍昼夜"，曰："此道体也。天运而不已，日往则月来，寒往则暑来，水流而不息，物生而不穷，皆与道为体。"集注曰："天地之化，往者过，来者续，无一息之停，乃道体之本然也。"即是此意。①

---

① 黎靖德：《朱子语类》卷九十五，中华书局 1986 年版，第 2423 页。

"其体则谓之易"的体，指易为理之体质（道之体质）。易之阴阳变化中还有实理流行，若无易之阴阳变化，则实理无所安顿。这时候，易之阴阳变化起到了载体的作用，所以朱子云："体质之体，犹言骨子。"体质何以能称为体，是因为此流行之体（易）起到了骨架一样的支撑作用和承载作用。所谓"上天之载，无声无臭，其体则谓之易"，是说上天所承载的理（道）是无声无臭的，不可为感官觉知的，但是此理（道）的载体就是易的阴阳变化流行。"上天之载"一语充分表明，上天是最大的形体，它还承载着形而上的实理。实理是道之本体，而易之阴阳变化是道之载体，是"与道为体"的体质，此二者共同构成道体。于道体中，载体是流行的，实理是无分动静的，然而在现实存在中，实理则随其安顿的载体也表现为流行的状态，所以朱子有"实理流行"一说。而在"心即理"的语境中，心是实理既存在又活动的表现。

朱子将体的承载性形象地比喻为"骨子"。体是如骨子一样的载体，能承载理（形式）和心（主宰）。朱子"体"之含义是一致的，只不过具有本末精粗之分。《朱子语类》载：

　　问："注云'此道体之本然也'，后又曰'皆与道为体'，向见先生说'道无形体，却是这物事盛载那道出来，故可见。与道为体，言与之为体也，这体字较粗。'如此则与本然之体微不同。"曰："也便在里面，只是前面'体'字说得来较阔，连本末精粗都包在里面，后面'与道为体'之'体'又说出那道之亲切底骨子，恐人说物自物，道自道，所以指物以见道，其实这许多物事凑合来，便都是道之体，便在这许多物上，只是水上较亲切易见。"[①]

　　公晦问："'子在川上'注，体字是体用之体否？"曰："只

---

　　① 黎靖德：《朱子语类》卷三十六，中华书局 1986 年版，第 974—975 页。

是这个体，道之体只是道之骨子。"①

这两则文献分别说明了体具有承载性的特征。"道体"的体较阔，包含本末精粗之体。"与道为体"的体较粗，指大化流行这种气质实体构成道的形体。"道的本然之体"的体较精微，指形而上之理。总体来看，道体包本末精粗，道之本体即"道的本然之体"，是形而上的理，是无极之太极。道之末体即形质之体，是能承载道之本体的存在。具体实体能承载一般的理则和形式，而众多的流行实体能承载道体本身。文中所谓"道无形体，却是这物事盛载那道出来"表明，道体虽无形体，而杂多的具体物事（大用流行）却犹如载体一样，能承载道体而使其显见，这是众多具体实体的承载性。文中"道之体只是道之骨子"表明，道之体是如骨子一般具有承载性。总之，体如骨子，具有承载理和道体的功能。

（三）体用

体之为体还有一个重要的依据，以现实活动（事情）的本质来界定何谓体。一件事情从何而来，通过什么它是其所是并且如其所是，使某事情所以如此活动以及如何活动的依据便是某事情的本质。此本质乃是此事情之源。能为、所以为、如何为的本质是体，现实的活动或事情则是用。朱子区分"体用"的依据有两种：一是活动之所以然的道理；二是活动的主体。《朱子语类》载：

体是这个道理，用是他用处。如耳听目视，自然如此，是理也；开眼看物，着耳听声，便是用。江西人说个虚空底体，涉事物便唤做用。②

---

① 黎靖德：《朱子语类》卷三十六，中华书局1986年版，第975页。
② 黎靖德：《朱子语类》卷六，中华书局1986年版，第101页。

此则以所以然之理论体。体是所以然的道理,用是体的自然而然之作用(施为)。体是虚空无形体的形而上之体,用是涉及经验与物事的形而下之用。又如:

> 人只是合当做底便是体,人做处便是用。譬如此扇子,有骨,有柄,用纸糊,此则体也;人摇之,则用也。如尺与秤相似,上有分寸星铢,则体也;将去秤量物事,则用也。①

此则以活动主体论体。如人是主体,人之活动是用。扇子是主体,扇子摇动便是用。尺秤是主体,衡量物事是用。然而此主体非泛泛的质料物体,乃是具有一定结构、并蕴含一定形式、方能发出一定功能与活动的整体。人固然是活动之主体,可是涵有"合当做"的所以然之理;扇子固然是摇动之主体,可是必蕴含所能摇之理;尺秤固然是衡量之主体,可是必涵有能衡量之理。总之,凡是现实活动的皆是用,凡是蕴含所以然之理的皆为体。只不过,形而上之理为虚的体,而具有形式因、质料因与目的因、动力因的统一体则是实的体。无论哪种体,皆是事情的本质,具有能为、所以为、如何为、何以为的道理。

形而上之理为本体,形而下之气质为道之载体或道之形体,此分法符合朱子体有"本末精粗"的思想。此外,与发用相对的本体还有终极本体和见在本体之分;太极为一切存在的终极本体,能发出作用的具体事物为见在本体;终极本体与一切后天发用相对,见在本体与具体的作用相对。如此细分下去,终极本体有发用,发用之中又有体用,此为层层体用。对于具体的体用而言,凡能发、能生、主动的为体,凡被生、被动的为用,若能所主客角度不一,则体用因之而转换,此是"体用无定"义。然无论如何转换,必见在的(或先在)

---

① 黎靖德:《朱子语类》卷六,中华书局1986年版,第102页。

的是体，后来被生发的是用，此是"体用一定"义。《朱子语类》载：

> 问："前夜说体、用无定所，是随处说如此。若合万事为一大体用，则如何？"曰："体用也定。见在底便是体，后来生底便是用。此身是体，动作处便是用。天是体，'万物资始'处便是用。地是体，'万物资生'处便是用。就阳言，则阳是体，阴是用；就阴言，则阴是体，阳是用。"宇。[①]

依此说，体用之体必在逻辑上是在先或见在的。逻辑上的先在主要是先有虚体（所以然之理和所当然之则）而后有作用。然而，在现实中却是体用一源的。如：

> "体用一源"，体虽无迹，中已有用。"显微无间"者，显中便具微。天地未有，万物已具，此是体中有用；天地既立，此理亦存，此是显中有微。[②]

现实存在中，必然是有体就有用，有显就有微，不存在体用的先后关系。即便天地之总体未存在时，只要有细微的理，便有具体相应的万物，这是"体中有用"；而天地之总体既已存在，也不会掩盖各种细微的理，这是"显中有微"。总之，与逻辑的体用先后不同，现实中必是体用共在的。

前文所论易学之常体，即是朱子所谓的太极，今人所谓的终极本体。如：

> 太极自是涵动静之理，却不可以动静分体用。盖静即太极之

---

① 黎靖德：《朱子语类》卷六，中华书局1986年版，第101页。
② 黎靖德：《朱子语类》卷六十七，中华书局1986年版，第1654页。

体也，动即太极之用也。譬如扇子，只是一个扇子，动摇便是
用，放下便是体。才放下时，便只是这一个道理；及摇动时，亦
只是这一个道理。①

体用之体是恒常确定的，理学家常常使用"静"来表达本体的恒常
性和确定性。静虽然具有经验层面的静止意味，然而在表达本体的恒
常不变和确定性时，指的却是"定体"或"常体"，和日常经验中动
静不一样。大概是因为日常经验中的静具有暂时的确定性和恒常性，
故而理学家常常借用静来表达本体的绝对恒常性和确定性。朱子云：
"太极自是涵动静之理，却不可以动静分体用"，这是说太极作为终
极本体，其中包涵动静之理，然而动静之理并不可以用来形容本体和
作用。虽然表面上说"静是太极之体，动即太极之用"，但是这个静
指的是恒常性和确定性，而不是经验层面的静，但是动则无论在何种
语境下都是形而下的经验层面，故而说"动是太极之用"。举扇子之
例而言，"动摇便是用，放下便是体。才放下时，便只是这一个道
理；及摇动时，亦只是这一个道理。"文中"动摇便是用，放下便是
体"表面上说静是体、动是用，似乎动静可以分体用，但是"放下
便是体"实质上表达的是"才放下时便只是这一个道理"，这是借放
下之"静"表达扇子在剥去了动摇的作用后，只剩下所以然的道理，
而不是说动静之静就是本体。所以然的道理是恒常确定的本体，故而
无论是放下还是摇动都只是这个道理。

"本体无体"和"无体之体"之所以费解，就是因为容易混淆
"体用"和"体段"二者的体。朱子和门人弟子区分了体用之体和体
段之体。如：

问："伊川曰：'乐，喜好也。知者乐于运动，若水之流通；

---

① 黎靖德：《朱子语类》卷九十四，中华书局 1986 年版，第 2372 页。

仁者乐于安静，如山之定止。知者得其乐，仁者安其常也。'
'乐喜'、'乐于'，恐皆去声。又曰：'"知者乐"，凡运用处皆
乐；"仁者寿"，以静而寿。'又曰：'乐山乐水，气类相合。'范
氏曰：'知者运而不息，故乐水；仁者安于山，故乐山。动则能
和，故乐；动则自乐，恐不必将"和"作"乐"字。静则能久，
故寿。非深于仁知者，不能形容其德。'右第二十二章凡七说，
伊川四说。今从伊川范氏之说。伊川第二说曰：'乐水乐山，与
夫动静，皆言其体也。'第三说亦曰：'动静，仁知之体也。'
'体'字只作形容仁知之体段则可，若作体用之体则不可。仁之
体可谓之静，则知之体亦可谓之静。所谓体者，但形容其德耳。
吕氏乃以为'山水言其体，动静言其用'，此说则显然以为体用
之体。既谓之乐山乐水，则不专指体，用亦在其中。动可谓之
用，静不可谓之用。仁之用，岂宜以静名之！谢氏曰：'自非圣
人，仁知必有所偏，故其趋向各异，则其成功亦不同也。'据此
章，乃圣人形容仁知以教人，使人由是而观，亦可以知其所以为
仁知也。谢氏以为指知仁之偏，恐非圣人之意。谢氏又曰：'以
其成物，是以动；以其成己，是以静。'杨氏曰：'利之，故乐
水；安之，故乐山。利，故动；安，故静。'窃谓圣人论德，互
有不同。譬如论日，或曰如烛，或曰如铜盘。说虽不同，由其一
而观之，皆可以知其为日。然指铜盘而谓之烛，指烛而谓之铜
盘，则不可。圣人论仁知，或以为'成己、成物'，或以为'安
仁、利仁'，或以为'乐山、乐水'，各有攸主，合而一之，恐
不可也。游氏推说仁寿，尹氏同伊川，故不录。"曰："所论体、
用甚善。谢氏说未有病，但末后句过高不实耳。'成己、成物'，
'安仁、利仁'、'乐山、乐水'，意亦相通。如'学不厌，教不
倦'之类，则不可强通耳。"①

---

① 黎靖德：《朱子语类》卷三十二，中华书局 1986 年版，第 826—827 页。

文中伊川第二说"乐水乐山，与夫动静，皆言其体也。"第三说"动静，仁知之体也。"此"体"字是形容仁知之体段，若作体用之体则不可。因为从本体角度而言，仁知之体皆只可谓之静定，即恒常定在之体，而仁知之德（体段）则有动静之分。吕氏所谓"山水言其体，动静言其用"，此说则为体用之体。即前文所谓的见在之体用，言体时而用在其中。朱子认为上述"所论体用甚善。"

综上所论体之诸意，朱子论体兼有本末精粗之体，精的体是无形质的理，是道之本体；粗的体是有形质之体，可谓道之载体（或道之形体）。有体用之体，可分为终极本体和见在本体。这两种分法也是有联系的，见在本体只是众多能发出作用的形质事物之一，共同构成终极本体的发用（载体）。朱子之体用观是"体用无定"与"体用一定"的统一，亦是"体先用后"与"体用一源"的统一。太极作为终极本体乃是无体之本体。如：

> 太极无方所，无形体，无地位可顿放。若以未发时言之，未发却只是静。动静阴阳，皆只是形而下者。然动亦太极之动，静亦太极之静，但动静非太极耳，或录云："动不是太极，但动者太极之用耳；静不是太极，但静者太极之体耳。"故周子只以"无极"言之。[1]

所谓无极之太极，乃是说太极是"无体之本体"，而其发用则有动静之形体，本体既无具体方位、形象、体段，但又以大用流行为载体。论及此处，我们已经接近本书的"本体论"主题，但是对于本体（太极、性体、心体）作为"无体之体"何以谓之体仍然只知其一而不知其二。因为本体之谓体乃是从体用论，而体用之体为何能谓之体，似乎只是一个既定的说法，朱子并未追求其义理来源。换言之，

---

① 黎靖德：《朱子语类》卷九十四，中华书局 1986 年版，第 2369 页。

本体无形体、无方所而谓之"无体"，本体是形而上之理而谓之常体，也只是解释无体之体的一个理由，这必然会限制对本体全面含义的理解。本体必有呈现，本体必然是体用一源的，这似乎启发了本体无体而谓之体的另一个理由。

（四）统体、全体与"万物一体"

无方体的"易"能称为道之载体，是因为易之阴阳变化流行具有承载实理的作用，"易"是道之体质（与道为体）的根本理由不在于体质是否具有方位形体，而在于体质是否具有承载性。那么，对于同样无方位形体、无声臭的本体或常体而言，何以也谓之体？我们不能停留在可变的形质之体和不变的常体之区分上，而需要找到形体、常体和本体所以都称为"体"的共同之处。无论是常体（本体）还是形体（载体），体都具有聚集之意，使各种属性凝聚为一个整体，并成为发用现象的主体（主宰之体）。具体的形质实体，能凝聚各种属性，包括广延、形状、动静等第一性的质（固有属性），以及色声香味等第二性的质（非固有属性）。常体者，体虽不具备形质方所之意，但由于常体不易而能主宰各种发用现象，如统体一般能聚集"众体"的条理于其中，"恍若一物"般地有体，故而也可谓之体。只是具体实体在一定时空内以常识的眼光看来是不易的，所以能暂时具有主体性和凝聚性，实质上是时时变易的。而常体的主宰性和凝聚性是恒常不易的，虽然以常识的眼光看来无形体，但是因其不变的能主能聚性，却犹如一个形而上的无限实体，在这个意义上可谓本体即实体。

体因凝聚性和主宰性而使得本体实际上本就融摄发用现象而成为一个全体。如果说形质实体与承载性相对，那么恒常实体与主宰性和凝聚性相对；同时，由凝聚性还能衍生出统一性。朱子进一步从统一性和整体性讨论了体之为体的理由。整体是一个体用一致的、具有统一性的全体。朱子将这种统一性的体用整体称为"全体大用"。如：

> 安卿问"全体大用"。曰:"体用元不相离。如人行坐:坐则此身全坐,便是体;行则此体全行,便是用。"①

所谓"全体大用",是说体用本来是一体的,不是用之前有一个孤立先在的体,也不是体之后有一个后起的作用,如此理解是将体用相分离。比如,在人行住坐卧的现实活动中,不是先有一个身体,然后再发为行住坐卧,即此身体的行住坐卧便是体本身,离了行住坐卧的作用则不能为身体。即此身体的行住坐卧便是用本身,离了身体的凝聚性、和整体性,也不能有行住坐卧的作用。所以,体用本来是相资相成、不相分离的。朱子所举的例子是经验世界的见在体用,重在说明体用是一个统一整体,离开一方则另一方也不成立。对于先天本体和后天发用的关系而言也是如此,不是先有一个形而上本体,然后再发为后起的形而下作用,如果那样,则先天本体是孤悬的定体,从而一方面在理论上沦为一个可被思索的先验幻相而丧失了本的终极性,另一方又需要解决本体如何生出发用、如何与发用沟通的问题。在朱子看来,本体必然要与发用相资为一体,或者说,本体就是体用一源的整体(全体大用)。又如:

> 虽是"无声无臭",其阖辟变化之体,则谓之易。然所以能阖辟变化之理,则谓之道;其功用著见处,则谓之神;此皆就天上说。及说到"命于人,则谓之性;率性,则谓之道;修道则谓之教",是就人身上说。……形而上者,无形无影是此理;形而下者,有情有状是此器。然谓此器则有此理,有此理则有此器,未尝相离,却不是于形器之外别有所谓理。……叔蒙问:"不出这体用。其体则谓之性,其用则谓之道?"曰:"道只是统言此理,不可便以道为用。仁义礼智信是理,道便是统言此

---

① 黎靖德:《朱子语类》卷十六,中华书局 1986 年版,第 326 页。

理。"直卿云："'道'字看来亦兼体、用，如说'其理则谓之道'，是指体言；又说'率性则谓之道'，是指用言。"曰："此语上是就天上说，下是就人身上说。"①

此则认为，道是所以然之理，而易是阖辟变化之体，神是功用著见处。若形而上之理和形而下之器未曾相离，且形而下的变化之体（流行形质）能成为道体的形体，那么道体其实不仅指单一的形而上本体，而是指全体大用，是形而上之本体和形而下之流行的整体。即黄干所谓道兼有本体与发用。朱子并不否认道兼体用，只是反对叔蒙将一般性的道体、理、器关系和人事的天命、率性、修道的关系混同。故而当叔蒙和黄干以人事的天命之性和率性之道解释体用时，朱子解释说，道是统言此理，不可直接以道为用。《朱子语类》载：

> 问："'全体大用，无时不发见于日用之间'。如何是体？如何是用？"曰："体与用不相离。且如身是体，要起行去，便是用。'赤子匍匐将入井，皆有怵惕恻隐之心，'只此一端，体、用便可见。如喜怒哀乐是用，所以喜怒哀乐是体。"淳录云："所以能喜怒者，便是体。"寓。②

这是说，喜怒哀乐之情本来属于现象，是本体之发用，但是如明了体用一源的道理，则喜怒哀乐中自有所以能喜怒的体，用中自有体，于是便能明白用即是体。体用便是一个整体，而不会分开。

四 心学的"本体即全体大用"

心学所谓本体，并不是现象背后的另一个存在，而是能生起发

---

① 黎靖德：《朱子语类》卷九十五，中华书局 1986 年版，第 2421 页。
② 黎靖德：《朱子语类》卷十七，中华书局 1986 年版，第 386 页。

用，并和发用构成一个整体。换言之，本体除了本质的、本然的一面之外，还有现象的、发用的一面。体用一源、显微无间的整体便是本体自身。只是对未悟本体的人看来，本体属本体，发用属发用，对于悟本体的人来说，发用即本体。王时槐《三益轩会语》载："悟性则情识为智矣，不悟性则情识为障矣。"① 又认为，不以悟性为本，则徒然于念虑致力；以悟性为本，则可操持于念虑。② 这都说明在心学中，悟得本体后，则能转情识意念等为性之妙用，一切性之发用皆为本体自身，不悟性则情识为性之障碍，则分裂本体为体用两端。佛学中也有类似"本体是全体"的思想。《楞伽经》认为如来藏即是佛性，是"善不善因"，是生死、涅槃的根源。吕澂认为，"佛性乃是一个全体，表现各有不同，要见佛性，就要在各种行为上着眼。所谓善恶苦乐，都是佛性的一种表现，所以叫做'触类是道'。决不能只把清净心看作佛性"③。在禅宗中，这种思想会从"本体上的自然主义"（认为佛性是真心和清净心，或本体是本然状态和原初状态），走向"实践上的自然主义"，即在修行中主张"任心"，认为随顺自然则一切皆真，或者说一切皆是佛性本体。

从朱子到阳明，皆承认本体即全体的思想。阳明常说全体大用的思想。《传习录》载：

> 常人之心既有所昏蔽，则其本体虽亦时时发见，终是暂明暂灭，非其全体大用矣。无所不中，然后谓之大本；无所不和，然后谓之达道；惟天下之至诚，然后能立天下之大本。④

这是说，心体不是一个隔绝的本体，而是兼有未发之中与已发之和的

---

① 王时槐：《王时槐集》，上海古籍出版社 2015 年版，第 512 页。
② 王时槐：《王时槐集》，上海古籍出版社 2015 年版，第 511 页。
③ 吕澂：《中国佛学源流略讲》，中华书局 1979 年版，第 236 页。
④ 王守仁：《王文成公全书》第一册，中华书局 2015 年版，第 29 页。

全体大用，是大本和大道、本体和呈现的统一。全体大用蕴含着本体必呈现为现实的思想。

根据统体和全体的本体观，儒家常说"仁者浑然与物同体"，"万物一体之仁"。与天地万物为一体，这个体是什么？应该是一个整体，这个整体即是仁体、即是道体，兼有道之本体（理）和道之形体（气化流行）。能为一个整体的基础是什么？这个基础应该不是单纯地从物质构成的角度而论，因为物质只是从构成基础方面阐述了整体，整体之为整体是综合了理的凝聚性、规范性，气的承载性、流行性，心的主宰性和对存在的显现等角度而论。以下通过对比安瑟尔谟的本体论证明与王时槐的本体论思想，来展示心学中本体即全体的思想。

（一）本体是全体大用的概念式证明

本体除具有本原和本质意，还具有统体意，终极本体必然是全体大用，不然就不成为终极完满之体。安瑟尔谟曾以"上帝存在的本体论证明"来说明上帝（终极实体）不仅是一个概念，而且必然能从概念演绎出其存在。按照安瑟尔谟的《宣讲》第二章中的证明：

> 实际上，我们相信您是不能想象比之更大的某物。或者说，因为愚者在他的心中认为上帝不存在就真的没有这样一种本质（如您那样）存在吗？然而很显然，当这个愚者听到我说出'不能想象比之更大的某物'这个词组之时，他理解他听到的东西。而他所理解的东西在他的理解之中，尽管他没有将之理解（或者说判断）为存在的……因此，甚至愚者也承认'不能想象比之更大的某物'至少存在于他的理解之中；因为，当他听到这个东西时，他理解了他所听到的，并且无论什么被理解的东西都在理解之中。然而很显然，一个不能想象比之更大的东西不能仅存在于理解之中。因为，如果它只存在于理解之中，它就可以被想成也存在于现实之中，它就成了一个比仅仅存在于理解之中

更大的东西。因此，如果一个不能想象比之更大的东西只存在于理解之中，那么一个不能想象比之更大的东西就将同时成为一个能想象比之更大的东西！这个结论当然是不可能的。因此毫无疑问，不能想象比之更大的某物就同时存在于理解和现实之中。①

按照安瑟尔谟的《宣讲》第三章中的证明：

> 很显然，这个存在物如此真实（现实）地存在以至于它甚至不能被想象为不存在。因为，可以想象存在着不能被想象为不存在的某物，并且这个东西要大于可以被想象成不存在的东西。因此，如果一个不能想象比之更大的东西能够被想成不存在的，那么这个不能想象比之更大的东西就不再是不能想象比之更大的东西——这个结论是矛盾的。因此，某个不能想象比之更大的东西如此真实地存在，以至于它甚至不能被想成不存在的。而您就是这个存在物，我们的上帝。②

上述两个证明可概括为："我们心中都有一个伟大的存在者，不能设想有一个比他更伟大的存在者。它存在于我们的心中或者观念里。但是，它作为最伟大的存在者不能仅存在于我们的心中或观念里。因为，如果他只存在于心中，那么它就不是最伟大的存在者了。在现实中存在比在观念中存在更伟大。这与我们的设想相矛盾。因此，名之为上帝的存在，不仅存在于我们的心中，亦在现实中存在。"与此相应，我们也可以认为，理学和心学中的至善、太极、心（性）等作

---

① St. Anselm, "Proslogion", in Complete Philosophical and Theological Treatises of Anselm of Canterbury, translated by Jasper Hopkins and Herbert Richardson, Minneapolis: The Arthur J. Banning Press, 1986, p. 93.

② St. Anselm, "Proslogion", in Complete Philosophical and Theological Treatises of Anselm of Canterbury, p. 94.

为终极完满的本体，不仅存在于心中，而且也存在于现实中。因为，既在观念中存在也在现实中存在的至善，比仅仅在心中存在的至善理念要更加终极完满。

在上帝存在的本体论证明中，安瑟尔谟认为"存在"是一种比观念更高的完满性。通过"无与伦比"的概念不能自相矛盾，来说明"无与伦比"的事物不能只存在于观念中，而是同时满足观念存在和现实存在的条件。但是，安瑟尔谟的本体论证明仅仅证明了上帝是一个终极存在，而不足以说明其是终极完满的存在。其终极实体的完满性建立在一个比较系列之上，即：

$$观念性 < 现实性 < 观念性 + 现实性$$

然而这个系列只能证明终极实体是独立存在（即王时槐所谓的独善），并不足以说明终极实体能够涵摄天地万物的完满性。作为绝对完满的终极存在，至善（太极）必须涵摄发用而成为统体才能真正形成终极完满的系列。心学所理解的本体是"本体无体，以用为体"和"本体无体，以众体为体"的性体（心体），既是与发用相区别的第一本体，又是与发用相融的一般性原理或所以然的本质，同时也是以大用流行为载体（形体）的全体大用，其终极完满的系列相比安瑟尔谟的证明更加完整，即：

$$观念性 < 现实性 < 观念性 + 现实性 < 观念性 + 现实性 + 统体性 （全体大用）$$

所以，从至善（太极）的定义必然能演绎出至善性体是一个全体大用的存在。按照安瑟尔谟的证明逻辑，心学的至善本体的完满性要大于上帝的完满性，因为，至善是全体大用所要满足的条件大于上帝独立存在所需满足的条件。

（二）本体是全体大用的存在论说明

本体必然是全体大用的思想，既通过本体之发用（经验现象）来体现，也通过本体融摄一切（逻辑观念）来体现。在安瑟尔谟的本体论证明中，仅仅是通过观念的存在演绎出实体的存在。在心学"本体是全体大用"的存在论证明中，既不是概念推衍式的本体论证明，也不是从经验现象上溯到终极存在的宇宙论证明（托马斯·阿奎那的五路证明）。由于全体大用是一个既超验又经验的概念和存在，所以对其存在说明既不能离开观念和经验，也不能单独使用观念或经验，而是通过本体的显现方式来说明，这种显现方式多依赖于个体对纯粹经验的体验。本体不是外在于发用的独立存在，而是必然涵摄发用，以发用为载体的存在。"本体无体，以用为体"的显现方式说明本体是全体大用。

下面以江右王学代表王时槐为例来说明本体是全体大用的思想。王时槐用数个命题来说明本体是全体大用，也就是："太极之全体本贯古今、弥宇宙，一切该括无欠无余。"① 其一是"天下无性外之物"，《三益轩会语》载：

> 一物各具一太极，万物统体一太极。各具而此性无欠也，统体而此性无剩也。月映千江而未尝分也，千江一月而未尝合也。虽各具而不得执为己有也，虽统体而不得离为外物也。……故曰："天下无性外之物，而性无不在。"②

这是说，太极既是化生本原，也是统贯万物的本体。"天下无性外之物"说明，第一本体必然表现为全体大用。

其二曰"性贯于天地万物"。《潜思札记》载：

---

① 王时槐：《王时槐集》，上海古籍出版社 2015 年版，第 437 页。
② 王时槐：《王时槐集》，上海古籍出版社 2015 年版，第 481 页。

　　佛氏言"本来无一物",与吾儒言"空空"何异,而卒不同者何也?象山先生曰:"佛氏主于出世,儒者主于经世。"此语似分别而实得之。盖性本无二,佛氏所悟岂容有异,但立教则辨矣。彼主于出世,故以性超于天地万物之外;圣人主于经世,故以性实贯于天地万物之中,此其所以异也。然要其极致,超者未尝不贯,贯者未尝不超。①

同是天地一性,儒佛二家理解有别。佛家主张"本来无一物",所求于天地万物之外,乃至无所求。儒家也有空空之意,然而认为性体必然发用并贯通于天地万物之中。但如果性体是全体大用,则无所谓超和贯,超与贯只是对第一本体(性理)而言。

　　其三曰:"先天无体,以后天为体"。《病笔》载:

　　　　夫彻古今,弥宇宙,皆后天也。先天无体,舍后天亦无所谓先天矣。②

先天无体是指性体无形体,无方所则无边际而不可计量,这是本体无限的一个表现。先天无形体,而后天发用即是先天性体的形体,所以本体不是孤悬的本体,而是必然涵摄发用而存在的全体。

　　其四曰:万物皆性体之流行。《再答宪使修默龚公》载:

　　　　夫盈宇宙间,惟此性而已。天地万物,皆此性之流形也。凡流形者,有成毁也,人在宇宙间,亦惟此性而已。七情百形,皆此性之流形也。流形者有转换,而性无转换也。③

①　王时槐:《王时槐集》,上海古籍出版社2015年版,第518—519页。
②　王时槐:《王时槐集》,上海古籍出版社2015年版,第533页。
③　王时槐:《王时槐集》,上海古籍出版社2015年版,第426页。

这是说，盈天地间皆性体。这不是说性体是一个物事一样的存在，而是说，天地万物皆性之流形，不仅人、七情百行，而且时空皆性体之流行。流形者有生灭变化和成毁，而性体本身则能保持完整性。如一人之身，发毛皮肤有新陈代谢，而人之本身却无转换而能保持完整性。

其五曰："不执不离以尽性"。《吴心淮问学手书四条酬之》载：

> 天地万物，一性之委形耳。离天地万物以觅性者，非也；执天地万物以为性者，亦非也。不执不离以尽其性，是之谓圣学。①

按照"本体无体，以用为体"的思想，发用并非外在于本体的存在。性与天地万物实为一体，天地万物即性体之流出，是性之形体。所以离万物存在以追求悬空本性实不可能，这是将形而上隔离于形而下；而将天地万物视为本性亦不可，这是将形而上混同于形而下。王时槐秉持其不离不混的中道观来看待全体大用。

其六曰"盈天地皆性"，这是说明性体"弥贯宇宙古今"的意义。在第一本体上，只可言性，不可言心。在全体大用上，心性皆可视为充盈宇宙。不仅心，而且气、知、意皆遍满宇宙。《答钱启新邑侯八条》载：

> 盈宇宙一心也，一气也，安有天地与我之分哉？发育、峻极、博厚、高明云云，正以心一气一，故吾能自位，则盈宇宙皆位矣。吾能自育，则盈宇宙皆育矣。何也？一体故也。若谓天地自天地，万物自万物，我自我，则彼此乖隔，非一体矣。②

---

① 王时槐：《王时槐集》，上海古籍出版社 2015 年版，第 598 页。
② 王时槐：《王时槐集》，上海古籍出版社 2015 年版，第 360—361 页。

明代心学家常说"盈天地皆心（性、气）"，这是对终极本体是全体大用的直观理解。从全体大用而言，性、心、气是一致的，也无人我、天地与我的对立。"盈天地皆性"在时空上表现为弥宇宙、贯古今，遍及一切存在。《潜思札记》载：

> 此空寂之性，弥宇宙，贯古今，无一处不遍，无一物不具，无一息不然；无边际，无方所，无始终。①

"盈天地皆性"在发用上表现为物质和精神都无边际，遍满宇宙。《潜思札记》和《又七条》载：

> 性无边际，故发之为目视，为耳听，为心思，为身觉，一一皆无边际；性万古不息，故视听思觉亦万古不息，故曰'得其一，万事毕矣'。②
>
> 天地之性即吾性，非有二也。天地之性遍满宇宙，无有边际，故一草一木，一虫一鱼，一尘一毛，无论纤细，一一皆遍满宇宙，无有边际，性本如是，不可得而剂量也。③

此二则皆从性体之发用形容"盈天地皆性"的道理。上则是从精神而言，下则是从事物而言，性体无边际，则其发用的物体现象和精神现象也无边际而遍满宇宙。

五　心学的虚体、实体与有无之体

理学家对"理"的界定多偏重于实，而心学家对心体的界定多偏重于虚。陈来先生《仁学本体论》认为："朱子是中国哲学实体论

---

① 王时槐：《王时槐集》，上海古籍出版社 2015 年版，第 517 页。
② 王时槐：《王时槐集》，上海古籍出版社 2015 年版，第 520 页。
③ 王时槐：《王时槐集》，上海古籍出版社 2015 年版，第 535 页。

的代表。"① 朱子的实体从宇宙论角度而言，可以指"道之本原"②
或"天地造化实体"③，从所以然和所当然的本质论角度而言，也可
以指太极之理这种恒常实体。在朱子哲学中，形质（具体事物和流
行之气）、太极之理、道体都可以称为实体，只是所以为实体的理由
有别。在中文语境中，我们通常在两种意义上说"某者"是实在的，
一是存在现象的客观现实性，二是恒常不变的实在性，而这二者都和
人的感受相关。客观实在性源自于人们因为感受的直接真实性，而认
为引发感受且不依赖于感受的存在者是客观实在的，这包括具体事
物和大化流行，朱子总称为由气质构成的"形质实体"。恒常不变的
实在性源自于人们认识到，感受虽然是直接现实的，但不免多变易
逝；而引发感受的存在现象固然是客观现实的，却不免变动不居，所
以主观感受和客观存在都是幻灭不实的；反之，超越主观感受和客观
现象之幻灭性的恒常不变者才是真正的实在，这就是恒常实体。朱子
所谓的"理定即实，事来尚虚"，就是指"理"是恒常不变的实体。
张岱年先生认为，实体含义有二，一是客观的实在，二是永恒的存
在。④ 前者就是指能引发感受实在性的形质实体，后者就是指"理"
这种恒常实体。具体的实体是相对属性而言的，有方位体段等时空特
征，是能承载所以然之理和所当然之则，能凝聚各种属性和各种现象
为一身的实体，其样式是杂多的事物；流行的实体是无方体的大化流
行，其样式是"天地日月、阴阳寒暑"等的形气流行总体（朱子称
为易）；恒常实体也谓之本然实体，是相对于易变的现象和后起的发
用而言，是所以然之理和所当然之则的统一，即朱子所谓的道之本
体、造化实体、理本体（太极）。无论是哪种实体都能引发人的实在
感受，但感觉主义者偏重于认为引发真切感受的客观实体是实在的，

---

① 陈来：《仁学本体论》，生活·读书·新知三联书店 2004 年版，第 202—203 页。
② 朱熹：《四书章句集注》，中华书局 1983 年版，第 18 页。
③ 黎靖德：《朱子语类》卷七十四，中华书局 1986 年版，第 1876 页。
④ 张岱年：《中国哲学的本体观念》，《张岱年全集》第五卷，河北人民出版社 1996 年
版，第 487 页。

而理性主义者偏重于认为恒常不变的终极定理是实在的。

理学家虽偏重于实在论，但他们认为"理"作为"无极之太极"是一个虚实统一体。朱子说："不言无极则太极同于一物，而不足为万化之根；不言太极则无极沦于空寂，而不能为万物之根"①，"无极"是说"太极"是超形象的，不然"太极"便为一具体物；"太极"是说"无极"为一实理，不然"无极"便沦为虚空。薛敬轩认为：

> 无形而有理，所谓"无极而太极"，有理而无形，所谓"太极本无极。"形虽无而理则有，理虽有而形则无，此纯以理言，故曰"有无为一"。②

这是说，理是一个"有无为一"之体，论其有是有恒常的太极之理，论其无是无形质体段。所以，理学家所理解的理本体是兼有虚实有无特征的统一体。

虽然心体偏重于"虚明""虚寂"等特征，但事实上心学家往往也使用虚实相融来形容心体。一方面，本心是虚体，但这并非说心不实在而沦为存在意义上彻底的"虚无"，而是说本心缺乏形质实体的广延特征，具有本体虚寂和作用虚灵的特征。另一方面，本心虽然是无声无臭、无思无为的虚寂之体，却既内在涵有"诚""至善"之实理，又表现为发用之实迹，故而又具有实在的特征。所以，心学之心体也是虚实相融的本体。

（一）心之虚体

心体可以分为虚体和实体。人们看待心之虚实的理由有两种：

其一，从是否具有形质体段角度论虚实。在日常经验中，有体而

---

① 朱熹：《朱子全书》第 21 册，上海古籍出版社 2002 年版，第 1560 页。
② 黄宗羲：《明儒学案》卷七，中华书局 2008 年版，第 114 页。

实，无体而虚，虚实是按照有无形质体段来区分的。"心无形体"，所以被视为"虚体"；事物有形质方体，所以谓之形质实体。杨简就从这个角度认为道心是"虚体"。杨简云："道心无体，姑立虚名，曰美、曰中，亦皆虚名。"① 道心无形质体段，故而虽谓之本体，其实只是虚名。所谓心体、中道、诚体等，都是"虚体"。

其二，从本体与作用论虚实。本心不具备形质实体只是从一个方面说明本心的虚无特征，从根本而言，本心作为先天超越的本体必须不具备一切有的痕迹，包括感觉、思维和反省的对象，以及意识念虑等活动形式，本心的本质是无声无臭、无思无为的虚寂（清虚）。反之，后天经验中的意识心既具有意识形式又含有意识对象，而且总在感应中，所以是实在的心之作用。可见，虚实除了形容本心有无形质体段外，还用以指心之体用。心之本体是"无思无为，寂然不动"的虚体；心之作用是"感而遂通"的实迹（也包括感而不通的意识）。

作为一个整体，本体无体之虚乃是发用（作用）之实的依据。陈白沙说："本虚形乃实，立本贵自然。"② 夏东岩《读白沙与东白论学诗》说："人心本虚灵，静处难思议。及其有思时，却属动边事。"③ 此二者皆是指有虚明自然之本心，才有现实之思虑和事情。刘宗周也论述了虚乃实之本的思想。他说："惟天太虚，万物皆受铸于虚，故皆有虚体，非虚则无以行气，非虚则无以藏神，非虚则无以通精，即一草一木皆然，而人心为甚，人心浑然一天体也。"④ 万物皆成形于虚，所以万物的本体（初始状态和本然状态）是虚体。虚有行气、藏神、通精等作用，这是体虚为用实之本的道理。郝敬云："夫无思无为，寂然不动，德性之虚体也；感而遂通天下之故，问学

① 杨简：《杨氏易传》卷二坤卦文言解，江户写本（旧藏者）昌平坂学问所（该本无页码）。
② 陈献章：《陈白沙集》卷九《附录》，文渊阁四库全书本。
③ 黄宗羲：《明儒学案》卷四，中华书局 2008 年版，第 76 页。
④ 刘宗周：《刘宗周全集》第二册《学言》中，浙江古籍出版社 2007 年版，第 410 页。

之实地也。论感应之迹，人心一日之间，无思无为者，不能斯须；而论存主之神，自幼至老，其寂然不动者，百年常住，故曰'不睹不闻，莫见莫显'。"① "无思无为，寂然不动"是心之虚体，"感而遂通天下之故"是心之实地。心之理虽然是虚寂的无思为，然而心之发用却是感无停机的实迹。

杨简也认为，无方无体的"虚"是保证本体不可限量和发用神妙无穷的必要条件。杨简云："此心无体，而神用无穷。有体则有限量，故曰宽宥，有体则可知，无体则不可知。"② 有体质有方所，则是有限的存在。心无体，则妙用无穷，不可限量，即"人心无体，无所不通，无所限量"③。杨简又云："有体之方亦可摇动，无体之方不可摇也，真为方矣。"④ 道心无体无方足以体现心体的贞正坚固。凡有方体者必能被左右，无方体之本心方能坚贞不可动摇，如此才是真方。又云："心无体质，不可以消长。"⑤ 本心无体质，故不可以日常动静消长论；"言有消有长，未脱乎意"⑥，所谓动静消长，是指心中之意这种后起的精神现象。杨简又以伦理价值区分了本体和实体的限度，本体无体而坚贞永固，则无所不利；实体有形质方所之限制，则必有沦陷之忧，他说："道心无体，如太虚。然险难何能乱之，身则有体者，身固不可得而亨矣。心则无体，无体则坎险不能陷。"⑦ 道心无体，则经验之险阻不能乱，本体贞正长存。身体是有形质之实体，则在经验层面中难以保持普遍性和纯粹至善（贞正永固）。

---

① 黄宗羲：《明儒学案》卷五十五，中华书局 2008 年版，第 1325 页。
② 杨简：《慈湖诗传》卷十八《周颂》，文渊阁四库全书本，第 8 页。
③ 杨简：《慈湖遗书》卷十二，文渊阁四库全书本，第 4 页。
④ 杨简：《杨氏易传》卷二坤卦文言解，江户写本（旧藏者）昌平坂学问所（该本无页码）。
⑤ 杨简：《先圣大训》卷四，明万历刊本，第 18 页。
⑥ 杨简：《先圣大训》卷四，明万历刊本，第 18 页。
⑦ 杨简：《杨氏易传》卷十坎卦卦辞解，江户写本（旧藏者）昌平坂学问所（该本无页码）。

阳明认为良知本心乃是真正的虚无之体。《传习录》载：

> 仙家说到虚，圣人岂能虚上加得一毫实？佛氏说到无，圣人岂能无上加得一毫有？但仙家说虚，从养生上来；佛氏说无，从出离生死上来，却于本体上加却这些子意思在，便不是虚无的本色，便于本体有障碍。圣人只是还他良知的本色，便不着些子意在。良知之虚，便是天之太虚，良知之无，便是太虚之无形。①

按照阳明的意思，道家之虚带有养生的意，佛家的无带有出离的意，都是于虚无之本体上加了一些意向，反而不是虚体的本色。良知虚无是太虚之无形，其体虚便还于太虚，其用实便顺良知之实用，总之不著情识意念、不杂习染，故而是真正的虚体。欧阳德说："良知本虚，致知即是致虚。真实而无一毫邪妄者，本虚之体也。"② 良知本虚，是无一丝习气和念虑之邪妄杂染的虚体。刘文敏说："知体本虚，虚乃生生，虚者天地万物之原也。吾道以虚为宗，汝曹念哉。"③ 这既说明了本心是虚体，又指出了虚为生生之实的依据。王畿说："夫人心本虚，有不虚者，欲累之也……君子之学在于理会性情，致虚所以立本也，是谓喜怒哀乐未发之中。"④ 这说明本心是无杂有情识欲念的虚体，致虚乃是立本之学。王畿又曰："天地间惟万物，万物成象于天地之间，而无一物能为之碍者，虚故也……耳惟虚，故万声备焉；心惟虚，故万象备焉。"⑤ 虚是作用不滞无碍的原因，本心清虚而能具备万象。王时槐云："此心湛然至虚，廓然无物，是心之本体原是如是也。"⑥ 王时槐认为心体至虚，廓然无物。然而心体本

① 王守仁：《王文成公全书》第一册，中华书局 2015 年版，第 131 页。
② 欧阳德：《欧阳德集》，凤凰出版社 2007 年版，第 197 页。
③ 黄宗羲：《明儒学案》卷十九，中华书局 2008 年版，第 431 页。
④ 王畿：《王畿集》，凤凰出版社 2007 年版，第 497 页。
⑤ 王畿：《王畿集》，凤凰出版社 2007 年版，第 497 页。
⑥ 王时槐：《王时槐集》，上海古籍出版社 2015 年版，第 353 页。

虚非放荡无归，虚体中涵敬的实功。

以上是从本体论虚。当然，虚除了指本体的虚无之外，还可以指作用的虚灵。本体的虚是指本心在形质方体上是虚无的，在情意识念上是无思无为的，作用上的虚是指心在灵知明觉的作用上是无滞碍的。这二者是统一的，正是因为本体的虚无才带来作用的虚明无碍和虚灵无滞。胡煦将心称为虚灵相合之象，体虚而用灵。他说：

> 人心虚灵不昧，虚体也，灵用也。灵而不虚，碍于实也，终必不灵。虚而不灵，邂于无也，究亦非虚。坎阳得于乾，中虚而善动，是虚灵之合，故象心。①

心在形质实体上是虚的，因而在功用上是灵通无碍的。如果某事物是"灵而不虚"的，这是因为有形质实体和情识念虑的滞碍，有实迹之障碍终会不灵。反之，绝对的虚无则是"虚而不灵"的，因为既然是绝对的无，当然就没有灵通的作用可言。人心其实兼有虚实两方面，从本体而言是体虚而用实，从作用言也是本虚而用灵，是虚灵相合、虚实相融之体。

（二）心之实体

心为虚体并不等于走向绝对虚无而使心的存在也被取消，也不等于心是孤悬的虚体而成为一个先验幻相或概念形式。看待本心之虚体需要避免两种弊病，一是将虚理解为绝对的虚无，若如此则人如何有感受知觉之功能，有情识意念等作用？人时时处处感受到心的存在是一个事实，所以心不可能绝对虚无（或抽象的无）。二是将虚体执为虚无之定体，执虚而成实相，反而使先天超越的本体沦为意识的对象，而成为一个先验幻相。阳明云："人有习心，不教他在良知上实用为善去恶功夫，只去悬空想个本体，一切事为俱不着实，不过养

---

① 胡煦：《周易函书约注》卷六，文渊阁四库全书本，第50页。

成一个虚寂，病痛不是小小，不可不早说破。"① 这是说，良知虚体是于人伦事物之实地上体现，于致虚的功夫上求得，并非以意识把捉一个虚寂的本体之相。钱德洪云："太虚之中，无物不有，而无一物之住，其有住则即为太虚之碍矣。人心感应，无时不有，而无一时之住，其有住则即为太虚之障矣。"② 这是说，太虚本体不可执，有所执住则为太虚本体之障碍（先验幻相）；虚灵、虚明之作用也不可执，执守虚灵、虚明之作用则为光景（纯粹经验幻相）。本心是虚实相合的，虚体以实用而显，实用因虚体而灵，但皆不可单纯执守一方。

本心是虚中有实的，心的实在性不同于日常经验中形器事物的实在性。心之实在性表现在中涵之理和发用之气两个方面：其一，自"心即气"而言，本心虽虚，然心的感应作用（心之存在）是实。心之本体虽然无形质体段，但并非缺乏存在基质和显现实迹，心的存在依靠气的流行作用而在现实世界中展开。阳明《答陆元静书》曰：

> "精一"之"精"以理言，"精神"之"精"以气言。理者气之条理，气者理之运用；无条理则不能运用，无运用则亦无以见其所谓条理者矣。③
>
> 夫良知一也，以其妙用而言谓之神，以其流行而言谓之气，以其凝聚而言谓之精，安可以形象方所求哉？④

此二则皆说明，心固然无方体而虚（安可以形象方所求哉），然而心有现实的存在显现活动，心之流行谓之气。心体本一，理既是气之条理，亦是"良知上自然的条理"⑤；气既是理之运用，亦是良知之流

---

① 王守仁：《王文成公全书》第一册，中华书局 2015 年版，第 146 页。

② 钱德洪：《语录》，《徐爱钱德洪董沄集》，凤凰出版社 2007 年版，第 120 页。

③ 王守仁：《王文成公全书》第一册，中华书局 2015 年版，第 76 页。

④ 王守仁：《王文成公全书》第一册，中华书局 2015 年版，第 77 页。

⑤ 王守仁：《王文成公全书》第一册，中华书局 2015 年版，第 134 页。

行。故而无气之流行运用则不能见条理和良知本心。气化流行堪为心体的显现落实的载体，是心体实在的一面。

其二，自"心即理"而言，本心虽清虚无物，然而心之本体是恒常实在的。诚理为心之本体，诚理寂然不动、无时不在，因其普遍恒常性也谓之实理。《朱子语类》载：

> 问："程子解'尽心、知性'处云：'心无体，以性为体。'如何？"曰："心是虚底物，性是里面穰肚馅草。性之理包在心内，到发时，却是性底出来。性，不是有一个物事在里面唤做性，只是理所当然者便是性，只是人合当如此做底便是性。"①

程子所谓的"心无体，以性为体"，不是心学家所谓的"本体无体，以某为载体或形体"，而是反过来指"心以性为恒常实体或本体"的意思。"心无体"，指心是虚的存在，无形质体段；"以性为体"，指性是心所内涵的形而上的恒常实体。

阳明更明确地说理是心所蕴含的形而上实理。《传习录》载：

> 诚是实理，只是一个良知。实理之妙用流行就是神，其萌动处就是几。②
>
> 远虑不是茫茫荡荡去思虑，只是要存这天理。天理在人心，亘古亘今，无有终始；天理即是良知，千思万虑，只是要致良知。③

阳明认为，天理中涵于心体，因其普遍恒常性，故而也谓之实理。无论说"天理即是良知"，还是说"实理只是一个良知"，都是表明阳

---

① 黎靖德：《朱子语类》卷六十，中华书局 1986 年版，第 1426 页。
② 王守仁：《王文成公全书》第一册，中华书局 2015 年版，第 135 页。
③ 王守仁：《王文成公全书》第一册，中华书局 2015 年版，第 136 页。

明认为心虽无形质体段，然其天理内涵是恒常实在的。心本虚寂，是儒释道之通识；心具实理，是儒释之心的根本分野。

同时，亦须注意心学家有两种极端的观点，一者持极端的实体论，以李材为代表；一者持有极端的非实体论，以王时槐为代表。而此二人皆为有交游的江右学者。李材云：

> 夫天载，实体也；无声无臭，赞语也，后之专言无声无臭者，皆是道赞语，而遗其实体者也。故谈至善，而专指为无声无臭者，亦犹是也。①
>
> 近代之流弊，既专於知觉上用功，而不知以知归止。仁卿之矫偏，又专于法象上安命，而不知以止求修。此学未尝不贵虚，未尝不贵寂，只以修身为本，一切皆为实体。未尝不致知，未尝不格物，只以修身为本，一切皆为实功。②

李材认为，"上天之载"和至善是最高实体，而"无声无臭"只是赞语，并非如后世学者指认为本体之虚体。不仅本体是实体，而且功夫亦是实体，若以修身为本，则一切虚寂之象皆为实体，一切致知格物皆为实功。李材之极端的实体论和极端的实在论略有异同，二者皆主张有实，然而极端的实在论主要是认为存在形而上的终极本体，而极端的实体论则认为以修身为本则一切皆为实体，"皆有实体"比承认"无体之本体"更加实体化。

与此相反，王时槐持有极端的非实体观。《三益轩会语》载：

> 《传习续录》言："心无体，以人情事物之感应为体。"此语未善。夫事者心之影也，心固无声臭，而事则心之变化，岂有实体也？如水与波然，全波皆水，全水皆波也，在善悟者自得之。

---

① 黄宗羲：《明儒学案》卷三十一，中华书局 2008 年版，第 680 页。
② 黄宗羲：《明儒学案》卷三十一，中华书局 2008 年版，第 693 页。

> 若谓水无体，以波为体，其可乎？为此语者，盖欲破执心之失，
> 而不知复启执事之病，故曰立言之未善也。①

王时槐认为，不仅心无实体，而且人情事物皆心之变化而皆无实体。
这是将心意知物皆理解为活动状态和关系，而取消实体的存在意义。
王时槐此意不仅是为了破除执心之失，更是为了破除执事之病，或言
是为了从根本上破一切执法，而一任生生之本。

　　总之，心体的实在性体现在两个方面，心之本体是寂然不动的实
理（诚），心之发用是运化流行的实气，所以心是一个实中有虚、虚
中有实的存在。论其本，是虚实结合的，论其用，也是虚实相间的。
心之本体之所以是虚实结合的，因为心之本体即是诚理，恒常不变而
寂然常定，所以是恒常实体；而此诚理无思无为、无形体方位，所以
又是虚体。心之所用之所以是虚实相间的，因为心之发用即是人伦事
物，具有经验中的方所体段，可以把捉与思为，所以是实在的；而心
之作用在不离却本体的情况下，也是神妙灵通的无滞碍状态，所以也
是虚灵的。（按：作用与发用虽然皆为心之用，却稍有差异，发用偏
重于本体发出的现象，是存在之实迹；作用偏重于本体发出的功能，
是存在之虚机。）甚至，如果不要停留在心体的虚灵功能上，从广义
的心而言，心体本是虚实之体，心无体而以人伦事物为体，人伦事物
不是心外之物，人伦事物即是心之实体，是心所以显现存在的载体。

　　另外，虚中有实并非意味着虚实是两个物而以一个包含另一个，
最常见的思维定式是从形质实体理解虚实，将虚实理解为常识中的
有无。事实上虚实是一心的两个面向，即无思无为而谓之虚，即常定
常主而谓之实，虚实是一种关系。刘宗周论及这个问题：

> 问："心有无意时否？"先生曰："意者心之所以为心也。止

① 王时槐：《王时槐集》，上海古籍出版社 2015 年版，第 510 页。

言心，则心只是径寸虚体耳，着个意字，方见下了定盘针，有子午可指。然定盘针与盘子，终是两物，意之于心，只是虚体中一点精神，仍只是一个心，本非滞于有也，安得云无？"①

本心之虚固然是无思无为、不杂后天渣滓的状态，这很容易让人理解为心如镜面而纹丝不动，故而有"心有无意时否"之问。刘宗周认为，本心固是虚体，但有主意之实，意与心不是两物，实体是虚体中恒常不动的主宰，因其无思无为故谓之虚，因其常主常定于理故谓之实。

基于心体虚实相融的思想，需要避免两个偏向。一方面，如果遗弃实际显迹和恒常实理，而执守虚静之光影，则是陷入以顽空虚静为常的思想。阳明《答顾东桥书》载："彼顽空虚静之徒，正惟不能随事随物精察此心之天理，以致其本然之良知，而遗弃伦理，寂灭虚无以为常，是以要之不可以治家国天下。"②顽空虚静之徒不能随事随物精察此心之天理，则既遗弃心体发用之实，又丧失本心之实理，而反以寂灭虚无为常为实，其于此求本心实际是南辕北辙。欧阳德云："良知本虚，致知即是致虚。真实而无一毫邪妄者，本虚之体也；物物慎其独知，而格之不以邪妄自欺者，致虚之功也。若有见于虚而求之，恐或离却事物，安排一个虚的本体，以为良知本来如是，事事物物皆从此中流出，习久得效，反成障蔽。"③钱绪山云："灵通妙觉，不离于人伦事物之中，在人实体而得之耳，是之谓心悟。世之学者，谓斯道神奇祕密，藏机隐性之悟。若一闻良知，遂影响承受，不思极深研几，以究透真体，是又得为心悟乎？"④欧阳德与钱绪山的见解充分表明，心之虚灵作用不离于人伦事物之实体，人若不实地地体验，

---

① 刘宗周：《刘宗周全集》第二册《答董标心意十则》，浙江古籍出版社 2007 年版，第337 页。

② 王守仁：《王文成公全书》第一册，中华书局 2015 年版，第 58 页。

③ 欧阳德：《欧阳德集》，凤凰出版社 2007 年版，第 197 页。

④ 钱德洪：《语录》，《徐爱钱德洪董沄集》，凤凰出版社 2007 年版，第 121 页。

终究心也是虚，功夫也是虚。所以，不可仅仅执守心之虚的灵通妙觉，还要体证心之实地发用，方能谓之研几透性，方能悟到心的虚实之体。

另一方面，如果只知心体的实地流行，而不思返归不学不虑之虚体，则心无主宰而沦为无本之学。罗洪先《别宋阳山语》载：

> 今之谈学者，多认良知大浅，而言致良知大易。盖良知本于不学不虑之虚体，而后有知是知非之流行。今认知是知非之流行尽以为良，既不免于浮漫而不根，又谓不学不虑之虚体无事于存，则终不免于驰逐而化物。譬之于火，谓星星之火有异于燎原固不可，谓燎原之火不加于星星亦不可。知是知非，愚夫愚妇与圣人同也，愚夫愚妇则星星也，圣人则燎原也，自星星以至燎原，其蕴积郁煽，赓续广大，必有次第。而顾持星星自足，措之于用可不可耶？故吾人知是知非不足以为事物之主宰者，以其不尽出于虚体故也。今使人顺知是知非之发而一无所存，是取足于星星之譬，有不烬灭者乎。欲燎原者，必能存乎虚体，如赤子然。无以人为之私杂揉乎其间，则于是非之辨，若无以甚异于夫妇之愚；至其坚凝不摇，洞彻无蔽，则与愚夫愚妇天渊迥殊。故曰：智之实，知而弗去，是乃所谓致良知也。①

良知有不学不虑之虚体，亦有知是知非之实用。徒守虚寂之心体而遗弃良知之人伦事物之实地，固然不可，但是尽认良知之知是知非的实用，而以为不学不虑之虚体无事于存养，则不免于浮漫而不根而沦为无本之学。欲透彻良知者，既要存无是无非之虚体，又能顺知是知非之实用。于是非之辨同于常人之实迹，于虚体之存养则与常人有迥异之功。

---

① 罗洪先：《罗洪先集》，凤凰出版社 2007 年版，第 644 页。

（三）虚体即实体

湛若水认为虚体即是实体，心体是"不落有无"的存在。《明儒学案》载：

> 问："《中庸》不睹不闻，与《诗》无声无臭之旨，何以异？天理本无形声可以议拟，但只恁地看，恐堕于无。若于无中想出一个不睹不闻景象，则亦滞于有矣。无即佛氏之所谓空，有即其所谓相也，二者皆非也。然则不无而无，不有而有，其心之本体乎？其在勿助勿忘之间乎？近来见得如是，幸夫子明以教我。"先生曰："此事正要理会，廉伯能以疑问知，是善理会矣。在人为不睹不闻，在天为无声无臭，其实一也。如旧说，不睹不闻，无声无臭，却堕于虚无而不自知矣。然于不睹不闻，而必曰'其所'，是有实体也；于无声无臭而必曰'上天之载'，是有实迹也，何堕于无？这个不睹不闻之实体，程子所谓'亦无有处有，亦无无处无'，乃心之本体，不落有无者也。须于勿助勿忘之间见之，要善体认。吾于《中庸》测难已说破，惟诸君于心得中正时，识取本体，自然见前，何容想像！"[1]

廉伯问如何理解天理本体。由"理无形体"的前提可以导致两种错误见解，一是从理无形体走向绝对的空无，即多数理学家和心学家所理解的"佛家的空"。（按：大乘佛学的"空"其实是"有而非真有，无而非真无"的中道，并非多数理学家所批评的"断灭空"。）二是从理无形体走向无的概念（名相），从而使本体沦为滞于有的先验幻相（即"若于无中想出一个不睹不闻景象，则亦滞于有矣……有即其所谓相也"）。所以理解心之本体也需要避免极端空无和以空无为名相的偏失，心之本体是"不无而无，不有而有"的存在。湛

---

[1]　黄宗羲：《明儒学案》卷三十七，中华书局 2008 年版，第 880 页。

若水认为："天理者，即吾心本体之自然者也。"① 他赞同廉伯之说，将心体总结为"虚体即实体"的思想。心体之虚是"不睹不闻，无声无臭"的无（经验人观先验本体是不睹不闻，先验本体向经验人显现为无声无臭。）然而心体不睹不闻而必有其所，无声无臭而必有上天之载，这是既有实体也有实迹，所以心之本体言无未尝无，言空未必空，在这个意义上心体不落有无，可谓虚体即实体。

除了从虚无与实迹的角度论"虚体即实体"之外，甘泉还从内外主客角度论"本体即实体"。《答阳明论格物》载：

> 仆之所以训格者，至其理也；至其理云者，体认天理也；体认天理云者，兼知行合内外言之也。天理无内外也。陈世傑书报吾兄，疑仆随处体认天理之说为求于外。若然，不几于义外之说乎？求即无内外也。吾之所谓随处云者，随心随意随身随家随国随天下，盖随其所寂所感时耳。一耳，寂则廓然大公，感则物来顺应。所寂所感不同，而皆不离于吾心中正之本体。本体即实体也，天理也，至善也，物也，而谓求之外，可乎？致知云者，盖知此实体也，天理也，至善也，物也，乃吾之良知良能也，不假外求也。但人为气习所蔽，故生而蒙，长而不学则愚。故学问思辨笃行诸训，所以破其愚，去其蔽，警发其良知良能者耳，非有加也，故无所用其丝毫人力也。如人之梦寐，人能唤之惺耳，非有外与之惺也。②

湛若水认为，虽然天理具有无声无臭的虚无特征，然而天理终归为实体。"体认天理"即体认心之本体。若以体认天理为求外，则是义外之说。体认天理虽有所寂所感之不同，而皆不离于本心中正之本体。

---

① 湛若水：《圣学格物通》卷二十七，明资政堂重刻刊本（哈佛大学古籍藏本），第1页。

② 黄宗羲：《明儒学案》卷三十七，中华书局 2008 年版，第 887 页。

理无内外，心无内外，求无内外，从这个意义上而言，本体即是实体（心之本体即天理实体）。《仁学本体论》认为，甘泉之"本体即实体"的断语乃是针对"本体即主体"的偏见。[1] 若以为心之本体为内在主体，天理之实为外在客体，则不会得出"本体即实体"的结论。崔后渠曰：

> 曾点言志，朱子许其天理流行。夫遇一事，必有一则，处之当而熟，则圣人矣，一以贯之也。岂有物见目前而可玩哉？水之流，鸢之飞，鱼之跃，皆实体也；犹父之慈，子之孝，皆天命之性，人不率之，愧于物矣。岂若黄花般若为禅机哉？[2]

"曾点言志"是发明本心状态，"许其天理流行"是说心之本体即实理流行。"水之流，鸢之飞，鱼之跃"皆实体，"父之慈，子之孝"之人伦亦实体。人伦皆天命之性，人率之则得心之本体；鸢飞鱼跃皆天理之流行，物率之则得物之本体。此二者亦发明本体即实体之意。

（四）王阳明的有无之体

本体的呈现是一个事实，但不可以感性和知性求之。阳明曰："道无方体，不可执着。却拘滞于文义上求道，远矣。"[3] 道（性、心）是无体之本体，既不可执为事物，也不可滞于概念而沦为思维对象。心无体表现在两方面，从自身而言，心体无形质体段，不像形质实体那样具有广延、硬度、形状等时空属性；从被感受的角度而言，心体也无声色臭味等感觉属性，阳明《咏良知四首示诸生》曰："无声无臭独知时，此是乾坤万有基。"[4] 独知（良知）是无声无臭的

---

[1] 陈来：《仁学本体论》，生活·读书·新知三联书店 2014 年版，第 206 页。
[2] 黄宗羲：《明儒学案》卷四十八，中华书局 2008 年版，第 1158 页。
[3] 王守仁：《王文成公全书》第一册，中华书局 2015 年版，第 26 页。
[4] 王守仁：《王文成公全书》第三册，中华书局 2015 年版，第 938 页。

心体，不能如形质实体般可以感官睹闻。无论是从其自身和被感受的角度，都可以发现心体"虚无"的一面。但是心体虽然无体，却是乾坤万有之根基，在后天经验中又可以时时处处体验到心的存在，心之灵明让一切经验得以显现和展开，可见心体又具有"有"的一面。阳明于《见斋说》充分发挥了本体（道体）无体的含义，本体或道体是即有即无的存在。《见斋说》载：

> （辰阳刘观时）问于阳明子曰："道有可见乎？"曰："有，有而未尝有也。"曰："然则无可见乎？"曰："无，无而未尝无也。"曰："然则何以为见乎？"曰："见而未尝见也。"观时曰："弟子之惑滋甚矣。夫子则明言以教我乎？"阳明子曰："道不可言也，强为之言而益晦；道无可见也，妄为之见而益远。夫有而未尝有，是真有也；无而未尝无，是真无也；见而未尝见，是真见也。子未观于天乎？谓天为无可见，则苍苍耳，昭昭耳，日月之代明，四时之错行，未尝无也；谓天为可见，则即之而无所，指之而无定，执之而无得，未尝有也。夫天，道也；道，天也。风可捉也，影可拾也，道可见也。"曰："然则吾终无所见乎？古之人则亦终无所见乎？"曰："神无方而道无体，仁者见之谓之仁，知者见之谓之知。是有方体者也，见之而未尽者也。颜子则如有所立卓尔。夫谓之'如'，则非有也；谓之'有'，则非无也。是故虽欲从之，末由也已。故夫颜氏之子为庶几也。文王望道而未之见，斯真见也已。"曰："然则吾何所用心乎？"曰："沦于无者，无所用其心者也，荡而无归；滞于有者，用其心于无用者也，劳而无功。夫有无之间，见与不见之妙，非可以言求也。而子顾切切焉，吾又从而强言其不可见，是以瞽导瞽也。夫言饮者不可以为醉，见食者不可以为饱。子求其醉饱，则盍饮食之？子求其见也，其惟人之所不见乎？夫亦戒慎乎其所不睹也

已。斯真睹也已，斯求见之道也已。"①

　　这则对话就是关于"无体之本体"如何显现、存在和被认知的问题。在常识中，凡是形质的存在者必可被感官所知觉，经验主义者认为知识的主要来源就是感觉经验。即便是某些存在者不能被感官直接感知，也可以借助工具来间接感知，总之凡是形质实体都是可以被感知的。然而形而上之体（如天道、神、终极完满的最高存在）可以被感知吗？刘观时所问的"道有可见乎"的问题就代表了常识的疑问。这个疑问有两点思维定式。一者，对于道的理解是非此即彼、非有即无的。如果道是如形质实体那样存在的（有），那么道应该能被知觉（见）；如果道不可知觉（见），那么道应该是不存在的（无）。二者，对于道这种形而上本体的把握方式比较单一，总是用感觉经验（见）去把握，如果超出了感觉经验的限度，便不知如何把握道体，从而沦为非有即无、非无即有的偏见。刘观时之问道可见乎，便体现了这种思维定式。阳明不正面回答可见或不可见，而是先从三点破其思维定式：一是破关于"存在"的理解，常识以为存在者必然存在，而阳明认为"有而未尝有"；二是破关于"不存在"的理解，常识以为不存在者必然不存在，而阳明以为"无而未尝无"；三是破关于认知方式的理解，常识总是通过感觉经验来把握事物，并僭越地用此方式把握道体，认为凡存在者必可以通过感觉经验来把握（见），反之则不能，而阳明以为"见而未尝见"。这些问题涉及道这种形而上之体如何存在、显现和把握的问题。常识的思维只适用于具体事物和经验世界，如果用来说明形而上之体，则是以有限的认知方式越界地去把握更高一层的对象，会带来类似于二律背反一样的偏见。

　　常识所谓的"有无"是片面的存在或不存在。道是"有而未尝有，无而未尝无，见而未尝见"的，所以阳明曰："道不可言也，强

---

　　① 王守仁：《王文成公全书》第一册《见斋说》，中华书局2015年版，第318页。

为之言而益晦；道无可见也，妄为之见而益远。"从一般的观点看，有代表道之发用，即现实存在的形器世界（现象界），因其能被感官直接觉知，并实际发生着作用，故而谓之有；无代表道之本体，即形器世界所以然之依据和所从来之本根，因其无法被感官觉知，也因其不可认知及不可把握而谓之无。然而，道是体用的统一（道兼有无），道之本体和道之发用共同构成道体，于其中很难截然区分本体与发用。故而说道有，只是说道可被感知的一面；说道无，也只是说道不可被感知的一面。

所谓有，常识观点只是将"有"局限于发用现象，事实上"有"不仅是现象有，而且是本体有。本体有（本体存在）可以通过两种典型的方式来推知，一是按照宇宙论的自下而上的方式逆推，以托马斯·阿奎那的"上帝存在的五路证明"为代表；二是自上而下的推论，以安瑟尔谟的"上帝存在的本体论证明"为代表。宇宙论的逆推方式，首先从直接的感受性推知现象实存，然后从现象实存推知其所以然之理和所从来之本根实存，从而可以由发用现象实存推知本体的存在（所以然之理和所从来之本根共谓之本体）。本体在中文语境中是宇宙论和本质论的统一，本质是发用现象的所以然之理和所当然之则，在发用现象中持存；宇宙论是说明发用现象的初始根基和本然状态，本然状态在由初始根基生发为后起现象之后仍然于其中持存。常识最容易出现的心理推论是，如果道体不可睹闻，那么道体是不是一个假设，本身就不存在（无）？可是，如果以为道体不存在，为何在现实世界存在林林总总的现象？从感受实存和现象实存可知，本体虽然无体段、无规定，但是作为发用现象的所以然之理、所当然之则、初始根基和本然状态却是实有的。首先，从宇宙论的产生的根基而言，这些现象不可能凭空而在，应该有一个初始境域，甚至是"有始者，有未始有有始者，有未始有夫未始有有始者。"如果说无能生有，那么也有一个无的境域；如果是万物块然自生，那么也有一个玄冥的境域；如果按照托马斯·阿奎那的上帝存在之五路证明，也必然能推出一个初始的根基和终极原因。总之，从宇宙论的角度而言，无不仅是一个假设，在总混群本的存在之初有一个"无"（玄冥）的境域或初始者，道（无）作为本根是"无而未尝无"的。其次，从本体论的现象存在的所以然之依据而言，现象固然可通过感官而被觉知，但是其所以然的依据和所当然的法则却不能被视听，虽不能觉知，但一切存在现象背后的所以然和所当然的理，一切属性的凝聚者和现象的支撑者却未尝不在。从总体上看，本体论的顺推方式，是从终极本体（太极、至善、无线完满）的理念必然演绎出其存在性，即，终极完满性必然蕴含存在性，"无"必然蕴含"有"。按照安瑟尔谟的本体论证明，也能得出本体既是观念又是存在的结论。所以，按照本体论的顺推方式，形而上之体也是"无而未尝无"的。本体"无而未尝无"即有无的统一。无论是从宇宙论还是从本体论来表达，总能因感受的直接存在和发用现象的实际存在能推知本然之体的存在，也能从一个终极无限的"无"推知其不仅"无着"，而且"有着"。

所谓无，在常识中通常被理解为有的对立面，是绝对的不存在，但一旦思索或言说此绝对不存在的境域时，无反而沦为存在者。然而，常识所谓的无（不存在）不过是源于感受与思维的局限性，人不仅是万物的尺度，也是"有无"的尺度（如阳明云："道无显晦，人所见有显晦。"[1]）人以其认知的限度而将其所触碰的边界谓之有，将其无法达到的境域谓之无。常识所谓的"有无"都是道向人显现的样子，而不能说"有无"是道的本然样子。与常识所谓的无（不存在）不同，易学、玄学、理学所谓的无有两个所指：一是指本体的无，即易学所谓的"易无体"，王弼所谓的"以无为本"（本体无规定），理学所谓的道体无体或心性无体。这种本体的无，其实都是因为无法从实体角度感受和从经验层面认知而将其归之为"无"，是

---

① 朱得之记载阳明语录，参见黄宗羲《明儒学案》卷二十五，中华书局 2008 年版，第585 页。

超越感受之局限性和现象之有限性的无。无的第二个所指是作用的无，本体实有而作用无方无所。所谓"神无方"，其实是形容神、易的作用神妙不测，不可以具体的方所而论，超出了具体事物的直接感受性和发用现象的有限性。所谓"心虚灵无碍"，其实是指心的作用无所滞碍。"神无方"和"心无碍"都是作用的无。

可见，心学中所谓的"有无"从所指而言，既不是黑格尔所谓的抽象的有无，也不是常识中的相对立的存在与不存在，而是指体用。或者说，"这里所表述的乃是本体论意义上的'虚无'论，不同于宇宙生成意义上的'有无'论。"① 然而，从"有"的意义而言，体用之"有"指体用都是实在的，这一点与常识中"有"的实存意义相同；从"无"的意义而言，"体无"指本体无限定、无方所体段、不可睹闻，"用无"指作用神妙不测、无方所、无滞碍，这一点不同于常识中"无"的不存在意义。"体无"和"用无"都具有无限的意义，但是也有区别。"体无"之无限重在形而上的无规定，对感官经验的绝对超越性，而堪为万有之本；"用无"之无限重在经验的无规定，因神妙不测而超出了具体感官经验的局限。当然，作用都是本体的作用，通过作用的神妙不测，也能得出本体的虚无特征。这表明，体用有无其实是统一的。

阳明举天之例来解释道之有无，"夫天，道也；道，天也。"天在中文语境中是最高存在的体现。天即道，兼有体用，天之理为体而不可睹闻（无），天之象为用却可见（有）。一方面，天道是"无而未尝无"的，阳明释曰："谓天为无可见，则苍苍耳，昭昭耳，日月之代明，四时之错行，未尝无也。"常识之思维是，既然天道存在，那么天为何无从睹闻？可见天道是无。这种思维有两种误区，（见前文刘观时疑问的两个思维定式）。阳明针对这两种误区解释道，如果说天是不可见的，为何有苍茫之象、日月之明和四时

---

① 吴震：《阳明后学研究》，上海人民出版社 2003 年版，第 24 页。

之行？可见天道是无而未曾无。常识是从具体形质实体的角度来理解天，想通过以感官知觉把握具体事物的方式来把握天，以为不可见便是无，却不知从天理之呈现（天象）来知天。其实对于天也要具体分析，天之本体（理）虽然不可见，然而天之象却是可见的。天之象包括具体的物象和大化流行的天象，具体的物象如风雨光影等，阳明曰："风可捉也，影可拾也，道可见也"，风可以感知，影可以见，于此可以窥见天道之一斑；大化流行的天象如苍苍之时空、昭昭之光明、日月之运行、四时之更替，都是由形气所构成的大化流行，按照朱子之意，此大化流行之象也是形质实体。所以天之体（理）虽不可见而貌似虚无，然而其发用显现的天之象却是可见的，由此推知天之本体和天体（合天之本体与天之象）是存在的，故而天是"无而未尝无"的。"无而未尝无"表明天道兼具有无二者，既包含了常识以感官知觉把握天道的方式，也包含了超越感官知觉把握天道的方式。常识是通过感官知觉来见天是无（物象的不存在），而理学与心学是通过超越感官知觉的方式见天之无（天理的无限和无方体）；常识是通过感官知觉来见事物是有（存在），而心学与理学既可以通过感官知觉的方式来见天道之有（天之象），也可以通过超越感官知觉的方式体验天道之有（天之理）。

另一方面，天道是"有而未尝有"的。所谓"有而未尝有"，阳明解释曰："谓天为可见，则即之而无所，指之而无定，执之而无得，未尝有也。"常识的思维是，既然天之象是可见的，那么天就是有的。这种思维也有误区，一是以具体实体的存在来理解天之有，二是论证天道存在的方式总是单一的感官知觉。阳明的论述方式是，以感觉经验的限度来论证天道的无限性。天不同于具体事物之实体，某些天象虽然可见，然而以为此象就是天，则是以偏概全。全体的天之象是广袤无限、周流无穷的，超出了个人有限的感官经验，故而以有穷观无穷，却无方所可接近，无定体可指认，也无形质可把握，自然是"有而未尝有"。另外，对于日常的具体事物，人们可以通过第二性的质来推知第一性的质，对于天而言，人们却无法通过某些睹闻之象推知其形质、方所和质量等属性，故而是"有而未尝有"的。再者，人能睹闻某些天之象，但天之象只是代表天理的发用，而天理本体仍是不可睹闻、不可以形质体段、方所的特征来把握的，故而也是"有而未尝有。"总之，天道虽然存在，但是以日常经验的方式去认知道体而终不可能，故而道体在日常经验的层面是有而"未尝有"的。

常识所谓的有无，是单一的有或无（存在或不存在），而阳明所谓的有无是"真有无"，即"夫有而未尝有，是真有也；无而未尝无，是真无也。"道是"有而未尝有，无而未尝无"的中道，不可偏于一边，故而第一哲学"不谈有无，言有无，诸子之陋耳。"然而第一哲学不以有无论，亦须以有无论。不以"有无"论，是因为道本无所谓"有无"，学亦不在"有无"而在幽明费隐，所谓"有无"都是以常人有穷之视野观察思考得出；亦须以"有无"论，是以"有无"为矢的，不建之以"有无"不足以论一贯之道和研几之学。"真有无"不同于单一的"有无"，"真有无"是统一的。这种统一性可以表述为，本体是即无而有的，作用也是即有而无的。本体之无（无限性和超越性）所以使得作用无方所，本体之有（实在）使得现象实有。反之，由作用（现象）之有可以推知本体之有，由作用之无方所可以推知本体之无限。在"有"的意义上，心学、理学和常识一样都持有实在论；在"无"的意义上，心学、理学是看到"无"是道之显现的一个方面，而不是常识所理解的不存在。"有无"的统一其实是体用一源之谓，即体而言用在体，即用而言体在用。有和无不是对立的两种抽象形式，也不是非此即彼的阴阳对待，而是道体之体用。道体之"有无"和一物之"有无"也需辨别，即一物观之而同时兼具有无，"有"是个体现象与本体之实在，"无"只可指本体的无形质、体段；而道体之有无，"有"是大化现象与本体之实在，"无"既可指本体的无限性，也可指作用的妙用无方。在道体之有无上，说有须兼无，言无亦须兼有。"有而未尝有"和"无而未尝无"都是表达道体之两面。

不仅在理论上，道体是体用有无的统一。在存在方式上，道体也是体用有无的统一。阳明答刘观时之问，即是通过"有而未尝有"和"无而未尝无"的统一来说明道体的存在方式。从体用而言，道体是"与道为体"和"以用为体"的统一，"以用为体"是自上而下地看，道体（本体）无体，以发用为其载体；"与道为体"是自下而上看，大化现象构成道之体段。此二者都表达了体用一源、有无统一的思想。

虽然体用不二、有无统一，却不容混淆，由现象实有而推知本体存在，却不可由现象有方所推知本体有方所，因为现象是有限的、有形质体段的，而本体是无限的，无方所的。故而统一中有区分，才是所谓有本之学。所谓"大用流行即道体之本然"①，固然是描述体用不二的，然而最易让人误解的恰恰是直接以大用流行为本体。朱子云："天地之化，往者过，来者续，无一息之停，乃道体之本然也。"② 这句话应有区分。天地之化固然是道体之本然，然而其中自有体用。天地之化是取生生不息之理为道之本体，生生不息之象只是道之发用，而不能将生生之象混为道之本体。生生之理与生生之象共同构成道体。道体和道之本体有辨，朱子认为，道体兼本末精粗而言③，是一个大全统体（近似斯宾若莎所谓的实体），而道之本体是道体的所以然之理（依据）和所当然之固（法则）；道体除了道之本体之外还有道之形体（生生之象），生生之象是道之本体的现实表

---

① 朱熹：《四书章句集注》，中华书局1983年版，第113页。
② 朱熹：《四书章句集注》，中华书局1983年版，第113页。
③ 如：问："注云'此道体之本然也'，后又曰'皆与道为体'，向见先生说'道无形体，却是这物事盛，载那道出来，故可见。与道为体，言与之为体也，这体字较粗。'如此则与本然之体微不同。"曰："也便在里面，只是前面'体'字说得较阔，连本末精粗都包在里面，后面'与道为体'之'体'又说出那道之亲切底骨子，恐人说物自物，道自道，所以指物以见道，其实这许多物事凑合来，便都是道之体，便在这许多物上，只是水上较亲切易见。"参见黎靖德《朱子语类》卷三十六，中华书局1986年版，第974—975页。

现，是道体和道之本体（理）的载体。道体之本然兼具理象，生生之理是道之本体（本），生生之象是道之形体（末、用），大化流行的生生之理与生生之象共为道体之本然，此所谓体用一源、显微无间。此理程子区分甚为明确。程子云："此道体也。天运而不已，日往则月来，寒往则暑来，水流而不息，物生而不穷，皆与道为体，运乎昼夜，未尝已也。是以君子法之，自强不息。及其至也，纯亦不已焉。"① 同样是对《论语》的注解，而程子之言清晰、朱子之言浑伦，是因为朱子只说了"道体"，而程子于道体中区分了"与道为体"和"纯亦不已"二者。所谓天运、日月寒暑、水流物生之不息状态，皆是道的生生之象，是"与道为体"者；生生之象必有所以然之理和所当然之固，这是"及其至"的"纯亦不已"的绝对纯粹的形而上之理。此理象共为道体。然而不解此义，则往往望文生义，直接以道之形体（生生之象和流行之过程）为道之本体（生生之理），不仅是认用为体，而且误以为道体只有生生之象，而遗漏了作为道之本体的生生之理。这是于体用不二之中混同体用，从而导致有用无体。这种情形正好比，心体兼有本末精粗而言，良知是心之本体（本），知觉情识是心之载体（末、用），心之本体与心之载体共同构成心体，是心体之体用。心之本体不离心之载体，即良知不离于知觉情识，然而心之本体不是心之载体（用），即良知不是知觉情识。倘若直接认发用流行即心体之本然，则只知心之载体而遗漏了心之本体，所谓认知觉情识为良知，放任情识感觉流行而以为心之本然就是这种表现。

上述体用有无关系，是道体存在和显现的方式。之所以产生道体之有无和常识之有无的差异问题，关键点在于道体（或本体）无方体，不能像具体事物一样被认知把握，所以才引发了道体如何存在和显现的理论，以及以何种方式见道的问题。体用有无的种种关系都是由见道者的有限性和道体的无限性相遇而引发出来的。常识之"有

---

① 朱熹：《四书章句集注》，中华书局1983年版，第113页。

无"是单纯地从见道者自身考虑，阳明所谓的"真有无"是从见道者的有限性与道体无限性的关系而论。如此一来，所谓的体用有无关系便需要从道体的存在显现方式转入到如何"见道"的方式上。

阳明云："道不可言也。"这是对"见道"方式的本质说明。道体不可以常识的有无论。常识的思维是，道体如果不可睹闻，便谓之绝对的不存在（无），而赋予道体以虚无、虚寂的本质规定。殊不知，虚寂只是人以其有限的认知能力无法体知道体而得出的印象，岂能以虚寂为道体之本质！正如第二性的质（色声香味）是基于第一性的质作用于人的感官而得出的属性，而不是事物固有的属性。虚寂只是道体无法被感知得出的印象，而不能谓之为道体的本质规定。道不可言说，凡可言说的特征皆人为的规定（人之所见），阳明曰："道无精粗，人之所见有精粗。"[1] 又曰："道无显晦，人所见有显晦。"[2] 皆指道因人之所见而有特征。道体不可言说，一言说便因为思维的局限性而使道体沦为有限的经验存在者，关于道的言说也只是表意之筌。对于以常识思维理解最高存在而产生偏失和僭越的原因，阳明解释曰："神无方而道无体，仁者见之谓之仁，知者见之谓之知。是有方体者也，见之而未尽者也。"之所以产生对道体有或无的一偏之见，皆因为"见之未尽者也。"种种有无体用的错位问题，不仅因为道是"无方体"的，也因为见道者是"有方体"的。方体本来在《系辞》中是指有形质体段和时空方所的形器事物，如韩康伯云："方体者，皆系乎形器者也。神则阴阳不测，易则唯变所适，不可以一方一体明。"[3] 阳明则将方体从空间的有限性引申到思维（见）的有限性上。具体事物是有方所的，而见道者因为其感官和思维的局限性也是有方所的，感受和思维之方所的表现是"仁者见之

① 王守仁：《王文成公全书》第一册，中华书局 2015 年版，第 25 页。

② 朱得之记载阳明语录。黄宗羲：《明儒学案》卷二十五，中华书局 2008 年版，第585 页。

③ 王弼撰，韩康伯注，孔颖达疏：《周易正义》卷七，北京大学出版社 1999 年版，第268 页。

谓之仁，智者见之谓之智"的片面性。有方所则会导致"见之未尽"的局限。

见道必依赖心知，然而心知不可执为有限度的知见，也不可离却心之明觉。阳明曰："道无方体，不可执着。却拘滞于文义上求道，远矣。如今人只说天，其实何尝见天？谓日月风雷即天，不可；谓人物草木不是天，亦不可。道即是天，若识得时，何莫而非道？人但各以其一隅之见认定，以为道止如此，所以不同。若解向里寻求，见得自己心体，即无时无处不是此道。亘古亘今，无终无始，更有甚同异？心即道，道即天，知心则知道、知天。"① 离却心之明觉，则无从知见；执守知见，则沦为有限之知识。王畿《致知议略》云："知体本空，著体即为沉空；知体本无，离体即为依识。"② 这也说明见道需依赖心知明觉，但既不可执知，也不可离知。

阳明对于刘观时何以见道的回答是"见而未尝见"。比如颜子见道"如有所立卓尔"，阳明解释道："夫谓之'如'，则非有也；谓之'有'，则非无也。" 这是指有所见而非无，虽有所见却非有的状态。又如"文王望道而未之见"，"望道"则有所见，"未之见"则是见而无见的状态。阳明称这两种方式是"真见"。邹德涵对此解释道："阳明先生说'良知是不虑而知'的。《易》曰：'何思何虑。'颜渊曰：'如有所立卓尔。'说如有，非真有一件物在前。本无方体，如何可以方体求得？"③ 这是说，道或良知是无方体的，它虽然具有实在性，并非如事物一样存在。对"有而非有"的体知方式便是"见而未见"。这种有而非有、见若未见的形式并非语言游戏，须有实际见识（认知）和功夫（体知），如果只是泛泛地说"见而未见"，会沦为文字禅。故而刘观时又问："然则吾何所用心乎？"阳明答曰："沦于无者，无所用其心者也，荡而无归；滞于有者，用其心于无用

---

① 王守仁：《王文成公全书》第一册，中华书局 2015 年版，第 26 页。
② 王畿：《王畿集》，凤凰出版社 2007 年版，第 131 页。
③ 黄宗羲：《明儒学案》卷十六，中华书局 2008 年版，第 350 页。

者也，劳而无功。"阳明认为，见道是"用心"和"无所用心"的统一。据此，如果说有无关系是体用论，那么见道的方式其实是认知论（见）和功夫论（用心）的合一。

过于"无所用心"，则沦于虚无，荡而无归。"无所用心"本来是价值超越和顺适自然的理想方式，但是过之则会过渡到彻底的价值虚无主义，从而在实践上表现为玩世不恭、左右皆可的现象。此"无所用心"因为缺乏至善理念的归宿和具备人身形质习气的局限而进一步转变，既然什么都是价值虚无的，则往往不会从至善理念和实践理性出发，而是会从最直接的感受性出发寻求最真实的存在，或者认为顺适最直接的感受和当下的生存就是最自然的，从而又进一步过渡到彻底的感觉主义者和当下的功利主义者（与后果的功利主义相区别）。由于只知"无所用心"的方式而无透性的实际见地，反而会将"无所用心"的方式当作是最高境界。王时槐《三益轩会语》总结了这种风气："学者以任情为率性，以媚世为与物同体，以破戒为不好名，以不事检束为孔颜乐地，以虚见为超悟，以无用耻为不动心，以放其心而不求为未尝致纤毫之力者多矣。"① 任情、破戒、不事检束、放其心等都是"无所用心"的表现，然而因无透性的实地而沦为极端的世俗行为。这是"无所用心"从极端的理想主义到极端的世俗行为的滑落。

另一方面，过于用心则是"滞于有者"。过于用心不仅以心为实，而且以心之所有（所欲）为实。"以心为实"指的是，将心之虚明灵觉执为可以安排布置的工具，这是"滞于有"的表现。心之虚明灵觉本然具足天理、本来自然妍媸毕现，倘若过于用心则将寂感如一、自然呈现一切的虚明灵觉之本心转化为安排布置、思索计量的识心。从道德实践领域而言，无思无为的本心才是天理的呈现，滞于有所思维的识心会妨碍天理的呈现。（按：这是从人的道德实践和逍遥

---

① 王时槐：《王时槐集》，上海古籍出版社 2015 年版，第 500 页。

境界而言，从认知领域而言，人仍然是需要价值中立的认知理性的。）"以心之所有为实"指的是，将心之本体的发用当作实体去思索追求，从而会误以为情识意欲才是心之本体，是可欲之物。对于这种情况，王时槐曾描述道："后儒误以情识为心体，于情识上安排布置，欲求其安定纯净，而竟不能也。假使能之，亦不过守一意见，执一光景，强作主张，以为有所得矣，而终非此心本色，到底不能廓彻疑情而朗然大醒也。"① 以情识为心体，是误以心之发用为实，而以为情识是可欲求之心体；于情识上安排布置，是误以心之作用为实，而不能顺适本心之虚明灵觉；欲求其安定纯净，是误以为有所用心能实现"心安、心定、心纯、心静"的本心境界，然而都不过是执守光景、意见而实际上终非此心本色。这正是王阳明所谓的"用其心于无用者也，劳而无功"。

阳明总结说："夫有无之间，见与不见之妙，非可以言求也。"真正的见道之方和见道功夫，就在于体认和体验"有无之间"的境界。所谓有无之间即是体用之几，而见与不见"有无之间"的功夫即研几之学。

在《王阳明年谱附录》中，记录了王畿对阳明"真有无"思想的解释：

> 《易》者无他，吾心寂感、有无相生之机之象也。天之道为阴阳；地之道为刚柔；人之道为仁义：三极于是乎立。象也者，像此者也。阴阳相摩，刚柔相荡，仁义相禅，藏乎无扃之键，行乎无辙之途，立乎无所倚之地，而神明出焉，万物备焉。故曰："无思也，无为也，寂然不动，感而遂通天下之故。"此孔子之精蕴也。当时及门之徒，惟颜氏独得其宗。观夫喟然之叹，有曰："如有所立卓尔。"有无之间不可以致诘，虽欲从之，未由

---

① 王时槐：《王时槐集》，上海古籍出版社 2015 年版，第 512—513 页。

也已。故曰"发圣人之蕴，颜子也。"颜子没而圣学遂亡。后千余载，濂溪周子始复追寻其绪，发为'无极而太极'之说，盖几之矣。而后儒纷纷之议，尚未能一无惑乎！千载之寥寥也。盖汉之儒者泥于有象，一切仁义、忠孝、礼乐、教化、经纶之迹，皆认以为定理，必先讲求穷索，执为典要，而后以为应物之则，是为有得于太极似矣，而不知太极为无中之有，不可以有名也。隋、唐以来，老、佛之徒起而攘臂其间，以经纶为糟粕，乃复矫以窈冥玄虚之见，甚至掊击仁义，荡灭礼教，一切归之于无，是为有得于无极似矣，而不知无极为有中之无，非可以无名也。周子洞见二者之弊，转相谬溺，不得已而救之，建立《图说》，以显圣学之宗，定之以中正仁义而主静。中正仁义云者，太极之谓；而主静云者，无极之谓；人极于是乎立焉。议者乃以无极之言谓出于老氏，分中正仁义为动静，而不悟主静无欲之旨，亦独何哉？夫自伏羲一画以启心极之原，神无方而易无体，即无极也。孔子固已言之矣，而周子之得圣学之传无疑也。夫圣学以一为要。一者，无欲也。人之欲大约有二：高者蔽于意见；卑者蔽于嗜欲：皆心之累也。无欲则一；无欲则明通公溥而圣可学矣。君子寡欲，故修之而吉；小人多欲，故悖之而凶。吉凶之几，极之立与不立于此焉分，知此则知函峰阮子所谓心极之说矣。①

王畿此记以思想史的形式阐发道是"真有无"的思想。王畿认为，易是心体的"寂感、有无相生之机之象"。"无思也，无为也，寂然不动，感而遂通天下之故"，此是心体之无而有。"如有所立卓尔"，这是道体之有而无。这说明道在有无之间，不可以致诘。周朱二子发明"无极而太极"之说，符合道兼有无的思想。汉儒者泥有象，认

---

① 王守仁：《王文成公全书》第四册《年谱附录》一，中华书局 2015 年版，第 1525 页。按：此段所记与王畿《太极亭记》相近。参见王畿《王畿集》卷十七，凤凰出版社 2007 年版，第 481 页。

定理，执典要，不知太极为无中之有。隋唐老佛尚玄虚，一切归之于无，而不知无极为有中之无。

关于王阳明"真有""真无"的思想，邹守益《天真仰止祠记》发明其旨曰：

> 先师之训曰：'有而未尝有，是真有也；无而未尝无，是真无也；见而未尝见，是真见也。'而反覆师旨，慨乎颜子知几之传。故其诗曰：'无声无臭，而乾坤万有基焉'，是无而未尝无也。又曰：'不离日用常行，而直造先天未画焉'，是有而未尝有也。无而未尝无，故视听言动于天则，欲罢而不能；有而未尝有，故天则穆然，无方无体，欲从而末由。①

邹守益认为，阳明所谓的良知就是"无而未尝无"和"有而未尝有"的体现。他通过阳明的诗来诠释良知的有无关系，展现出"无而未尝无"是从先天言后天的思路，而"有而未尝有"是从后天言先天的思路。阳明《咏良知四首示诸生》曰："无声无臭独知时，此是乾坤万有基。"② 无声无臭是形容良知"无"的一面，指良知无形质体段。然而良知虽无体，却是先天天理的呈现和一切后天经验的初始，故而谓之"乾坤万有基"，这是形容良知"有"的一面，总之"无而未尝无"是从无论及有。阳明《别诸生》诗曰："不离日用常行内，直造先天未画前。"③ "不离日用常形"是良知的现实活动，是"有"的一面；而"直造先天未化前"，则表明良知根本上是直接先天之理的，这是良知"无"的一面。总之"有而未尝有"是从有言及无的思路。

另一方面，章太炎《王文成公全书题辞》表达了他对王阳明

---

① 王守仁：《王文成公全书》第四册《年谱附录》一，中华书局 2015 年版，第 1540 页。
② 王守仁：《王文成公全书》第三册，中华书局 2015 年版，第 938 页。
③ 王守仁：《王文成公全书》第三册，中华书局 2015 年版，第 939 页。

"真有无"思想的怀疑。章太炎说：

> 孔子绝四，无意、无必、无固、无我，教颜渊克己，称"生生之谓易"，而又言"易无体"，易尝以我为当在，生为真体耶？自宋儒已旁皇于是，文成之徒三高材，欲从之末由，以是言优入圣域，岂容易哉？岂容易哉？唯汝海谓："天理不容思想，颜渊称'如有所立卓尔'，言'如有'，非真有一物在前，本无方体，何可以方体求得？今不读书人止有欲障，而读书更增理障，一心念天理，便受缠缚。尔祇静坐放下念头，如青天然，无点云作障，方有会悟。"又言："仁者人也，识仁者识吾本有之仁，不假想像而自见，毋求其有相，唯求其无相。"此与孔子无知，文王望道而未之见，老子"上德不德，是以有德；下德不失德，是以无德"，及释氏所谓"智无所得，为住唯识"者，义皆相应。然汝海本由自悟，不尽依文成师法，今谓文成优入圣域，则亦过矣。①

这是说，孔子求仁之学、"绝四"之教与"生生之谓易"极难体会，其要诀是"不求有相，唯求无相"，这和老子及释氏思想相近。章太炎认为，王阳明及其高徒未必能体知此意，说他们据此而优入圣域，似嫌太过。章太炎唯独称赞邹德涵不依靠王门师法，独自领悟了"易无体"和"不求有相，唯求无相"的真意。

总体上，阳明的"真有无"表达的思想是：道是体用有无的统一。这种思想适用于一切本体。本体之无是不脱离有的，即"本体无体，以用为体"；本体之有是不脱离无的，即"用之为有，与无为体"。"真有无"是从宏观层面讨论"本体无体，以用为体"的思想，具体而言，心学中具有无体段的本体可以指心、知、性三者。阳明学

---

① 章太炎：《章太炎全集》第五册《太炎文录续编》二上，上海人民出版社1985年版，第116页。

者主要集中在"心、知无体，以感应是非为体"的具体问题上。

六　总论体之诸义

总上述各论，体有多重意义。体之为体的标准和含义有如下几种：

（一）如果以时空中可被感觉经验把握的方位形体为标准，可以分为"方体"和"无方无体"。方体是形而下的形器事物，无方无体既可以指形而下之气化流行，也可以指形而上之理或道体，前者是"无体之体质"①，后者也可谓之"无体之本体"。这种标准以易学解释学为代表。

（二）如果以凭理性把握的恒常性为标准，可以分为"常体"和"无常者"。常体即恒常道体或形而上之理，无常者即形而下之器（气），这仍然以易学解释学和理学为代表。

（三）以具气的"具有承载性"的形质论，有"方体"和"流行之体"。尽管易学区分了"方体"（形器）和"无方无体"（易），但是在朱子看来二者都属于形质、形体，前者是具体殊相的形器事物，后者是大化流行实体。这二者之所以能称为体，是因为体之为体还有一个标准：承载性，方体承载分殊的理，大化流行承载道之本体（太极）。所以，形质之体也谓之载体。

（四）以初始在先、能生、能宰、自因、自主为体的标准，有体用之分。体有"本末精粗"之分②，虽同为体用，也有本然之体和见在之体的区分。太极与阴阳五行，是终极本体与发用的关系；朱子所

---

① 朱子曰："天地日月，阴阳寒暑，皆'与道为体'。又问："此'体'字如何？""是体质。道之本然之体不可见，观此则可见无体之体，如阴阳五行为太极之体。"参见黎靖德《朱子语类》卷三十六，中华书局1986年版，第976页。

② 朱子曰："只是前面'体'（道体）字说得来较阔，连本末精粗都包在里面，后面'与道为体'之'体'又说出那道之亲切底骨子。"参见黎靖德《朱子语类》卷三十六，中华书局1986年版，第974—975页。

云"见在底便是体，后来生底便是用。此身是体，动作处便是用。"①
这是见在之体和发用的关系。终极本体具有终极价值，是先天未发的
理，其呈现则有后天发用。见在之体是当下能发出功用的物体，固是
现象背后的自体，却未必具有终极价值。终极本体是发用的本然状
态，发用是本体所发的现象，自本体之流行而言谓之发用，自发用之
常主不易而言谓之本体。性命、理气、知意、寂感等即是不二之
体用。

（五）体之为体还有一个标准：凝聚性和主宰性，因主宰而能凝
聚属性成为一个全体、统体、整体。体具有凝聚属性而成为一浑然整
体的功能。实存的事物，是由气凝聚成形质，由形质而占空间方位成
为方体。方体能凝聚各种属性而成为一个具体事物，其形质既是气之
凝聚，又是理之承载者。正是在承载义和凝聚义的基础上，我们才说
存在一个"物体"。同理，本体（道体、性体、心体）虽无具体方
位、体段，但是也具有凝聚性而能成为统体。在朱子和其门人看来，
道体兼具体用，道体能凝聚道之本体（理）和道之形体（气化流行）
而成为大全统体。易也是一个统体之名，兼有变易之体和不易之体。
变易之体是有方体形质的杂多存在，不易之体是在种种现象背后的
常体。变易之体为用，不易之体为本，故而常体也是本体。而在阳明
看来，本体必有呈现，必涵摄发用，故而本体如道体一样也是一个全
体大用。虽同具有凝聚成整体的功能，但是具体事物之凝聚性无主宰
之自因，反由其所承载的理则来主宰。而道体（性体、心体）之类
的本体，其凝聚体用的同时亦是主宰体用的整体，故而本体是自因。

（六）以上是体之为体的标准和意义，而体也是区分虚实的标
准。按照感觉把握之角度，人们可以区分为"有体而实"和"无体
而虚"。有体而实指的是形器实体，无体而虚指的是"本体无体"的
虚，"作用无滞碍"的虚。按照构成性和承载性之基质的角度，也可

---

①　黎靖德：《朱子语类》卷六，中华书局 1986 年版，第 101 页。

以区分"气化而实"和"气本为虚",无论是方体事物还是大化流行都是气之运化,故而在朱子看来都是形质实体,而其本乃是张载所谓的太虚本体。按照理性把握的恒常性,可以区分为"有常而实"和"无常而虚",朱子所谓的"理定即实,事来尚虚"即是说明"论其理则先自定,固已实矣。"所以依照不同的标准,在朱子那里都可以谓之实体。然而心学中的心体(性体、道体)却是虚实相融真有无之体。

基于以上对于体的理解,可以推论本体何所以谓之体。从"本"而立意,本体有几种含义:

一是"本然状态",这是从境界论和目的论言本。当心学家说"盈天地皆心"、"盈天地皆性"的时候,往往是在说性(心)体是宇宙本体,性(心)是宇宙的本然状态。宇宙本体是经验现象的终极价值、理想目的或最高境界。此宇宙本体接近老子的道,这是作为宇宙生成之前的状态;也近似涅槃境界,是生命的最理想境界;但是不同于社会契约论讲的生存意义上的自然状态。

二是指事物"是其所是"的依据、一般原则或居于发用现象中(或背后)的本质,这是本质论。当然,在近百年也经常不加反思地使用"本质"这一概念来形容事物"是其所是"的依据和常居于事物之中(背后)的一般性。依照严格的中文语境,本质是从气的角度指原初的基质,而不是从理的角度指事物"所以然"之依据和"所当然"之一般性。可是,"本质"概念已经被惯常使用而具有约定俗成的确定意义。如"心之本体即是知","知者,此心贞明之本体。"[1] 这是说贞明之知是心的本质。作为精神现象之整体,心包含知、意、念、志、识等多种精神现象,只有贞明之知才是浑然之心的本质。

三是指能生发的本原,这是从宇宙论角度论本体。本原有终极的

---

① 王时槐:《王时槐集》,上海古籍出版社 2015 年版,第 545 页。

本原，有见在的本原，都是指能生发的、在先的、并能在发用现象中作主宰的为本体（本原），后起的、被生出的为发用现象。如朱子曰："假如耳便是体，听便是用；目是体，见是用。"[①] 这是指见在的是本体，后起的是发用，见在的体即所发现象的本原。又曰："心有体用，未发之前是心之体，已发之际乃心之用。"[②] 这是说形而上之本体与形而下之发用的关系。当然，太极（寂然不动之理）、道体、性体堪为终极本原，而性体之发窍（良知）、天理之发端（几）为间接本原。当心学家说性或心为本原时，他们在当时也许确实是想表达自然的宇宙生成论，但是依照现在的眼光来看，对其更严格地界定应是道德经验的宇宙生成论。道德经验的宇宙生成论总是依照本心（本性）之至善立论，和自然宇宙生成论从原初气质立论不同。

但是以上几种意义都是从"本"而言，若从"体"而言，本体不应仅仅停留在以上几种意义上。本体一方面因为"本"而具有本然的、主宰的、超越的、形上的特征，一方面因为"体"而具有凝聚性，本体固然非时空经验中的方位形体，却如事物一样具有凝聚属性和发用现象而成为整体的功能，如道体一样能凝聚道之本体（理）以及发用现象（气）而为一大全统体。所以，本谓之"体"说明本体本就含摄发用，本就是理气凝聚之本然实体，本就是一个与物无对之统体。这时候本然实体不像个体事物那样具有"体段"等广延特征（如亚里士多德所谓的第一实体），由于不具有"体段"而又含摄气之发用，故而是"本体无体，以用为体"。本然实体也不像月映万川的明月那样孤悬隔绝，不是宇宙间独立于现象之外的最高存在（如柏拉图的共相或亚里士多德的最高实体），而表现出本体的发用化（现象化）和实体的功用化（流行化）趋势，即"大用流行的道体本身"。当然，本体的发用化和实体的流行化并非意味着本然实体遭到了类似洛克那样的质疑或休谟那样的消解，本然实体仍然是心

① 黎靖德：《朱子语类》卷一，中华书局 1986 年版，第 3 页。
② 黎靖德：《朱子语类》卷五，中华书局 1986 年版，第 90 页。

学家的终极问题，只是变换了看待和把握本然实体的方式而已。本然实体是即大用流行而存在浑然整体，是由其自身而不由他者的存在，能实现这一特征的，只有绝对自由无限的大全实体（如斯宾若莎的自然）。所以，心学家所理解的本然实体可谓之"盈天地皆心""盈天地皆性"或"盈天地皆气"的无体之体。尽管本体实质上是一个大全道体，但这并非是人们将形而上本体与日常经验相混同的依据。本体兼有终极的形而上之本和大全统体之意，形而上之本所以立本，大全统体所以立体。

在心学中，心知概念并不总是指向大全的宇宙本体，同一个范畴往往在好几种意义上使用"体"，包括本然状态、本质意义和方位体段意义的交互使用。如"知无体"的"体"是指方位形体，意思是知是无确定形体（定体，方体）的。"知者意之体"的"体"是指本体，意思是知是意的本然状态。

有一种观点（如詹姆士和西田几多郎）将纯粹经验理解为本体或本原，然而依照"本体是一种呈现"的思想，本体固然在呈现中是一种直观的纯粹经验，却不可停留于纯粹经验上而丧失超越一切直观和认知的形而上之本体之意。所以纯粹经验不足以概括本体。西田几多郎将纯粹经验视为本原，可是纯粹经验固然具有原初经验的意思，却未必有形而上之本体的终极价值。即便是尧舜之圣也不离日常经验，即便是愚夫愚妇也未尝失其纯粹经验，凡圣之同在于都生活在相近的日常经验中，凡圣之别在于觉与不觉其纯粹经验而已。觉与不觉的纯粹经验只是终极价值（性体）的发端和显现而已。在多数情况下，心、知、意、念表达的是纯粹经验的呈现，以及从纯粹经验过渡到日常经验的过程。本体的呈现大约有三个主要过程。首先，宇宙本体（性体或道体）是混沌的原初状态，是神契于言思之外、神栖于造化之前的冲漠无朕的无何有之乡。但性体（道体）不可言，只有到"良知"状态才有纯粹觉知的可能。其次，纯粹经验之所能被觉知到是纯粹经验，关键在于混沌中灵窍初辟，能够"自知"、

"独知"和"明觉"这种经验的存在。所以"良知"之学（研几）实为往返宇宙本体的门户，是有无之枢机。再者，在发用的层面上，心、知、意念主要是具有日常经验与意识现象的意义。而心性之学侧重于对意识活动之前，甚至纯粹意识之前的根基的讨论，而非如现代哲学中的道德情感现象学那样对已发之后的情识意念作存在论的剖析和现象的描述。

第二章 "本体无体，以用为体" 的存在论和实体观

　　明代心学的一个整体思想在于承认心本体依存于发用活动，并体现为一系列精神现象，实体和现象在精神活动中是统一的。阳明说："心无体，以天地万物感应之是非为体。"① 钱德洪认为："心无体，以知为体……知无体，以感应之是非为体。"② 欧阳德说："知无体，以物为体。"③ 罗洪先认为："以天地万物为体者，与物为体，本无体也。"④ 董萝石认为"心无体也，纲常伦物、形质器用与心为体"。⑤ 邓元锡认为"心无形，著物以为形。"⑥ 王时槐主张"先天无体，舍后天亦无所谓先天矣。"⑦ 刘宗周曰："心无体，以意为体；意无体，以知为体；知无体，以物为体。"⑧ 心学家的这种语言结构可提炼为"心无体，以用为体"或"本体无体，以用为体"的命题，它一方面表明精神不像物质实体那样可以通过属性来体现，而要以

---

　① 王守仁：《王文成公全书》第一册，中华书局 2015 年版，第 134 页。
　② 钱德洪：《钱德洪语录诗文辑佚》，《徐爱钱德洪董沄集》，凤凰出版社 2007 年版，第 124 页。
　③ 欧阳德：《欧阳德集》，凤凰出版社 2007 年版，第 201 页。
　④ 罗红先：《罗洪先集》，凤凰出版社 2007 年版，第 669 页。
　⑤ 黄宗羲：《明儒学案》卷十四，中华书局 2008 年版，第 291 页。
　⑥ 黄宗羲：《明儒学案》卷二十四，中华书局 2008 年版，第 564 页。
　⑦ 王时槐：《王时槐集》，上海古籍出版社 2015 年版，第 533 页。
　⑧ 黄宗羲：《黄宗羲全集》第一册，浙江古籍出版社 1985 年版，第 288 页。

发用活动为体现，是即存有即活动的实体；另一方面，它也表明精神并非那种由其自身而不由他者的绝对独立者——如斯宾诺莎哲学中作为自因的实体——所谓独立存在的精神被阳明批评为"悬想本体"或"悬空的意"①。尽管心学家在功夫论上存在"即用求体"或"立体达用"的分歧，但在"以用为体"的存在论上，他们却具有一致性。阳明心学"心无体，以用为体"的思想正是为了解决本论最初的问题：本体（心体、性体）之呈现，即本体何在、如何在的问题。本体之虚实有无的关系体现在"本体无体，以用为体"的思想中，本体之实在性也体现在"以用为体"的方式中，本论不专为阐述本体（心体、性体）之实在性，而是为了论述本体之呈现。尽管二者是相通的，但本体之呈现是一个更为基本的问题。

一 三种界定

（一）与理的去实体化之比较

阳明心学中的"心无体"或"本体无体"思想和元明之际的"理本体的去实体化"趋势容易混淆。元明以来，朱子之后的理学表现为一种"理的去实体化"趋势，即，从二程的"理是宇宙普遍原理"，到朱子的"理与气绝是二物"和"理是气之所以然"的依据，又逐渐过渡到吴澄的"理者，非别有一物在气中，只是为气之主宰即是"，以及罗钦顺的"理只是气之理"。② 在程子那里，理近似一种孤悬统领的本然实体，有如柏拉图的理念和亚里士多德的最高实体，这是一种极端的实在论；在朱子那里，理既是不杂且不离于气的实体，也是气的所以然之理和所当然之则，这是一种相对明确的实在论，近似亚里士多德所谓的第二实体（作为所以然的共相和形式）；

---

① 王守仁：《王文成公全书》第一册，中华书局 2015 年版，第 146 页。
② 陈来：《元明理学的"去实体化"转向及其理论后果》，参见陈来《从思想世界到历史世界》，北京大学出版社 2015 年版，第 313—347 页。

在吴澄那里，理不再是独立的实体，而转变为主宰气质的条理与规律，这是一种温和的实在论。罗钦顺则将理视为气自身的规定和天理，虽然理也带有"若有一物主宰乎其间"①的实体迹象，但实体主要是指气，理反而成了实体的属性。王廷相认为"天地之间，一气生生……气一则理一，气万则理万"②，刘宗周认为"盈天地间一气而已"和"离气无理"③，这就将"理的去实体化"进行得更为彻底，更明确地表达气是唯一实体，而理是气的条理（属性）。

由于心学中的"本体无体"思想和元明之际的"理本体的去实体化"趋势既存在相似点又不可混淆，所以在正式讨论心学中的"本体无体"思想之前，需要厘清二者的异同。其相似点是理本体和心本体一样都是无体段的，理无论是作为本体还是经过"去实体化"后而沦为气质的属性，其本身总是无方体的，这和"心体无体"一样。其不同点是，"理的去实体化"其实是理从本然实体下降为气质的属性，而心学中的"本体无体"其实是指心（性）本体不具备形质实体的特征，既不存在从本然实体沦为气质之属性的可能，也不存在去实体化的问题。"理的去实体化"和"心（性）无体"中的实体含义是有区别的，前者的实体是指恒常实体，后者的实体是指形质实体。实体有二：一是凭感觉把握的、能引发实存感的形质实体，包括具体事物之实体和大化流行之实体；二是以理智把握的恒常实体，如朱子所谓太极之理、诚体（至善）。感觉主义者偏重于认为客观的形质实体是实在的，而理性主义者往往偏重于认为恒常不变的终极定理是实在的。如果说元明之际，"理的去实体化"主要是从恒常实体（本然实体）而言，指理不再是高悬主宰的绝对实体（极端实在论），也逐渐从作为事物一般性原则的实体（温和的实在论）过渡到

---

① 罗钦顺：《困知记》，中华书局 2013 年版，第 89 页。
② 王廷相：《王廷相集》，中华书局 1989 年版，第 848 页。
③ 黄宗羲：《明儒学案》卷六十二《蕺山学案》，中华书局 2008 年版，第 1522、1531 页。

成为气的属性；那么心学中"心的无体化和流行化"则主要是从具体实体和流行实体而言，指心本体无体段而以发用流行为体段。在主流的阳明学者中，心（性、知）等本体不仅不是如个体事物那样具有广延性和形象特征的实体，也从未被视为孤悬主宰的绝对实体，心（性、知）本体虽然是虚体，其存在显现必依赖于具体事物和大化流行，但心（性、知）作为发用流行的本然状态和终极依据始终不变，其本体实在性和价值在先地位是保留的。其次，心（性、知）体虽然被视为虚体，其所具有的天理内涵却是不虚的，阳明说："良知是天理之昭明灵觉处，故良知即是天理。"[1] 阳明、龙溪都认为，良知既是无思无为的，又是所思惟天理的。以理为实却未必有体，这是价值实在和形质虚无的统一。所以在阳明学者那里，理始终具有终极价值地位。"理本体的去实体化"和心学中"本体无体"思想构成了明代思想的两个趋势，一方面，部分朱子学者和气本论者逐渐将"理"由实然本体下降为气质的属性，而另一方面，主流心学家在讨论"心体无体"的同时，却坚守着天理（至善）作为心体内涵的终极价值地位。

（二）与朱子的"道体无体"之比较

朱子虽然说明了"道体无体，以物为体"，其所谓的"以物为体"主要指的是形质实体，而较少涉及心的感应是非活动。阳明学者认为"心无体，以感应是非为体"，其所谓的"以感应是非为体"和"以物为体"稍异，因为感应是非是活动和关系而非形质实体，这就更加凸显了心体和道体虽然在本体内涵上是相似的，但在存在、显现发用方式上和体用关系上是稍有区别的。

朱子常用"与道为体"说明形质实体和道体的关系，阳明学者常用"本体无体，以某为体"来表心体（性体）和发用的关系。心学中的本体必然是一种现实存在，但本体不是具有方位和形象体段

---

① 王守仁：《王文成公全书》第一册，中华书局 2015 年版，第 89 页。

等时空特征的形质实体，所以实在性不体现在与形质实体相对的属性上，而是体现在与本体相对的发用上。形质实体可以通过第一性的质（如广延，形状，运动等固有属性）和第二性的质（如色，声，味等非固有属性）来显现和被认知，心性本体并无形质实体的属性，而是以其发用为显现之途和承载之体，所以，更直接地说是"本体无体，以用为体"。"以用为体"和"与道为体"不一样，"以用为体"是从较高的本体来说其实存显现，是指"本体无体，以其发用为载体、体段"，"以用为体"通常可表达为心"以知为体"或知"以物为体"。与此不同，"与道为体"则是从发用而言，发用者以自身的形质流行构成道体的实际存在，"与道为体"的体是形体、体段之意。朱子答学生问"如何是与道为体"的问题说："与那道为形体，这体字却粗，只是形体。"① 所谓"与道为体"是指形而下的存在者以自身构成道的形体。朱子区分了道体和"与道为体"，道体是道之统体，而"与道为体"者是有形质的实存者，是道体之显见处（道之象）。他说："道无形体可见，只看日往月来，寒往暑来，水流不息，物生不穷，显现者乃是与道为体。"② 道无方位和形体，而世间万象乃道体的显见者，此显见者将自身"给与"道而成为道的形质之体（与道为体）。朱子又云："与道为体，此四字甚精，盖物生水流，非道之体，乃与道为体也。"③ 这是说，世间万象万物并非道之本体，而是与道为体者。朱子进一步强调："形而上者谓之道，形而下者谓之器。道本无体，此四者非道之体也，但因此则可以见道之体耳。"④ 据此可见，道之体是形而上本体，万象只是形而下的存在者而可以构成道的形体。道体是统体，兼有道之本体和道之形体。道体本无形体，只有从形而下之流行来见道之形体，这就是"与道为体"

---

① 黎靖德：《朱子语类》卷三十六，中华书局 1986 年版，第 975 页。

② 黎靖德：《朱子语类》卷三十六，中华书局 1986 年版，第 975 页。

③ 黎靖德：《朱子语类》卷三十六，中华书局 1986 年版，第 975 页。

④ 黎靖德：《朱子语类》卷三十六，中华书局 1986 年版，第 975—976 页。

的意义。总之，"与道为体"的逻辑是从形而下之器观察形而上之道，但"以用为体"的逻辑则是从形而上之本体落实为形而下之发用，指本体无体段，倚靠发用以为体段；本体不可睹闻，以物事为显见处。

（三）和杨简的"心体无体"之比较

杨简虽然常论无体之心，但是未深入阐述心体的存在方式和"心体无体，以用为体"的思想。他说："心无体质，德本虚明，如日月照临，如水鉴烛物，不必劳神，自能推见，自能究知。"① "心无体"指的是心无形质、体段，所以不像具体事物那样杂有形质渣滓，故而其本质是清虚明彻的。又如："道心无体，神用无方，不可得而屈，不可得而穷。"② 这是说道心无形体，不受具体时空的局限，所以其发用是无方所的，不能对道心作形质与数量上的改变。又说："道心无体，非血气，澄然如太虚。"③ 这是说道心犹如太虚一般无形质，不是人们日常理解的血气形质之心。道心不仅不可以实存的形质来理解，而且也无法像实存的形质事物那样可以把握，即"道心无体，无体可执。"④ 本心无体质和形状，也无空间的广延特征，本来是清虚明澈的状态，一旦落入有意念的经验层面，便失去本然虚明的特征，即"此心即道，惟起乎意则失之，故孔子曰毋意。"⑤ 以上多偏重于心体无体的描述，而较少论述心体存在显现的方式。这样，心体多偏于虚体特征，而其实体意味不明显。

二　阳明学的"心无体，以用为体"

阳明学中的"本体无体"主要是用来形容心（性、知）的存在

① 杨简：《先圣大训》卷四，明万历刊本，第17页。
② 杨简：《杨氏易传》卷十二"大壮"卦辞解，江户写本（旧藏者）昌平坂学问所（无页码）。
③ 杨简：《杨氏易传》卷一"乾卦"大象九四爻解，江户写本（旧藏者）昌平坂学问所（无页码）。
④ 杨简：《杨氏易传》卷二"坤卦"文言解，江户写本（旧藏者）昌平坂学问所（无页码）。
⑤ 杨简：《慈湖遗书》慈湖遗书附录，文渊阁四库全书本，第9页。

状态。"本体无体"是保证本体虚寂和发用虚灵、神用无穷的必要条件，正是因为本体无方无体，才能像神易一样唯变所适，而有无穷尽的作用；也能随时随处保证寂然虚静的本然状态，而无实体般的滞碍。"本体无体"带来的问题有两点：第一，本体如何显现落实？这是本体和发用的关系问题，亦即形而上之体和形而下之用的关系问题；第二，如何理解本体？性体（心体、知体）和理学中的太极、理，和儒学中的道、仁的关系如何？这是本体的内涵问题。当然，我们需要谨慎地称本体的内涵，以避免本体因过多的内涵规定而沦为形质实体。

在阳明学中，道体和心之本体（或心体）都是本体。朱子认为"道无形体，万物与道为体"，而阳明认为"道无形体，万象皆其形体。"① 此为朱子和阳明之相似点。然而，朱子区分了道体和道之本体，道体是一个大全统体，具足道之本体（形而上之理）和道之形体（形而下之气）。但在心学中，道虽然可以指心，但由于道体和道之本体、心体和心之本体并无严格区分，所以不像朱子那样严格地使用概念。"心之本体"固然明确指心的本然状态（良知），而"心体"却既可以指心的本然状态，也可以指心这一浑然整体。如王时槐云："此心湛然至虚，廓然无物，是心之本体原是如是也。"② 虚寂的本心谓之"心体"可，谓之"心之本体"也可，并无严格的区分。但无论哪种指称，都符合"心无体，以用为体"的本体呈现方式。"心体无体，以用为体"的命题意义有三点：

第一，心体是虚实有无的存在。心体和心之发用是统一的，由于心体不像具体实体那样有形质体段，所以心体的存在方式是于发用流行上显现。心体虽然只是虚拟为体，并非真有一个在后天事物之外孤悬独立的心体，但是这并不等于说心体是依托于发用的第二义的存在，而是说心体以本然状态为本，以后天发用为体。所以，心体其

---

① 黄宗羲：《明儒学案》卷二十五，中华书局 2008 年版，第 585—586 页。
② 王时槐：《王时槐集》，上海古籍出版社 2015 年版，第 353 页。

实是虚体与实体的统一，虚体是就心体无形质体段而言，实体是就心体的发用流行而言。以常识的眼光看，心体无具体事物的形质体段；以哲学的眼光看，后天发用流行就是心体的形质体段。除了王时槐这样极端的非实体者认为事物也无实体之外，一般的阳明学者都认可心的实体就是后天发用流行。当说"以用为体"时，应当看到形质体段的承载义和显现义，而不可将形质体段僵化地理解为广延、硬度、形态等具体实体的特征。这是从"心无体，以用为体"得出的第一个结论。当然，发用流行为心的实体，只是就实体的承载义和显现义而言，心的实体还可以指天理。阳明虽然主心学，但是他仍然以理为实在本体，诚即为心之实理。① 心之实理也是实体，这是就实体的凝聚义和主宰义而言。此义另当别论，此处提及只是避免将心之实体简单化。

第二，心体是一种关系的存在。心体无从单独显现，必须倚靠发用才得以展现。这说明在心学中，从真际而言，固然心之本体时时处处存在，但是从实际而言，从来不存在独立的具体实体般的心和事。亦即，现实世界不是如同单子般的可分隔实体之总和，而是体用的关系存在。实体的存在具足本体与现象，而关系的存在具足体与用。佛教也有类似思想。《楞严经》云："若诸世界一切所有……咸有体性……何况清净妙净明心，性一切心而自无体?"② 这是说，清净本心能够为一切妄心的本性，也是有自体的。即便是具有分别作用的心，也是不离法尘而分别影事的。可见，无论是真心还是妄心，都不离发用而存在。心体是一种关系的存在，而不是单子般的实体存在，这是从"心体无体，以用为体"得出的第二个结论。

第三，从上述二点可以看到一种"共时性"的体用关系。心体是一切后天事物的本然状态和本质依据，此本然状态和依据既存在

----

① 阳明曰："诚是实理，只是一个良知。"见王守仁：《王文成公全书》第一册，中华书局 2015 年版，第 135 页。

② 《楞严经》卷一，见《佛教十三经》，中华书局 2010 年版，第 131 页。

于未发之中，又存在于已发之和。可是这并非等于说未发已发是两个有时间先后的状态，也不是有内外之分的空间状态，时空等具体实体的特征均不足以说明体用关系。未发之中在已发之和中，寂在感中，虚在生中。总而言之，未发、虚寂等先天本体不可独立存在，而是存在于后天发用中。虽不可独立存在，但是总为后天已发事物的本然状态和本质依据。这说明，体和用既不是相互分割的实体存在，也不是可以混淆的大用流行，而是体用不可分隔的关系存在。体用不离不混，是从"心无体，以用为体"得出的第三个结论。前文曾说，海德格尔所谓的"形式指引"（形式显示）的现象的显现存在方式，近似阳明学的本体的存在显现方式，本体既非抽象的概念而沦为思维对象，也非与客体对立的主体，它是一种关系的存在，在其存在中蕴涵了所要显现的现象（发用）及其与现象的一致性关系（体用一源），且在关系中保持了与显现现象（发用）若即若离的关系，既保持了先天的超越性而与显现现象（发用）不同，又与发用不相分离而依存于发用现象之中。下面根据阳明学的具体论述来分析这一思想。

阳明心学中的精神不是孤悬独立的实体，而是依存于发用并以活动来展示自身的关系实体。"心无体，以用为体"的命题既表达了精神实体的存在论，又提出了关系实体的思想，指精神实体（心体）可以展现为知、意、身、物等精神现象和共时性的体用关系。关系实体是不同于形质实体和恒常实体的新实体观，指精神实体是在关系中展现的精神现象，没有脱离他者而绝对客观独立的精神实体。即便是处于心之展开最底层的物，其实也依存于与他者构成的关系中。"心外无物"的实质不是指心包含物，而是从心的角度来表达了"物外无物"的存在事实。

（一）王阳明"心无体，以用为体"的存在论和关系实体观

在常识中，物是独立存在的，精神需要依赖物质才能存在。但在阳明看来，精神实体和物质实体皆不能孤立独存，需要通过活动和对

象来体现。阳明对此有一段集中论述，《传习录》载：

> 目无体，以万物之色为体；耳无体，以万物之声为体；鼻无体，以万物之臭为体；口无体，以万物之味为体；心无体，以天地万物感应之是非为体。①

此处是以耳目口鼻来说明心的存在，它们可用共同的命题表达存在方式："本体无体，以用为体"。理解这则文献的关键是"体"。

（1）何谓"体"？

为何耳目口鼻和心是本体？"体"有"本体"之义，是与作用或发用相对的实体、初始本然状态。朱子说："体是这个道理，用是他用处。如耳听目视，自然如此，是理也；开眼看物，着耳听声，便是用。"② 又说："譬如此扇子，有骨，有柄，用纸糊，此则体也；人摇之，则用也。"③ 如果能产生作用的就是"本体"，那么理、物（耳目口鼻）和心皆可成为本体。④ 吴震也认为这段话是说"心之本体实是'无体'，必须通过天地万物感应来呈现体。"⑤ 心与"感应之是非"是本体与发用的关系，耳目口鼻和声色臭味是主体与对象的关系，却都被阳明统一为体用关系，其中囊括了"本体—活动—对象"的关系，而"活动、对象"被转化为"发用"，因此可用"本体无体，以用为体"来概括耳目口鼻心的存在论。

何谓"无体"？"体"有形体之义，通常对"无体"的理解是不具有形体特征。如果单独说心无形体，是没有问题的，但问题在于耳目口鼻其实有形体，那么阳明所谓的"无体"就不应简单理解为

---

① 王守仁：《王文成公全书》第一册，中华书局2015年版，第134页。
② 黎靖德：《朱子语类》卷六，中华书局1986年版，第101页。
③ 黎靖德：《朱子语类》卷六，中华书局1986年版，第102页。
④ 本体包括"见在本体"和"终极本体"，"见在本体"一般是秉受一定道理且能当下产生作用的实体，而"终极本体"指具有终极价值且能主宰发用的"无体之体"，如道、理、太极等。
⑤ 吴震：《阳明后学研究》，上海人民出版社2003年版，第26页。

"无形体"。同样，声色臭味是无形体的，故"为体"不应是以它们为形体。"体"有"载体"之义，形体或发用皆能起到承载作用：形体能承载事物，如骨架承载筋肉；也能承载本质或理，如天承载天理（上天之载）；而发用则能承载本体①。说耳目口鼻心以声色臭味和感应是非为存在的载体，于义尚可。"体"有"体现"之义，是事物展现自身的存在状态。"形体"和"体现"的不同之处在于，"形体"是事物自身的属性（偏重于第一属性，如广延、大小、质量等），可能不向他者显现出来；而"体现"是事物向他者的显现（偏重于第二属性，如声音、颜色、气味等）。若以"体现"释"体"，则可以说"本体需要以发用活动为体现"，于义最洽。

此则文献常易引起歧义。（1）一是混淆"体现"和"本体"的含义。钱德洪认为"知无体，以感应之是非为体"②，而罗洪先批评道："先生又曰："知者意之体，物者意之用。"未尝以物为知之体也……绪山乃曰："知无体，以人情事物之感应为体。无人情事物之感应，则无知矣。"……人情事物感应之于知，犹色之于视，声之于听也。谓视不离色，固有视于无形者，是犹有未尽矣，而曰"色即为视之体，无色则无视也"，可乎？"③ 罗洪先认为，良知是人情事物的本体，正如耳目视听是声色的本体发动处，钱德洪之论属本末倒置。罗洪先的思想存在两个问题：其一，他只看到阳明说过"知者意之体"，却没有注意阳明也说过"心无体，以天地万物感应之是非为体"，钱德洪之论其实是秉承阳明而来。其二，罗洪先没有区分"本体"和"体现"。"知者意之体"的"体"是本体，是指良知为意念的本然状态，而"知无体，以人情事物之感应为体"的"体"

---

① 朱子将载体的范围扩大，认为"上天之载，无声无臭，其体则谓之易"的"体"是体质，是"犹言骨子"般的载体，那么天就是最大的形体，而易则是大化流行，皆是理或道的载体。见《朱子语类》卷九十五，中华书局 1986 年版，第 2423 页。

② 钱德洪：《钱德洪语录诗文辑佚》，《徐爱钱德洪董沄集》，凤凰出版社 2007 年版，第 124 页。

③ 罗洪先：《罗洪先集》，凤凰出版社 2007 年版，第 73—74 页。

是"体现"的意思，指良知无体现，以人情事物之感应为体现。（2）二是只论功夫论而不及存在论。东正纯道："王子常喜主心提醒，而往往又生著心之弊。所以有此说。"① 他认为，心以感应之是非为体现，会导致心有执着的弊病，所以需要以"心无体"功夫来纠偏。这种解释没有明确因为"心无体"才会有"以用为体"的存在方式。（3）三是没有理解阳明将主客关系转换为体用关系。但衡今质疑道："此节所云，与阳明教相违。色为目之体。声为耳之体……感应为心之体。体在外。然则物犹在外也。"② 但衡今将"色声臭味和感应"理解为耳目口鼻心的外在对象，如果以外在对象为体，会得出心外有体（物）的论断。但阳明之论其实是指"声色臭味和感应是非"是"耳目口鼻心"的存在体现，而不是其外在对象，这是将主客关系转换成体用关系，仍然是心物一体的整体观。（4）四是从反向理解"无体"和"为体"的逻辑关系。但衡今道："度阳明之意，万物之色非色也，以目为色……"③ 但衡今揣测阳明是说万物的第二属性不能离开身心的感应，这是将精神存在论上的"本体以发用为体现"，反向理解成认识论上的"对象的属性离不开主体"。（5）东正纯和但衡今虽未明"为体"之意，但其所谓的"不著心"和"造心无心"却指出"心无体"的功夫论和境界论意义④。王畿曰："夫良知之于万物，犹目之于色、耳之于声也……良知惟无物，始能尽万物之变。"⑤ 王畿之论表明阳明的"心无体，以用为体"除了存在论意义之外，还有心无所执，方能无滞碍的功夫论和境界论意义。对此，吴震总结道："心无体就是指本无知，以感应为体就是无不知。功夫不在本体上用，而只能在感应上去做。"⑥ 反过来，也可以说不

---

① 陈荣捷：《王阳明传习录详注详评》，台北学生书局 1984 年版，第 333 页。
② 陈荣捷：《王阳明传习录详注集评》，台北学生书局 1984 年版，第 333—334 页。
③ 陈荣捷：《王阳明传习录详注详评》，台北学生书局 1984 年版，第 334 页。
④ 陈荣捷：《王阳明传习录详注详评》，台北学生书局 1984 年版，第 333—334 页。
⑤ 王畿：《王畿集》，凤凰出版社 2007 年版，第 214 页。
⑥ 吴震：《阳明后学研究》，上海人民出版社 2003 年版，第 26 页。

能在本体上用功的实质就是因为精神不是独立实体，而只能在精神活动上用功。

（2）何谓关系形体？

以"体现"来解释"本体无体，以用为体"会带来一个问题："形体"和"体现"虽然分别偏向于自身属性或向他者显示的特征，却皆与"体"有关，"体现"其实就是形体在主客或体用关系中的显现。若将发用视为本体的体现，那么本体到底是有形体还是无形体？这需要进一步明确"形体"的含义。

从易学、朱子学到阳明学，"形体"经历了"方位形体"、"变易形体"和"关系形体"的意义转变。《系辞》认为"神无方而易无体"，韩康伯将"方体"视为形器①，这是具有时空方位和形象体质的"方位形体"。朱子将形体的范畴扩大，认为"上天之载，无声无臭，其体则谓之易"的"体"指易道的变化流行②，是承载道（理）的形体，这时形体就是以气质为基础、以大化流行为表现的"变易形体"。在阳明的"本体无体，以用为体"思想中，发用成为本体存在的体现，那么"体现"其实就是在体用整体中说发用是本体的"关系形体"。事实上，朱子已经开始在体用关系中使用形体。朱子曰："道无形体可见……显显者乃是与道为体。"③又认为："与那道为形体，这体字却粗，只是形体。"④如果世间万象就是道显现出的形体，那么形体就是道的存在体现之意。只不过"与道为体"是自用说体，指世间万象是道的存在体现，这是终极本体涵摄全体大用的体用模式。而"以用为体"是自体说用，泛指本体以发用为其存在体现，这是"见在本体"涵摄活动和对象的体用模式。当说"与道为体"或"以用为体"时，应看到"形体"背后的

---

① 王弼撰，韩康伯注，孔颖达疏：《周易正义》，北京大学出版社 1999 年版，第 276—268 页。

② 黎靖德：《朱子语类》卷七十四，中华书局 1986 年版，第 1895 页。

③ 黎靖德：《朱子语类》卷三十六，中华书局 1986 年版，第 975 页。

④ 黎靖德：《朱子语类》卷三十六，中华书局 1986 年版，第 975 页。

"体现"或"显现"功能，而不应将"形体"僵化地理解为物质实体的广延和形态。

（3）关系实体

关系形体的意义指引着关系实体的存在论。一方面，实体不是封闭自足的存在，而要有所体现，这种"体现"意味着实体要面临一个他者才能存在或显现。也就是说，凡有所体现的实体，都存在于与他者构成的整体关系中，任何存在者都不能离开他者而孤立存在。这种整体关系可涵盖"体外无用"（用外无体）、"理外无气"（气外无理）或"物外无物"（心外无物）等。"本体无体，以用为体"只是整体存在论中表达本体存在的一种特殊方式。本体和发用是在整体中相互依存的关系实体，本体以发用为展现自身的体现，发用将自身作为本体的外在展现，这种整体存在方式就是阳明所谓的"即体而言用在体，即用而言体在用，是谓体用一源。"① 精神实体尤其体现出这种整体存在论。

另一方面，实体是关系实体。中国哲学语境中的实体主要有两种：一是凭感觉把握、能引发实存感的物质实体，如具体事物和大化流行；二是以理智把握的恒常实体，如理。张岱年认为实体的含义有二，一是客观的实在，二是永恒的存在。② 前者可以指客观的物质实体，后者可以指"理"这种恒常实体。但在阳明的整体存在论中，眼耳鼻舌心都不能独存，而必须依靠活动和对象才得以体现。在"万物静观皆自得"中，物似乎是自得之物，但事实上，此物仍处于对象化活动中并通过"静观"而得以体现。同样，心与身也是相互依存的，阳明认为："耳目口鼻四肢，身也，非心安能视听言动？心欲视听言动，无耳目口鼻四肢亦不能，故无心则无身，无身则无

---

① 王守仁：《王文成公全书》第一册，中华书局 2015 年版，第 39 页。

② 张岱年：《张岱年全集》第五卷《中国哲学的本体观念》，河北人民出版社 1996 年版，第 498 页。

心。"① 心通过身的活动来体现，而身也需要心的支配才能活动。这说明，逻辑上虽有独立实体的假设，如身、心、物、理，但实际上从来不存在独立实体，实体必然体现为活动和现象，要通过相互关联而得以存在，而精神实体是关系实体的典型。这种新型的关系实体观对传统实体有所扬弃，传统实体的实在性被保留，其独立性则被转化为关系性。同时，现实世界不是独立实体之和，而是关系实体之网。

（二）王阳明论心体的层层存在

"心无体，以天地万物感应之是非为体"是对心体存在论的总体描述。"心"只是一个浑然之名，既可以指精神现象的纯粹底色（心之本体），也可指精神现象整体（心之整体）。"心无体"指精神无法以形体来体现，"以某为体"意味着精神会展现为一系列动态的精神现象。具体而言，"以天地万物感应之是非为体"包含以下要素："万物"是处于精神现象最底层的事物；"感应"指心身物的交感活动，"感"是心物交接所形成的身体感觉和心理知觉，"应"是意识的反映和反应活动，也就是"其虚灵明觉之良知应感而动者谓之意"，其中包括通过反映而形成表象的良知照察活动，也包括对感性材料进行思虑、分析和情执的意念活动；"是非"既指意念活动"有是有非"的道德属性，也指意念活动中良知"知是知非"的道德判断；"为体"指本心以发用为体现的过程，也就是"心无体，以知为体"，"知无体，以意为体"，"意无体，以身与物为体"的层层展开，从而体现为心—知—意—身—物的逐层经验化的现象，而心知意身物也构成一个精神现象整体。阳明从早年答徐爱的四句理，到后来答顾东桥的"心知意物"关系，都阐发过这一思想。

1. 身之主宰便是心；心之所发便是意；意之本体便是知；

---

① 王守仁：《王文成公全书》第一册，中华书局 2015 年版，第 113 页。

意之所在便是物。(徐爱录四句理)①

2. 问："身之主为心，心之灵明是知，知之发动是意，意之所着为物，是如此否？"先生曰："亦是。"(陆澄录)②

3. 心者身之主，意者心之发，知者意之体，物者意之用。(《大学古本傍释》)③

4. 心者身之主也，而心之虚灵明觉，即所谓本然之良知也。其虚灵明觉之良知，应感而动者谓之意；有知而后有意，无知则无意矣。知非意之体乎？意之所用，必有其物，物即事也……无是意即无是物矣。物非意之用乎？(答顾东桥)④

5. 以其凝聚之主宰而言，则谓之心，以其主宰之发动而言，则谓之意。以其发动之明觉而言，则谓之知。(答罗整庵)⑤

6. 但指其充塞处言之谓之身，指其主宰处言之谓之心，指心之发动处谓之意，指意之灵明处谓之知，指意之涉着处谓之物：只是一件。意未有悬空的，必着事物。(答陈九川)⑥

（1）主宰心和凝聚心

精神有两个区别于物质的现象，一个是主宰心。上述六则文献共同认为心具有主宰义，是主宰知、意、身、物的本体。主宰心不是生理学意义中的血肉之心或心理学意义上的认识活动，而是以至善之理为内涵，并以一定生理和条理让眼耳鼻舌身活动的能动性精神。阳明称为"所谓汝心，却是那能视听言动的，这个便是性，便是天理。"⑦ 若失去心之主宰，则已死之人其心脏虽在，而其身体意识却

① 王守仁：《王文成公全书》第一册，中华书局 2015 年版，第 7 页。
② 王守仁：《王文成公全书》第一册，中华书局 2015 年版，第 30 页。
③ 王守仁：《王阳明全集》卷三十二，上海古籍出版社 1992 年版，第 1193 页。
④ 王守仁：《王文成公全书》第一册，中华书局 2015 年版，第 58 页。
⑤ 王守仁：《王文成公全书》第一册，中华书局 2015 年版，第 95 页。
⑥ 王守仁：《王文成公全书》第一册，中华书局 2015 年版，第 113 页。
⑦ 王守仁：《王文成公全书》第一册，中华书局 2015 年版，第 45 页。

不能再循理而动。主宰心是精神区别于物质的第一特征。

第二个现象是凝聚心。阳明曰："盖身心意知物者，是其功夫所用之条理；虽亦各有其所，而其实只是一物。"① "各有其所"指身、心、意、知、物是精神在不同情况下的体现，也代表功夫的不同阶段，此处"心"指主宰心；"其实只是一物"表明，主宰心又能凝聚身心意知物五者为一个整体，此处"物"指精神现象整体，也就是凝聚心——能统合身体感觉、心理知觉和意识活动的精神实体。

（2）心无体，以知为体

阳明心学中夹杂着道德精神现象和一般精神现象，道德精神的第一个本然现象是明觉，命名为良知。四句理和《大学古本傍释》皆未指明知的本质，而陆澄录、答顾东桥、答罗整庵和答陈九川四则文献指出知的本质是明觉。明觉有两种：本然良知是"虚灵明觉"（陆澄录、答顾东桥），在意中持存的良知是"意之灵明"（答陈九川）或"发动之明觉"（答罗整庵），前者比后者多一"虚"字，这正符合本心的虚明特征。同样，四句理和《大学古本傍释》皆未明确知和心的关系，而陆澄录和《答顾东桥书》则认为知是心的灵明本质，即"心之灵明是知"（陆澄录）和"心之虚灵明觉，即所谓本然之良知"（答顾东桥）。阳明《大学问》载："何谓心？身之灵明，主宰之谓也。"② 这进一步指出作为身之灵明的知也就是作为身之主宰的心，只不过言心强调主宰义，言知则强调灵明义，可见，本然良知不是心感物之后的发用，而就是道德精神的本质现象（本心）。所以，道德精神首先体现为虚灵明觉的本然良知，也就是精神已经具有道德天性，但尚未触及感性材料时的空灵而醒觉的状态，或耿宁所谓的"向善的秉性"、"向善的倾向"和"产生意念的能力"③。

---

① 王守仁：《王文成公全书》第三册，中华书局 2015 年版，第 1117 页。
② 王守仁：《王文成公全书》第三册，中华书局 2015 年版，第 1117 页。
③ ［瑞士］耿宁：《论王阳明"良知"概念的演变及其双义性》，见耿宁《心的现象——耿宁心性现象学研究文集》，商务印书馆 2012 年版，第 182、184 页。

道德精神从本然良知进一步展现为自然知是非和判断是非的良知。阳明还继承了孟子"是非之心"的良知说，将"知是知非"的良知视为本然良知的进一步展开。虽然阳明在四句理、《大学古本傍释》和《答顾东桥书》中一再强调良知是意的本体，但良知不是从虚灵的精神演变成经验性的意识活动后就消失了，良知在意识活动中还继续存在，即"以其发动之明觉而言则谓之知"（答罗整庵）和"意之灵明处谓之知"（九川录）。这时知不是本然良知，而是在意识活动中自然明白是非，并对意识进行监察、指导和判断的良知，也就是阳明对陈九川说的"尔那一点良知，是尔自家底准则。尔意念着处，他是便知是，非便知非。"① 王畿和邓定宇按照体用关系将这两种知划分为"本然良知"和"知之发端"，"本然良知"无是无非，"知之发端"知是知非②。耿宁从道德意识现象学的角度，也将这两种良知区分为体用：前者属于"心之本体"或"理之灵明"，是向善的禀性或自发的动力③，也是产生意念的能力和意念的基础④；后者属于"内在的灵明"⑤，是一个"直接的道德意识"⑥，是对"心之发动的意"的觉知或内在于意念的良知，它能意识到意念的道德品格⑦。换言之，作为体的良知相当于道德理性和道德倾向，而作为用的良知属于本然良知的现实展开，存在于意识活动中，对外境和意识自身活动当下作出道德判断。

　　在精神发展到意识活动这一阶段，由于都触及感性材料，最容易

---

① 王守仁：《王文成公全书》第一册，中华书局 2015 年版，第 115 页。
② 王畿：《王畿集》卷七，凤凰出版社 2007 年版，第 166—167 页。
③ ［瑞士］耿宁：《心的现象——耿宁心性现象学研究文集》，商务印书馆 2012 年版，第 183 页。
④ ［瑞士］耿宁：《心的现象——耿宁心性现象学研究文集》，商务印书馆 2012 年版，第 184、186 页。
⑤ ［瑞士］耿宁：《心的现象——耿宁心性现象学研究文集》，商务印书馆 2012 年版，第 179 页。
⑥ ［瑞士］耿宁：《心的现象——耿宁心性现象学研究文集》，商务印书馆 2012 年版，第 182 页。
⑦ ［瑞士］耿宁：《心的现象——耿宁心性现象学研究文集》，商务印书馆 2012 年版，第 186 页。

混淆的是良知和知觉。常识认为，精神在意识活动的展开首先应该是知觉，这就需要区分道德精神的明觉和一般精神的知觉。觉是心对周遭世界保持醒觉知晓的性能，根据由理而觉还是因气而觉，可分为明觉和知觉。明觉是道德精神展现的良知，如知是非善恶之类；知觉是一般精神活动的感知，如知痛痒寒热之类。朱子曰："所谓明德者，只是一个光明底事物，如人与我一把火，将此火照物则无不烛。"① 在道德实践中如以火照物一般自然明白事理，这种精神现象即明觉，表现为"心自然会知。见父自然知孝……"的良知②。而知觉只是对物质世界局限性觉知的一般精神现象，表现为"耳目之知视听，手足之知痛痒……"的感知活动③。欧阳德说："良知者，天理之灵明，知觉不足以言之。"④ 虽然皆为心之觉，但良知明觉偏重于道德意义，心学家谓之"性之灵"，而知觉偏重于生理意义，朱子谓之"气之灵"⑤。钱德洪说："心之本体，纯粹无杂，至善也……心无体，以知为体，无知即无心也。"⑥ 这也指出道德精神的本体是至善之理，而良知是道德精神最初展开的现象。

（3）知无体，以意为体

道德精神的第二大现象是意识的内在活动。阳明主要还是从"心之所发"来理解意，也就是"心之所发便是意"（徐爱录）或"知之发动是意"（陆澄录）。这一阶段就是现实的意识活动，可谓之"心（知）无体，以意为体"。阳明关于心知意物的关系虽有不同表述，但应具有内在一致性。在四句理中，阳明按照《大学》八条目的顺序论"心意知物"，意在知前，由于他没有指出知和心的关系，所以有两个体用层次：心—意—物或知—意—物。他在《大学古本

---

① 黎靖德：《朱子语类》卷十四，中华书局 1986 年版，第 265 页。
② 王守仁：《王文成公全书》第一册，中华书局 2015 年版，第 8 页。
③ 王守仁：《王文成公全书》第一册，中华书局 2015 年版，第 150 页。
④ 欧阳德：《欧阳德集》，凤凰出版社 2007 年版，第 12 页。
⑤ 黎靖德：《朱子语类》卷五，中华书局 1986 年版，第 85 页。
⑥ 钱德洪：《钱德洪语录诗文辑佚》，《徐爱钱德洪董沄集》，凤凰出版社 2007 年版，第 124 页。

傍释》以体用关系界定心知意物，既说"意为心之所发"，同时又说"知者意之体"，那么意似乎有两个本体。而陆澄录和《答顾东桥书》则明确了心和知的关系：知就是心的灵明本质，当说本然良知的时候就是指本心或主宰心，那么所谓"心之所发"（四句理）、"主宰之发动"（答罗整庵），也就是"知之发动"（陆澄录）或"知之应感而动"（答顾东桥）。《答顾东桥书》和《大学古本傍释》一样以体用关系界定心知意物，这就将四句理的体用层次整合为：心—知—意—物。这个体用层次的意思是，心的本质体现是本然良知，而本然良知体现在意识活动上，意识活动必有对象，必然体现为对象化活动（物）。由于"意之所在便是物"被阳明反复指认为"物者意之用"，那么意与物的主客关系就被阳明转化为体用关系。不难发现，阳明逐渐将《大学》"心意知物"的顺序调整为心—知—意—物的体用层次，而更重视四者的内在逻辑结构。

但若细分，意还有活动性、意向性、内容性三个方面，对应生意、意向、意念三种精神现象。尽管阳明后学王时槐等提炼出"生意"，将其和良知一样视为精神现象的底色（本心）①，但阳明还是在朱子语境中论"意"。（1）活动性意味着精神不是静止的实体，而是不断活动的，可谓之"生意"。阳明"心之所发便是意"虽使用了朱子的表述，但其所谓的心和意与朱子语境有所不同。朱子"意者心之所发"的心是整体心，意是心中发起的比泛泛之情更有方向感的私意②。而根据"其虚灵明觉之良知，应感而动者谓之意"和"以其主宰之发动而言则谓之意"可知，阳明"心之所发便是意"中的心指的是本心或主宰心，意更倾向是本心的一般性活动。另一方面，正如陈来指出意的活动存在"有应物而起，有不应物而起"两种情

① 王时槐：《王时槐集》，上海古籍出版社2015年版，第518、571页。
② 朱子曰："心，言其统体；意，是就其中发处。"见《朱子语类》卷十五，中华书局1986年版，第304页。

况①，那么"心之所发便是意""知之发动是意""主宰之发动而言，则谓之意"这三者主要强调意是精神的单纯活动性，而"知之应感而动者谓之意"则强调意是心物相感应时的精神活动。（2）意向性指精神是有趋向的活动。阳明认为"意未有悬空的，必著事物"②，这种必然附着事物的趋势接近现象学所谓的"意向性"。这样一来，精神就从单纯的自身活动开始朝向对象而活动。（3）接着，意念是心有对象和内容的活动。"意之所用，必有其物"（答顾东桥）指出，意念必有对象物，而不会停留在单纯的活动状态。这样一来，精神就从朝向对象的趋势进一步发展为有内容的意念。生意、意向和意念就是精神在现实活动层面的逐步展开的现象，而生意其实可以视为精神的本质性现象。

如果将意视为本然良知的发用，那么良知似乎有两个发用：一是有对象的意识活动，一是在意识活动中保持判断的是非之知。这说明，精神展开到意识这一阶段，不仅形成关于对象的意识，同时还有内在于意念自身中的判断，也可以说这时人的意识活动宏观上是"由良知和意念两部分组成"③。

（4）"意无体，以身为体"和"意无体，以物为体"

道德精神的第三个现象是意识与物的对象化活动，这一阶段可谓之"意无体，以物为体"。物不是精神展开的最后一步，反而是心物的交感才能触发意识活动，最后论物只是因为物是最实际的一层精神现象。为何物也称为精神现象？因为此物不是客观存在的事物。阳明分别用"意之所在"，"意之所著"，"意之所用"来形容物。"所在"从存在角度指意识活动要以事物为基础。如何存在？意识要有所附着，"所著"指意识要以物为对象，物"既可以是实物，也可

---

① 陈来：《有无之境——王阳明哲学的精神》，人民出版社1991年版，第169页。
② 王守仁：《王文成公全书》第一册，中华书局2015年版，第113页。
③ 陈来：《有无之境——王阳明哲学的精神》，人民出版社1991年版，第168页。

以是意识之流的对象极"①，这时，心感受外物所获得的感性材料或者意识自身的想象材料，都可视为意识的对象物。"所用"仍然是将主客关系中意识的对象物转化为体用关系中意的发用，凡是"意用于一切的行为事件，都构成具体的物"②。客观事物在阳明这里经历了对象化和发用化两个阶段，已经变成精神现象的最实在一层，不再是客观事物，而具有了精神现象的特征。也就是说，客观事物在与心交感时，既有向心展现的一部分，也具有不依赖心而客观存在的一部分，而阳明学所谓的物则主要指前者。同时，这种精神现象中的物也具有动态的关系实体特征，正如施邦曜所谓的"人看物是死的，先生看物是活的。"③ 从本心开展到物，形成了精神现象的整体，东正纯曰："以心之所发为意，意之所在为物……所在二字，既在未发上看来，未发已发毕竟一物矣。"④ 精神的展开是一个连贯的过程，未发之心、已发之意和物构成一个整体（一物）。

如果仅仅以为精神只展开为心知意物四种现象，那就将精神现象简单化了。因为心不能直接感物而动，必须有身体作为感物之中介。薛侃录、陈九川录与《大学问》分别记载：

> 汝心之视，发窍于目；汝心之听，发窍于耳；汝心之言，发窍于口；汝心之动，发窍于四肢。若无汝心，便无耳目口鼻。⑤
>
> 耳目口鼻四肢，身也，非心安能视听言动？心欲视听言动，无耳目口鼻四肢亦不能，故无心则无身，无身则无心。⑥
>
> 何谓身，心之形体运用之谓也。何谓心，身之灵明主宰之

① 陈来：《有无之境——王阳明哲学的精神》，人民出版社1991年版，第54页。
② 吴震：《传习录精读》，复旦大学出版社，2012年，第82页。
③ 陈荣捷：《王阳明传习录详注详评》，台北学生书局1984年版，第37页。
④ 陈荣捷：《王阳明传习录详注详评》，台北学生书局1984年版，第37页。
⑤ 王守仁：《王文成公全书》第一册，中华书局2015年版，第45页。
⑥ 王守仁：《王文成公全书》第一册，中华书局2015年版，第113页。

谓也。①

心的实际载体是身（耳目口鼻四肢），精神活动必然要以耳目口鼻四肢为中介，身与物交感产生知觉活动，心才会对知觉作出反映、反应和思维判断等精神活动。身心关系既是充塞与主宰的关系，即"指其充塞处言之谓之身，指其主宰处言之谓之心"②，也是运用与主宰的关系，即"何谓身？心之形体，运用之谓也；何谓心？身之灵明，主宰之谓也。"③ 如同作为意之对象的物被转化为"意之所用"一样，作为心之载体和形体的身也被阳明转化为体用关系中的"心之运用"。由于身直接关联对象物，而对身的感知活动作出直接反应的是意，那么精神的展开实际是心—知—意—身—物的体用顺序。

根据这个展开过程可知，心、知、意、身、物就是精神实体展开的精神现象，并且每层都包含几种精神样态。（1）心兼二义，主宰心，凝聚心。（2）知有二，虚灵明觉的、能产生意念的本然良知，在意识活动中保持监察、判断的良知。（3）意有三，单纯活动性的生意，具有攀缘趋势的意向，心物交感后有内容和形式的意念。（4）身有五，耳目口鼻四肢，是意识活动的气质体现，心物交感的实际中介。（5）物是精神的活动内容和存在基础。同时，心知意身物之间的关系不一定是单纯的体用关系，还包括主客（心物），主宰与质料（心身）等关系，但都被阳明整合为体用关系。从精神存在论而言，心知意身物是纵向的体用关系，但从精神整体而言，这五者不存在时间先后和空间内外，而是横向的共时性关系。可以说，精神实体既不是孤悬独立的"悬想本体"④，也非极端唯名论所谓的抽象概念，而是虚实有无结合的关系实体。有无非对立的绝对有或绝对空，而是精

---

① 王守仁：《王文成公全书》第三册，中华书局 2015 年版，第 1117 页。
② 王守仁：《王文成公全书》第一册，中华书局 2015 年版，第 113 页。
③ 王守仁：《王文成公全书》第三册，中华书局 2015 年版，第 1117 页。
④ 王守仁：《王文成公全书》第一册，中华书局 2015 年版，第 146 页。

神所展现的两种面向:自其无体而言谓之虚,自其有体而言谓之实。"心无体"指精神本然虚寂的一面,而非绝对空无,精神活动现象就是"无中之有",自有观之,精神是"无而未尝无"的①。"以用为体"指精神实在活动的一面,而非丧失价值本体而沦为情识欲望,自无观之,精神是"有而未尝有"的②。要之,精神是以虚寂为"本",以感应活动为"体"的虚实统一体,可展开为道德理性、统觉、理性直观、道德判断、道德意志、情感、欲望、意念和知觉等诸多精神现象。

阳明论致知即在格物,于此亦可见"知无体,以意与物为体"的思想。《答顾东桥书》载:

> 区区论致知格物,正所以穷理,未尝戒人穷理,使之深居端坐而一无所事也。若谓即物穷理,如前所云务外而遗内者,则有所不可耳。昏暗之士,果能随事随物精察此心之天理,以致其本然之良知,则虽愚必明,虽柔必强,大本立而达道行,九经之属可一以贯之而无遗矣。尚何患其无致用之实乎?彼顽空虚静之徒,正惟不能随事随物精察此心之天理,以致其本然之良知,而遗弃伦理,寂灭虚无以为常,是以要之不可以治家国天下。孰谓圣人穷理尽性之学而亦有是弊哉?心者身之主也,而心之虚灵明觉,即所谓本然之良知也。其虚灵明觉之良知,应感而动者谓之意;有知而后有意,无知则无意矣。知非意之体乎?意之所用,必有其物,物即事也。如意用于事亲,即事亲为一物;意用于治民,即治民为一物;意用于读书,即读书为一物;意用于听讼即听讼为一物:凡意之所用无有无物者,有是意即有是物,无是意即无是物矣。物非意之用乎?③

---

① 王守仁:《王文成公全书》第一册,中华书局 2015 年版,第 318 页。
② 王守仁:《王文成公全书》第一册,中华书局 2015 年版,第 113 页。
③ 王守仁:《王文成公全书》第一册,中华书局 2015 年版,第 58 页。

此则言即物穷理即随事致良知。本然良知在意与物上，大本在达道上，若不随事物精察天理而致本然良知，则会遗弃人伦物理，而别寻虚寂之本体，于是以寂灭虚无为常。大本即在达道上，本体即在发用上，其表现就是知为意之本体，意为知之感应活动。而意之活动必有对象，凡意之所用无不是物，物为意之用。所以知意物三者关系是知为意之本体，意与物为知之载体（作用），这是"知无体，以意与物为体"的思想。

（三）王阳明的"心外无物"与"物外无物"

物处于心体展开结构的最底层，物是否也会以"物无体，以某为体"的方式进一步展开？物是否自在而独立于关系之外？物的客观独立性的问题决定了"关系实体"是否具有彻底性。虽然阳明一再申明他是"从心上说物"，物是指意识活动对象和实践（事），他未否定山川草木等客观事物，而现代阳明学研究也从胡塞尔现象学的意向性和存在主义的存在之澄明等理论解释"心外无物"①，但是始终无法摆脱外界事物的客观独立性的挑战。常识反对"心外无物"的依据是：存在不依赖于心且独立于心之外的客观事物（心外有物）。可是严格而论：第一，"心外有物"的心是个体意识还是集体意识？② 如果指个体意识，那么这个反对依据只指出了某些事物是不依赖某些心而独立存在的，其独立性和客观性只适用于它们没有被某些个体意识所感知的情况，并未肯定所有事物是绝对不被集体意识感知而客观存在的。第二，即便承认存在不依赖集体意识的客观独立事物，也只是指出了它们存在于人的生活世界之外，并未肯定它们绝对不依赖于其他事物，如果依赖于其他事物并能被其他事物所感，则这些事物仍然缺乏绝对客观独立性。

在这种问题下，需要在阳明"从心说物"的视角和胡塞尔现象

---

① 陈来：《有无之境——王阳明哲学的精神》，人民出版社1991年版，第53—60页。
② 陈来：《有无之境——王阳明哲学的精神》，人民出版社1991年版，第56—57页。

学的意向性理论之外，重新反思所谓自在物的客观独立性。首先，事物是否有独立存在的自体？这个问题针对独立性而言。常识认为心外有物，是因为这些事物可以不依赖人的意识而独立存在。可是经验告诉我们，任何事物都是有生灭变化的。若其生灭是它生或它灭，则此物必然与其他事物发生关系（被主宰被生灭），那么此物无绝对独立性。若其生灭是自生自灭（如郭象所云自生自造），则会带来矛盾：因为既然是自生，则说明本无此物，既然根本无自，又何来自生？即便已生，则一方面此物自生自灭证明此物无恒常独立性，另一方面事物之间如果为保证独化而存在"相与于无相与"[①] 或"相因于无相因"的消极关系，那么此物也缺乏绝对独立性。所以，物若有生灭变化则无独立性。物若恒常无生灭，则此物等同于理，而非常识所谓的物。另一方面，从事物的存在要素看，事物都是由诸多因素和属性聚集而成的实体，哪些因素或属性能作为事物的自体呢？如果以形色为自体，但形色离不开他者视听言动的作用。如果以质料为自体，但仅有质料不能以一定条理形式凝聚成物。如果以条理形式为自体，则此条理形式是理而非物。分析事物的存在要素，皆需要理、气之结合，物本身并无让其绝对独立存在的自体。若存在"自本自根"者，是道而非常识所谓的物。这说明，世上并不存在绝对独立自存的物。

其次，事物是否有体现？这个问题是针对存在关系而言。常识认为心外有物，是因为这些事物可以不对人心体现而存在。可是日常经验中的事物总处于感应之间，如果事物和感应无关，则其为何有声色臭味等属性？即便不被心的感应，由于其无绝对独立性而依存于与他者共同构成的环境中，也会被他者感应。所谓物不依赖人的感知而存在，只是针对某些没有与心发生关联的物而言，而非指所有物永远不和所有的心灵发生关联。甚至，所谓物不依赖心灵而存在，只是针对某些物永远和人心没有关联而言，而非绝对地指所有物永远不和所

① 郭象注，成玄英疏：《南华真经注疏》（上），中华书局 1998 年版，第 154 页。

有存在者发生关联。如果说存在一种永远不和任何他者发生联系的事物，那么这属于"六合之外"而可以"存而不论"的情况。

据上述两点可知，一切存在者必然在与他者的相互关联中存在和生灭变化，物只具有相对的客观独立性，没有脱离他者而绝对客观独立的物，这种存在事实可谓之"物外无物"。"物外无物"是一种彻底的"关系实体"观，可体现为"物无体，以某为体"的存在方式。这表明阳明的存在论和关系实体观不仅适用于精神实体，而且适用于宇宙整体，而"心外无物"不过是在心的视角下表达"物外无物"的局部理论。

总之，儒家哲学语境中的实体主要有三种：经验的物质实体（物）、超验的恒常实体（理）和既经验又超验的精神实体（心）。精神虽不具有物的形体实在性，但我们在心理活动中又无时不感受到精神的经验实在性。阳明心学中的精神实体可以展现为"心、知、意、身、物"等多重精神现象，其中每一种精神现象都要通过他者来体现。事实上，这种存在论和实体观可以推广到物质世界，即使是常识所谓的不依赖意识而客观存在的物，其实也不具备绝对的客观独立性，因为一方面物需要各种条件聚合才能成为物体，另一方面物即便不依赖意识，也需要依靠他者才能存在和显现。可以说，一切存在者都是处于相互关系中，"关系实体"才是存在者的真相。

（四）阳明后学的"心体无体，以用为体"思想

阳明门人弟子大都认可"心体无体"的思想。欧阳德说："知无体，以物为体。"① 这是说良知无体段，而以物事为体段。又云：

> 良知无方无体，变动不居，故有昨以为是，而今觉其非；有己以为是，而因人觉其为非；亦有自见未当，必考证讲求而后停妥。皆良知自然如此，故致知亦当如此。然一念良知，彻头彻

---

① 欧阳德：《欧阳德集》，凤凰出版社 2007 年版，第 201 页。

尾，本无今昨、人己、内外之分也。①

这是指良知虽无方体，但其本体终始一贯不变。良知无方体，良知变动不居而有今昔人我之异，不过是以有限之物观之的表现，而良知本身无所谓今昔、人我、内外之分别。欧阳德《答陈明水》载：

> 格物二字，先师以为致知之实。盖性无体，以知为体，知无实，事物乃其实地。离事物则无知可致，亦无所用其致之之功，犹之曰"形色乃天性之实，无形色则无性可尽，惟践形然后可以尽性"云尔。大抵会得时，道器、隐显、有无、本末一致；会未得，则滞有沦虚，皆足为病。②

欧阳德论述了一个层层无体、层层落实的关系。性无体段，而以知为载体；知无实体，而以事物为所在之实地。如果离了事物，不仅无良知可致，也无致知之功夫。所以，"致知在格物"指格物是致知的落实处。孟子云："形色，天性也，惟圣人然后可以践形。"欧阳德以"本体无体，以用为体"的方式解释了"形色即天性"的含义，天性无体，形色乃天性之实地，离开形色亦无天性可尽，唯有践形然后可以尽性。如果像佛学那样离开形色实体去别寻一个"未生之前"的本体，或言语道断、心行处灭的真际，其实是未了解道器、显隐、有无、本末一贯的思想，必有沦虚之病。

王畿认为"舍了诚意更无正心功夫"，"舍了亲民无明德之学"，"舍了格物无致知之学"，这也是"本体无体，以用为体"和"本体无功夫，在发用上用功夫"的意思。《致知议辨》载：

---

① 欧阳德：《欧阳德集》，凤凰出版社 2007 年版，第 171 页。
② 欧阳德：《欧阳德集》，凤凰出版社 2007 年版，第 109 页。

先天是心，后天是意。至善是心之本体。心体本正，才正心，便有正心之病。才要正心，便已属于意。欲正其心先诚其意，犹云舍了诚意更无正心功夫可用也。良知是寂然之体，物是所感之用，意则其寂感所乘之几也。知之与物，无复先后之可分，故曰，致知在格物。致知功夫在格物上用，犹云大学明德在亲民上用，离了亲民更无学也。良知是天然之则，格者正也，物犹事也，格物云者，致此良知之天则于事事物物也。物得其则谓之格，非于天则之外，别有一段格之之功也。①

"先天是心，后天是意"，这是区分体用，心为先天至善本体，意为心的后天作用。"心体本正，才正心，便有正心之病。才要正心，便已属于意。"这是说，心本体本来至善，本来无可用功（存乎悟），若要于本心上用功，反而增添一丝意思而使本心沦为意。所以，正心的功夫只是虚指，不是说真有一个孤悬隔绝的本心可以用功，正心功夫的落实处是在诚意上，即"舍了诚意更无正心功夫可用"。这在另一方面也道出了正心诚意功夫的理论前提，只有在本体论上承认"心无体，以意为体"，才能在功夫论上说"正心功夫即在诚意上"。同理，良知和物也是类似的体用和功夫关系。"知之与物，无复先后之可分，故曰致知在格物。"这是说，良知无体段，以物为体，所以在实际存在中，不是先有一个独立的良知本体，再生发出事物等实体。若是知与物分先后，那么良知就是事物之前的一个先在实体了。既然知与物无分先后，那么知体的显现必然是落实在物上。（按：物是一个实体，还是一个显现过程，留待后论。）既然知体的显现要落实于物，那么致知的功夫也不是在孤悬隔绝的本体上用功，而是在格物上用功，故曰"致知在格物"。这好比《大学》之明德也不是一个先在而孤悬的实体，明德必须在亲民上才能谓之真明德。反过来，

---

① 王畿：《王畿集》，凤凰出版社 2007 年版，第 133 页。

"格物致知"功夫也是符合"本体无体，以用为体"和"本体无功夫，即发用而用功"的思想。"良知是天然之则"，致知不是达到一个孤悬的天理实体，而是即事物上显现良知天则。格物就是致知功夫的落实处，物得其则而正即"格物"，这就是"致此良知之天则于事事物物"的过程，而不是说在良知天则之外别有一段格物之功。

钱德洪对"本体无方体，以用为体"的层次关系有一段集中论述：

> 心之本体，纯粹无杂，至善也。良知者，至善之著察也。良知即至善也。心无体，以知为体，无知即无心也。知无体，以感应之是非为体，无是非即无知也。意也者，以言乎其感应也；物也者，以言乎其感应之事也，而知则主宰乎事物是非之则也。意有动静，此知之体不因意之动静有明暗也；物有去来，此知之体不因物之去来为有无也。性体流行，自然无息，通昼夜之道而知也。心之神明，本无方体，欲放则放，欲止则止。[①]

这里区分了四种存在和三重体用关系。四种存在是心之本体，良知、意见、物事。心之本体是纯粹的形而上之体，即"心之本体，纯粹无杂，至善也。"良知是心之本体的明觉显现处，即"良知者，至善之著察也。"意是良知的感应处，即"意也者，以言乎其感应也。"物是意的感应之事迹，即"物也者，以言乎其感应之事也。"这四重存在是一个逐步向现实显见、逐渐落痕迹的层次。三重体用关系是指这四种存在的关系，其一是"心无体，以知为体"，心之本体是纯粹无杂的至善，但是心体无体段，故而以良知为体，良知即至善心体之著察。如果没有良知，也就无所谓本心的存在。其二是"知无体，以感应之是非为体"，良知又是感应是非等活动之心（意）的本体，

---

① 钱德洪：《钱德洪语录诗文辑佚》，《徐爱钱德洪董沄集》，凤凰出版社 2007 年版，第124 页。

良知也无形质体段，而以感应是非活动（意）为其显见的载体，如果无感应是非（意），也就无所谓良知的存在。其三是"意无体，以感应是非之事为体"，这是根据钱德洪"物也者，以言乎其感应之事也"得出的结论，意是良知的感应发用，而物是意所感应的对象及感应活动本身（事迹），所以物又是意的发用。这三重体用关系是一个从本体到发用的层层落实显见的过程。从根本上说，良知既是形而上至善之本体的最初显见，也依赖于意这种感应是非活动和物这种显迹，但是这并非等于良知成为第二性的存在，良知以其不变之天则而主宰意与物。

罗洪先混淆了形体与本体的概念，从而反对钱德洪的观点。《夏游记》载：

> 先生又曰："知者意之体，物者意之用。"未尝以物为知之体也。尝观《大学》言物与知，自有先后。……而绪山乃曰："知无体，以人情事物之感应为体。"无人情事物之感应，则无知矣。夫人情事物感应之于知，犹色之于视、声之于听也，谓视不离色，固有视于无形者，而曰色即为视之体，无色则无视也，可乎？谓听不离声，固有听于无声者，而曰声即为听之体，无声则无听也，可乎？①

罗洪先认为，阳明先生既然提出了"知者意之体，物者意之用"这一命题，那么显然是认为知为本体，而不曾认为物为知之体。他进而批评钱德洪所提出的"知无体，以人情事物之感应为体"的命题，认为钱德洪所谓的"无人情事物之感应则无知"的观点，实在是本末倒置。人情事物感应和良知本体的关系，正如色之于视、声之于听的关系。钱德洪说"无感应是非即无知"，就好比说没有"色声"之

---

① 罗洪先：《罗洪先集》，凤凰出版社 2007 年版，第 73—74 页。

对象就无"视听"之主体作用一样，这是认为视听离不开色声，本体离不开作用（主体离不开对象）的观点，从而会得出色声反而为视听之本体的结论。罗洪先认为，如果说视听这种主体作用离不开色声等对象，那是因为没有发现在缺乏色声对象的时候，我们其实是以"无色、无声"为对象；所以，无论是色声还是无色无声，都是视听的对象，但是我们不能反过来说色声就是视听之体，无色声就无视听。罗洪先的方式是借主体和对象的关系来论证本体和发用的关系，其论证逻辑是，良知一定是人情事物的本体，正如视听是色声的主体；说本体必在发用上显见、主体作用必在对象上显见，固然是可以的，但是不能夸大本体对发用，主体对对象的依赖性，而据此反过来将发用和对象当作本体。罗洪先的思想存在两个问题。其一，他只看到王阳明说过"知者意之体，物者意之用"，但是没有注意阳明也说过："目无体，以万物之色为体；耳无体，以万物之声为体；鼻无体，以万物之臭为体；口无体，以万物之味为体；心无体，以天地万物感应之是非为体。"① 钱德洪之论其实是秉承阳明而来。其次，罗洪先之所以认可"知者意之体，物者意之用"，而不认可"知无体，以人情事物之感应为体"，是因为他没有区分本体和体段的含义，故而将"以物为体"误认为"物为知之体"。"知者意之体"的体是本体的意思，指良知是意念的本然状态；"知无体，以人情事物之感应为体"的体是体段、载体的意思，指良知无体段，而以人情事物之感应为载体、为显见流行处。罗洪先反对"以物为知之体"是对的，但是将"以物为体"当作"物为体"则是误解。若不做出本体与体段的区分，当然会混淆阳明之意，而使上述二命题显得前后矛盾。

但是，罗洪先反对钱德洪"知无体，以人情事物之感应为体"的思想，出自其早年之《夏游记》，后来他也认为本体无体，而以天地万物为体，这也是"以物为体"的思想。《书万曰忠扇》载：

① 王守仁：《王文成公全书》第一册，中华书局 2015 年版，第 58 页。

能以天地万物为体，则我大；不以天地万物为累，则我贵。夫以天地万物为体者，与物为体，本无体也。于无体之中，而大用流行，发而未尝发也。静坐而清适，执事而安肃，处家而和婉，皆谓之发，而不可执以为体。常寂常虚，可卷可舒，全体廓如。①

罗洪先认为，能以天地万物为形体的，是本来无形体的本体（道体）。此无体之道体，以大用流行为形体，所以道体虽发而其实未尝发，发是从流行作用而言，未尝发是从本然状态而言。至于具体的道德实践（静坐、执事、处家）不可视为道体本身，故而皆谓之发。罗洪先固然认可"本体无体，以天地万物为体"，但是又说"以天地万物为体"者是"以物为体"，这显然混淆了二者的不同逻辑。尽管"与物为体"和"与道为体"二者表达的都是本体无体的意思，但二者分别是从本体和发用的不同视角而言，而罗洪先却将此二者混同。

董萝石也认为"心体无体"，形质事物"与心为体"。董萝石云：

心无体也，纲常伦物、形质器用与心为体，舍万象无太虚，舍万事无心矣。分之则为物，合之则为心，见物便见心，离物见心亦是见鬼。此艮背行庭之义也。②

董萝石此言较为准确地使用了"与心为体"和"以物为体"。心无体段，自心而言，是以纲常伦物和形气器用为体段；自物而言，是纲常伦物、形质器用"与心为体"。以物为体和与心为体的前提都是心无体而物事有体，只是所描述的逻辑顺序不一。若无物事实体存在，则无心本体存在，即"舍万象无太虚，舍万事无心矣。"若以分析的眼光看，凡可以分隔者都是事物这样的具体实体，所谓"分之则为

① 罗洪先：《罗洪先集》，凤凰出版社2007年版，第679页。
② 董萝石：《求心录》，《徐爱钱德洪董沄集》，凤凰出版社2007年版，第257页。

物";若从现实的眼光看,从来不存在独立隔绝的实体,都是心的流行体现,大用流行中自有心之本体和心之形体,即"合之则为心"。

邓元锡也持有"心体无体,以物为体"的思想。他说:

> 心之著于物也,神为之也。心之神,上炎而外明,犹火然,得膏而明,得薰而香,得臭腐而膻,故火无体,著物以为体。心无形,著物以为形,而其端莫大于好恶。①

邓元锡指出,心神犹如火,但是火不能独自为火(无体),必须附着于物体上燃烧才能形成火(著物以为体)。同理,心无形体,必须附着于物才能形成心,而好恶就是心形成的最初发端。这说明,心不是一个独立实体,而是有对象有内容的活动。心之神有如火一般,火无形质体段,自身不能独存,必因物而燃烧以成为火。同理,心无形质体段,必因物而显现以为心。心在著物而显现的初端即是好恶之意。

王时槐也主张"本体无方体,以用为体"。《病笔》载:

> 夫彻古今,弥宇宙,皆后天也。先天无体,舍后天亦无所谓先天矣。②

所谓的先天无体即是指性体无体段,而以后天发用为体段。虽然本体无体,即发用而为体段,但除去用而求体固不可,以用为体亦不可。《三益轩会语》载:

> 如目不自视,如指不自触,如刀不自割,善学者于此悟入。水中鉴味,拨水而求鉴不可,即水而为鉴亦未可也。理与事非一

---

① 黄宗羲:《明儒学案》卷二十四,中华书局 2008 年版,第 564 页。
② 王时槐:《王时槐集》,上海古籍出版社 2015 年版,第 532 页。

非异盖如此。①

理与事非一非二，体不是绝对隔离用而自在，如目不自视，指不自触，刀不自割。皆说明体不自体，因用而显体。但也要注意二者不离不混的关系。

还有众多学者都主张心体无体。虽然某些学者对待何谓本体，何谓载体的看法不一，不过他们认为无体之本体必须依赖其发用为显达之载体的思想是一致的，如刘宗周云："心无体，以意为体；意无体，以知为体；知无体，以物为体。物无用，以知为用；知无用，以意为用；意无用，以心为用。此之谓体用一源，此之谓显微无间。"②刘宗周关于体用次序的理解和一般阳明学者相异，不过其主张"本体无体，以用为体"的思想是相近的。

三　心有定体和心无定体

"心无体，以用为体"的思想会引出两个问题，一是心体的确定性问题，二是心体的本体地位（主宰性）问题。首先，"心无体"的"体"指的是具体事物那样的形质体段，具有相对确定的气之质料、形式、时空方位，在常识观念看来会有暂时的确定性。但正如"神无方而易无体"一样，既然心无形体，那么心是不是就绝对地无确定性了？其次，"以用为体"的"体"指的是能存在、显现的载体，只不过不是物质实体，而是人伦事物这种感应流行实体。既然"心体无体，以用为体"，那么心本体是不是就绝对地依存于生机不息的流行作用中，从而丧失了本体地位和主宰性？"心体无体"已经表明心体不可能是孤悬独立的先在实体，如今又面临一个新的可能，心体

---

① 王时槐：《王时槐集》，上海古籍出版社 2015 年版，第 497 页。

② 刘宗周：《刘宗周全集》第二册，浙江古籍出版社 2007 年版，第 450 页。亦见黄宗羲：《黄宗羲全集》第一册，浙江古籍出版社 1985 年版，第 288 页。

是不是会沦为发用流行本身？如果说"心体无体，以感应是非为体"表明心的现实存在要落实到发用流行上，那么心体还是不是发用流行的本然状态？心体相对发用流行而言还有没有自己的确定性和主宰性？甚至，还存在心本体吗？这是极为关键的问题。因为经过"心体无体，以感应是非为体"的阐发，心体面临着二难可能，退回一步（收敛）则为孤悬独立的本然实体，从而体用殊绝；前进一步（发用）则为生机不息的流行过程本身，从而丧失心本体的价值在先地位。

针对"心无体"引发的问题，有两种关于心体的极端表述，一种看到"本体无体，以用为体"可能带来无本之学的趋向，依然坚持认为心有确定不易的本体；一种顺着"本体无体，以用为体"的思路更进一步，认为心毫无确定不易的形式，真实的存在只是流行不息的感应酬酢活动。这两种表述分别是"心有定体"和"心无定体"之说。之所以谓之极端表述而不称之为错误表述，是因为二者的初衷和目的是正面的，而表达是极端的。"心有定体"和"心无定体"之说各有其合理的出发点和正面的目的，关键是如何理解"定"，"定"既可以被理解为确定性（理），也可以被理解为确定形式和现象（理的表现形式）。"心有定体"坚持的是心本体的确定性和主宰性，可是其表述容易引起从"心有定体"（定是心之本体）到"心有定形"（心体具有确定形式）的误解；"心无定体"坚持的是心本体无确定的形式，而存在于发用流行中，可是其表述会引起从"心无定体"到"无心体"（真正存在只是流行）的误解。"心有定体"说认为心虽然是感应无穷的，但是仍然有确定的本体为主宰；其合理之处在于坚守本体优先的价值、坚持有本之学，但是未免因坚持确定性将心本体固化为独立实体。"心无定体"说认为心的感应无停机，所以心无确定的体段形式；其合理之处在于破除心本体的形式化和形质化，但是未免因破除确定形式而走向以生机流行的感应活动为唯一的实在，而沦为无本之学。故而需要对二者作出澄清。

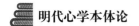

（一）定性说

明道《定性书》阐述了"定"是本性之本质规定，定的含义是本性的不动摇。《定性书》（《答横渠张子厚先生书》）载：

> 所谓定者，动亦定，静亦定；无将迎，无内外。苟以外物为外，牵己而从之，是以己性为有内外也。且以己性为随物于外，则当其在外时，何者为在内？是有意于绝外诱，而不知性之无内外也。既以内外为二本，则又乌可遽语定哉？①

张载的困惑是，欲使本性定静，但外部事物易造成内心动荡，而且很难杜绝外物干扰。程颢从定心的境界回答张载关于定性的问题。他认为，所谓"定"并不是心静止不动或心与外物无涉，而应认识"己性"本无内外之分。若区分"己性"为有内有外，自然会产生"己性"为外物引诱而不能"定"的问题。张载所谓"定"的困惑，其实是有心杜绝外诱，而不知内外一体。而心无内外，就是"心普万物而无心"和"情顺万事而无情"。万物皆属宇宙，宇宙无私心，以周遍万物为心。圣人体知万物一体，无私我之情，而以顺应万物之心为情。无心、无情不是说没有心理内容和思想情感，而是指无私欲之心，不为私情所扰动。无小我之私心私情，便是"廓然大公"之心。所谓定，其实是消除小我之"内外"和私心之"将迎意必"后，所获得的公心。从这个意义上说，《定性书》的"性无内外"与《识仁篇》的"仁者浑然与物同体"思想是一致的，只有体会到万物一体，才能去除小我之私心和内外之龃龉，才会在任何环境中都有一种无情而顺物，无心而普物的定静之心。

"所谓定者，动亦定，静亦定；无将迎，无内外。"这是描述"定"的本质特征，"定"是无分于动静内外的，动静内外皆是经验

---

① 程颢，程颐：《二程集》，中华书局 2004 年版，第 460 页。

因素，而"定"是于一切时空经验中永恒普遍的稳定性和确定性。定的这种特征源自本性，本性是无分于内外动静的，故而将本性的这种永恒普遍的确定性称为"定"。若是因经验因素而有变易，在摒弃外缘、端居默坐时安定，在感应酬酢时又鼓荡不已，则只是相对的心境安定状态，不得谓纯粹的定性。

（二）定理说

朱子认为"定"是理之当然，"至善"作为事理当然之极是定理的来源。"当然"就是必须如此的原则，所以"定"也表示理的确定性和普遍必然性。这样，定的含义就从心的恒常不动摇的意义抽象到指理的确定性和普遍必然性。《朱子语类》载：

> 问："能知所止，则方寸之间，事事物物皆有定理矣。"曰："定、静、安三项若相似，说出来煞不同。有定，是就事理上说，言知得到时，见事物上各各有个合当底道理。静，只就心上说。"问："'无所择于地而安'，莫是'素富贵行乎富贵，素贫贱行乎贫贱'否？"曰："这段须看意思接续处。如'能得'上面带个'虑'字，'能虑'上面带个'安'字，'能安'上面带个'静'字，'能静'上面带个'定'字，'有定'上面带个'知止'字，意思都接续。既见得事物有定理，而此心恁地宁静了，看处在那里：在这里也安，在那边也安，在富贵也安，在贫贱也安，在患难也安。不见事理底人，有一件事，如此区处不得，恁地区处又不得，这如何会有定！才不定，则心下便营营皇皇，心下才恁地，又安顿在那里得！看在何处，只是不安。"[①]

朱子不仅认为"定"是理之当然，而且区分了定、静、安三种样态，

---

① 黎靖德：《朱子语类》卷十七，中华书局1986年版，第380页。

以及知止、有定、能静、能安四种相接续的心知活动状态。事实上，在定之前还有至善这一样态，至善是定理之来源。至善是就"事理当然之极"而言①，指一切事物事理有一根本的当然原则；定是指事理而言，事事物物皆有定理（合当的道理）；静是就心的活动而言，指心见到定理而不妄动；安是就心的居处境界而言，指心静附于理而不离理妄动，则心无时无处不居留于安定的状态和境界中。所谓"知止而后有定"，是说止于至善之境地才能见到事事物物有适当的道理，这是由太极之理见定然之理；"定而后能静"，是说"既见得事物有定理，而此心恁地宁静了"，这是由定然之理而生附于理而不妄动之心；"静而后能安"，是说心既然宁静了，则"在这里也安，在那边也安，在富贵也安，在贫贱也安，在患难也安。"这是由不妄动之心而有安居之境，心能安顿于所素之命，安适于所遇之境。总之，有一个定的至善，而事事物物也有一个定理，才会有静安的心。

（三）定者心之本体：心有定主和心无定形

阳明用"定"来形容本心，认为"定是心之本体"。心是一个虚中有实、有无相生的存在，这和理的世界、知识世界不太一样。理必然是定的，理若有动静摇摆不定则不得谓之"理所当然"。同样，知识体系也具有确定性，韩康伯曰："卦列爻分，各有其体，故曰方也。"② 无论是传统的卦爻体系还是现代的知识体系，都具有内在的逻辑一致性和外在确定的符号系统，所以可以说"知有定体"。然而心的情况不是这么简单，心无形象体段，故而不可说心是定体，否则心将沦为方体一样的存在者；心总存在于感应酬酢的经验活动中，心是感无停机的，更不可说心是一定的；然而心之感无停机是从心的作用言，本心中涵天理，或说本心即是实理，心当然具有实理的确定性和主宰性，心也应该具有"动静皆定"的理想状态。所以，对于心

① 朱熹：《四书章句集注》，中华书局 1983 年版，第 3 页。
② 王弼撰，韩康伯注，孔颖达疏：《周易正义》，北京大学出版社 1999 年版，第 286 页。

的描述不可简单地谓之定或不定。

首先，阳明认为经验中的动静或现象的动静并非真正的定，而于动静内外中皆能保持本心不动摇的状态才是定，定为性理的不动摇和确定性。《传习录》载：

> 问："静时亦觉意思好，才遇事便不同，如何？"先生曰："是徒知静养而不用克己功夫也。如此临事，便要倾倒。人须在事上磨，方能立得住；方能静亦定、动亦定。"①

这是说，经验与现象之动静是相对的，只在后天经验的静中寻求心的平静状态并非本心之定，因为临事时心又会感应躁动，烦恼自然复起。这是徒知避事静养而未能于事物之上、感应之际用克己功夫来磨炼习心。若习气磨尽而本心呈现，自然在后天经验中动静皆定，有事无事都能立得住本。

至于后天经验中的宁静不可视为定的另一原因，阳明认为，后天经验的宁静只是定住气，而未能循理而定。《传习录》载：

> 问："宁静存心时，可为未发之中否？"先生曰："今人存心，只定得气。当其宁静时，亦只是气宁静，不可以为未发之中。"曰："未便是中，莫亦是求中功夫？"曰："只要去人欲、存天理，方是功夫。静时念念去人欲、存天理，动时念念去人欲、存天理，不管宁静不宁静。若靠那宁静，不惟渐有喜静厌动之弊，中间许多病痛只是潜伏在，终不能绝去，遇事依旧滋长。以循理为主，何尝不宁静；以宁静为主，未必能循理。"②

这是从主体而言，遵气还是循理是区分心之定不定的标准。后天经验

---

① 王守仁：《王文成公全书》第一册，中华书局2015年版，第16页。
② 王守仁：《王文成公全书》第一册，中华书局2015年版，第17页。

的宁静或现象的静止，从形式而言是相对的静，并非本心的恒常而定；从主体而言只是气的暂时而定，并非本心之定（性的不动摇和理的确定）。所以不可说宁静存心是求得未发之中。那么什么才是心之定？唯有无论动静时皆能念念存天理，这种循理而常定，而无分于现象与经验之动静才是真正的心定。常人往往误将宁静当作定，其实是追求宁静的气定状态，而不是本心真正的循理而定。

其次，阳明对定与本心、动静的关系总结为："定者心之本体，天理也，动静所遇之时也。"① 定是心之本体，是因为无论本心在寂感动静之机遇上，都能保持天理之当然（主宰、恒常）。动静不是区分定不定的标准，动静只是本心在经验中的表现，是心遇不遇事的时机。定是心之本体，但不等于心就是定体。定上附体，则心就变成了一个固定实体，即便有动静之遇也未必有寂感、未发已发之机。这是违背心的活动义的。所以，定固然是心之本体，却不可执定为定体。阳明进一步表达了对"定"的理解，《传习录》载：

> 问孟子言"执中无权犹执一"。先生曰："中只是天理，只是易，随时变易，如何执得？须是因时制宜，难预先定一个规矩在。如后世儒者要将道理一一说得无罅漏，立定个格式，此正是执一。"②

阳明于此表达的意思是，"定"必须和权变相结合。"定"是心之本体，是无体段的形而上的当然之理，不可视为经验中的格式规矩，所以在经验中必须因时制宜而有所变易。他以"中"为例来表达对"定"的理解。中即是天理，然而即便是天理也不可定执。执中是执形而上的理，并非执形而下的格式规矩。此形而上的中（理）本来无体段，必须依存于变易的事物之上，所以执中须在经验中因时制

---

① 王守仁：《王文成公全书》第一册，中华书局 2015 年版，第 21 页。
② 王守仁：《王文成公全书》第一册，中华书局 2015 年版，第 24 页。

宜。如果一一预先立一个格式以为经验之法则，则不免将形而上的理当作形而下的僵死规矩，将"无体之中（理）"当作经验中的有体之格式，这正是执中无权犹执一的表现。执一，表明把形而上的无体之理固体化、格式化了。总之，根据"本体无体，以用为体"的思想，"定"固然是心之本体，然而"定"却无体段，我们可以说"定是本体"，却需谨慎地说"定体"。因为"定体"比"心体"更容易陷入语言的误用中，从而导致心体固化。

心兼有体用，常体不易寓于妙用不息之中，常体即"心有定主"，妙用即"心无定形"，要避免将常体简单地理解为定体。《答陆元静书》载：

> 周子"静极而动"之说，苟不善观，亦未免有病。盖其意从"太极动而生阳，静而生阴"说来。太极生生之理，妙用无息，而常体不易。太极之生生，即阴阳之生生。就其生生之中，指其妙用无息者而谓之动，谓之阳之生，非谓动而后生阳也。就其生生之中，指其常体不易者而谓之静，谓之阴之生，非谓静而从生阴也。若果静而后生阴，动而后生阳，则是阴阳动静截然各自为一物矣。阴阳一气也，一气屈伸而为阴阳；动静一理也，一理隐显而为动静。春夏可以为阳为动，而未尝无阴与静也；秋冬可以为阴为静，而未尝无阳与动也。春夏此不息，秋冬此不息，皆可谓之阳、谓之动也；春夏此常体，秋冬此常体，皆可谓之阴、谓之静也。自元会运世岁月日时，以至刻杪忽微，莫不皆然，所谓动静无端，阴阳无始，在知道者默而识之，非可以言语穷也。若只牵文泥句，比拟仿像，则所谓心从法华转，非是转法华矣。①

"太极生生之理，妙用无息，而常体不易。"这是心体兼具体用，变

---

① 王守仁：《王文成公全书》第一册，中华书局 2015 年版，第 79—80 页。

易中有常体的思想。常是体之为体的一个重要依据，常体即是大化流行的所以然之据和所当然之则，也是感应酬酢中始终如是的本心。然而常固然有定，而常体不可简单地视为定体，否则会将"常体不易"误解为"事物定体"。"就其生生之中，指其常体不易者而谓之静，谓之阴之生，非谓静而从生阴也。"这是说，常体是生生现象中的理，不是先有理而后有现象（非谓静而生阴）。若常体是生生现象之外的理，则生生现象与生生之理各为一物，那么不仅生生流行是一物而违背了生生不已的状态义，而且生生之理也沦为一物体而违背了"本体无体"的意义，所以阳明曰："静而后生阴，动而后生阳，则是阴阳动静截然各自为一物矣。"这正是将常体与流行割裂，使体用各自沦为定体的错误。这既是语言的误用（牵文泥句），也是在思想上将常体比拟为事物实体这类定体（比拟仿像）所致。

对于心体的理解，要避免心有定体和心无定体两种极端意见。王畿从思想史的角度论述了这两种偏见。《王阳明年谱附录》记录了王畿的思想：

《易》者无他，吾心寂感、有无相生之机之象也。天之道为阴阳；地之道为刚柔；人之道为仁义：三极于是乎立。象也者，像此者也。阴阳相摩，刚柔相荡，仁义相禅，藏乎无朕之键，行乎无辙之途，立乎无所倚之地，而神明出焉，万物备焉。故曰："无思也，无为也，寂然不动，感而遂通天下之故。"此孔子之精蕴也。当时及门之徒，惟颜氏独得其宗。观夫喟然之叹，有曰："如有所立卓尔。"有无之间不可以致诘，虽欲从之，未由也已。故曰"发圣人之蕴，颜子也。"颜子没而圣学遂亡。后千余载，濂溪周子始复追寻其绪，发为"无极而太极"之说，盖几之矣。而后儒纷纷之议，尚未能一无惑乎！千载之寥寥也。盖汉之儒者泥于有象，一切仁义、忠孝、礼乐、教化、经纶之迹，皆认以为定理，必先讲求穷索，执为典要，而后以为应物之则，是为有得于太极似矣，而不知太极为无中之有，不可以有名也。隋、唐以来，老、佛之徒起而攘臂其间，以经纶为糟粕，乃复矫以窈冥玄虚之见，甚至掊击仁义，荡灭礼教，一切归之于无，是为有得于无极似矣，而不知无极为有中之无，非可以无名也。周子洞见二者之弊，转相谬溺，不得已而救之，建立《图说》，以显圣学之宗，定之以中正仁义而主静。中正仁义云者，太极之谓；而主静云者，无极之谓；人极于是乎立焉。议者乃以无极之言谓出于老氏，分中正仁义为动静，而不悟主静无欲之旨，亦独何哉？夫自伏羲一画以启心极之原，神无方而易无体，即无极也。孔子固已言之矣，而周子之得圣学之传无疑也。夫圣学以一为要。一者，无欲也。人之欲大约有二：高者蔽于意见；卑者蔽于嗜欲：皆心之累也。无欲则一；无欲则明通公溥而圣可学矣。君子寡欲，故修之而吉；小人多欲，故悖之而凶。吉凶之几，极之立与不立于此焉分，知此则知函峰阮子所谓心极之说矣。①

心既是寂然不动、无思无为的，又是感而遂通的，是有无相生的真机。颜回以"如有所立"比拟本体，来说明本体的有无之间的状态。阳明以"有而未尝有，无而未尝无"来形容心体虽无形却有象，虽有象而不可执为形质实体的道理。周敦颐以"无极而太极"说明本体是"无中之有，有中之无"的道理。汉儒者泥于有象，将一切仁义、忠孝、礼乐、教化、经纶之迹皆认以为定理，执为典要，作为应物之则，没有领悟太极为"无中之有"，这只是得到太极之有的道理，却遗失了太极之无的道理。隋唐以来，佛教和道教之末流崇尚玄冥虚无之见，扫荡一切人文教化而归之于空无，这貌似得到无极的道

---

① 王守仁：《王文成公全书》第四册《年谱附录》一，中华书局2015年版，第1525页。按：此段所记与王畿《太极亭记》大略相近，参见《王畿集》卷十七，凤凰出版社2007年版，第481页。

理，而不知无极为"有中之无"，而不是幻相之外的空或万有之外的无。将终极本体执为形而下的定体，或者视为脱离人伦事物的空无，都是不可取的。

总之，心之"定"乃是本体的"定"和"有主宰"，心无定乃是作用和现象的无定，二者不可混淆。心体是"心有定主"和"心无定形"的结合，不能因"心体无体"而取消本体的主宰地位和心性的定，也不能因"心有体"而将心体等同于固定的形质实体。

（四）心有定体和心无定体的得失

受"心无体，以用为体"以及"用无定形"的思想影响，阳明后学中对心定与否的理解分化有"心有定体"和"心无定体"的两派。他们各自有正当的理由。但是其所理解的定体含义稍异。聂豹和罗洪先主张"心有定体"说，此定体是从本体角度而论不动摇的主宰之体，然而容易将本体误导为孤悬的固定实体。陈九川等人主张"心无定体"，此定体是从经验现象角度而论形质实体，然而容易将本体误导成等同于流行作用而丧失主宰，从而取消本体而沦为无本之学。心本是虚实相融摄的心体，实乃理之恒常确定性和心之呈现的现实性，非指形而下的实体，故而不可将心体执为固定实体。虚乃是本体的无思为、无声臭和作用的虚明无碍、虚灵无滞，非指本体绝对空无不存在，故而不可认心无体。

（1）无定体说。何善山深明"知无定体"之思想，此"知无定体"指良知于经验事为中无固定形体，非指良知无定主，而何善山却走向"以无主为主"的溺沦中。如：

> 或谓："求之于心，全无所得，日用云为，茫无定守。"先生曰："夫良知在人为易晓，诚不在于过求也。如知无所得，无所定守，即良知也。就于知无所得者，安心以为无得，知无定守者，安心以守之，斯岂非入门下手之实功乎？况心性既无形声，何从而得？既无定体，何从而守？但知无所得，即有所悟矣，知

无定守,即有定主矣。"其言不为过高如此。①

"心无体,以用为体",此用非单一的固定实体,乃是无定形的大化流行和感应是非之体,故而良知在已发的经验现象中表现为"无所定守"。然而"知无定守"只是就经验而言,从形而上之诚体(至善、天理)而言,心仍有定主。定是未发之中的确定的主宰,而不是表现于外的固定形式、形体。故而心体是"心无定形体"和"心有定主体"的结合。明此,可知何善山所谓"知无所得即有所悟矣,知无定守即有定主"之言只看到发用经验一面,而未说本体一面,似嫌溺沦。唐荆川云:

> 出入无时,莫知其向,此真心也,非妄心之谓也。出入本无时,欲有其时,则强把捉矣。其向本无知,欲知其向,则强猜度矣。无时即此心之时,无向即此心之向,无定向者,即此心之定体也。②

若知心体是"心无定形"和"心有定主"的结合,则知心在经验中本无定向。"出入无时,莫知其向"乃是心的本来面目,故谓之真心亦可(真的现象)。心无定向虽是心之真相,然而是心在经验中的现象,不是心之本体(诚理和至善)。若不识此理,徒执"心无定向"以为真心,则落入无明妄行;或必欲于现象中寻求定心,又是情执。据此,可知唐荆川之论有得有失,得在识得经验中心无定向,失在只知以心之现象为真而不知有定主之本心。唐一菴甚至将理的呈现无定所等同于"理无定体"。他说:

> 盖理无定体,可通处即是。若必以能言能行,衣冠礼乐为

---

① 黄宗羲:《明儒学案》卷十九,中华书局 2008 年版,第 452 页。
② 黄宗羲:《明儒学案》卷二十六,中华书局 2008 年版,第 600 页。

理，即是泥于人相，不曾推见至理。苟泥于人相，虽天地亦唤不得作全理，风雨露雷，山河大地，俱不是神物。若能超于人物相外，则禽兽之生化，草木之荣瘁，何等声名文物，各擅通处。①

物物各有一太极，可通处即是理。如同何善山认为"知无定守即有定主"，唐荆川认为"心无定向即此心之向"，唐一菴之论将理在现象中无定所等于理本身的确定。他们皆以本体无固定现象视为本体之定体。

（2）定体说对无定体的批评。聂豹对"心无定体"说作出批评，其理由在于"心无定体"在理论上是无根之说，在功夫上是无矢之学，既缺乏终极目的，也让人无从措手修习。聂豹《答欧阳南野太史三首》载：

> 谓心无定体，其於心体疑失之远矣。炯然在中，寂然不动而万化攸基，此定体也。②
> 心无定体之说，谓心不在内也。百体皆心也，万感皆心也，亦尝以是说而求之，譬之追风逐电，瞬息万变，茫然无所措手，徒以乱吾之衷也。③

心无定体之说认为百体、万感皆心之表现，但聂豹主要批评其"心不在内"的说法。聂豹说他曾以此法而求心体，则茫然无从入手，反而迷失初衷。故须首先于心中求能为万化之现象、万感之经验的根基，此根基为炯然在中之明体、寂然不动之定体。聂豹此论明于区分体用，有益于立本；失在不能即事而求体。在"本体无体，以用为体"的思想中，本体本已含摄发用之呈现。以本体在中而后发为万

---

① 黄宗羲：《明儒学案》卷四十，中华书局 2008 年版，第 950 页。
② 聂豹：《聂豹集》，凤凰出版社 2007 年版，第 240 页。
③ 聂豹：《聂豹集》，凤凰出版社 2007 年版，第 247 页。

感万化之现象，则是以先后动静理解本体与发用，如此心有定体不免有执体为相之失。前文曾说阳明认为"中无定体"，执中是执形而上的所当然之理，并非执形而下的格式规矩。聂豹非不识此理，然必言"心有定体"，从实践而言乃是针对无本之学。聂豹《辩诚》又发明"无定体"之说：

> 盖中无定体，惟权是体，权无定用，惟道是用。权也者，吾心天然自有之则，惟戒慎不睹、恐惧不闻，然后能发无不中，变易从道，莫非自然之用。①

程子和朱子皆认为"中无定体"②，表达的是随时而在的平常之理。聂豹"无定体"之说，深明心体、中道皆不可执为固定实体。本心天然之则不是形而下的固定格式，而是惟权是体。如此可知聂豹之批评"心无定体"之说实出于破妄之需，非不明心不可执为定体。

此外，李材持有极端的定体论。李材《道性善编》言"性有定体，故言性者无不是体；情意知能有定用，故言情意知能者无不是用。"③ 李材认为性有定体，情有定用，一切关于性、情之说无非是定体、定用。那么，"以修身为本"，则不定之行为中自然有定的体或用。《大学约言》载：

> 故就一事一物言，固自有个本末终始，总事物言，又只有个本末终始。下条备举事物，各分先后，断以修身为本，正为此也。悟得此，真如走盘之珠，到处圆成，无有定体，亦无定方，而本常在我。④

---

① 聂豹：《聂豹集》，凤凰出版社 2007 年版，第 607 页。
② 朱熹：《四书章句集注》，中华书局 1983 年版，第 19 页。
③ 黄宗羲：《明儒学案》卷三十一，中华书局 2008 年版，第 687 页。
④ 黄宗羲：《明儒学案》卷三十一，中华书局 2008 年版，第 686 页。

李材主张凡事必有本末始终，以修身为本，则纵然行无定体、心无定方，而本常在我。这是持"有本"而后"有定"的思想。

（3）对定体说的批评。陈九川从体用殊绝的角度对"心有定体"说提出批评。他说：

> 夫收视返听于中，有个出头，此对精神浮动务外逐末者言，良为对病之药。然于大道，却恐有妨，正为不识心体故耳。心无定体，感无停机，凡可以致思着力者，俱谓之感，其所以出思发知者，不可得而指也。故欲于感前求寂，是谓画蛇添足，欲于感中求寂，是谓骑驴觅驴。夫学至于研几，神矣。然《易》曰："几者，动之微。"周子曰："动而未形，有无之间者，几也。"既谓之动，则不可言静矣，感斯动矣。圣人知几，故动无不善。学圣者舍是，无所致其力。过此以往则失几，不可以言圣学矣。①

> 心本寂而恒感者也，寂在感中，即感之本体，若复于感中求寂，辟之谓"骑驴觅驴"，非谓无寂也。感在寂中，即寂之妙用，若复于感前求寂，辟之谓"画蛇添足"，非未感时也。《易》以寂感为神，非感则寂不可得而见矣。②

陈九川认为"心有定体"说有一定弊病。"心有定体"说固然对于收摄视听有助益，对于精神浮动务外逐末者是对治之功夫。然而"心有定体"说对于心体和功夫的理解有两点弊病。其一，心体是恒寂恒感的，寂感一如，不是感前求寂或感中求寂。依照心中先有寂然不动之定体而后有感无停机的思想，则体用殊绝而各自为一实体，此为逻辑之先后，而非本体的现实呈现。其二，人能认识和用功的只是感应活动，对于发出思维知觉的本体则无法认识和用功。本体的呈现乃

---

① 黄宗羲：《明儒学案》卷三十一，中华书局 2008 年版，第 460 页。
② 黄宗羲：《明儒学案》卷三十一，中华书局 2008 年版，第 460 页。

是 "心无体，以感应是非为体" 的方式，是即体即用、即寂即感的几，此为 "动而未形、有无之间" 的研几之学。如果说 "心有定体"，则可以于感中求寂、感前求寂，这不合《易》寂感如一的思想

（4）对 "心无定体" 说的反驳。罗洪先又进一步回应了陈九川的批评，从经典依据、微细的心念和有无之辨等角度对 "心无定体" 说作了细致的辨析和反驳：

> 来教云："心无定体，感无停机。凡可以致思着力者，感也，而所以出思发知者，不可得而指也。" 谓 "心有感而无寂"，是执事之识本心也。不肖验之于心，则谓 "心有定体，寂然不动" 者是也。"时无定机，时动时静" 是也。心体惟其寂也，故虽出思发知，不可以见闻指。然其凝聚纯一，渊默精深者，亦惟于着己近里者能默识之，亦不容以言指也，是谓 "天下之至诚"。动应惟其有时也，故虽出思发知，莫不为感。然其或作或息，或行或止，或语或默，或视或瞑，万有不齐，而机难预定，固未始有常也，是谓 "天下之至神"。惟至诚者乃可以语至神，此《中庸》通篇意也。

> 来教云："欲于感前求寂，是谓画蛇添足，欲于感中求寂，是谓骑驴觅驴。" 不肖验之于心，又皆有可言者。自其后念之未至，而吾寂然者未始不存，谓之 "感前有寂" 可也。自其今念之已行，而吾寂然者未始不存，谓之 "感中有寂" 可也。感有时而变易，而寂然者未始变易，感有万殊，而寂然者惟一，此中与和，情与性，所由以名也。

> 来教云："学至于研几，神矣。《易》曰：'几者动之微'。周子曰：'动而未形，有无之间曰几。' 夫既曰动，则不可以言静，圣人知几，故动无不善也。" 不肖验之于心，又有大不然者。当吾心之动，机在倏忽，有与无俱未形也，斯时也，若何致力以为善恶之辨乎？且来教云："感无停机。" 是又以心为动体，

不见所谓静矣。夫感无停机，机无停运，顷刻之间，前机方微，后机将着，牵连不断，微着相寻，不为乍起乍灭矣乎？是正所谓相左者也。窃详《周易》与周子之旨，亦与来教稍异。《易》赞"知几为神"，而以介石先之。朱子曰："介如石，理素定也。"是素定者，非所谓寂然者乎？又曰"惟几也，故能成天下之务"，而以惟深先之。朱子曰："极深者，至精也；研几者，至变也。"是精深者，非寂然者乎？周子言几，必先以诚，故其言曰："诚无为，几善恶。"又曰："寂然不动者诚也，感而遂通者神也"，而后继之以几。夫不疾而速、不行而至者谓之神，故曰"应而妙"；不落有无者谓之几，故曰"微而幽"。夫妙与幽不可为也，惟诚则精而明矣。盖言吾心之感，似涉于有矣。然虽显而实微，虽见而实隐，又近于无。以其有无不形，故谓之几。"几善恶"者，言惟几故能辨善恶，犹云"非几即恶焉耳"。必常戒惧，常能寂然，而后不逐于动，是乃所谓"研几"也。今之议者，咸曰"寂然"矣，"无为"矣，又何戒惧之有？将以功夫皆属于动，无所谓静者，不知"无欲故静"，周子立极之功也。"诚则无事，果确无难"，周子思诚之功也。"背非见，止非为，为不止"者，周子立静之功也。假使知几之说，如来教所云，是乃"圣门第一关头"，何止略示其意于《易》之文，而周子亦不谆谆以告人耶？子思之传《中庸》，使其功夫如来教所云，则必曰"戒慎"乎？其初可睹恐惧乎？其初可闻，何乃以不睹不闻为言，如今之谜语乎？惟其于不睹不闻而戒惧焉，则是所持者至微至隐，故凡念之动，皆能入微，而不至于有形；凡思之用，皆可通微，而不至于憧憧。如此乃谓之知几，如此乃可以语神，亦谓之先几之学，此其把柄端可识矣。今以戒惧疑于属动，既失子思之本旨，又因戒惧而疑吾心无寂，则并《大易》、周子之旨而灭之。推原其故，大抵误认良知为崇耳。今为良知之说者，曰："知是知非，不可欺瞒者良知也。常令此知炯炯不昧，便是致吾心之良知。"虽然此言似矣，而实有辨也。夫孟子所言良知，指不学不虑当之，是知乃所以良也。知者感也，而所以为良者，非感也。《传习录》有曰："无善无恶者理之静，有善有恶者气之动，不动于气即无善无恶，是谓至善。"夫至善者非良乎？此阳明之本旨也。而今之言良知者，一切以知觉簸弄，终日精神，随知流转，无复有凝聚纯一之时，此岂所谓不失赤子之心者乎？恐阳明公复出，不能不矫前言而易之以他辞也。①

针对陈九川对"心有定体"批评的三点，罗洪先精细地辨析并反驳。首先，陈九川认为心有定体是寂感体用割裂。罗洪先从《中庸》寻求理论依据。他认为，从本体与发用关系而言，心必有寂然不动之体，才能发为思维知觉。（心体惟其寂也，故虽出思发知，不可以见闻指。）然而此发用之心是无常的现象（固未始有常也），即阳明所谓"动静所遇之时"，罗洪先所谓"时无定机，时动时静"。心之本体是寂然不动的"天下之至诚"，心之作用是有动有静的"天下之至神"。

其次，陈九川根本否定感之外有寂。不仅认为"欲于感前求寂，是谓画蛇添足，欲于感中求寂，是谓骑驴觅驴。"罗洪先认为，从微细的心念活动看，前念已逝而后念未至时，正是本心寂然不动之体，所以可谓之"感前有寂"。这是从中间性论寂体。而当下的念头正流逝中，后念未生时，正是本心寂然不动之体，此寂体一方面在后念未生之前，又在今念将逝之中，可谓"感中有寂"。这是以能恒常自觉念生念逝的"明觉之体"来说明感中之寂。

罗洪先认为，心之动时，有无俱未成形，不可用方法致力以辨善恶。而且如果像陈九川那样认为心是感无停机的动机，机无停运，毫无寂静之处，那么验证于细微之心念，前念方微逝，后念将萌生之

----

① 罗洪先：《罗洪先集》，凤凰出版社 2007 年版，第 201—203 页。

际，不正是念头乍起乍灭吗？心念生灭之间有间隙，正是前机与后机有暂歇处，说明心有动静之机，这和感无停机相矛盾。所以既不可将心单纯地理解为感无停机的动心，也不可将几理解为只有动而无静的动之微。

再者，陈九川否定能以功夫求寂体。因为他认为，凡可以着手的地方都是经验，而对于发出思虑和经验的本体，人们不能认知和体验，真正入手的功夫就是"有无之间"的几。几是动之微，不可言静或寂体。罗洪先对研几作了一番评说。罗洪先认为，不仅几前有寂然不动之诚体，而且研几的功夫也必须首先戒惧于寂然心体，方能不随波逐流，方能为善。他首先论寂体为几之先。《周易》论几，除了指动之微外，还以介石指示。朱子认为"介如石，理素定也。"则素定者即所谓寂者。虽然《周易》说"惟几也，故能成天下之务"，但是又以"极深研几"而论，在几之前说极深，那么如朱子所论，极精深者即是寂然之体。其次，他又从功夫上论戒惧寂体为研几之依据。周敦颐言"诚无为，几善恶。"言几必先言诚，先立寂然不动之诚体和感而遂通之神用，再说不落有无之几。神与几的特征是妙和幽，都不是人可以用功的，唯有先复诚体才可以静而明。所以，心之感貌似是有的经验，其实是显而微，见而隐的几微状态。所谓研几不是于感动经验中研善恶，而是常怀戒惧，常能寂然，而后不逐于动相，方是所谓"研几"。若以为功夫皆属于动，无所谓静者，知几之说是"圣门第一关头"，为何周子不指明？相反，"无欲故静"是周子立极之功。"诚则无事，果确无难"是周子思诚之功也。《中庸》必曰"戒慎"是戒惧本体之功，非戒惧于感动事为。可见，并非如陈九川所云有研几之功而无戒惧寂体之功。

总之，因为经过"心体无体，以感应是非为体"的阐发，心体面临着二难可能，退回一步（收敛）走向极端的孤悬定体化，从而体用殊绝；前进一步（发用）则走向极端的大用流行化，从而丧失心本体的主宰性和价值在先地位。上述"心有定体"和"心无定体"

说就是对这个二难选择的相互驳正，可是在驳正的同时也难免导致"心为定体"和"无定心"的新误解。"心体无体，以感应是非为体"是"本有定主"和"用无定形"的结合。真正对于这个二难问题的厘清不在于争论"心有定体"和"心无定体"，而在于防止走向二难极端的研几之学，深研"动而未形、有无之间"的生几，即极端地"孤悬定体化"和极端地"大用流行化"的中间状态。

四　本体无体，以众体为体

终极本体不可言说，历史上有各种本体观，如性、命、心、理、诚、至善、独、中，皆从一个方面说明终极本体的特征，本体无体而以各本体为其德。在阳明思想中常常可以见到这样的句式："自其……而言谓之某"或"以其……而言谓之某"，这种句式是从各种角度说明良知本体的内涵，我们可以将这种句式提炼为"本体无体，以众体为体"的思想，以说明本体虽然无体段，但能全面地以各种理学语境中的本体和发用为体段。"本体无体，以众体为体"比"本体无体，以用为体"更进一步表达了本体的整体化特征。如果说"心体无体，以用为体"是就心体的显现存在方式而言，是就本体与发用的关系而言，那么"心体无体，以众体为体"则是就心本体的内涵而言，是讨论心本体（良知）与理学语境中其他本体和发用的关系。"心体无体，以众体为体"出自孙奇逢的表述："心无体，以众体为体。"[①] 他用以形容本心无形体，而以所有的形质实体为其体段。孙奇逢此言甚妙，可以借用以表达心学中各种本体概念之间、本体和作用之间的融贯性。如果用"心体无体，以众体为体"来表达心本体的一贯性和一致性，需要和孙奇逢的表达作一番区分。二者所谓的"心无体"是一致的，都是形容心性本体无形质体段，只是在阳明这里，心体更强调一以贯之的特征。二者所谓的"众体"含义

---

① 孙奇逢：《读易大旨》卷四《说卦传》，《孙夏峰全集》，清大梁书院刻本，第11页。

有别，孙氏的"众体"指的是所有后天的具体形质实体，而阳明思想的"众体"的含义扩大了，既可以指理、至善、诚等不具有形质体段的本体概念，也可以指精、气、神等具有流行形质而不具备具体形质的概念。由于众体概念之内涵与外延的扩大，"本体无体，以众体为体"就是对心本体全面的贯通描述，众体不仅是心本体的显现方式，而且成为心本体的属性。从这一意义而言，正如具体的实体能凝聚各种广延、硬度、色声臭味等属性一样，心本体也成为能凝聚各种道德属性和自然属性的一贯整体。王畿《天泉证道记》载："夫子立教，随时谓之，权法未可执定。体用显微，只是一机，心意知物，只是一事。"① 这道出了阳明表达其思想的多样性，阳明以"因时立教、因权立言、不可定执"的言说方式来表达心意知物的一致性和心（性、知）本体的一致内涵，方式虽然权变多样而不可定执，但是我们可以将各种权变的表达提炼为"心体无体，以众体为体"的思想，以展现阳明力图将理学语境中各种本体概念整合到心（性、知）体中，表达理学语境内的各种本体和发用的一致性和一贯性的思想，这与朱子学、唯识学、现代哲学注重各种概念的层次性和结构性不一样。以下从各种具体表述来分析心本体是如何将各种道德本体和自然实体纳入为自身属性的。

从良知和精气神的关系而言，阳明《答陆元静书》载：

> 夫良知一也，以其妙用而言谓之神，以其流行而言谓之气，以其凝聚而言谓之精，安可以形象方所求哉？真阴之精，即真阳之气之母；真阳之气，即真阴之精之父；阴根阳，阳根阴，亦非有二也。②

良知无形体无方所，不是一个独立于现象之外的实体，而是以其发用

---

① 王畿：《王畿集》卷一《天泉证道记》，凤凰出版社 2007 年版，第 1 页。
② 王守仁：《王文成公全书》第一册，中华书局 2015 年版，第 77 页。

流行为显见处。良知作用的妙不可测的特征谓之神，神即是良知之妙用不测的属性，是良知区分于有执着的心识现象和有障碍的形质实体的特征。良知之生机充盈流行的特征谓之气，气即是良知周流六虚、无处无时不在的属性，表明良知不是偶在的、抽象的、死板的心理现象，而是具有充溢性、实在性、活动性的本体。充盈宇宙、周流六虚的气不是散而无主的，在各种神妙不测的作用中有凝聚性的主宰，良知能凝聚气、能主宰作用的特征谓之精，精即是良知之凝聚性，这说明良知是能主宰功用、凝聚属性的本体。然而，良知的神妙不测、生机充盈、无处不在、凝聚主宰的特征皆不可以具体的形象方所来认知。所以，可以说"良知无体，以神之妙用、气之流行、精之凝聚为体。"良知是一个无方所体段的整体，是一个一以贯之的本体，不可以日常的有形象方所的实体来看待。

从理的统一性而言，阳明《答罗整庵少宰书》载：

> 理一而已。以其理之凝聚而言，则谓之性；以其凝聚之主宰而言，则谓之心；以其主宰之发动而言，则谓之意；以其发动之明觉而言，则谓之知；以其明觉之感应而言，则谓之物。[①]

理在宋代理学家那里往往被视为统领孤悬之实在本体。从二程的"理是宇宙普遍原理"，到朱子的"理与气绝是二物"和"理是气之所以然"，都是将理本体当作类似于"一物"的实体。但是吴澄认为"理者，非别有一物在气中，只是为气之主宰即是"，逐渐开始了理本体的去实体化倾向。理绝非一个和性、心、意、知、物、气相异的物，不可视为一个孤悬隔绝的实体，而是一个具有各种发用的整体，这种思想在阳明这里表达得更为明显。只是阳明未明确说理无体，而是以"以其……而言，谓之某"的句式表达"理"无体段方所，以

---

① 王守仁：《王文成公全书》第一册，中华书局2015年版，第95页。

性、心、意、知、物为显现处，这事实上表达的是"本体无体，以众体为体"的思想。理本无形象体段，不可把捉，但是以凝聚的特征而言，表现为性；以主宰的特征而言，表现为心；以主宰的发动特征而言，表现为意；以其活动之明觉特征而言，表现为知。理绝非和性、心、意、知、物相异的本体。这表明，阳明学从根本而言仍然以天理为最高，只是在天理的存在特征、显现方式和实现路径上和朱子学不同。

对于心与理的关系，阳明《答顾东桥书》载：

> 心一而已。以其全体恻怛而言谓之仁，以其得宜而言谓之义，以其条理而言谓之理；不可外心以求仁，不可外心以求义，独可外心以求理乎？外心以求理，此知行之所以二也。求理于吾心，此圣门知行合一之教，吾子又何疑乎？①

以上论述了心与性、理是一个整体。心之全体恻怛为仁性，心之得宜为义性。性即理，总之心之条理即谓之理。

对于心、性、理的关系，《传习录》载：

> 惟乾问："知如何是心之本体？"先生曰："知是理之灵处。就其主宰处说，便谓之心，就其禀赋处说，便谓之性。孩提之童无不知爱其亲，无不知敬其兄，只是这个灵能不为私欲遮隔，充拓得尽，便完；完是他本体，便与天地合德。自圣人以下不能无蔽，故须格物以致其知。"②

以上论述了心、知、性、理的统一。良知是心之本体，良知是理的虚灵呈现。理的呈现之主宰谓之心，其在于人物之禀赋谓之性。此四者

---

① 王守仁：《王文成公全书》第一册，中华书局 2015 年版，第 52 页。
② 王守仁：《王文成公全书》第一册，中华书局 2015 年版，第 42 页。

是相互涵摄的统一。

对于性体的整体内涵，《传习录》载：

> 澄问："仁、义、礼、智之名，因已发而有?"曰："然。"他日，澄曰："恻隐、羞恶、辞让、是非，是性之表德邪?"曰："仁、义、礼、智，也是表德。性一而已：自其形体也谓之天，主宰也谓之帝，流行也谓之命，赋于人也谓之性，主于身也谓之心；心之发也，遇父便谓之教，遇君便谓之忠，自此以往，名至于无穷，只一性而已。犹人一而已：对父谓之子，对子谓之父，自此以往，至于无穷，只一人而已。人只要在性上用功，看得一性字分明，即万理灿然。"①

上述指出宇宙本体（性体）之统一性。虽总谓之宇宙本体，此本体之形体谓之天，此本体之主宰谓之帝，此本体之流行谓之命或天命，本体之赋予人物谓之性，此本体在人身之主宰谓之心。心之发动，亦各随事而殊名，而其本性为一。

不仅本体与众体的关系如此，本体与功夫的关系也是如此，这就是"知行合一"。"知行合一"贯通格物、致知、诚意、正心。王阳明有时将"知行合一"表述成"学、问、思、辨、行，皆所以为学"。阳明《答顾东桥书》载：

> 夫学、问、思、辨、行，皆所以为学，未有学而不行者也。如言学孝，则必服劳奉养，躬行孝道，然后谓之学，岂徒悬空口耳讲说，而遂可以谓之学孝乎? 学射则必张弓挟矢，引满中的；学书则必伸纸执笔，操觚染翰；尽天下之学无有不行而可以言学者，则学之始固已即是行矣。笃者敦实笃厚之意，已行矣，而敦

---

① 王守仁：《王文成公全书》第一册，中华书局2015年版，第19—20页。

笃其行，不息其功之谓尔。盖学之不能以无疑，则有问，问即学也，即行也；又不能无疑，则有思，思即学也，即行也；又不能无疑，则有辨，辨即学也，即行也。辨既明矣。思既慎矣，问既审矣，学既能矣，又从而不息其功焉，斯之谓笃行。非谓学、问、思、辨之后而始措之于行也。是故以求能其事而言谓之学；以求解其惑而言谓之问；以求通其说而言谓之思；以求精其察而言谓之辨；以求履其实而言谓之行：盖析其功而言则有五，合其事而言则一而已。此区区心理合一之体，知行并进之功，所以异于后世之说者，正在于是。①

这是说，学即行；学不能无疑问，问即学，即行；疑则有思，思即学，即行；疑则有辨，辨即学，即行。辨明、思慎、问审、学能，而有不息之功，即笃行。析之有五，合之为一，可谓"行无体，以学、问、思、辨、行为体"或"学无体，以学、问、思、辨、行为体"。

南中王门朱近斋也记载了王阳明"本体无体，以众体为体"的思想：

董实夫问："心即理，心外无理，不能无疑。"阳明先生曰："道无形体，万象皆是形体；道无显晦，人所见有显晦。以形体言天地，一物也；以显晦言人心，其机也。所谓心即理者，以其充塞氤氲，谓之气；以其脉络分明，谓之理；以其流行赋畀，谓之命；以其禀受一定，谓之性；以其物无不由，谓之道；以其妙用不测，谓之神；以其凝聚，谓之精；以其主宰，谓之心；以其无妄，谓之诚；以其无所倚着，谓之中；以其无物可加，谓之极，以其屈伸消息往来，谓之易。其实则一而已。今夫茫茫堪舆，苍然隤然，其气之最粗者欤？稍精则为日月星宿风雨山川，

---

① 王守仁：《王文成公全书》第一册，中华书局 2015 年版，第 56 页。

又稍精则为雷电鬼怪草木花蘤，又精而为鸟兽鱼鳖昆虫之属，至精而为人，至灵至明而为心。故无万象则无天地，无吾心则无万象矣。故万象者，吾心之所为也，天地者，万象之所为也。天地万象，吾心之糟粕也。要其极致，乃见天地无心，而人为之心。心失其正，则吾亦万象而已；心得其正，乃谓之人。此所以为天地立心，为生民立命，惟在于吾心。此可见心外无理，心外无物。所谓心者，非今一团血肉之具也，乃指其至灵至明能作能知，此所谓良知也。然本无声无臭无方无体，此所谓道心惟微也。此大人之学，所以与天地万物一体也。一物有外，便是吾心未尽处，不足谓之学。①

"心即理"、"心外无理"唯有在"本体无体，以众体为体"的思想中才能得到更好的理解。文中"以其妙用不测，谓之神；以其凝聚，谓之精"这一句，和《答陆元静书》中"夫良知一也，以其妙用而言谓之神，以其流行而言谓之气，以其凝聚而言谓之精，安可以形象方所求哉？"这一句很相近，充分体现了"本体无体"的思想。可见，"以其……谓之某"的说法，并非意味着阳明学具有滑转而不确定的特征，而是在表达"本体无体，以众体为体"的融贯特征。"道无形体，万象皆是形体"，这是总说道体的特征。

《稽山书院尊经阁记》阐述了心、性、道的统一性和以众体为体的特征：

> 经，常道也。其在于天谓之命，其赋于人谓之性，其主于身谓之心。心也，性也，命也，一也。通人物，达四海，塞天地，亘古今，无有乎弗具，无有乎弗同，无有乎或变者也。是常道也，其应乎感也，则为恻隐，为羞恶，为辞让，为是非；其见于

---

① 黄宗羲：《明儒学案》卷二十五，中华书局 2008 年版，第 585—586 页。

事也，则为父子之亲，为君臣之义，为夫妇之别，为长幼之序，为朋友之信。是恻隐也，羞恶也，辞让也，是非也；是亲也，义也，序也，别也，信也；一也。皆所谓心也，性也，命也。通人物，达四海，塞天地，亘古今，无有乎弗具，无有乎弗同，无有乎或变者也，是常道也。是常道也，以言其阴阳消息之行焉，则谓之《易》；以言其纪纲政事之施焉，则谓之《书》；以言其歌咏性情之发焉，则谓之《诗》；以言其条理节文之著焉，则谓之《礼》；以言其欣喜和平之生焉，则谓之《乐》；以言其诚伪邪正之辩焉，则谓之《春秋》。是阴阳消息之行也，以至于诚伪邪正之辩也，一也。皆所谓心也，性也，命也。通人物，达四海，塞天地，亘古今，无有乎弗具，无有乎弗同，无有乎或变者也，夫是之谓《六经》。《六经》者非他，吾心之常道也。故《易》也者，志吾心之阴阳消息者也；《书》也者，志吾心之纪纲政事者也；《诗》也者，志吾心之歌咏性情者也；《礼》也者，志吾心之条理节文者也；《乐》也者，志吾心之欣喜和平者也；《春秋》也者，志吾心之诚伪邪正者也。君子之于《六经》也，求之吾心之阴阳消息而时行焉，所以尊《易》也；求之吾心之纪纲政事而时施焉，所以尊《书》也；求之吾心之歌咏性情而时发焉，所以尊《诗》也；求之吾心之条理节文而时著焉，所以尊《礼》也；求之吾心之欣喜和平而时生焉，所以尊《乐》也；求之吾心之诚伪邪正而时辩焉，所以尊《春秋》也。盖昔者圣人之扶人极，忧后世，而述《六经》也，犹之富家者之父祖虑其产业库藏之积，其子孙者或至于遗忘散失，卒困穷而无以自全也，而记籍其家之所有以贻之，使之世守其产业库藏之积而享用焉，以免于困穷之患。故《六经》者，吾心之记籍也，而《六经》之实则具于吾心；犹之产业库藏之实积，种种色色，具存于其家。

其记籍者，特名状数目而已。①

经为常道，为宇宙本体，虽从发于天、赋予人、主宰于人而言，有命、性、心之殊名，而其实则为本体之不同显现。恻隐、羞恶、辞让、是非虽是本性所感应之不同情感，而本性则一。《诗》《书》《礼》《易》《乐》《春秋》虽表达吾心之情状不一，而皆吾心之记籍。总之，本体无体，以众本体为体，此为性、命、心、理的相互涵摄特征。本体无体，以众实体为体，此为本体与发用的相互涵摄特征。

王畿也主张各种本体概念之间的意义，如知、心、气、道、仁、义、理等，都是相互涵摄的。他说：

> 知是心之虚灵，以主宰谓之心，以虚灵谓之知。原非二物。舍心更有知，舍存心更有致知之功，皆是伊川之说有以误之也。②

> 天地间一气而已。易者日月之象，阴阳往来之体，随时变易，道存其中矣。其气之灵，谓之良知，虚明寂照，无前后内外，浑然一体者也。③

> 心一也，以其全体恻怛而言谓之仁，以其得宜而言谓之义，以其条理而言谓之理，以其明觉而言谓之知。④

第一则文献说明良知与心是一，心之虚明作用谓之良知，良知之主宰谓之心。名虽有别，其实则一。第二则文献道出心即气的思想。天地一气，道在气中，虽存在阴阳变易之体，但不改其本属全体一气；气

---

① 王守仁：《王文成公全书》第一册，中华书局 2015 年版，第 308—309 页。
② 王畿：《王畿集》卷四《留都会纪》，凤凰出版社 2007 年版，第 98 页。
③ 王畿：《王畿集》卷八《易与天地准一章大旨》，凤凰出版社 2007 年版，第 182 页。
④ 王畿：《王畿集》卷十《答吴悟斋》，凤凰出版社 2007 年版，第 245—246 页。

之灵明谓之良知，虽有虚明寂照之不同，但不改其本来浑然一体。第三则文献指出心是全体，仁是全体之恻怛，义是全体之得宜，理是全体之条理，知是全体之明觉。据此，所谓为学功夫也是"全功"，《系辞》所谓"穷理尽性以至于命"，只"穷理"便是"兼格致诚正而言"的全体功夫。①

王时槐也接受了"本体无体，以众体为体"的思想，本体的存在是一个相互涵摄的关系。《寄钱启新道长》载：

> 虞廷曰中，孔门曰独，舂陵曰几，程门主一，白沙端倪，会稽良知，总无二理。虽立言似别，皆直指本心真面目，不沉空，不滞有，此是千古正学。②

此则说明良知本体是一，虽各家有不同的本体观，然而本质上只是道出了终极本体的一个方面，它们是相互涵摄的。中道是形容本体无对待的特征，独是形容本体与物无对的特征，一是形容本体的统一性，几是形容本体不分体用有无的特征，端倪是形容本体不是一个概念而是一个现实呈现的特征，良知是形容本体虚明灵觉的特征。总是一个本体，而此终极本体不可言说，以各本体为体。

王时槐又云精、气、神的关系是一致的，《答王养卿三条》载：

> 神精气之说，盖天地间一神而已，自其运行而言谓之气，自其凝聚而言谓之精，总之一神也。老子言'谷神不死'，则精气在其中矣。神出入由我，亦自由凡入圣者而言耳。若上圣，则宇宙即吾身，亦无由我不由我之见也。③

---

① 王畿：《王畿集》卷十《答吴悟斋》，凤凰出版社 2007 年版，第 246 页。
② 王时槐：《王时槐集》，上海古籍出版社 2015 年版，第 420 页。
③ 王时槐：《王时槐集》，上海古籍出版社 2015 年版，第 410 页。

以上说明就气而言，也有名殊体一的情况。精气神三者总谓之神。神兼有流行和凝聚，流行为气，凝聚为精。

王时槐又言性命关系是一致的，《答王儆所十条》载：

> 性命一也。自其一定不易之理而言谓之性，自其默运不惜之机而言谓之命，求性于命之外，故通天地万物莫非命也，莫非性也。子思恐人求性于命之外，则有无、显隐截然为二，道斯裂矣，故曰"天命之谓性"。孔子言"逝者如斯"，又言"继之者善"，《大学》言"天之明命"，《中庸》言"于穆不已"，皆性命合一之旨也。①

性命即本体的不同方面，自定理言谓之性，自默运言谓之命，而性命本是相互涵摄的，即"性命一也。"王时槐不仅认为性命不二，而且悟修相融，《答邹子尹》载："此性包乎六合之外而无声臭，而命在其中；此命彻乎万有之内而无停机，而性在其中；则真悟中有修，真修中有悟，而性命在我矣。"② 据此，本体之间不仅相互涵摄，而且本体与功夫也相互融摄。

若将本体间的相互涵摄性、以及体用间的相互融摄性推到极致，王时槐认为，分别即是无分别，分别不过是统一的表现而已，正如"一阴一阳"是"为物不贰"的表现。如《答钱启新道长》载：

> 夫一阴一阳，自其著者而言之，则寂感理欲皆是也；自其微者而言之，则一息之呼吸，一念之起伏，以至于浮沉野马之眇忽皆是也。岂截然为奇为偶，真若两物之相为对待者？孔子川上之叹盖如此。识得此理，则知一阴一阳即所谓"其为物不贰也"。舍阴阳之外，而世之欲超阴阳、离奇偶以求性者，奇舛误可知

---

① 王时槐：《王时槐集》，上海古籍出版社 2015 年版，第 445 页。
② 王时槐：《王时槐集》，上海古籍出版社 2015 年版，第 397—398 页。

矣。此理至近至约，而充塞宇宙，更无余事，见此谓之见易，存此谓之学易。①

邓元锡有相似的道体思想。道体之中，易、神、理、性、命是一致的。尽心之中，精、一、明伦、察物是一致的。他说：

> 盖道合三才而一之者也，其体尽于阴阳而无体，故谓之易；其用尽于阴阳而无方，故谓之神。其灿然有理，谓之理；其粹然至善，谓之性；其沛然流行，谓之命。无声无臭矣，而体物不遗；不见不闻矣，而莫见莫显。是中庸之所以为体，异教者欲以自异焉而不可得也。圣人者知是道之尽于心，是心若是其微也。知此而精之之谓精，守此而固之之谓一，达此于五品、五常、百官、万务之交也，之谓明伦，之谓察物。变动不拘，周流六虚矣，而未始无典常之可揆；成文定象，精义利用矣，而未始有方体之可执。故无声无臭，无方无体者，道之体也。圣人于此体未尝一毫有所增，是以能立天下之大本。有物有则，有典有礼，道之用也。②

道兼体用，合三才。道体无体段，而以阴阳变易为体，故而道体也谓之易。道之用无方所，因其以一切阴阳活动为用，阴阳之变易神妙不测，故而道也谓之神。道兼有体用，体则不可睹闻，用则体物不遗，这也是《中庸》所谓的中道。道之体本无方体、无声臭，然而其用则有物有则，合道之体与道之用方能谓之道体。道体即体即用，无体段而以大用流行为体，自其中涵之德而言，因其活动不乏规则而谓之理，因其纯粹至善而谓之性，因其流行而谓之命。

---

① 王时槐：《王时槐集》，上海古籍出版社 2015 年版，第 369 页。
② 黄宗羲：《明儒学案》卷二十四，中华书局 2008 年版，第 567 页。

五　王时槐的极端无实体论和"以贯为体"

(一) 心物皆无实体

如果将"无体"的思想极端化，会得出一切事物都没有形质实体的结论。王时槐反对一切形质实体的观点，具有极端的"心体无体"和"物事无体"的思想。

首先，他认为心体无体。《三益轩会语》载：

> 知无体，不可执也，物者知之显迹也，舍物何以达此知之用？如窒水之流，非所以尽水之性也。故致知必在格物。①

这同样表达了本体无体的意思。知无体段，不可把执，物为知之显迹，那么舍弃物则无以达知之用。因为知无体，而以物为显见落实处，所以致知的方式在格物。尽性的方式，不是去尽抽象的本体，而是即全体大用而尽性，如尽水之性，不是窒水之流，而是即"逝者如斯"的川流以尽性。

其次，尽管王时槐虽然认为"本体无体，以物为显迹"，但是这并不等于他和其他学者一样认为"本体无体，以物为体"。王时槐只是说物事是心之显迹，并未说物事是心之载体，他反对事物具有实体，和早年的罗洪先一样不赞同"以物为体"的观点。《三益轩会语》载：

> 《传习续录》言："心无体，以人情事物之感应为体。"此语未善。夫事者心之影也，心固无声臭，而事则心之变化，岂有实体也？如水与波然，全波皆水，全水皆波也，在善悟者自得之。若谓水无体，以波为体，其可乎？为此语者，盖欲破执心之失，

---

① 王时槐：《王时槐集》，上海古籍出版社2015年版，第488页。

而不知复启执事之病，故曰立言之未善也。大抵《传习续录》一编，乃阳明先生没后，学者自以己意著述，原未经先生览订，其言时有出入，未可尽遵也。①

"以物为显迹"和"以物为体"稍异。王时槐认为，事为心之影，物为知之迹，心固然无方位体段，而事物岂有实体？所谓"事为心之影，物为知之迹"，都是表明事物如影随行一样毫无独立的主体性，不具备独立实体的特征。正如水与波一样，水波二者是同一的存在，不能说水没有形体，而波就有实在的形体，孰能区分水和波的差异？这是更为极端的无体观，不仅本体无体段，且本体的发用也无实体。王时槐的思想不存在误解本体和体段的问题，他只是在表达对"物无实体"的理解，即，物不是客观存在的有形质的实体，而是知和意的显见发生过程。这是为了破除常人对心的执着，正如达摩答慧可一样，心不可被执为具有实体的事物。将心、知、意、物视为活动而不是实体，这是心学家不同于常识的地方。这也是更为极端地发挥了阳明的"存在是一种关系、活动，而不是实体"的思想。但是需要指出，心物皆无实体是从形质体段意义而言，而不是就实理意义而言。

前文曾提到，东正纯在解释阳明思想时曾说："王塘南谓'心无体，以人情事物之感应为体，此语未善，夫事者心之影也。心固无声臭，而事则心之变化，岂有实体哉？如水与波然，谓水以波为体，可乎？'云云，其说非无见，惜犹滞在言诠。"② 王时槐其实是阳明"本体无体"和"存在是一种关系"思想的继承者，只不过将心无体的思想极端化，不仅心无形体，而且事物也无形质实体。东正纯此言可谓既不了解阳明学的本体无体的思想，也不了解王塘南之学。

心物皆无实体的思想，其合理之处在于一方面能破除执心之学，

① 王时槐：《王时槐集》，上海古籍出版社 2015 年版，第 510 页。
② 陈荣捷：《王阳明传习录详注集评》，台北学生书局 1984 年版，第 333 页。

破除将心固化为具体形质实体的偏失，另一方面反而更能坚持心的价值优先地位。其存疑之处在于对于物的理解过于状态化，和贝克莱一样从感应经验的对象化活动退缩到感应经验的内部活动上。

（二）以贯为体

本体的显现落实方式，从早期阳明学者的"以物为体"发展到中期阳明学者的"以贯为体"。以贯为体，表明本体的显现从本体的实体显现化，进一步被理解为本体的流行化（状态化）。所谓本体的状态化，即心知意念皆非实体，非实在的某物，而是生理（性体）的不同状态。前文曾论及，王时槐虽然认为本体无体，但是他和早年的罗洪先一样不赞同良知心体"以物为体"的观点，《三益轩会语》载："夫事者心之影也，心固无声臭，而事则心之变化，岂有实体也？"① 事物不是客观存在的有体质、形像的实体，而是心的投影和知的显现，所以，物的本质不是实体，而是知和意的显见发生活动。基于对"物"的这种理解，他认为本体的显见落实方式固然是"即物以显迹"（如"知无体，不可执也，物者知之显迹也，舍物何以达此知之用？"②）但由于物不是一个有形质的实体，所以他未曾表达"以物为体"，而是说"以贯为体"。《仰慈肤见》载：

> 圣门言一贯，一，无体也，以贯为体。贯于视听言貌思，则为圣哲谋肃义；贯于父子君臣夫妇长幼朋友，则为亲义序别信；贯于家国天下，则为齐治平。彼谈一而谓能超于身世伦物之外者，遂视一切为幻相，于本性漠不相关，是一而不贯也，安得谓本原之一与圣人同乎？何则，使果与圣人同其一，则必与圣人同其贯，以其不贯，知其所见之一，视圣人之所谓一，必有差千里于毫厘者矣。③

---

① 王时槐：《王时槐集》，上海古籍出版社 2015 年版，第 510 页。
② 王时槐：《王时槐集》，上海古籍出版社 2015 年版，第 488 页。
③ 王时槐：《王时槐集》，上海古籍出版社 2015 年版，第 540—541 页。

此则说明了几个意思。其一，王时槐的本体观是"一无体，以贯为体"，"以贯为体"其实还是"以用为体"的连绵状态化。其二，批评认为本体为超绝身世伦物的形而上之体、视大用流行为幻相的思想，这种思想是典型地继承了印度佛学"幻灭"的思想（巴门尼德和柏拉图也认为现象是不真实的）。相反，儒学不以大用流行为幻，不以变动不居的现象和个体存在为不实，而是认为本体即流贯于变动的现象中，存在于个体事物中。

王时槐对本体的理解是，本体即一（全体大用的道体），本体无体，以贯为体。所谓"以贯为体"，不仅蕴含"以用为体"的意思，而且包含本体常在的意思。"以用为体"很容易被误解为现实世界只是大用流行，而本体似乎消融于大用流行中，只是一个逻辑概念，这就走向极端唯名论。但是，如果本体"以贯为体"，那么不仅表明本体以大用流行为体，而且也表明本体作为"一"时刻贯彻于大用流行中。这时候，本体固然不是一个统领大用流行的最高实体，孤悬于存在者之上，也不是说本体"如有一物"而在大用流行之中，而是说本体既存在又流行。"以物为体"只是表明本体无体，倚靠实体显现；"以贯为体"则进一步说明本体以流行为体，但是本体却始终如一。

其次，本体"以贯为体"的思想，后来被王时槐用于解释格物，格为贯，物为身心及家国天下万事万物。《答王儆所七条》载：

> 《石经大学》以"物有本末"一段，紧接"致知在格物"之下，此其为发明格物致知本旨甚明。盖自平天下逆推至于诚意，然苟不知性之至善而止之，则意必不能诚。该本性贯彻于意心身家国天下，浑然总为一物也，而有本末焉。性之至善，其本也，知性之至善为本，时时归根复命而止之，是谓知本，是谓知之至，则意身心家国天下一以贯之无余矣。格者，通彻之谓也。盖知止于至善，则意无其意，心无其心，情顺万物而无情，得一

而万事毕矣。到此，则即本即末，何本末之可言；即用即体，何体用之可言。然在初学，则当以摄末归本、摄用归体为下手处也。①

王时槐于《石经大学略议》发明了"本体无体，以贯为体"的思想。本体即性体，"性贯彻于意心身家国天下"，所以知止于至善之性，则"意身心家国天下"可即本体而一以贯之，这是即体达用。"格者，通彻之谓也"，格的功夫就是通彻贯通的功夫，格物是通彻万物而复归本体，这是即用显体。王时槐又据这种"以贯为体"的体用观批评极端的实在论和极端的虚无论，前者认为本体为超绝身世伦物的形而上之体，视大用流行为幻相，（巴门尼德和柏拉图也认为现象是不真实的，而一与理念是实在的。）后者则如印度佛学"幻灭"的思想，不仅以大用流行为幻灭之影，而且认为本体也是幻相。儒学不以大用流行为幻，不认为个体的存在者是不实在的，而是认为本体即流贯于变动的现象中，存在于个体事物中。

以贯为体的思想其实是对孔子"一以贯之"思想的发挥。朱子持"理是一贯"的思想。《朱子语类》载：

问："仁义礼智四者皆一理。举仁，则义礼智在其中；举义与礼，则亦然。如中庸言：'舜其大智也欤。'其下乃云，'好问，好察迩言，隐恶而扬善'，谓之仁亦可；'执其两端，用其中于民'，谓之义亦可。然统言之，只是发明'智'字。故知理只是一理，圣人特于盛处发明之尔。"曰："理固是一贯。谓之一理，则又不必疑其多。自一理散为万事，则灿然有条而不可乱，逐事自有一理，逐物自有一名，各有攸当，但当观当理与不当理耳。既当理后，又何必就上更生疑！"②

---

① 王时槐：《王时槐集》，上海古籍出版社 2015 年版，第 416 页。
② 黎靖德：《朱子语类》卷六，中华书局 1986 年版，第 108 页。

这是论理贯通于万事之中。理是一，理在散殊为贯。理虽贯在散殊万事中，却能保持理的一致性和万事的条理性。

"一贯"的方式还被朱子用以说明心贯万事，《朱子语类》载：

> "一以贯之"，犹言以一心应万事。"忠恕"是一贯底注脚，一是忠，贯是恕底事。[1]
>
> 一是一心，贯是万事。看有甚事来，圣人只是这个心。[2]
>
> 这是论心贯通于万事之中，可谓"心无体，以万事为体"或"心无体，以贯为体"。

一贯还是对体用关系的理解。《朱子语类》载：

> 一者，忠也；以贯之者，恕也。体一而用殊。[3]
>
> 合忠恕，正是仁。若使曾子便将仁解一贯字，却失了体用，不得谓之一贯尔。要如此讲"贯"，方尽。[4]

一贯之道其实是体一用殊、体用相融的道理。只有一则是有体无用，只有万物则是有用无体，只有一与万物仍然是体用殊绝。以忠恕为例，合忠恕为仁，仁兼体用，忠为一为体，恕为贯为殊。只说仁是一贯，则无法区分体用。合忠恕而言一贯，方为仁。

胡直也有体用相贯的思想，其实质是心能贯通万物。《胡子衡齐》载：

> 曰："道有体有用，未有有体而无用，有用而无体者也。今

---

[1] 黎靖德：《朱子语类》卷二十七，中华书局1986年版，第669页。
[2] 黎靖德：《朱子语类》卷二十七，中华书局1986年版，第669页。
[3] 黎靖德：《朱子语类》卷二十七，中华书局1986年版，第670页。
[4] 黎靖德：《朱子语类》卷二十七，中华书局1986年版，第694页。

子辨理以察,而语性以觉,无乃溺于用而遗于体欤?"曰:"古之君子语体而用无不存,语用而体无不存,以其心无不贯也。岂若世儒语体则截然曰'是不可为用',语用则截然曰'是不可为体',语物语理,必应体用而成四片,不知文义愈析,论辨愈执,而道愈不明矣。"①

学者质疑胡直辨析体用,可能会只看到用,而未睹体。胡直认为,这是没有领会体用一贯的道理,道有体有用,语其体则用在,语其用则体在,因而不存在有体无用或有用无体的分裂情况。

(三)心学即实学

王时槐虽然否定实体,但并不否认实学。实体和实学的两种实在性需要辨析。在前文论朱子的实体观时曾认为,无论是方体、气化流行还是恒常道体都可被视为实体,这主要是常识的实体观。常识中实体的实在性,是通过主体的对象化活动而展现,人在对象化活动中认为那些不依赖人的主观意识,不以意志为转移的客体是实在的,无论这种客体是感官对象还是理性对象。这种实在性可以概括为"自然的实在性",主要指"主体经验外的实在性"。而心学中的实在性可概括为"体验的实在性",主要指"主体经验内的实在性"。常识与心学区分虚实的分界在于,是将人的精神活动看作是主体观念的对象化过程,还是从未发本体到已发意念的过程。如是前者,则实学主要指主体认识客观实体的活动,以及主体对象化与对象主体化的实践活动;如是后者,则实学也可以指"调停意念情志的功夫和实行经世致用的事务"②。从未发之本体到已发的情识意念的过程,虽然缺乏事物的实体特征,然而人的体验是实在

---

① 胡直:《胡子衡齐》卷二《六锢》,明万历曾凤仪刻本。

② 相近论点亦可参见彭国翔:《阳明学者的实学辩证》,参见彭国翔《近世儒学的辩证与钩沉》,中华书局 2015 年版,第 36 页。

的。此处还需进一步说明，同样是经世致用事务，常识和心学都可能认为这是实行，然而常识判断是实行的标准在于认为经世致用是主体对象化和对象主体化的实践活动，而心学判断是实行的标准在于认为经世致用是心体的呈现和功夫的体验。换言之，自然的实在性表现为形质事物的现实存在和理则的普遍恒常存在，体验的实在性表现为各种心体呈现的活动状态。

在王时槐看来，判断是否实学，要看是否以本体为出发点，是否潜心默会心体，而不在于是否研究客观实体。实学即心学。《三益轩会语》载：

> 物物有理，即所谓一物各具一太极，万物统体一太极也。是在潜心默会而自得之，惟实悟良知，则此理自明矣。不然，随事随物，一一穷索，则正所谓无用之辨，不急之察，遍物之知也。假令能之，亦祇以夸多鬪靡焉耳，何益于道哉？此是实学与虚见所由分，阳明先生安得不辨？①

同样是认为"物物有理，一物各具一太极，万物统体一太极"，然而有两种实在观，一种是认为在人心之外客观存在物理与太极之理，实践活动表现为"遍物之知"。一种认为心即理，物理与太极之理不外吾心，悟得良知则此理自明。王时槐认为前者是虚见，后者是实学。可见，实学之实主要是指合乎本体的、与理论知识相对的功夫实在性。王时槐《答邓元忠》载："来翰所称'孔子及知行'云云，亦未为不是，但吾辈今日希圣，当下时时刻刻身心用功，要有切实不可放过处，不然，孔子自是往圣，知行自是套语，与吾有何干涉也。"②这是强调实学除了在理论知识上认识本体，还要在经验上实证本体。

---

① 王时槐：《王时槐集》，上海古籍出版社 2015 年版，第 490—491 页。
② 王时槐：《王时槐集》，上海古籍出版社 2015 年版，第 346 页。

以本体为出发点，从天理发为七情以及在经验中调停身心意念的中和活动，即为实学。王时槐《答族弟登之》说："天理之发七情，自有当然之则，若过当而不能融化，即为真体之累……但于此能调停适中，便是实学矣。"① 这是以协体用、致中和为实学。

王时槐认为，看待心学即实学，应该避免两种弊病。一是不可拔高心的一面，虚谈理论而不务实修，他于《西原会规十七条》批评了高谈悟道而不顾节行的风气②。二是虽不可拔高心行解悟，亦不可以心学为虚诞。他说："彼籍口心学，而不检察于事为者，固非也。若惟事为之检察，语及心学则以为虚诞，又未免征噎废食矣。"③ 心学之理解和事为之检察须结合起来，方是真正的实学。

以合乎本性为判断实学标准，那么推广开来，盈天地皆性体，从极细微之心念到极广大之经纶事业，皆不外于性，皆是尽性之实学。王时槐《病笔》载：

> 一切皆性，戒慎于一瞬一息，以极于经纶事业，皆尽性之实学也。故全修是性，全性是修，岂有二者并致力之说?④

以贯为体的理论后果，是从承认本体呈现状态的实在性，走向全体大用的实在性，以及在体验中性修不二的实在性。道体即本体即状态，此道体也就是王时槐所谓的性体。性体既是先天之本体，也是本体之流行。能体知本体是实在的流行状态，就不存在本体与功夫的截然区分，所以全修也是性。

① 王时槐：《王时槐集》，上海古籍出版社 2015 年版，第 343 页。
② 王时槐：《王时槐集》，上海古籍出版社 2015 年版，第 590 页。
③ 王时槐：《王时槐集》，上海古籍出版社 2015 年版，第 578 页。
④ 王时槐：《王时槐集》，上海古籍出版社 2015 年版，第 533 页。

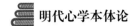

六 "本体无体,以用为体"的功夫论、价值观和世界观的意义

本体无体的思想表明,不仅从存在论而言,本体不可独显,本体必须假某实体以显达;而且从功夫论而言,返归本体的功夫必在用上,不可离开发用去修证所谓本体(本心、本性)。如王时槐云:"知无体,不可执也。物者,知之显达也,舍物则何以达此知之用,如窒水之流,非所以尽水之性也,故致知必在格物。"① "本体无体"是功夫论的目的和道德实践的意义所在。虽然返归无体之本体的功夫在其发用上,但是发用不能称为道德实践的目的,因为发用有方所,有对待,有善恶相对之价值。因而保持本体的无体状态,才能无方所之局限,无善恶对待价值,才具有道德实践的意义。

刘师泉将无体之心、无欲之意、无住之物、无动之知视为正心诚意格物致知的内涵,是道德实践的标准。《明儒学案》载其论"心、意、知、物"说:

> "有感无动,无感无静,心也;常感而通,常应而顺,意也。常往而来,常化而生,物也;常定而明,常运而照,知也。见闻之知,其糟粕也;象着之物,其凝沤也;念虑之意,其流澌也;动静之心,其游尘也。心不失无体之心,则心正矣;意不失无欲之意,则意诚矣;物不失无住之物,则物格矣;知不失无动之知,则知致矣。"夫心无体,意无欲,知无动,物无住,则皆是有善无恶矣。②

刘师泉认为,心体不可以方体言,心体是感时无动、无感时非静的状

---

① 王时槐:《王时槐集》,上海古籍出版社 2015 年版,第 488 页。
② 黄宗羲:《明儒学案》卷十九,中华书局 2008 年版,第 438 页。

态，因寂感而有动静的心是心体之浮泛现象。意不可以生灭断续言，无欲之意是常常感通顺应的，因感应而有生灭断续的念虑是意的有方向之流。同理，良知不可以动静言，良知是于动静时皆自然明觉、自然照察的，依赖于感应的见闻之知是良知杂于气质、有内容的粗糙知觉。物本来是心、知、意之活动（知之显，意之所在）。如果能保持无体之心、无欲之意、无动之知、无住之物的状态，则是正心诚意格物致知。黄宗羲总结道，"心无体，意无欲，知无动，物无住，则皆是有善无恶"，具有正面的道德实践价值。

唐顺之认为"本体无体"是顺任天机自然之功夫的根据。《明儒学案》载：

> 《乾》、《坤》一於直也，动本直也，内本直也，非直之而后直也。盖其酝酿流行，无断无续，乃吾心天机自然之妙，而非人力之可为。其所谓默识而存之者，则亦顺其天机自然之妙，而不容纤毫人力参乎其间也。学者往往欲以自私用智求之，故有欲息思虑以求此心之静者矣，而不知思虑即心也；有欲绝去外物之诱，而专求诸内者矣，而不知离物无心也；有患此心之无着，而每存一中字以着之者矣，不知心本无著，中本无体也。若此者，彼亦自以为求之於心者详矣，而不知其弊乃至於别以一心操此一心，心心相捽，是以欲求乎静而愈见其纷扰也。①

唐顺之认为"心本无著，中本无体"，如此则本心外动也直，内动也直。绝弃外物之诱以求静，不知心本无著，离物无心，如此则外动不直；息灭思虑求内心静，是不知中本无体，离思无心，如此则内动不直。默识"本体无体，以用为体"之理而存之，则是天机不息之自然功夫。

---

① 黄宗羲：《明儒学案》卷二十六，中华书局 2008 年版，第 602 页。

"本体无体，以用为体"还是儒学的世界观。儒学无分于出世与入世，终极理想之乡域本来不是有方所之彼岸世界，与其寄心于无何有之乡，莫如因世间（发用）而显现理想之乡域，这种对待人世的方式源于其体用观。唐曙台认为"本体无体，以物为体"的思想，是儒学和佛学相区分之处。他对无体之本体概括道："道无体，性无体，仁无体，诚无体，总之以物为体。外物无道、无性、不仁、不诚，此吾道与异端之辨。"① 他认为，道、性、仁、诚皆所谓本体，皆无实际事物的形质体段，总之都是以物为体。基于这种体用观点，他认为儒学从来不离开实际事物探寻所谓的悬空本体，因而也不会离开人世间去寻求彼岸世界。

---

① 黄宗羲：《明儒学案》卷四十二，中华书局 2008 年版，第 1003 页。

第三章　即体即用和不离不混的体用观

无论是理本体的去实体化还是"心体无体，以用为体"，都说明了明代思想史的一个事实：本体要依存于气的发用流行中，本体的呈现就是本体的发用化和实体的流行化，体用是"共时性"的存在。这种因本体的发用流行化所带来的新的体用关系，可以总结为王阳明所谓的"即体而言用在体，即用而言体在用"。本体的呈现必然要在用上体现，因此体用关系比以往显得更加重要。但是即体即用不等于混同体用，前提是本立而用生，必首先承认本体的价值优先地位，

"本体无体，以用为体"表明体不离用，本体不是孤悬隔绝之实体（极端的实在论），而"以用为体"也绝非表明本体不实在而沦为一个假设概念（极端的唯名论）。本体仍然具有价值优先的地位，体用一源和体立而用生是一致的。阳明《传习录》载：

> 不可谓未发之中常人俱有。盖体用一源，有是体即有是用，有未发之中，即有发而皆中节之和。今人未能有发而皆中节之和，须知是他未发之中亦未能全得。①

这是说，固是体用一源，但首先有未发之中的本体，才有发而中节的

---

① 王守仁：《王文成公全书》第一册，中华书局 2015 年版，第 22 页。

作用；若用上未能有中节之和，则其人未能得未发之中的本体。"不可谓未发之中常人俱有"，说明体用一源是一个有本的呈现，而不是一个现成的结果。又如：

> 人只要成就自家心体，则用在其中。如养得心体果有未发之中，自然有发而中节之和……苟无是心，虽预先讲得世上许多名物度数，与己原不相干，只是装缀，临时自行不去。亦不是将名物度数全然不理，只要知所先后，则近道。①

这是说，先立本体而后用在其中，心体有未发之中则自然有发而中节之和。若不先立心之本体，则名物度数之用亦于己无干。而体因用显，故也不是弃名物度数不顾，否则本体只是孤悬本体。固是体用一源，但是要明白体立用生的道理。

"本体无体，以用为体"也绝非说明本体仅仅是事物中的一般形式或发用流行中之主宰（温和的实在论）。阳明所谓的本体如朱子的道体一样乃是全体大用。《传习录》载：

> 澄问："喜怒哀乐之中和，其全体常人固不能有。如一件小事当喜怒者，平时无有喜怒之心，至其临时，亦能中节，亦可谓之中和乎？"先生曰："在一时一事，固亦可谓之中和，然未可谓之大本达道。人性皆善，中和是人人原有的，岂可谓无？但常人之心既有所昏蔽，则其本体虽亦时时发见，终是暂明暂灭，非其全体大用矣。无所不中，然后谓之大本；无所不和，然后谓之达道；惟天下之至诚，然后能立天下之大本。"②

常人之心虽有本体之呈现，但只是一时一事之中和，非心体之全体大

---

① 王守仁：《王文成公全书》第一册，中华书局 2015 年版，第 27 页。
② 王守仁：《王文成公全书》第一册，中华书局 2015 年版，第 29 页。

用。唯有无所不中的大本，无所不和之大道，才可谓之心体之全体大用。"心体无体，以用为体"不是说明心体沦为发用的一般形式，而是在本立而道生的前提下涵摄发用，故而本体不是发用之前的主宰，不是发用之中的一般性，不是发用之后的属性，而是始终统率并涵摄发用的全体大用，亦可谓之道体。

一 即体即用的表现

心性本体与发用现象的即体即用关系有具体表现。所有和心相关的特征，如虚、寂、未发、先天都不是独立存在的实体，虚必依赖于生，寂必依赖于感，未发之中即在已发之和上。体用一源的内涵包括以下诸多关系。

（一）已发未发

即体即用之内涵，其一是从未发已发的关系而论，指未发不是已发之前的一个孤悬实物，已发也不是离开未发之后的阶段。关于已发未发的关系，朱子学与阳明学的观点稍异。

朱子有两种关于已发未发的观点，分别称为"中和旧说"和"中和新说"。《中庸》载："中也者，天下之大本也；和也者，天下之达道也。"这成为理学乃至心学经常讨论的中和问题。朱子早年困惑于人的心灵是否存在未发状态。丙戌年朱子三十七岁时，第一次对中和问题有所领悟，称为"丙戌之悟"。他认为："人自婴儿以至老死，虽语默动静之不同，其大体莫非已发。特其未发者，为未尝发而已。"[1] 心的动静活动皆为"已发"，所谓"未发"不是指心还没有发出的阶段，而是说心中包含从来不会发显出来的本体。他说："夫岂以日用流行者为已发，而指夫暂而休息不与事接之际为未发时耶？尝试以此求之，则泯然无觉之中，邪暗郁塞，似非虚明应物之体，而

---

① 朱熹：《朱子全书》第 24 册，上海古籍出版社 2002 年版，第 3634 页。

防微之际一有觉焉，则又便为已发，而非寂然之谓。"① 朱子曾经也以日常活动经验为已发，以暂时不与事物交接而思虑未萌时的状态为未发，但是以此思路去寻求未发之体，则只剩下泯然无觉、邪暗郁塞的状态，这并不是虚明能感应事物的心。而对虚明之体稍微觉察之际，就已经转变成已发之心了，非寂然未发之本体。于是他反思，"虽一日之间万起万灭，而其寂然之本体则未尝不寂然也。所谓未发，如是而已。夫岂别有一物限于一时拘于一处，而可以谓之中哉!"② 在变化流行的日常经验中，自有寂然不动的本体，这就是所谓的"未发之中"，而不是说在某一时空中别存在一个"未发"者。朱子的丙戌中和之悟在很大程度受到张栻的影响。这种已发未发的关系，事实上是逻辑层面的本体和发用的关系，也就是性与心的关系，未发本性在已发之心之中，本体在发用之中，体现了体用不相分离的思想。

己丑年朱子四十岁时，又形成第二个中和之悟，称为"己丑之悟"。之前他对"丙戌之悟"颇为自信，然而在和友人蔡季通问辨之际，忽然"自疑斯理"，又复取《程氏遗书》虚心平气地阅读，然后有新的领悟。他觉得之前将心视为已发，将性视为未发，不仅与程子意思不合，也缺乏一段日用涵养功夫。他认为，所谓未发，就是此心思虑未萌、事物未至之时。在喜怒哀乐之情未发之时，就是心的寂然不动之体，具有全部的"天命之性"。由于此心未发之体是无过与不及、不偏不倚的，所以也称为"未发之中"。当此心未发之体感通天下万物时，则发为喜怒哀乐之情，而发而中节的心情则可称为"已发之和"。这就相当于承认人内心有一个"思虑未萌，事物未至"之时，这时候的状态就是喜怒哀乐之未发，就是寂然不动的心之本体，而天命之性就充分地存在于此。这种未发已发的关系其实是时间层

① 朱熹：《朱子全书》第 21 册，上海古籍出版社 2002 年版，第 1315 页。
② 朱熹：《朱子全书》第 21 册，上海古籍出版社 2002 年版，第 1315 页。

面的体用关系，由未发之心发为已发之情。

己丑之悟指向涵养功夫。朱子认为，"未发之前不可寻觅，已发之后不容安排，但平日庄敬涵养之功至，而无人欲之私以乱之，则其未发也镜明水止，而其发也无不中节矣。此是日用本领功夫。至于随事省察，即物推明，亦必以是为本。"① 如何把握此心未发之体呢？未发之前无未发，不可寻觅，已发之后一动念，则非未发，亦不可安排寻觅。那么只有在平日以庄敬涵养之功，收敛至不容一物存于内心，涵养至无丝毫人欲干扰、如明镜静水的心灵状态，就是此心未发之中的境界。这种功夫就是体验未发的涵养功夫，也是程颐的主敬功夫。而日常行事，格物明理等，都要以涵养未发的功夫为根本。朱子进一步反思，"向来讲论思索，直以心为已发，而日用功夫亦止以察识端倪为最初下手处，以故阙却平日涵养一段功夫，使人胸中扰扰，无深潜纯一之味。而其发之言语事为之间，亦尝急迫浮露，无复雍容深厚之风。盖所见一差，其害乃至于此，不可以不审也。"② 他认为，之前以心为已发，则日用功夫只是以察识心念活动之端倪为下手功夫，而欠缺日常涵养功夫，则不免心中纷扰，无沉潜纯一之境界。至于言语行为之间，也不免有急迫浮躁之病，而缺乏雍容深厚之气象。所以见识一旦偏差，则为学便有偏失。

王阳明认为两种未发已发的关系都有其合理性。《传习录》载：

> 问："伊川谓不当于喜怒哀乐未发之前求中，延平却教学者看未发之前气象，何如？"先生曰："皆是也。伊川恐人于未发前讨个中，把中做一物看，如吾所谓认气定时做中，故令只于涵养省察上用功。延平恐人未便有下手处，故令人时时刻刻求未发前气象，使人正目而视惟此，倾耳而听惟此，即是戒慎不睹，恐

① 朱熹：《朱子全书》第 23 册，上海古籍出版社 2002 年版，第 3131 页。
② 朱熹：《朱子全书》第 23 册，上海古籍出版社 2002 年版，第 3131 页。

惧不闻的功夫。皆古人不得已诱人之言也。"①

如果认为未发之性在已发之情中，那么就不应当"于喜怒哀乐未发之前求中"。如果认为未发之性在已发之情前，那么就需要一段涵养功夫。在中和旧说的修养方式里，既然心一直都处于应接事物的已发之中，那么就不需要涵养静处的功夫，只需要在行为中察识心念，在事情之中修正内心。但如果认识到内心中有一个具备全体天命之性的未发体段，那么就需要一个静处涵养的修养功夫，也就是"教学者看未发之前气象"。

王阳明晚年的未发已发观更能体现了体用一源的思想。他在《答陆元静书》中详细阐发了未发已发与动静的关系（详见后文），他既不赞同未发本性与已发之情二元对立的观点，也不赞同未发之中在已发之前的观点，他认为未发之性与已发之情是相互涵摄的，如此才是真正的体用一源。

（二）动静

即体即用的表现之二是动静关系。心之本体不可言动静，动静只是描述心之发用。心之本体只可言定，定故能于动静所遇之时而本体无所不在。《传习录》载：

> 侃问："先儒以心之静为体，心之动为用，如何？"先生曰："心不可以动静为体用。动静时也，即体而言用在体，即用而言体在用，是谓体用一源。若说静可以见其体，动可以见其用，却不妨。"②

所谓体用一源，既指从先天意义而言，本体涵摄发用（即体而言用

---

① 王守仁：《王文成公全书》第一册，中华书局2015年版，第28页。
② 王守仁：《王文成公全书》第一册，中华书局2015年版，第39页。

在体）；也指从后天经验而言，本体以发用显现，本体于动静之经验中无所不在（即用而言体在用），这就是本体之定静。定是本体之事，动静是后天经验事。本体可由经验之中不变的定静而见，本体之用可由经验之中变化的动静而见。《答陆元静书》载：

> 来书云："周子曰'主静'，程子曰'动亦定，静亦定'，先生曰：'定者心之本体，是静定也，决非不睹不闻、无思无为之谓，必常知、常存、常主于理之谓也。'夫常知、常存、常主于理，明是动也，已发也，何以谓之静？何以谓之本体？岂是静定也，又有以贯乎心之动静者邪？"
>
> 理无动者也。"常知常存常主于理"，即"不睹不闻、无思无为"之谓也。不睹不闻、无思无为非槁木死灰之谓也，睹闻思为一于理，而未尝有所睹闻思为，即是动而未尝动也；所谓"动亦定，静亦定，体用一源"者也。①

陆元静所问，是将"发"字看得较粗。其所谓"未发"是气之静，其所谓"发"是气之发用，故而认"不睹不闻、无思无为"为气之静，认"常主、常知、常存"为气之动。"不睹不闻"、"无思无为"非后天形气上的静定，而"常主、常存、常知"亦非形气上的思维认知，而是所思惟天理故而何思何虑之意。从此意看，常知、常主、常存于理即理之不睹不闻、无思无为；所思惟天理即理之何思何虑。所以理是"动而未尝动"，是"动亦定，静亦定，体用一源"的关系。

（三）寂感

即体即用的表现之三是寂感关系。本体常定故常常是寂然不动的，本体必呈现于动静之经验中，故而是感而遂通的。《传习录》载：

---

① 王守仁：《王文成公全书》第一册，中华书局 2015 年版，第 78 页。

先生曰："人之本体常常是寂然不动的，常常是感而遂通的。未应不是先，已应不是后。"①

程子云："冲漠无朕，万象森然已具，未应不是先，已应不是后。"②阳明引此形容本体本就涵摄寂感、发未发的关系，不可以时空之先后动静来理解本体与发用。"未应不是先"，是说本体不是时间上一个先在未发的寂体；"已应不是后"，是说发用不是时间上一个后起的已发感动。先后、未应、已应只是形容经验之事，而本体本来就即涵摄先天未发之寂体和感应作用，故而言寂言感而本体常在。《传习录》载：

澄曰："好色、好利、好名等心。固是私欲。如闲思杂虑，如何亦谓之私欲？"先生曰："毕竟从好色、好利、好名等根上起，自寻其根便见。如汝心中，决知是无有做劫盗的思虑，何也？以汝元无是心也。汝若于货色名利等心，一切皆如不做劫盗之心一般，都消灭了，光光只是心之本体，看有甚闲思虑？此便是寂然不动，便是未发之中，便是廓然大公！自然感而遂通，自然发而中节，自然物来顺应。"③

这是从反面（私欲作用）说何思何虑与无闲思杂虑的同一。若无闲思杂虑和私欲，则唯有心之本体，自然寂然不动且感而遂通，自然发而中节且常存未发之中。《启问道通书》载：

《系》言"何思何虑"，是言所思所虑只是一个天理，更无别思别虑耳，非谓无思无虑也：故曰"同归而殊途，一致而百

---

① 王守仁：《王文成公全书》第一册，中华书局 2015 年版，第 151 页。
② 程颢，程颐：《二程集》卷十五，中华书局 2004 年版，第 153 页。
③ 王守仁：《王文成公全书》第一册，中华书局 2015 年版，第 28 页。

虑，天下何思何虑"。云"殊途"，云"百虑"，则岂谓无思无虑
岂邪？心这本体即是天理，天理只是一个，更有何可思虑得？天
理原自寂然不动，原自感而遂通，学者用功虽千思万虑，只是要
复他本来体用而已，不是以私意去安排思索出来。①

这是从正面（天理本体）说言何思何虑与所思所虑惟天理的同一。
何思何虑与所思所虑同一，即心之寂感关系。何思何虑是指心之本体
是天理，本是寂体，不须思虑而常在、常主、常知，何思何虑非经验
气质上的无思无虑而绝弃心思。所思所虑是指心之作用只在天理上
用功。只在天理上用功，既是气质上的所思所虑惟天理（作用），又
是天理上的何思何虑（本体）。何思何虑与所思所虑同一，则心之本
体与功夫同一。

王阳明将寂感、已发未发、中和、动静相结合而论体用一源。
《答陆元静书》载：

> 来书云："尝试于心，喜怒忧惧之感发也，虽动气之极，而
> 吾心良知一觉，即罔然消阻，或遏于初，或制于中，或悔于后。
> 然则良知常若居优闲无事之地而为之主，于喜怒忧惧若不与焉
> 者，何欤？"
>
> 知此则知未发之中，寂然不动之体，而有发而中节之和，感
> 而遂通之妙矣。然谓良知常若居于优闲无事之地，语尚有病。盖
> 良知虽不滞于喜怒忧惧，而喜怒忧惧亦不外于良知也。②

此言心体之寂或未发，不是气质上的动静。若能于动气之际常存良
知、常主天理，即是未发之中，即是已发之和。未发之中即寂然不动
之体，发而中节之和即感而遂通之妙，此体用共时存在。说良知常若

---

① 王守仁：《王文成公全书》第一册，中华书局 2015 年版，第 72 页。
② 王守仁：《王文成公全书》第一册，中华书局 2015 年版，第 80 页。

居于悠闲无事之地，其实是以周道通的"以无事处有事"的态度来对待感应事物①，这其实是对感应事物有所回避，并不能实致良知。这种方式因为回避了感应事物，无感而遂通之妙与发而中节之和，则无未发之中，则体用不相融摄。《答陆元静书》又载：

> 来书云："良知，心之本体，即所谓性善也，未发之中也，寂然不动之体也，廓然大公也。何常人皆不能而必待于学邪？中也，寂也，公也，既以属心之体，则良知是矣。今验之于心，知无不良，而中寂大公实未有也。岂良知复超然于体用之外乎？"
>
> 性无不善，故知无不良，良知即是未发之中，即是廓然大公，寂然不动之本体，人人之所同具者也。但不能不昏蔽于物欲，故须学以去其昏蔽，然于良知之本体，初不能有加损于毫末也。知无不良，而中寂大公未能全者，是昏蔽之未尽去，而存之未纯耳。体即良知之体，用即良知之用，宁复有超然于体用之外者乎？②

此则以良知为体用一源所显现之处。天下事理没有超出体用者，以致良知为功夫，可即天理而推致于事物，也可于即事物以穷天理。如王畿说："几则通乎体用，寂感一贯。"③ 良知即是体用之几，良知兼有实体与妙用，良知不分未发本体与发用现象，是真正的体用一源的存在。

以下为王阳明关于动静、寂感、发未发、中和各种体用关系的总论。《答陆元静书》载：

> 来书云："此心未发之体，其在已发之前乎？其在已发之中

---

① 王守仁：《王文成公全书》第一册，中华书局 2015 年版，第 73 页。
② 王守仁：《王文成公全书》第一册，中华书局 2015 年版，第 77—78 页。
③ 王畿：《王畿集》，凤凰出版社 2007 年版，第 137 页。

而为之主乎？其无前后内外而浑然之体者乎？今谓心之动静者，其主有事无事而言乎？其主寂然感通而言乎？其主循理从欲而言乎？若以循理为静，从欲为动，（因为如果动中有静，则欲中有理，何必去欲？）则于所谓动中有静，静中有动，动极而静，静极而动者，不可通矣。若以有事而感通为动，无事而寂然为静，则于所谓动而无动，静而无静者，不可通矣。若谓未发在已发之先，静而生动，是至诚有息也，圣人有复也，又不可矣。若谓未发在已发之中，则不知未发已发俱当主静乎？抑未发为静，而已发为动乎？抑未发已发俱无动无静乎？俱有动有静乎？幸教。"

"未发之中"即良知也，无前后内外而浑然一体者也。有事无事，可以言动静，而良知无分于有事无事也。寂然感通，可以言动静，而良知无分于寂然感通也。动静者所遇之时，心之本体固无分于动静也。理无动者也，动即为欲，循理则虽酬酢万变而未尝动也；从欲则虽槁心一念而未尝静也。动中有静，静中有动，又何疑乎？有事而感通，固可以言动，然而寂然者未尝有增也。无事而寂然，固可以言静，然而感通者未尝有减也。动而无动，静而无静，又何疑乎？无前后内外而浑然一体，则至诚有息之疑，不待解矣。未发在已发之中，而已发之中未尝别有未发者在；已发在未发之中，而未发之中未尝别有已发者存；是未尝无动静，而不可以动静分者也。凡观古人言语，在以意逆志而得其大旨，若必拘滞于文义，则靡有孑遗者，是周果无遗民也。周子"静极而动"之说，苟不善观，亦未免有病。盖其意从"太极动而生阳，静而生阴"说来。太极生生之理，妙用无息，而常体不易。太极之生生，即阴阳之生生。就其生生之中，指其妙用无息者而谓之动，谓之阳之生，非谓动而后生阳也。就其生生之中，指其常体不易者而谓之静，谓之阴之生，非谓静而从生阴也。若果静而后生阴，动而后生阴，则是阴阳动静截然各自为一物矣。阴阳一气也，一气屈伸而为阴阳；动静一理也，一理隐显而为动静。春夏可以为阳为动，而未尝无阴与静也；秋冬可以为阴为静，而未尝无阳与动也。春夏此不息，秋冬此不息，皆可谓之阳、谓之动也；春夏此常体，秋冬此常体，皆可谓之阴、谓之静也。自元会运世岁月日时，以至刻秒忽微，莫不皆然，所谓动静无端，阴阳无始，在知道者默而识之，非可以言语穷也。若只牵文泥句，比拟仿像，则所谓心从法华转，非是转法华矣。①

陆元静的问题集中表达了未发本体和已发之用的三层关系：动静、前后和内外。在此答问之前，陆元静曾质疑"常知常存常主于理"就是动，就是已发，为何谓之静定。阳明在《答陆元静书》曾言："理无动者也。'常知常存常主于理'，即'不睹不闻、无思无为'之谓也。不睹不闻、无思无为非槁木死灰之谓也，睹闻思为一于理，而未尝有所睹闻思为，即是动而未尝动也；所谓'动亦定，静亦定，体用一源'者也。"② 阳明认为，天理本体是不动的，那么"常知常存常主于理"也是"动而未尝动"，不能将"常知常存常主于理"理解为必有所动。"常知、常存、常主于理"的实质是"无思无为"，或者说是所思所为惟天理，未尝离开本体而别有思为，这就是"动而未尝动"的功夫。

陆元静对此又提出两种疑难：其一，如何理解此心未发之体？按照陆元静的理解，如果照心是恒动恒静的，但照心只是心之发用，那么此心未发本体是动还是静？通常将"已发未发"理解为"寂然感通"的关系，如果是这样，那么就会有三种情形："未发之中"是在已发之前而为本源，还是在已发之中而为主宰，还是不分已发未发、前后内外而浑然一体？如果说"未发在已发之先"，那么动静分别指已发和未发，会导致体用有间断，非至诚无息之本体。（"静而生动，是至诚有息也，圣人有复也。"）如果说"未发在已发之中"，则不知

---

① 王守仁：《王文成公全书》第一册，中华书局 2015 年版，第 78—79 页。
② 王守仁：《王文成公全书》第一册，中华书局 2015 年版，第 78 页。

未发已发俱当主静，还是未发为静、已发为动，还是未发已发俱无动无静、俱有动有静？

其二，心之动静是什么意思？是分别指无事而寂然和有事而感通、循理和从欲吗？陆元静分析道：（1）如果静动分别指无事而寂然和有事而感通，则会与阳明所论本体"动而无动，静而无静"不合。（"以有事而感通为动，无事而寂然为静，则于所谓动而无动，静而无静者，不可通矣。"）（2）如果静动分别指循理和从欲，则会与阳明所谓本体功夫"动中有静，静中有动"不合。（"以循理为静，从欲为动，则于所谓动中有静，静中有动，动极而静，静极而动者，不可通矣。"）这两个问题中，前者关系到"必有事焉"所致的本体，是静、是动，还是不分动静，是否体用无间；后者关系到本体之功夫是动、是静，还是不分动静，是否无间断。

阳明认为：其一，关于"未发之体"，阳明首先肯定了"未发之中"就是心之本体（良知），就是天理。"未发之中"和"已发"不是平行的两个阶段，而是指本体和发用，而通常所谓"不分已发未发"中的"已发"和"未发"，其实都属于本体之发用的两个阶段，等同于日常经验中的有事无事、动静、寂然感通等两种经验。按照这个思想，对陆元静关于"未发"和"已发"关系的三个疑问，阳明否定了"未发之中"在"已发"之前的可能，认同"未发之中"在"已发"之中，以及不分前后内外而为浑然一体的观点。只不过，阳明并非将"未发之中"视为"已发"之中的一物，而是认为"未发在已发之中，已发在未发之中"，相互涵摄。只有如此，"未发之中"才是无前后内外、浑然一体的。如果将"未发之中"视为"已发"的前一阶段或对立面，便有前后内外而非至诚无息之本体；如果将"未发之中"视为"已发"中的一物，也不够准确，因为当"已发"未曾发时，那么作为心之本体的"未发之中"是不是就不存在了？如果将"未发之中"视为理，"已发"视为感应酬酢活动，则可以说"未发在已发之中，已发在未发之中"，二者相互涵摄，体用无间。

其二，关于心之动静的问题。如果"未发之中"是心之本体（良知，理），则"未发之中"无前后内外而浑然无间，不分有事无事而恒有事恒无事，不分动静而恒动恒静，不分寂然感应而恒寂恒感。如果"已发"是心的感应酬酢活动，则"已发"之中更分"未发已发"，有动静、寂然感通、有事无事的分别。这正是阳明所谓"有事无事，可以言动静，而良知无分于有事无事也。寂然感通，可以言动静，而良知无分于寂然感通也。动静者所遇之时，心之本体固无分于动静也。"

其三，关于功夫与动静的关系。既然心之本体是体用无间的，则本体之功夫也是无间断的。循理即本体之功夫，只是"必有事焉"以"集义"，虽然面对千变万化之事，而"集义"未尝变，也就是"循理则虽酬酢万变而未尝动"。从欲而动，即使一心一念也不会宁静，也就是"从欲则虽槁心一念而未尝静"，则"克欲"之功便须"无欲主静"。本体之功夫虽然是"必有事焉"，但不等于是"必有所动"，而是"动中有静，静中有动"，"就其生生之中，指其妙用无息者而谓之动；就其生生之中，指其常体不易者而谓之静。"[①] "必有事焉"致知功夫，有事而感通固然可以言动，"然而寂然者未尝有增"，在感应活动中并未增加心之本体，可谓"事动而理未尝动"，学者只循理而动即可；无事而寂然固然可以言静，"然而感通者未尝有减"，也就是无事而寂静并未减损心之本体，可谓"理静而事未尝静"，学者只存养本体以待物即可。循理而动，不曾忘本体，也不曾增损本体，功夫不须"勿忘无助"，只是"必有事焉"而"集义"。

（四）离用求体：虚寂之病

以经验中人的观点不免分体分用，故而说体用一源。而严格讲，本来无体用之分别，因本体的呈现本来是涵摄发用的。但是在强调本体的价值优先地位同时，须避免将本体理解为先天超越的孤悬的实

---

① 王守仁：《王文成公全书》第一册，中华书局 2015 年版，第 79—80 页。

体。《传习录》载：

> 人有习心，不教他在良知上实用为善去恶功夫，只去悬空想个本体，一切事为俱不着实，不过养成一个虚寂。此个病痛不是小小，不可不早说破。是日德洪、汝中俱有省。①

此孤悬本体，阳明谓之"悬空想个本体"，康德谓之"先验幻相"。此病亦是儒释之别。《传习录》载：

> 或问："释氏亦务养心，然要之不可以治天下，何也？"先生曰："吾儒养心，未尝离却事物，只顺其天则自然，就是功夫。释氏却要尽绝事物，把心看做幻相，渐入虚寂去了。与世间若无些子交涉，所以不可治天下。"②

儒释之别源于对本体理解的差异。无论是寂静涅槃，还是上帝这种最高实体，其本体观都是作用之外的孤悬本体。而儒家的本体观是先天超越的本体必有呈现，必然涵摄发用，故而"吾儒养心，未尝离却事物，只顺其天则自然，就是功夫。"世界观和功夫论是本体观的延展，儒家不离世间的世界观不是贪恋事功，而是本于本体涵摄发用、本体必有呈现的思想。

阳明门人弟子多能领悟即体即用的关系，黄宗羲评价欧阳德说：

> 先生之所谓良知，以知是知非之独知为据，其体无时不发，非未感以前别有未发之时。所谓未发者，盖即喜怒哀乐之发，而指其有未发者，是已发未发，与费隐微显通为一义。当时同门之言良知者，虽有浅深详略之不同，而绪山、龙溪、东廓、洛村、

---

① 王守仁：《王文成公全书》第一册，中华书局2015年版，第146页。
② 王守仁：《王文成公全书》第一册，中华书局2015年版，第132页。

明水皆守"已发未发非有二候，致和即所以致中"，独聂双江以"归寂为宗，功夫在于致中，而和即应之"。故同门环起难端，双江往复良苦。微念菴，则双江自伤其孤另矣。①

多数阳明后学者持已发未发一贯、体用不二的思想，以为未发即在已发之中，只是功夫重在从已发之和到未发之中。但是，"独聂双江以归寂为宗，功夫在于致中"，以聂豹为代表的归寂说，认为良知是未发之中，从未发立教。双江并非不认可体用一源，只是不认可"共时性"的体用一源。《致知议辨》载：

> 双江子曰："邵子云，'先天之学，心也；后天之学，迹也。'先天言其体，后天言其用。盖以体用分先后，而初非以美恶分也。'良知是未发之中'，先师尝有是言。若曰'良知即是发而中节之和'，词涉迫促。寂，性之体，天地之根也，而曰非内，果在外乎？感，情之用，形，器之迹也，而曰非外，果在内乎？抑岂内外之间，别有一片地界可安顿之乎？'即寂而感存焉，即感而寂行焉'，以此论见成，似也。若为学者立法，恐当更下一转语。《易》言内外，《中庸》亦言内外。今曰'无内外'；《易》言先后，《大学》亦言先后，今曰'无先后'。是皆以统体言功夫，如以百尺一贯论种树，而不原枝叶之顶茂由于根本之盛大，根本之盛大由于培灌之积累。此鄙人'内外先后'之说也。'良知之前无未发，良知之外无已发'，似是浑沌未判之前语，设曰'良知之前无性，良知之外无情'，即谓良知之前与外无心。"②

聂双江分体分用，立本以达用，这种思想固然不错，但是分体用、先

---

① 黄宗羲：《明儒学案》卷十七，中华书局 2008 年版，第 359 页。
② 王畿：《王畿集》，凤凰出版社 2007 年版，第 132—133 页。

后、内外，则不识本体含摄发用的真面目。

罗洪先起初附和聂豹先立寂体之论，后亦能发明体用一源之理。《甲寅夏游记》载：

> 龙溪曰："近日觉何如？"曰："一二年来，与前又别。"龙溪曰："试言之。"曰："当时之为收摄保聚，偏矣。盖识吾心之本然者，犹未尽也。以为寂在感先，感由寂发。夫谓'感由寂发'可也，然不免于执寂有处；谓'寂在感先'可也，然不免于指感有时。彼此既分动静为二，此乃二氏之所深非，以为边见者而害道者。我坚信而固执之，其流之弊，必至重于为我，疏于应物，而有不自觉者，岂《大学》'欲明明德于天下'之本旨哉！盖久而复疑之。夫心，一而已，自其不出位而言，谓之寂，位有常尊，非守内之谓也；自其常通微而言，谓之感，发微而通，非逐外之谓也。寂非守内，故未可言处，以其能感故也，绝感之寂，寂非真寂矣；感非逐外，故未可言时，以其本寂故也，离寂之感，感非正感矣。此乃同出而异名，吾心之本然也。寂者一，感者不一，是故有动有静，有作有止。人知动作之为感矣，不知静与动、止与作之异者，境也，而在吾心，未尝随境异也。随境有异，是离寂之感矣。感而至于酬酢万变，不可胜穷，而皆不外乎通微，是乃所谓几也。故酬酢万变而于寂者，未尝有碍，非不碍也，吾有所主故也。苟无所主，则亦驰逐而不返矣。声臭俱泯，而于感者未尝有息，非不息也，吾无所倚故也。苟有所倚，则亦胶固而不通矣。此所谓收摄保聚之功，君子知几之学也。学者自信于此，灼然不移，即谓之守寂可也，谓之妙感亦可也；即谓之主静可也，谓之慎动亦可也。此岂言说之可定哉！是何也？心也；心也者，至神者也。以无物视之，固泯然矣；以有物视之，固炯然矣。欲尽敛之，则亦块然不知，凝然不动，无一物之可入也；欲两用之，则亦忽然在此，倏然在

彼，能兼体而不遗也。故曰：'操则存，舍则亡，出入无时，莫知其向。'……使于真寂端倪果能察识，随动随静，无有出入，不与世界物事相对待，不倚自己知见作主宰，不著道理名目生证解，不藉言语发挥添精神，即此渐能自信，果能自信，则收摄保聚之功自有准则……明道云：'识得仁体，以诚敬存之，不须防检穷索，必有事而勿正，心勿忘勿助长，未尝致纤毫之力。'此其存之之道，固其准则也。"……龙溪笑曰："夏游记岂尽非是，只三转语处手势太重，便觉抑扬太过。兄已见破到此，弟复何言！"①

罗洪先以为"当时之为收摄保聚，偏矣"。其偏失之处在于"以为寂在感先，感由寂发，夫谓感由寂发可也，然不免于执寂有处；谓寂在感先可也，然不免于指感有时。""执寂有处"即阳明所批评的"悬空想一个本体"，以本体为先在孤悬的定体；"指感有时"即认为本体是有感而发的，如此则本体只在时空中，有感有发用，无感则为寂然定体，而不识本体本就涵摄发用，是兼体不遗的。此二偏见不免体用殊绝，分寂感动静为二。真心是兼体而不遗的，言其本，则既不可以有物视之，亦不可以无物视之。言其用，其在经验发用中的表现，谓之守寂、谓之妙感、谓之主静、谓之慎动皆可。而其要在于本心真寂，本心之端倪（呈现）则随动随静，无有出入，不与世界物事相对待。

（五）离体求用：无本之学

另一方面，即体即用最易对经验中人造成一种只有大用流行的感性直观印象，认为真实的存在只是流行现象。此为无本之病。《传习录》载：

---

① 罗洪先：《罗洪先集》，凤凰出版社 2007 年版，第 82—84 页。

国英问："曾子三省虽切，恐是未闻一贯时功夫。"先生曰："一贯是夫子见曾子未得用功之要，故告之，学者果能忠恕上用功。岂不是一贯？一如树之根本，贯如树之枝叶，未种根何枝叶之可得？体用一源，体未立，用安从生？谓曾子于其用处盖已随事精察而力行之，但未知其体之一，此恐未尽。"①

体用一源不等于混同体用而至于有用无体。王阳明与弟子认为，所谓一贯功夫就是体用一源的功夫，能于发用省察力行，不能知体用一源，则未能有一贯功夫。"体未立，用安从生"，见世间万象当如见树之枝叶，须明了有根方能有枝叶，有本体方有世间万象。离体而求用，固然为无本之学；而以大用流行取消本体的存在，亦为无本之学。根与枝叶为一个整体，方为一贯之学。

二　王时槐"不离不混"的体用观

"体用一源，显微无间"固然是说体用不可分离，但这种"无间性"是体用有中介接续？还是不分体用？如果是前者，那么会存在体、几、用三个阶段或部分，这其实是有间的。如果"显微无间"是不分体用，那么一切都会混为一谈。王时槐以"不离不混"的中道观阐释体用一源。

一方面，王时槐赞同即体即用的体用观。先天无体，以后天存在为先天落实处。王时槐云："夫彻古今，弥宇宙，皆后天也。先天无体，舍后天亦无所谓先天矣。故必修于后天，正所以完先天之性也。"② 所有的时空中存在皆是后天存在，即"彻古今，弥宇宙，皆后天也"。真正的先天总是无形体的形而上（甚至不可称为形而上者，因为一旦称为"者"便沦为存在者），既不可视为具体的有方所

---

① 王守仁：《王文成公全书》第一册，中华书局 2015 年版，第 40 页。
② 王时槐：《王时槐集》，上海古籍出版社 2015 年版，第 533 页。

之实体，也不可视为"以总体为体"的存在整体，这并非说先天是与世隔绝的孤悬之本体，先天即以后天为落实处，舍后天无先天。王时槐尽量避免说"以后天为体"，但是其主张"先天无体，先天落实于后天"的思想和阳明等学者是一致的。

另一方面，将本然实体理解为即大用流行的道体固然可行，但是反过来若无本体的设立和领悟功夫，而将发用流行直视为本然实体，会导致只有发用流行而无最高本然实体的极端庸俗化倾向，从而导致价值上的彻底虚无化和实践上的混世主义。明代中晚期以为情识流行为良知心体，冒认习气为本性，都是直接视现象为本体、直接以为流行即本然实体的后果；后现代主义的彻底庸俗化，也是极端反对本质主义和本体存在的后果。虽然从心体本身而言，是本体无体化和实体流行化的方式；虽然从体用关系而言，是即体即用、即用即体的状态，但这是在"立本"的前提下才可如此观待，在"有本"的功夫下才可如此体验，不等于抛弃了本体，而一切听任发用流行。王时槐云"知者意之体也，若又以情识为知，则诚意竟为无体之学"。这是说，尽管良知无体段，以其感应是非为显见落实处，倘若只是留意于良知的感应流行，而以为此流行处（情识）即是本体，则是混淆了本体与发用的界限，导致无本体之后果。这说明，明代心学以来的本然实体的发用流行化，并不像一些哲学家总结的"即体即用"那么简单，而是涉及"中道"的体用关系。为此，必须深体以物为体和与道为体的含义。本体在，只是其体段不是有形之实体，而是以大用流行（总混群本）为体；若认为本体是一物在大用流行中，则犯了以有形质体段之实体理解本体的毛病；若认为本体是虚无，无则不能生有，犯了顽空之病；若认为本体不在，则是无本之学。

（一）不离不混

王时槐的不离不混的体用观是因当时或支离或含混的学风而发。王时槐在给朱易庵《梅山语录》所作的序言中指出："其学之大指，原本于师泉先生，故于心性意气之辨致详焉，然析而不支，合而不淆。"① 所谓"析而不支，合而不淆"，是指对心性等问题采用了既辨析又综合的态度，辨析而不落于支离，融贯而不至于混同，于此可见王时槐"不离不混"的中观思维方式。

所谓以中道释体用，是说在体用关系上不落两边。在体用关系上落两边，有以下表现：一是于体用中偏于体，二是于体用中偏于用，三是偏于体用二元（极端是体用殊绝），四是偏于体用一元（极端是体用混同）。偏于体者，如论知则必求复归于寂体，务求归寂而后求感。偏于用者，论知则概指知之流行发用，必享用现成而后以为学。偏于体用殊绝者，或以虚寂之体立于感应之外，离用而求体；或以为流行发用离虚寂之体而在，不求复归本体而独享发用的过程。偏于体用一元者，认为即发用即本体，于流行中见主宰，以至于无主宰而任流行；于发用中见本体，以至于无本体而唯有发用。

王时槐以中道释体用有两种方式。针对在体用观上或偏体或偏用的偏失，王时槐主张"言寂必言感而后全，言无必言有而后备"。《三益轩会语》载：

> 以"千圣语学，皆指中道，不落两边，如言中、言仁、言知、言独、言诚是也。若言寂则必言感而后全，言无则必言有而后备，以其涉于偏也。"②

对于体用关系偏于体用殊绝或体用一元者，王时槐的方式是体用不离不混，既不可将体用一元推到极端而致使体用混同无别，也不可将体用二元推到极致而使得体用殊绝。

王时槐以这种体用观表达了他对整个心学的理解，他既注重融贯性，又注重分析性。在融贯性这方面，他认为体用不二，如性所涵

---

① 王时槐：《王时槐集》，上海古籍出版社 2015 年版，第 46 页。
② 王时槐：《王时槐集》，上海古籍出版社 2015 年版，第 485 页。

的"特性"（性之德）虽然可以离析为几种，性中所涵生理曰仁，性中所涵灵通曰知，但是仁知如一。从悟性后的究竟境界上讲，所谓真性、真心、真知、真意、真气并无明显区分，如心性连黏、知意不二、性命如一、理气不分、神意念常一、知意念皆一等，皆说明体用不离。在另一方面，王时槐也注重分析的功能，对心性知意等作条分缕析的辨析工作。比如有人问他，心是统一的，若使用情识思维来分析，岂不是多余吗？他认为，为学固然贵悟统贯的本一，但也应当知晓各种散殊的分别，如同看房子，各处都做到心中有数，才能谓之见全体。[①] 所以从明理上讲，体用也不能混同不清。从这里可以看出，理学的辨名析理与心学的洞彻心性的境界是统一的，洞彻心性也需要理性的分析，既不能笼统地说一贯而无辨析，也不能只讲辨析而无贯通。不离不混，既是本体观（或体用观），也是方法论和功夫论。本体如是，亦如是观本体和做功夫。

王时槐还以"不离不混"的体用观解释性与知的关系。《再答宪使修默龚公》载：

> 夫盈宇宙间，惟此性而已。天地万物，皆此性之流形也。凡流形者，有成毁也，人在宇宙间，亦惟此性而已。七情百形，皆此性之流行也。流形者有转换，而性无转换也。《易》曰"乾知大始"，此知即天之明命，是谓性体，非以此知彼之谓也。《易》曰"坤作成物"，此作即明命之流形，是谓性之用，非造作强为之谓也。故知者体，行者用，善学者常完此太始之知，即所谓明得尽，便与天地同体，故即知便是行，即体便是用，是之谓知行

---

① 《三益轩会语》载："问：'心一而已，彼条分缕析于情识，无乃多事乎？'曰：'不然也。譬之一室然，自外观之一室也，然必入其室，于凡门阶、廊庑、堂寝、庖湢、奥窔、藩墙之处，一一洞然于心目，而后为真见此室之全也。不然，将指门而误认为堂，可乎？故学者贵悟统同之本一，而又当知辨异之散殊。'"参见王时槐《王时槐集》，上海古籍出版社 2015 年版，第 512 页。

一、体用一也。①

性与知的关系：一是体用不可混，比如性不可言，而知为性之发窍、灵明，二者不可混同；二是体用不分，即用即体，比如"乾知大始"为天之明命，"坤作成物"为明命之流行，能与流行上明得尽就是与大始之知同体，这是用上显体的方式。王时槐认为，"岐而二之固不可，虽然，性不容言，若以知名性亦未可也。"② "以知名性亦未可"，是说良知为性之灵明和发窍，二者不可混同。"岐而二之固不可"，是说不能将性与良知判为二截，因为从究竟上说，一切流行成毁皆是性，所以"知体亦是性体"。

王时槐以不离不混的体用观解释性与命的关系。《答邹子尹》载：

> 性命虽云不二，而亦不容混称。盖自其真常不变之理而言曰性，自其默运不息之机而言曰命，命者性之命也，性者命之性也，一而二，二而一这也。然命又以气数言者，如"死生有命"、得之不得曰"有命"、"得之有命"、"莫非命也"、"亡之，命矣夫"之类是也。《中庸》"天命之谓性"，正恐人于命外求性，则离体用而二之，故特发明此一言于篇首，其意深矣。若执此语，遂谓性命果无分辨，则言性便剩一命字，言命便剩一性字，而尽性至命等语皆赘矣。故曰性命虽不二，而亦不容混称也。尽性者，完吾本来真常不变之体；至命者，极吾纯一不二之用；而造化在我，神变无方，此神圣之极致也。下此则养性者，阳明先生以为学知利行之事，立命与俟命同。阳明先生以为困知勉行之事，是矣。'性也有命，命也有性'章，此命字亦指气数

---

① 王时槐：《王时槐集》，上海古籍出版社 2015 年版，第 426 页。
② 王时槐：《王时槐集》，上海古籍出版社 2015 年版，第 484 页。

而言。命之为字一也，而或以于穆言，或以气数言，盖字同而指别，言各有攸当，何必牵合以为一律，反扭捏而不伦矣。①

性命虽然不二，亦不容混称。从本体是一个全体来看，性命都是本体某一方面的特征，自本体的真常不变之理而言曰性，自本体的默运不息之机而言曰命，所以命者性之命，性者命之性，二者是一致的。性命从本体而言是一致的，从殊相而言是不同的。命以气数言者，而性以理言，如说"死生有命"时性命是有分别的。命又可以於穆不息之本体言，如"天命之谓性"之类，此时性命又是统一的。

王时槐还以不离不混的中道观解释性与万物的关系。《吴心淮问学手书四条酬之》载："天地万物，一性之委形耳。离天地万物以觅性者，非也；执天地万物以为性者，亦非也。不执不离以尽其性，是之谓圣学。"② 性与天地万物实为一体，天地万物即性体之流出，是性之有形者。所以离万物存在以追求悬空本性实不可能，这是将形而上隔离于形而下；然而将天地万物视为本性亦不可，这是将形而上混同于形而下。

（二）层层体用

根据不离不混的体用关系，可知立本是首要的，必有一个终极的第一本体存在。体用关系是一个自终极本体到发窍到发用的层层体用的关系。终极本体是性体，良知是性之发窍，而良知之发用为知识。《书南皋卷后》载：

> 予曰："刘子则既言之矣。是窍也，其体本无声臭，其用乃有知识。夫内执无声臭，是谓沉空；外倚有知识，是谓着相。"③

---

① 王时槐：《王时槐集》，上海古籍出版社 2015 年版，第 397—398 页。
② 王时槐：《王时槐集》，上海古籍出版社 2015 年版，第 598 页。
③ 王时槐：《王时槐集》，上海古籍出版社 2015 年版，第 577—578 页。

自终极本体而言，心、知、意、念皆性之用。自良知而言，知作为性之发窍也有体用，无声臭之性体乃为良知之本体，知识乃为良知之发用。

王时槐认为，知、意、物之间的体用关系是：以意为基础，知为意之体，物为意之用。如：

> "知者意之体，物者意之用"，此是形容意知物最亲切之语。①
>
> 阳明先生言："知者意之体，物者意之用。"此语最精。②

结合"知者性之用"，则性、知、意、物的体用关系层次为：

（终极本体）　（前之用）（后之体）　　　（前之用）（后之体）　　　（前之用）

　性体———良知（发窍）———是非之知、情识、意念———事物

层层体用表明体用关系不是一个固定的模式。凡是先在的、现在的、能发的、所以然的谓之体，凡是后天的、发出的、功能性的谓之用。此说和朱子之"体用无定说"相近。《朱子语类》载：

> 童问："上蔡云'礼乐异用而同体'，是心为体，敬和为用。集注又云'敬为体，和为用'。其不同何也？"曰："自心而言，则心为体，敬和为用；以敬对和而言，则敬为体，和为用。大抵体用无尽时，只管恁地移将去。如自南而视北，则北为北，南为南；移向北立，则北中又自有南北。体用无定，这处体用在这里，那处体用在那里。这道理尽无穷，四方八面无不是，千头万绪相贯串。"以指旋，曰："分明一层了，又一层，横说也如此，

① 王时槐：《王时槐集》，上海古籍出版社 2015 年版，第 483 页。
② 王时槐：《王时槐集》，上海古籍出版社 2015 年版，第 524 页。

竖说也如此。翻来覆去说，都如此。如以两仪言，则太极是太极，两仪是用；以四象言，则两仪是太极，四象是用；以八卦言，则四象又是太极，八卦又是用。"①

自心而言，心是体，敬和为用。自敬和之现象而言，敬为体，和为用。自太极而言，太极是体，两仪是用。自阴阳现象而言，两仪是体，四象是用；同时，四象是体，八卦是用。自能所主客而言，能视听者为体，所视听者为用。凡此种种，貌似体用无定，其实皆说明体用无尽，层层细分。体用无定，是从体用随处可见而言；体用无尽，是从体用有层次系列而言。然而无论如何看待体用，必是能发者、在先者为体。朱子甚至将体称为太极，指终极之理。据此可见王时槐的体用观与朱子的相似之处。依照层层体用的观点，本体之呈现必首立第一本体或最高实体。

---

① 黎靖德：《朱子语类》卷二十二，中华书局 1986 年版，第 519—520 页。

第四章　生几论

一般来说，心学家在何谓第一本体的立场上，与理学家并无二致，他们都承认理学家所谓的天理、至善、诚体等就是第一本体。只不过，心学家与理学家对于本体的显见方式有不同意见，心学家一般认为天理、至善通过心来显现，所以也说"良知即是天理"。而通过心来显见本体又有两种思路："几"和"独"，此二者皆是本体之发微的状态，是即体即用的境界。世上本无体用，因本体呈露才有体用，也因或以用为体或离用求体，才产生"体用殊绝"和"体用一源"的问题。王时槐《三益轩会语》说："悟心体者，则情识思虑皆其运行之用……性情体用皆为剩语。"① 悟本体是全体大用，才知本体本无体用之别。然而在日常经验维度认识、复归此本然实体，不得不权借体用二字。由于"本体无体，以发用为体"，所以自本观之，是本有而体无（本性常在而无体段），体无而用有（虽无体段而有现象）；自用观之，是用有且本有（因发用有而推知本体有），本有而体无（本虽在而其体不可见）。本体的既超验又经验的纠缠状态与有无之间的微妙状态可谓"几"和"独"。几是体用有无之间的状态，独是不分体用有无的状态。"有无之间"是宇宙论的思路，以分析视角来看本体的呈露和现象的产生，则先天未发和后天已发之间有

---

① 王时槐：《王时槐集》，上海古籍出版社 2015 年版，第 483 页。

"几"这一"动而未形、有无之间"的状态，几体现了宇宙本体从无到有、从体到用的生发维度。然而"体用一源"并非将体用视为两个阶段，好像有个"中介"接续体用，若如此则体用有间。"体用一源"的实质是"显微无间"，本体之存在是"不分有无"的独。"不分有无"是存在论的思路，依实际的眼光看，本体是生而未生、生生不已的几微状态，此状态是不分体用有无的独，独体现了宇宙本体在生生不息过程中的整体性或一体性。体用既有不可混淆的本末关系，又有不可分离的无间关系，所以，须结合"不分有无"和"有无之间"以描述本体的呈现及体用关系。可以说，"几"和"独"体现了真正的体用关系，表达了本体真实的状态。牟宗三先生常用纵贯的和横贯的方式来描述"中和旧说"和"中和新说"两种思路，以阳明学者来看，纵贯的生发方式和横贯的具足方式其实是"几"和"独"所体现的两种方式。

首先看阳明心学中"体用之几"的思想。"体用之几"表明宋明之间的思想转变，不仅是理学转向心学，而且对本体和体用关系的理解也发生变化，这就是"本体的发用流行化"和"即体而言用在体，即用而言体在用"的动态体用关系。如何在现实中把握这种动态的体用关系，是问题的关键。追求孤悬的先验本体会导致体用殊绝，视发用流行为本体（如视情识为良知）会导致有用无体，那么"体用一源"就体现在对"几"的把握上。冈田武彦认为："性是形而上者。只有基于几，才能得到下功夫的门路。"[1] 可见，生几是沟通未发本体与已发经验的关键。

在中国哲学史上，几的所指和特征有一个历史变迁过程。几有三个所指：事几、心几和体用之几，《系辞》的几指事情之微几，孔颖达在事几基础上开始提出心几，周敦颐和朱子主要用几指念之初起的善恶之几，阳明学者用几指本体之微动和显现。几有三个主要特

征：动之微、有无之间和不分有无体用，从《系辞》的"动之微"，到韩康伯、孔颖达和周敦颐的"动而未形、有无之间"①，再到心学家的"动而未形、有无之间"和"不属有无，不分体用"②。在阳明心学中，"几"是本体的显现处，是表达体用一源的"体用之几"。研几之学就是不离发用而复归本体，体证本体之微动的境界，而不是在后天经验中探究心念将起未起之际。"几"在阳明心学中有重要地位。薛侃门人记薛氏思想曰《研几录》。刘三五认为："知几而后能知言，知己之言，而后能知人之言。"③ 万廷言号称"匿迹韬光，研几极深。"④ 邓元锡认为"圣门之学，止于存诚，精于研几"⑤。而王畿更是视几为"真体用"，是"千圣从入之中道"⑥。王时槐之学以透性为宗、研几为要，"几"是具足体用、出入有无、沟通先天后天之枢机。

一 易学中动之微的事几

《系辞》用"几"来表达宇宙事理的深微变化和吉凶征兆，知几和研几则体现了对事之微几的深刻洞察和把握。⑦《系辞》载：

> 夫易，圣人之所以极深而研几也。唯深也，故能通天下之志；唯几也，故能成天下之务；唯神也，故不疾而速，不行而至。（第十章）

---

① 周敦颐：《周敦颐集》，中华书局 2009 年版，第 17 页。
② 王时槐：《王时槐集》，上海古籍出版社 2015 年版，第 371—372 页。
③ 黄宗羲：《明儒学案》卷十九《三五先生洞语》，中华书局 2008 年版，第 445 页。
④ 黄宗羲：《明儒学案》卷二十一《督学万思默先生廷言》，中华书局 2008 年版，第 500 页。
⑤ 黄宗羲：《明儒学案》卷二十四《征君邓潜谷先生元锡》，中华书局 2008 年版，第 564 页。
⑥ 王畿撰：《王畿集》，凤凰出版社 2007 年版，第 136—137 页。
⑦ 其他关于几的论述有：《乾·文言》"知至至之，可与几也"，《屯》卦"君子几不如舍"，《尚书·皋陶谟》"有邦兢兢业业，一日二日万几"，《尚书·益稷》"惟几惟康"。以《系辞》所论最为典型。

> 子曰："知几其神乎！君子上交不谄，下交不渎，其知几乎？几者，动之微，吉之先见者也。君子见几而作，不俟终日。"（第五章）

《系辞》认为，"几"是指事情的微妙变化以及所体现的吉凶征兆，《易》就是圣人用来研几以把握事物变化的道理。

易学解释学也认为"几"是形容事之微动。韩康伯和孔颖达所理解的几的特征，逐渐从"动而未形"过渡到"有无之间"。韩康伯曰："极未形之理则曰深，适动微之会则曰几。"① 几的特征包括"动"和"微"，动是形而下的事情变化，微是将变未变的状态。韩康伯又曰：

> 几者，去无入有，理而无形，不可以名寻，不可以形覩者也。唯神也，不疾而速，感而遂通，故能朗然玄昭，鉴于未形也。合抱之木起于毫末，吉凶之彰始于微兆，故为吉之先见也。②

韩康伯将"动之微"理解为"去无入有"的中间阶段。去无是出离无形无名之本体，入有是进入有形象之现象，几是有无之间的微兆。"去无入有"是对"动之微"的进一步辨析。几虽然被视为有无之间的状态，但是不可视为理气交会之处，而是指事情的深微变化。孔颖达继承了韩康伯的思想。他解释说：

> 几，微也，是已动之微，动谓心动、事动初动之时，其理未着，唯纤微而已。若其已着之后，则心事显露，不得为几。若未动之前，又寂然顿无，兼亦不得称几也。几是离无入有，在有无

---

① 王弼注，孔颖达疏：《周易正义》卷七，北京大学出版社 1999 年版，第 285 页。
② 王弼注，孔颖达疏：《周易正义》卷八，北京大学出版社 1999 年版，第 308 页。

之际，故云动之微也。①

孔颖达认为，几指的是事动和心动，开始用几来说明心的活动。几的特性是"离无入有，在有无之际"，同样以"中间性"释几。几虽是初动，但还未显著。如果显著了，则心事已经显露，而不能称为几。若未动之前，则是寂然空无的状态，也不能称为几。所以几是有无之间。几虽在有无之际，但是在吉之先，因为事物呈露时才有吉凶，几是事物将显未显之际，所以是"吉之先见"。孔颖达又曰："几者，离无入有，是有初之微。"② 这进一步指出有与无是两种不同的境界，几是事物从无到有的中间状态。韩康伯和孔颖达将几理解为有无之间，固然辨析至微，但是有无未免成为两截。明代心学家尤其是阳明学者多反对这一点，而以"不分有无"来理解"几"。

二　周敦颐和朱子的"诚神之几"和"善恶之几"

宋代理学家中，周敦颐有两则关于"几"的著名论说："诚，无为；几，善恶。"③ "寂然不动者，诚也；感而遂通者，神也；动而未形，有无之间者，几也。"④ 如果说之前对"几"的理解主要在易学解释学范围内，那么周敦颐对"几"的理解则和《中庸》密切相关。因为他关于"几"的论述，很突出"诚"的地位，这既不是易学也不是《太极图》的特点，而是本于《中庸》。在易学解释学中，"几"是事物从无到有的初始状态，本身不具备善恶的道德价值，只是能否先见才具有吉凶的意义。而在周敦颐这里，由于"诚"为五常之本和全德，"几"是善恶所由分的开始，从而具有浓厚的道德实践意义。

---

① 王弼注，孔颖达疏：《周易正义》卷八，北京大学出版社 1999 年版，第 308 页。
② 王弼注，孔颖达疏：《周易正义》卷七，北京大学出版社 1999 年版，第 285 页。
③ 周敦颐：《周敦颐集》，中华书局 2009 年版，第 16 页。
④ 周敦颐：《周敦颐集》，中华书局 2009 年版，第 17 页。

朱子对周敦颐的两则"几"论作了区分,用以描述心的不同状态。《朱子语类》载:

> "几,善恶",言众人者也。"动而未形,有无之间也",言圣人毫厘发动处,此理无不见。"'寂然不动'者诚也。"至其微动处,即是几。几在诚神之间。①

他认为,"几"虽然都是动之微,但一种是"动而未形,有无之间"的,这是用来形容圣人在动之毫厘处也能体察实理的"诚神之几";另一种是"善恶"分途的,这是说明众人心念初起便有天理人欲分化的"善恶之几",也可称为"念几"。

(1)对于"动而未形、有无之间"的诚神之几,朱子最早用以说明理的发端,而不是心念。《通书解》载:"'寂然不动者,诚也;感而遂通者,神也;动而未形、有无之间者,几也。'本然未发者,实理之体,善应而不测者,实理之用。动静体用之间,介然有倾之际,则实理发见之端,而众事吉凶之兆。"② 朱子对"诚神几"的解释是就理而言,诚是实理之体,神是实理之用,几是实理之发端,在动静体用之间。但是在前文所引《朱子语类》中,他认为诚神之几是圣人在毫厘发动处也能见到天理,则"几"也可以用来指本心之动。

诚神之几具有两方面的特征,一是"动而未形"的端倪性,二是"有无之间"的中间性。关于端倪,《通书解》解释为"实理发见之端",《朱子语类》解释为:"几虽已感,却是方感之初……几,却只在起头一些子。"③"几"是感动之初,是本体的发端和过程的起始。至于"几"的中间性,指的是体用之间。《朱子语类》载:

---

① 黎靖德:《朱子语类》卷九十四,中华书局1986年版,第2398页。
② 周敦颐:《周敦颐集》,中华书局2009年版,第17页。
③ 黎靖德:《朱子语类》卷九十四,中华书局1986年版,第2398页。

　　问："通书说'几'，如何是动静体用之间?"曰："似有而
未有之时，在人识之尔。"①

"几"的"动而未形、似有未有"的特征，表明几是动静体用之间
的。联系《通书》可知，此处所谓的动静体用之间其实指的是诚神
之间，如："'寂然不动'者，诚也。至其微动处即是几，几在诚神
之间。"②"几"是理之发端，是对《易传》"几为事之初动"的深
化。但无论是孔颖达的"有无之际"、《通书》的"有无之间"，还
是朱子的"动静体用之间"，都是将几视为一种中间性，存在使动而
未形的几有固化为中介实体的理论缺陷。

　　（2）朱子《通书解》还阐发了"念几"的善恶价值意义。朱
子云：

　　　　"诚，无为"，实理自然，何为之有! 即"太极"也。"几，
善恶"，几者动之微，善恶之所由分也。盖动于人心之微，则天
理固当发见，而人欲亦以萌乎其间矣。③

无论是在圣人还是在众人，"诚"作为实理（太极）是始终如一的。
但是，与"诚神之几"不同，朱子认为"几，善恶"是指心念之动
微，而不是理之发端。"几者动之微，善恶之所由分也"，说明"几"
是心体的分化、天理的开裂和是非善恶即将形成的状态。关于念几的
道德属性，《朱子语类》载：

　　　　"几者，动之微"，动则有为，而善恶形矣。"诚无为"，则

---

① 黎靖德：《朱子语类》卷九十四，中华书局1986年版，第2398页。
② 黎靖德：《朱子语类》卷九十四，中华书局1986年版，第2398页。
③ 周敦颐：《周敦颐集》，中华书局2009年版，第16页。

善而已。动而有为，则有善有恶。①

　　诚是当然，合有这实理，所谓寂然不动者。几，便是动了，或向善，或向恶。②

　　"几者，动之微。"微，动之初，是非善恶于此可见；一念之生，不是善，便是恶。③

朱子"善恶之几"是人在心念微动之际而产生"善恶之所由分"的状态。无论是圣人心动还是常人心动，"诚"作为实理是始终自然如此的，但人心的念动则既有天理也有人欲，从而具有善恶的道德属性。朱子进一步指出，常人一念初动便会有天理人欲的分化，从而逐渐形成"向善向恶""有善有恶"和"是善是恶"这三种道德状态。朱子关于"诚神之几"和"善恶之几"的区分被明代心学家吸收，但在阳明学者看来，"善恶之几"只是形容念之初起的状态，而"诚神之几"才是研几的真正对象。

三　明代"几"的思想异见

自孔颖达解释《易传》以来，除了在以"几"说明宇宙事物的动微之外，还用来说明心之微几。自朱子解释周敦颐《通书》的"诚神几"以来，又区分了"诚神之几"和"善恶之几"，前者用以说明理之发端和圣人的本心之动，后者用形容常人心念初起的善恶道德属性。尽管明代学者也颇为重视"几"的思想和"研几"的功夫，但是"几是真正的体用关系"（真体用）这一思想并非所有学者都能领悟到。几不仅是宇宙事理、本心的微妙变化，更是真正体用关系的承载之处和转换枢机，言几则通乎体用、有无、寂感、动静、未

---

① 黎靖德：《朱子语类》卷九十四，中华书局 1986 年版，第 2393 页。
② 黎靖德：《朱子语类》卷九十四，中华书局 1986 年版，第 2393 页。
③ 黎靖德：《朱子语类》卷九十四，中华书局 1986 年版，第 2394 页。

发已发。在论述阳明学中体用之几这一思想之前，先介绍关于"几"的思想异见，以为体用之几的思想对照。

首先，明代学者中有一部分人对几的理解停留在宇宙事几的层面上。薛瑄《读书录》载："凡大小有形之物，皆自理气至微至妙中生出来，以至於成形而着。张子曰：'其来也几微易简，其至也广大坚固。'"①凡所有的有形象的事物，都是从理气的微妙交会之中生出来，经历了从理之深、几之微到形之著的过程，"几"是理事交会之际，是事物从无到有的微妙状态。薛瑄对"几"的理解继承了韩康伯和张载易学思想关于"几"的思想。以"几"为宇宙事理之动微的思想，固然不错，但是一方面范围局限在宇宙事物的变化上，而未深入本心之呈现；另一方面对"几"的理解仅仅停留在"动而未形，从无到有"的层次，而未深入到"几"具足体用的特征。

其次，有一部分学者从"念之起灭"来理解"几"，他们继承了周敦颐和朱子以"善恶之几"说明心之念动的思想。魏庄渠《论学书》载：

> 自未起念时及乎起念，以至念息，亦犹是也。善用功，则贯串做一个，否则间隔矣。吾所谓立本是贯穿动静功夫，研几云者，只就应事起念时更著精彩也。②

魏庄渠此处言研几，指"应事起念"时下功夫。"几"是"自未起念时及乎起念"的中间状态，也是从起念到念息的中间状态。研几就是在念起念灭之机上用功，使念念成串而无间断。魏庄渠以"念之起灭"论"几"，大致沿袭了朱子以"念之初起"论"善恶之几"的意思。但是，魏庄渠所谓的"几"除了指"念之初起"这种由无到有的状态之外，还指念之初息这种由有到无的状态。魏庄渠所谓的

---

① 黄宗羲：《明儒学案》卷七《文清薛敬轩先生瑄》，中华书局 2008 年版，第 116 页。
② 黄宗羲：《明儒学案》卷三《恭简魏庄渠先生校》，中华书局 2008 年版，第 63 页。

"贯串做一个"的用功方式颇得"生几"之生生相续的特征，可是总在念之起灭上操持，则不免劳心之累。

非阳明学者对"几"的理解停留在"念之起灭"的层次上，固然不奇。但有一些阳明学者却并未从体用一源的意义上理解"几"，他们的思想停留在对"一念初动"的"善恶之几"的抉择上。比如，张元忭吸收了朱子对"几"的区分，《不二斋论学书》载："几一而已矣。自圣人言，则为神化之几；自吾人言，则为善恶之几，其实非有二也。"① 张元忭认为，在人则有"神化之几"和"善恶之几"两种状态，这二者是一致的。尽管张元忭认可"圣人之几"，但是他仍然偏重于"念之起灭"的"善恶之几"。《不二斋论学书》载：

> 周子曰："几，善恶。善有善几，恶有恶几。"于此而慎察之，善必真好，恶必真恶，研几之学也。吾兄论几，则曰："善恶是非，未落对待，而以念上用功为几浅，非第一义。"窃谓未然。所谓独者，还是善念初动之时，人不及知，而己独知之，非无可对待之谓也，无对待则不可以言几矣。人心之欲，固以先事预防，禁于未发，为不犯手功夫。然岂易言哉！此心即是天理，方其未动，本无人欲，才一萌动，则有天理便有人欲。此危微之训，尧、舜所为惓惓也。②

张元忭虽说"从龙溪得其绪论"③，但仍然在心念初起的对待意义上论几，心念初起则有善恶之几。所谓研几之学，即在念之初起时察识。张元忭对于"几"和"独"的理解都与主流阳明学者不同。主

---

① 黄宗羲：《明儒学案》卷十五《侍读张阳和先生元忭》，中华书局 2008 年版，第325页。

② 黄宗羲：《明儒学案》卷十五《侍读张阳和先生元忭》，中华书局 2008 年版，第325页。

③ 黄宗羲：《明儒学案》卷十五，中华书局 2008 年版，第323页。

流阳明学者认为"独者无对","几者不分有无体用",而张元忭认为"独"是意念初动之际，这种己所独知的状态就是"几"。张元忭注重经验层面的天理人欲分化之际，认为心未动时无人欲，动则既有天理又有人欲，心念将萌动之际正是研几之地。这种看法未为不是，但是终日在天理人欲之间抉择，尚戒惕而不自然，则有拘束之病。这是未能识得本体微动之几，则不能实现本体与发用、戒惕与自然的一致性。

再者，阳明学者中有一些人只是就良知的"虚灵光影"而悟良知，而没有以具足体用的"几"来理解良知之学，这并非真正的心悟。钱绪山批评了这种学风："灵通妙觉，不离于人伦事物之中，在人实体而得之耳，是之谓心悟……若一闻良知，遂影响承受，不思极深研几，以究透真体，是又得为心悟乎？"[1] 心无体而以人伦事物为体，人伦事物是本心之实体，所以真正的良知本心不是悬空隔绝的本体，攀缘逐境固然是远离了本心真体，但是只知追求良知之灵通妙觉也不无异于虚受光影，必须在体用具足之"几"上用极深之功才能研透真体。

四 对"念动之几"和"善恶之几"的批评

周敦颐关于"几"的两种表述经过朱子的诠释，虽然都可用以描述心的状态，但已经有凡圣之别。阳明学者大致沿袭了这种区分，以"动而未形、有无之间"为描述本心的圣几，而"念之初起、善恶分化"之"几"往往被心学家批评为"第二义"。比如，罗洪先认为真正的"几"是"动而未形、有无之间"的道心，而不是念头转动。《与詹毅斋》载：

---

① 黄宗羲：《明儒学案》卷十一《员外钱绪山先生德洪》，中华书局 2008 年版，第229 页。

> 知几其神，几者，动之微也；微者，道心，而谓有恶几，可
> 乎？故曰"动而未形，有无之间"，犹曰"动而无动"之云也。
> 而后人以念头初动当之，远矣。①

真正的"几"是"动而未形、有无之间"的道心，而不是念头转动。
从活动状态而言，人的心念初起是从无到有的状态，而不是道心
"动而无动"的相续无间的状态；从道德属性而言，人的心念初动有
善恶分化，而道心只有善几而无恶几。所以，罗洪先对"几为念之
初起"的评价是"远矣"，对"几有善几、恶几"的评价是"可
乎？"充分表达了他对心念初动的"善恶之几"的否定。

查铎认为"几善恶"不可说明念动。他说：

> 几微故幽，此周子指出微体吃紧示人，千古学脉舍此无可用
> 力。或者以念头动处为几，动即善恶已分，用力已迟。周子谓
> "几善恶"，谓惟几而后有善恶，非谓几原有善恶也。此时善亦
> 无，安得有恶！几即是独，以为有则不睹不闻，以为无则莫见莫
> 显。周子恐人于动后认几，故曰"动而未形，有无之间"。今以
> 粗心浮气于动处认几，浅矣。故曰极深研几，几本是微。人为气
> 习所染，所见各有浅深，故须极深，从有无之间研之，始可以
> 入。知几，此几即是良知，无内外无前后，无寂感。于几前求之
> 即落空寂，二氏之流也。于几后求之即落修饰，五伯之流也。毫
> 厘千里于此分界。颜子有不善未尝不知，正以知体常在，动有微
> 尘即觉，才觉即化，此正是极深研几。故曰颜氏之子其殆庶
> 几乎。②

查铎认为，几就是良知的有无之间的状态，原无善恶、寂感、内外可

---

① 罗洪先：《罗洪先集》，凤凰出版社 2007 年版，第 341 页。
② 查铎：《查先生阐道集》卷五《语录》，清光绪十六年泾川查氏济阳家塾刻本。

分。极深研几是于几上体悟体用一源。而那些以粗心浮气的心念之动为几的观点，其实是粗浅的，并没有真正理解周敦颐"几善恶"的意义，"几善恶"的原意是几后才有善恶，而不是说几本有善恶。将善恶分化的心念视为几，其实是没有真正认识到几的含义。

王时槐认为"以念头转动为几"的思想只是"第二义"。他说："本心常生常寂，不可以有无言，强而名之曰几。几者微也，言其无声臭而非断灭也。今人以念头初起为几，即未免落第二义，非圣门之所谓几也。"① "几"是用以描述本心不分有无体用的状态，相反，念头转动则有生灭断续的对待特征。以念头初起为生几只是"第二义"，而不是圣学最上乘之"几"。王时槐又进一步批评了"以念头转动为生几"的思想，《答贺汝定》载：

> 盖宇宙万古不息，只此生生之理，本无体用可分，真所谓可一言而尽也。惟此生生之理无声臭可即，亦非可以强探力索而得之，故后学往往到此无可捉摸处，便谓此理只是空寂，原无生几，而以念头动转为生几，谓是第二义，遂使体用为二，空有顿分，本末不贯，而孔门求仁真脉遂不明于天下矣。②

因为无法认识到宇宙生理本来是寂中有感、虚中有生的，宇宙生理本来是无体用可分的，所以才会以念头动转为生几，而沦为第二义。可见，王时槐所理解的生几是"本无体用可分"的生几。

此外，泰州王栋也批评了"以念之初动为几"的思想，不过他的角度不是从"几为真正的体用关系"的第一义出发，而是从存诚的究竟功夫出发。他认为，在念之初动上研几未免落后一步，而确立心之主宰才是第一义的。王栋《语录》载：

① 王时槐：《王时槐集》，上海古籍出版社 2015 年版，第 511 页。
② 王时槐：《王时槐集》，上海古籍出版社 2015 年版，第 373 页。

> 旧谓"意者心之所发",教人审几於动念之初。窃疑念既动矣,诚之奚及?盖自身之主宰而言,谓之心;自心之主宰而言,谓之意。心则虚灵而善应,意有定向而中涵,非谓心无主宰,赖意主之,自心虚灵之中确然有主者,而名之曰意耳。①

王栋认为,朱子学者以"意为心之所发",以"几为念之初动",这就需要在念之初动、善恶分别之际使用"审几"工夫。但既已动念则有善恶之分别,此时再于"念动之际"作审几工夫则为时已晚,不如首先确立心中有定向的主宰之意。身之主宰为心,心之主宰为意,意不是心之外的一个主宰,而是心中本有的虚灵而善应的向善秉性。

五 阳明学的"体用之几"

(一) 王阳明的"见在之几"

王阳明将"几"视为即体即用、不分体用的"见在良知"。所谓"不分体用",指体用能同时地、不分前后地显现。"几"聚集着体用,"几"是即体即用的状态。所谓"见在",指体用的同时显现只能存在于"见在"这种当下存在状态中。因为,体用若非"见在"地同时显现,必然有先验之体和后发之用两个过程,这要么是视"体"为孤悬之定体而与发用割裂,要么是逻辑地分析地、而不是实际地看待体用。所以,"几"同时聚集着体用,体现了体用不可分裂的现实显现状态。《传习录》载:

> 诚是实理,只是一个良知。实理之妙用流行就是神,其萌动处就是几,诚神几曰圣人。圣人不贵前知。祸福之来,虽圣人有

---

① 黄宗羲:《明儒学案》卷三十二《教谕王一菴先生栋》,中华书局2008年版,第733—734页。

所不免。圣人只是知几，遇变而通耳。良知无前后，只知得见在
的几，便是一了百了。①

与明代的朱子学者和气本论者逐渐将理视为气的属性不同，阳明仍
然以理为实在本体，诚即为实理。理虽实在，却无体段，而以妙用流
行为体，神即为实理之流行。"其萌动处就是几"，是指"几"为实
理的最初萌发，良知和"几"并无绝对的区分，"见在之几"就是良
知本体的现实表现。阳明说："良知无前后，只知得见在的几，便是
一了百了。"观此，可知良知的萌发是"见在之几"，通乎实理与流
行（诚与神）；亦可知阳明所谓的"良知无前后"，其实是指见在良
知无分于已发未发、寂感、实理与流行等以先后相区别的体用关系。
"良知无前后"表明良知同时凝聚着体用（诚与神），同时是兼具未
发之中和发而中节之和的，既不是未发之中的良知之外别有一个发
而中节的良知，也不是存在良知之实理、良知之萌发和良知之流行三
个过程。若是将良知分割为上述三个部分，则良知之实理、几和流行
三者就成为"定在之实体"。但若说良知同时凝聚着体用，似乎良知
因为具有凝聚性而成为"定在之实体"，所以更确切地表达是，良知
无分于体用而兼具着体用。所谓"见在的几"，是指良知的现实表现
只是"见在"的不分体用的几，若认为良知非见在，便是割裂体用，
将寂体视为先在的孤悬本体，将发用流行视为后发过程，而"几"
不过是体用的衔接处和中介状态。将"几"当作两者当中的独立者，
会有两种弊病：一方面只考虑了"几"是"有无之间"的存在，而
违背了几是"动而未形"的、只能作为状态而不可以视为独立实体
的本质规定；另一方面，若将"几"当作两者当中的独立者，还要
考虑"几"与本体、"几"与发用的中介状态，以便于"几"和体、
"几"与用都能衔接起来，这样就会陷入"中介背后还有中介"的无

---

① 王守仁：《王文成公全书》第一册，中华书局 2015 年版，第 135 页。

穷后退过程，这显然不符合"体用一源、显微无间"的道理。所谓"只知得见在的几，便是一了百了"，是说所有的学问，不在于"几"前求体，"几"后求用，真正的体用关系就在"见在的几"上，能把握"见在的几"，即功夫即本体，即体即用，何须别做求索之功。这是王畿"见在良知"的理论之源。

（二）王畿的见在良知

王龙溪领会了"见在之几"这种即体即用的体用关系，将几视为"真体用"和"真功夫"所在。王龙溪《致知议辨》载：

> 双江子曰："兄谓圣学只在几上用功，有无之间是人心真体用，当下具足，是以见成作功夫看。夫'寂然不动'者，诚也；'感而遂通'者，神也。今不谓诚、神为学问真功夫，而以有无之间为人心真体用，不几于舍筏求岸，能免望洋之叹乎？诚精而明，寂而疑于无也，而万象森然已具，无而未尝无也。神应而妙，感而疑于有也，而本体寂然不动，有而未尝有也。即是为有无之间，亦何不可？老子曰：'无无既无，湛然常寂。常寂常应，真常得性。常应常定，常清净矣。'则是以无为有之几，寂为感之几，非以寂感有无隐度其文，故令人不可致诘为几也。"
>
> 先生曰："周子云：'诚神几曰圣人。'良知者，自然之觉，微而显，隐而见，所谓几也。良知之实体为诚，良知之妙用为神，几则通乎体用而寂感一贯，故曰有无之间者几也。有与无，正指诚与神而言。此是千圣从入之中道，过之则堕于无，不及则滞于有，多少精义在！"①

这二则文献义理丰富，此处暂观"几"在王畿思想中的地位。王畿的"有无之间是真体用"的思想，是借聂豹之口道出的。聂豹云：

---

① 王畿：《王畿集》，凤凰出版社 2007 年版，第 136—137 页。

"兄谓圣学只在几上用功，有无之间是人心真体用，当下具足，是以见成作功夫看。"虽然牟宗三认为"龙溪原文无此语"①，但是观王畿自谓"几则通乎体用而寂感一贯"一语可知，王畿确实认为"几"是人心的真体用。"几"是沟通体用寂感的关键角色，是"千圣从入之中道"，这足见"几"在王畿思想中的核心地位。所谓"当下具足"，是从体用论而言，几"当下具足"着体用而无分于体用。所谓"圣学只在几上用功"和"以见成作功夫"，是从功夫论而言，既不可离却人伦世界（发用）去追求一个枯寂的、孤悬的、未曾生我之前的本然境界（本体），也不能一头扎进感官、情识世界（发用流行）中而不得出离，最高的功夫是在"几"这个状态上用功，使体用同时显现，当下把握本然状态和发用流行。这也是王畿之所以提出"见在良知"的理由所在。良知必于见在良知上才能被正确理解，见在良知必于见在之几上才能被正确理解，见在之几必于同时具足体用的意义上才能被正确理解。

"见在良知"容易形成两种误解：一是将"见在"误会成"现成"，二者虽然都有"当下具足"的意义，但"见在良知"必须在"动而未形的几"上才能被正确理解。王畿明确说："良知者，自然之觉，微而显，隐而见，所谓几也。"良知既然是几，应当是动而未形的"无体之知体"，是心体的进行态（和潜在态），其"当下具足"是对心的体用而言（具足心之体用），而不是对心的现实结果而言（具足本质和存在结果）。若解成"现成"，一方面将"几"当成已成形的心念，这不合"动而未形"之规定；另一方面将良知视为当下完成的知行结果，会成为实践中良知当下具足"本质与存在"的理由，认为一切自然行为都是良知的自然呈现，从而导致"满街皆是圣人"的极端观点，这也不合人心存在的事实。这种误解主要表现为王艮的良知自然现成的思想，王艮认为"识得此理则现现成

---

① 牟宗三：《从陆象山到刘蕺山》，联经出版事业有限公司 2003 年版，第 294 页。

成，自自在在，即此不失，便是庄敬，即此常存，便是存养，不须防检。"① 这就夸大了良知自然呈现的现实效果。第二个误解是将"见在良知"误会成良知的当下流行发用，但王阳明提出"见在的几"和王畿提出"见在良知"，并非是只为把握当下的发用流行，若如此则从片面的归寂论走向单一的过程论（或生机流行论）。这种误解主要表现为罗汝芳的顺适当下流行的思路。王畿曾评价罗汝芳的见在之学："近溪之学，已得其大，转机亦圆，自谓无所滞矣，然尚未离见在。虽云全体放下，亦从见在上承当过来，到毁誉利害真境相逼，尚未免有动。他却将动处亦把真性笼罩过去，认作烦恼即菩提，与吾儒'尽精微'、'时时缉熙'功夫尚隔一层。"②《明代哲学史》评价说，罗汝芳之学虽然也认取见在良知，但是其一切顺适赤子之心，其实是未尽功夫锻炼而直任当下流行，此当下之心是否还是良知本体尚不可知，以至于在毁誉利害逼视其心而动的时候，也往往误以为是真性流行。③ 这两种误解都只是就良知本身做作文章，而未看到"见在良知"沟通体用、具足体用的思想，难免于要么误将本体直接当作现实的结果，要么一概将发用流行直接视为本体。提出"见在良知"是为了识得真体用，以良知作为通乎体用寂感的真正存在，于"见在之几"上同时把握良知之实体（诚）和良知之妙用（神），需要避免上述两种偏失。

牟宗三先生认为，王龙溪对"几"的理解亦嫌疏阔，如"有无之间是人心真体用""几则通乎体用而寂感一贯"等思想，不符合《易传》《通书》言几之原意。④ 这种看法并未认识到"几"的角色和地位在明代发生了重大转向，即，从事几、心念之几过渡到指心之真体用，也未认识到在心学在"本体无体，以用为体"的思想前提

---

① 黄宗羲：《明儒学案》卷三十二，中华书局 2008 年版，第 716 页。
② 黄宗羲：《明儒学案》卷十二，中华书局 2008 年版，第 246 页。
③ 张学智：《明代哲学史》，中国人民大学出版社 2012 年版，第 258 页。
④ 牟宗三：《从陆象山到刘蕺山》，联经出版事业有限公司 2003 年版，第 296—297 页。

下衍生出的即体即用关系，并由"几"来承担现实的真正的体用关系这一思想结果。牟先生的理由是，"几既可以吉凶言，又可以善恶言，显属形而下的"，"有善有恶意之动"即是几的"动之微"，故可以就"意之动"说几，而不可以就诚神说几，亦不可就良知之寂感说几。① 牟先生对几的理解还停留在心念之动、意念的将起未起的感性层面上，尚未认识到阳明所谓的"见在的几"和王畿所谓的"良知即几"的真正含义。前文曾提到明代已经有不少心学家指出，心念初动的"善恶之几"只不过是第二义，而"具足体用"的"真几"才是第一义。比如，罗洪先认为"以念头初动当之（几），远矣。"② 王时槐说："今人以念头初起为几，即未免落第二义，非圣门之所谓几也。"③ 此二人所指出的念头初起而有善恶抉择之几，正是牟先生所主张的"以吉凶善恶之动之微说几"的意思，可惜未免落于第二义。牟先生认为王畿是就良知自身之寂感说几，认为王畿所谓的"几则通乎体用而寂感一贯"等思想显得滑转颠顶，是因为他将周敦颐的"诚神几"视为并列的三者。如此，则不但诚、神是各自独立的隔绝实体，而且几也会成为固化的中介实体，这就违背了几的"动而未形"的状态意义。阳明早就提出"良知无前后，只知得见在的几，便是一了百了"，这正是在"本体无体，以用为体"的思想背景下寻找能使体用能同时显现之处。所以，"几"通乎寂感体用，不仅不是滑转颠顶，反而正是"本体无体，以用为体"的存在方式下体用同时显现之唯一可能。如果分析地看待诚、神、几三者，难免落入王畿所谓的"舍寂而缘感，谓之逐物。离感而守寂，谓之泥虚"的偏失中。④

王畿《周潭汪子晤言》又指出了"几"在阳明心学中的核心

---

① 牟宗三：《从陆象山到刘蕺山》，联经出版事业有限公司 2003 年版，第 296—297 页。
② 罗洪先：《罗洪先集》，凤凰出版社 2007 年版，第 341 页。
③ 王时槐：《王时槐集》，上海古籍出版社 2015 年版，第 511 页。
④ 王畿：《王畿集》，凤凰出版社 2007 年版，第 133 页。

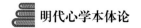

地位：

> 君子之学，在得其几。此几无内外，无寂感，无起无不起，乃性命之原，经纶之本，常体不易，而应变无穷。譬之天枢居所，而四时自运，七政自齐，未尝有所动也。此几之前，更无收敛，此几之后，更无发散。盖常体不易，即所以为收敛，寂而感也；应变无穷，即所以为发散，感而寂也。恒寂恒感，造化之所以恒久而不已。若此几之前更加作敛，即滞，谓之沉空；此几之后更加发散，即流，谓之溺境。若能于动而未形、有无之间察之，以究其毫厘之辨，则生几常在我而气自充。千古经纶之术，尽于此矣。①

几的核心地位，是指"君子之学，在得其几"和"千古经纶之术，尽于此矣"。为何"几"能具有此核心地位，因为"几乃性命之原，经纶之本"。"几"何以能称为性命之原和经纶之本？是因为"几"能实现永恒普遍的寂感一致性，故而是宇宙造化恒久存在的原因和依据。"恒寂恒感"而无分于内外寂感，表明"几"具足体用于一身，"常体不易"之本体和"应变无穷"之发用都集中体现在"几"上面。为何"几"具足体用就能使得"造化恒久而不已"，是因为从来不存在隔绝的体与用，若于几前求收敛之本体，则生机停滞，而谓之沉空；若于几后求流行之发用，则流于无本，而谓之逐境。唯于动而未形、有无之间察识真体用，则体用一并具足，则气自充盈流行而理常具于其中。

与王畿相反，聂豹并未识得"几"承载着体用的核心地位。他在《致知议辨》中所说的"以无为有之几，寂为感之几，非以寂感有无隐度其文，故令人不可致诘为几也"，完全混淆了几和本的含

---

① 王畿：《王畿集》，凤凰出版社 2007 年版，第 58 页。

义。若说"无为有之本，寂为感之本"，则是王畿和聂豹的共识。聂豹主归寂，以虚寂为本自不待言，王畿也认为"寂之一字，千古圣学之宗，感生于寂。"① 但是以寂（无）为感（有）之"几"，则错认"几"的内涵。"几"是动而未形、有无之间的状态，是寂感体用的转换枢机，只能说于几上具足有无、寂感、体用，而不能将几当作虚寂空无。

（三）罗洪先的道心之微几和诚神之几

罗洪先对"几"的理解高出以"念之初起"为几的思想，但是尚未达到阳明龙溪的深度。他以道心之微论"几"：

> 知几其神，几者，动之微也；微者，道心，而谓有恶几，可乎？故曰"动而未形，有无之间"，犹曰"动而无动"之云也。而后人以念头初动当之，远矣。知此则几前为二氏，几后为五霸，而研几者为动静不偏。周子"几善恶"之言，言惟几，故别善恶，能知几，非一念之善可能尽。②

罗洪先以"动而未形，有无之间"论几，指心的"动而无动"的状态。心之"动而无动"不可视为念之初动，因为一方面念既动则属于念头形成的感性层面，而不是道心动而无动的状态；另一方面念既动则有善恶抉择和善恶之道德属性，而无法做到"吉之先见"的道德自主。"几""动而未动"的特征，即是"有而无、诚而神、寂而感"这种即体即用的状态。"几"作为心动之微乃是指道心之微，而不是指人心之微，人心微动则可善可恶，而道心则只可指至善。常以至善为本则有道德自主性，那么道心之微作为"几"则是"先几"，而不是需要抉择善恶的"后几"。如果以心念之微动为几，则有善恶

---

① 王畿：《王畿集》，凤凰出版社 2007 年版，第 133 页。
② 罗洪先：《罗洪先集》，凤凰出版社 2007 年版，第 341 页。

之对待，而不是择善固执之学。

罗洪先后来也颇重视研几功夫，以诚、神、几为心的三种状态，以诚神之间论"几"。《书万曰忠扇》载：

> 寂然不动者诚也，言藏于无也；感而遂通者神也，言发于有也；动而未形、有无之间者几也，言有而未尝有也。三言皆状心也。常有而不使杂于有，是谓研几。真能不杂于有，则常幽常微，而感应之妙，是知几之神。谓几为一念之始者，何足以知此？①

罗洪先认为人心有三种存在样态，诚、神、几三者"皆状心"，诚是寂然不动者（藏于无），神是感而遂通者（发于有），几是动而未形、有而未尝有者（有无之间）。罗洪先认为几是"有而不使杂于有"的状态，符合《通书》"动而未形"的"诚神之几"的意涵。其认为几不可被理解为"一念之始"，足见他已经走出明代朱子学者和一些阳明学者以"几为念之初起"的思想局限。其所谓"有而不使杂于有""常幽常微"的几微状态，体现的正是"有而无、诚而神、寂而感"的即体即用的特征。

（四）王时槐的生几

王时槐继承了阳明和龙溪关于"几具足体用而无分于体用"的思想。他说：

> 惟生几者，天地万物之所从出，不属有无，不分体用。此几以前，更无未发；此几以后，更无已发。若谓生几以前更有无生之本体，便落二见。②

---

① 罗洪先：《罗洪先集》，凤凰出版社 2007 年版，第 669 页。
② 王时槐：《王时槐集》，上海古籍出版社 2015 年版，第 371—372 页。

生几"不属有无，不分体用"，这是明确说明生几的"真体用"性质。"几"不可区分为体用有无，"真几非有亦非空"①。"无分于体用"和具足体用同义，是即体即用的意思。"念之初起"的"善恶之几"不是"真几"，而无分于体用有无的"见在之几"才是"真几"。王时槐从已发未发的角度论"几无分体用"的特征，即"此几以前，更无未发；此几以后，更无已发。"此外，"几"还有无分于"寂感动静"和无分于"先后内外"等表现。"若谓生几以前更有无生之本体，便落二见。"这是认为"几"具足着体用，不可将体、几、用分为三截，若在几前还要追求一个未曾有"几"的本体，若在"几"后谈修证以复本体，都是偏执于一边，故而王时槐诗云："几前说寂为空缚，几后谈修逐境移。"②既然"几"具足着体用，那么在"几"上用功是即本体即功夫的。因为，"几"是性体中涵之灵明生机，其样式是良知和意根，本来不由学虑而明觉自然，本来不由鼓动而生机不息，所谓学，但能不蔽此体、不违此几而已，不是起炉作灶而别做一段安排布置的功夫。只要不蔽此体、不违此几，则常明觉自然而生机不息，所思惟天理而常无思无为，这就是王时槐所谓的"云无修证常行健，云有思为本自然"③的即体即用的境界。

王时槐的生几思想除了是阳明、龙溪思想的延续之外，也深受罗洪先"几"与"研几"的思想影响。王时槐和罗洪先一样认为"诚神几"是"描写本心最亲切处"，《书卷赠王林二生还琼州三条》载：

> 寂然不动者诚，感而遂通者神，动而未形、有无之间者几，此是描写本心最亲切处。夫心一也，寂其体，感其用，几者，体用不二之端倪也。当知几前别无体，几后别无用，只几之一字尽

---

① 王时槐：《王时槐集》，上海古籍出版社 2015 年版，第 627 页。
② 王时槐：《王时槐集》，上海古籍出版社 2015 年版，第 627 页。
③ 王时槐：《王时槐集》，上海古籍出版社 2015 年版，第 627 页。

之，故希圣者终日乾乾，惟研几为要矣。①

诚神几固然是"描写本心最亲切处"，但是王时槐并不像罗洪先那样认为存在三种样态的心。罗洪先认为"三言皆状心也"，诚是寂然不动的本体心，神是感而遂通的作用心，几是动而未形、有无之间的心，这使得心分为三个宏观阶段。而王时槐认为"心一也，寂其体，感其用，几者，体用不二之端倪也"。心只是一个浑然之体，固然可以分析地说寂然不动者是心之本体，感通流行者是心之作用，但这并非等于心就截然分为体寂用感两截。心是体用不二的存在，而"几"是"体用不二之端倪"，这明确指出"体用不二之心"以"几"为显现落实之处，在"几"上具足着、沟通着体用（诚神、寂感）。王时槐说："几前别无体，几后别无用，只几之一字尽之"，这正是对阳明"良知无前后，只知得见在的几，便是一了百了"这种思想的继承，也是对王畿"此几之前，更无收敛，此几之后，更无发散"思想的继承。"几前别无体"，即不存在一个先在的独立本体；"几后别无用"，指也不是别有一个后天流行发用过程存在。在王时槐思想中，真正的存在是体用不二的性体（心体），人不识得"体用不二"的真正存在，才会分体分用、或执体或沦用。而体用不二的显现存在就发端于"动而未形、有无之间"的"几"上，一切体用关系"只一几字尽之"。性体（心体）和生几不是两个存在，生几是性体的呈露显现（端倪），如果要透彻终极性体，必须从此呈露处着力（研几），他说："性廓然无际，生几者，性之呈露处。性无可致力，善学者惟研几入于极深，其庶矣乎!"② 可见，研几之功不是在念之起灭上用功，而是在具足体用之几上用功。在以"几具足着真体用"这一思想上，王时槐可谓是阳明、龙溪思想之延续。

---

① 王时槐：《王时槐集》，上海古籍出版社 2015 年版，第 586 页。
② 王时槐：《王时槐集》，上海古籍出版社 2015 年版，第 553 页。

王时槐还批评了归寂说和以"念头转动"为"几"的思想，《答贺汝定》载：

> 宇宙万古不息，只此生生之理，无体用可分，无声臭可即，亦非可以强探力索而得之。故后学往往到此无可捉摸处，便谓此理只是空寂，原无生几，而以念头动转为生机，甘落第二义，遂使体用为二，空有顿分，本末不贯，而孔门求仁真脉，遂不明于天下矣。①

王时槐于此阐述了三个观点。其一，体用不二是宇宙万古不息的原因。宇宙何以万古不息，因为真正的存在只是无体用可分的生生之理。若分了体用，则势必存在寂然不动之体和感而遂通之用两个过程，假如有未感时，则有中断宇宙万古不息之过程的可能。其二，"归寂说"是以人的有限性来观待无限之生理。宇宙生理是无限的，不可以人力求索和认识，故而"无声无臭"是人在无从认识宇宙生理之后而赋予的特征。后学到此无可捉摸、不可认识的阶段，往往误将"无声无臭""空寂"等附带人为观察的特征当成宇宙生理自身的特征，从而断定存在空寂之体，此空寂之体是原无生几的独立本体，这是不符合存在事实和认识过程的。这正如色声香味触等"第二性的质"是依附于"第一性的质"并被其所决定的次级性质，是事物"第一性的质"作用于感官而显现的特征，但并不等于说颜色、声音、滋味、气味等就是事物原始的、基本的性质。同理，"无声无臭"只是宇宙生理无法通过人的感官获得而得出的特征，并不等于"无声无臭"和"虚寂"就是宇宙生理本身的最原始、最基本的特征。所以，归寂说根本上是"人为地"设定孤悬本体。其三，以念头转动为生机（生几）也未为不是，只不过是第二义，只有体用不

---

① 王时槐：《王时槐集》，上海古籍出版社 2015 年版，第 373 页。

二的生几才是最上乘义，也是仁学之真脉。王时槐又云："研几者，非于念头萌动辨别邪正之谓也。"① 研几非于念头起灭处辨邪正，这也暗示"几"不可理解为"几善恶"这种念头萌动而善恶初形的常人之几，而是"动而未形，有无之间"的圣人之几。

无论是阳明、龙溪，还是念庵、塘南，都将"几"视为即体即用的状态。只是阳明重在以"几"指良知（诚理）萌动的体用共时性，龙溪则直认见在良知（几）就是具足体用的中道，罗洪先重在论纯善的本体之几。王时槐在吸收前人思想的基础上，重在以"几"说明性体的发窍状态，"几"的特征既是"动而未形、有无之间"，又是"不属有无，不分体用"，这表明王时槐持有不同于前人的"不离不混"的体用观。

六 几的样态

体用之几表现为本心的两种样态。在阳明龙溪等人那里，良知就是见在之几。在王时槐和他同时期的人那里，良知和意都是几。

在王阳明和王龙溪等看来，良知即是几。王阳明曰："诚是实理，只是一个良知。实理之妙用流行就是神，其萌动处就是几，诚神几曰圣人……良知无前后，只知得见在的几，便是一了百了。"② 在王阳明的思想中，未发之中的良知和发而中节的良知不是先后两个过程，"良知无前后"一语表明，良知兼具着未发之中和发而中节之和，良知的现实表现就是见在之几。王畿继承了阳明的思想，《致知议辨》云："周子云：'诚神几曰圣人。'良知者自然之觉，微而显，隐而见，所谓几也。良知之实体为诚，良知之妙用为神，几则通乎体用而寂感一贯，故曰有无之间者几也。"③ 王畿更明确指出良知即是几，本心的真实存在就是见在良知这种具备诚体和神用的几。

---

① 王时槐：《王时槐集》，上海古籍出版社 2015 年版，第 553 页。
② 王守仁：《王文成公全书》第一册，中华书局 2015 年版，第 135 页。
③ 王畿：《王畿集》，凤凰出版社 2007 年版，第 137 页。

在王时槐这里，良知就是不分有无体用的"几"。《寄钱启新道长》载：

> 大率虞廷曰"中"，孔门曰"独"，春陵曰"几"，程门"主一"，白沙"端倪"，会稽"良知"，总无二理。虽立言似别，皆直指本心真面目。①

王时槐虽继承了阳明、龙溪的见在良知思想，但是他不以良知而以性体为第一本体，在他这里，良知和意都属性体的发窍，都是"几"的状态。王时槐将"春陵曰几"和"会稽良知"相并，表明王时槐认为"具足体用的真几"可以表现为良知，良知就是兼具本体与流行的见在之几。"虞廷曰中"是指出了良知（几）的不分体用的中道特征；"孔门曰独"是指出了良知（几）的与物无对（非中介）的特征；"程门主一"是说良知（几）常存天理，是有本之学（道德本体）；白沙"端倪"是说良知（几）是性体（道德本体）的现实端倪。从体用关系看，王时槐认为良知是具足体用、不分有无的生几、中道和独体。《答萧勿庵》载："性者先天也，知属发窍，是先天之子，后天之母也。惟知为先天之子、后天之母，则此知正在体用之间。"② 这也说明良知是"动而未形、有无之间"或体用之间的几。

其次，王时槐还认为"意"也是几："性本生生，意乃生生之微几。"③ 性体是生生之本体，意是动而未形的微几。《与贺汝定》载：

> 但举意之一字，则寂感体用悉具矣。意非念虑起灭之谓也，是生几之动而未形、有无之间也。④

---

① 王时槐：《王时槐集》，上海古籍出版社 2015 年版，第 420 页。
② 王时槐：《王时槐集》，上海古籍出版社 2015 年版，第 392—393 页。
③ 王时槐：《王时槐集》，上海古籍出版社 2015 年版，第 571 页。
④ 王时槐：《王时槐集》，上海古籍出版社 2015 年版，第 371—372 页。

意非"心之所发"的念虑，而是"动而未形、有无之间"的生几，意具足着寂感体用，是出入体用有无、中和寂感、先天后天之枢机。王时槐的"意具足着寂感体用"的思想，其实是对王畿思想的发展。王畿《致知议辨》载："良知是寂然之体，物是所感之用，意则其寂感所乘之几也。知之与物无复先后之可分，故曰致知在格物。"① 王畿很早就觉察出意的功能不是停留在"心之所发"的层次上，而是具有寂感转换之枢机的功能，具有沟通知体与物事的作用，只是，王时槐进一步明确了"意"具足寂感体用的角色，将知和意并称为"动而未形，有无之间"的生几。

与王时槐交往甚密的钱启新也有相似的思想。钱一本云："动而未形，有无之间，不是未形与形交界处，亦不是有无过接处。动之著为已形，为念为虑；动之微为未形，为意为几。诚意、研几、慎独，异名而一功。"② 钱启新区分了心的两种动态，显著的动是已经成形的心，是念虑；动之微是未成形的心，是意与几。据此，诚意、慎独和研几是同一个功夫。

刘宗周也持有以意为几的思想。刘宗周云："《大学》以好恶解诚意，分明是微几，以忿懥忧患恐惧好乐解正心，分明是发几故也……阳明先生惟于意错解，所以只得提出'良知'二字为主柄，以压倒前人。"③ 刘宗周认为，阳明对于"意"的认识有偏颇，未能认识到意也是微几，所以只提出良知之学。又云：

> 心则是个浑然之体，就中指出端倪来，曰意，即惟微之体也……意者，心之所以为心也。非以所存为心，所发为意也。微之为言几也，几即意也。④

---

① 王畿：《王畿集》，凤凰出版社 2007 年版，第 133 页。
② 黄宗羲：《明儒学案》卷五十九，中华书局 2008 年版，第 1438 页。
③ 黄宗羲：《明儒学案》卷六十二，中华书局 2008 年版，第 1552 页。
④ 黄宗羲：《明儒学案》卷六十二，中华书局 2008 年版，第 1556 页；刘宗周：《刘宗周全集》第二册，浙江古籍出版社 2007 年版，第 341 页。

"几者动之微，则前此更有静者，几乎？"曰："非然也。动
之微，则动而无动矣。动而无动，所以静而无静也。此心体主宰
之妙也。故名之曰意。"①

上则认为心是浑然之体，心之端倪即是意，意即惟微之体，也就是微
妙的几。下则指出几是动而无动、静而无静的状态，这是心之主宰
的意。

　　总之，"几"的含义有一个历史演进，从《易传》的"动之微"
的事几，到韩康伯和孔颖达的"去无入有，有无之际"的事几和心
几，再到周敦颐和朱子的"诚神之几"和"善恶之几"，最后发展到
阳明学"不分体用有无"的体用之几，"几"才真正从体用关系上获
得了最上乘的第一义。同时，"几"作为心体具足体用的落实处，其
具体样态从阳明的"见在之几"和龙溪的"见在良知"，到王时槐的
"良知"和"意"，再到刘宗周的"主意"，也有一个历史变化。良
知和意都是体用之几，所以不可局限于良知来论几。黄宗羲局限于良
知而论王时槐之学："先生谓：'知者，先天之发窍也。谓之发窍，
则已属后天矣。虽属后天，而形气不足以干之。故知之一字，内不倚
于空寂，外不堕于形气，此孔门之所谓中也。'言良知者未有如此谛
当。"② 其实，阳明学者以"具足体用"的几来阐发"体用一源"的
理论，以解决阳明后学体用分化的整体困境，而良知不过是体用之几
的一个表现而已。

七　从"有无之间"的几到"不分有无"的独

　　在体用关系层面，"几"与"独"有密切关系。心学本体论中的
"几"，名义上为"有无之间"的微几，实为"不分有无"的独。从

---

① 黄宗羲：《明儒学案》卷六十二，中华书局2008年版，第1593页。
② 黄宗羲：《明儒学案》卷二十，中华书局2008年版，第476页。

《易传》的"动之微",到韩康伯和孔颖达的"去无入有,有无之际",再到周敦颐和朱子的"动而未形、有无之间",都是从"有无之间"来理解"几"。阳明学者虽然引用周敦颐的"动而未形,有无之间"来描述本心(本性)之微几,但他们表达的却是"不分有无"的意思。王畿《致知议略》载:

> 良知者,无所思为,自然之明觉,即寂而感行焉,寂非内也;即感而寂存焉,感非外也。动而未形,有无之间,几之微也。动而未形,发而未尝发也。有无之间,不可以致诘。此几无前后,无内外。圣人知几,贤人庶几,学者审几。故曰,几者,动之微,吉之先见者也。①

王畿表面上说良知是"有无之间"的微几,然而"有无之间"的具体表现却不是寂感、内外、已发未发、前后的中间状态,而是"寂而感行焉,寂非内也;即感而寂存焉,感非外也"的体用相融状态,是"无前后,无内外"和"发而未尝发"的体用不分状态。"几"并非体用的中间状态,反而是不分体用和具足体用的状态。

王时槐也对"有无之间"作了"不分有无"的解释。就已发未发的关系而言,几在时间维度上部分已发未发。王时槐《与贺汝定》载:

> 惟生几者,天地万物之所从出,不属有无,不分体用。此几以前,更无未发;此几以后,更无已发。若谓生几以前更有无生之本体,便落二见……但举意之一字,则寂感体用悉具矣。意非念虑起灭之谓也,是生几之动而未形、有无之间也。独即意之入微,非有二也,以其无对谓之独。②

---

① 王畿:《王畿集》,凤凰出版社 2007 年版,第 131 页。
② 王时槐:《王时槐集》,上海古籍出版社 2015 年版,第 371—372 页。

王时槐表面上沿用周敦颐的"动而未形，有无之间"来指生几，但实际上，王时槐反而一直在使用"不属有无，不分体用"来形容生几，生几固然是"动而未形"的，却未必是"有无之间"的。生几之前无未发，之后无已发，说明生几不是已发未发之间的中间状态，而是同时具足寂感体用，生几就是无对待的"独"。

就先天后天而言，几在逻辑维度上不分先天后天。王时槐《再答萧勿庵》载：

> 若于此知之外求后天，便是着相，故不得已而强言之曰：
> "是先天之子、后天之母也"，非谓此上有先天，此下有后天，
> 此良知又为先后天之间，则是裂一而为三，殊不可也。①

王时槐表面上说良知（生几）可视为先天之子、后天之母，似在先天后天之间，然而并非实指良知之外别有先天后天，若真将良知理解为上有先天、下有后天，此知为先后天之间的几，则是将良知分割为体用与几三截。程子云："冲漠无朕，万象森然已具，已应不是先，未应不是后。"② 良知其实是不分先天后天的。

就寂感关系而言，几在存在状态上是不分体用的浑然一体的端倪。王时槐《书卷赠王林二生还琼州三条》载：

> "寂然不动者诚，感而遂通者神，动而未形、有无之间者几"，此是描写本心最亲切处。夫心一也，寂其体，感其用，几者，体用不二之端倪也。当知几前别无体，几后别无用，只几之一字尽之，故希圣者终日乾乾，惟研几为要矣。③

---

① 王时槐：《王时槐集》，上海古籍出版社2015年版，第393页。
② 程颢，程颐：《二程集》，中华书局2004年版，第153页。
③ 王时槐：《王时槐集》，上海古籍出版社2015年版，第586页。

此处又指出，几名义上是"有无之间"，实则是"体用不二之端倪"，几前无体，几后无用。以"有无之间"来描述生几，主要是沿用周敦颐对"诚神几"的区分。基于分析的角度，可以视"几"为诚体和发用之间的状态。然而从现实的角度看，本心之几是具足体用、不分有无的。

"不分有无"与"有无之间"既体现了对本体的不同理解，又指示了不同的体用关系。如果将几视为"有无之间"，那么几体现了"中间性"，几是有无之间的中介。《系辞》本来只是说"几者，动之微，吉之先见者"，然而韩康伯将"几"理解为"去无入有"的中间阶段，孔颖达也认为"几是离无入有，在有无之际"①的中间状态，则"有"与"无"被视为两种不同的境界或实体。此"中间性"用以说明事几则可，用以说明心性论中本心（本性）的深微状态，则会带来几个理论困境。一方面，如果体用、有无都被表述成为分离的独立存在，那么有与无会固化为实体；从功夫上讲，言无则流于虚寂，言有则滞于名相，即王畿所批评的"舍寂而缘感，谓之逐物。离感而守寂，谓之泥虚"。②另一方面，几作为中间性存在，也会实体化，这不符合几是"动而未形"的生生状态；同时，几作为有无之间的存在，只能起到沟通体用有无的作用，而无法起到能具足体用的作用，这种理解显然不是阳明学者所要真正表达的。再者，将几理解为"有无之间"的存在，倘若体用之间的联系是通过几这个中介来实现的，那么几和本体，几和发用之间的沟通也势必需要新的中介，这样就会造成"中间性的无限后退"，这显然也不是阳明学者所要表达的意思。其实，将几视为中介，正是源于对体用（有无）作了实体化的理解。将体用分别视为独立实体，若想达到"体用一源"的境界，就只能通过有无之间的中介（几）来完成，这就会造成体用无限分割与中介无限后退的双重理论困境。这大概是心学家用"不

---

① 王弼注，孔颖达疏：《周易正义》卷八，北京大学出版社 1999 年版，第 308 页。
② 王畿：《王畿集》，凤凰出版社 2007 年版，第 133 页。

分有无"来替代"有无之间"的原因。

其他明代学者也明确指出不可将"几"视为有无之中介。钱启新云：

> 动而未形，有无之间，不是未形与形交界处，亦不是有无过接处。动之著为已形，为念为虑；动之微为未形，为意为几。①

钱一本很明确地指出，生几名为"动而未形，有无之间"，但其内涵并不是指未形与有形的交界处，也不是有无二者的衔接处。从细致入微的状态看，从来不存在静与动的交接处，从来都是动之微的绵延状态。只有从宏观的大趋势看，才会有所谓动静、未形与成形等分别。

刘宗周也认为不可将几视为前后、动静的中间状态，他说：

> 几者动之微，不是前此有个静地，后此又有动之著在，而几则界乎动静之间者。审如此三截看，则一心之中，随处是绝流断港，安得打合一贯？余尝谓周子诚神几非三事，总是指点语。②

尽管刘宗周未必是从阳明学的"几具足体用"的角度来看待"几"的含义，但是他们在"几不是有无的中介"的思想上是一致的。刘宗周主要是从"动之微"的意义上来分析几，几既然是动微（动而未形）的状态，那么就不存在几前有个静地，几后有个动境，而几是动静之间的中间性。若如此截成三段，则一心之中随处都有绝流般的停滞状态，和断港样的孤立存在，心如何能绵延不绝地一贯？据此，刘宗周认为周敦颐的"诚神几"三者是从道理上指点心的体用境界，而不是从事实上描述心的呈现状态。

但也要看到"有无之间"起着明辨体用的正面意义。"不分有

---

① 黄宗羲：《明儒学案》卷五十九，中华书局 2008 年版，第 1438 页。
② 黄宗羲：《明儒学案》卷六十二，中华书局 2008 年版，第 1534 页。

无"意味着体用不二，只有以"有无之间"为基础的"不分有无"才是有意义的，否则，缺乏明辨体用的体用不二，在理论和实践上都会带来"认用为体"的无本之学。我们需要避免从体用分离的极端走向体用颠顸不分的极端。因此，仍然需要在一定形式上承认存在区分体用的几，需要将"有无之间"和"不分有无"结合起来，才能得出几的真正作用——指示着体用不离不混的关系，几不仅是具足体用，而且也是明辨体用的。体用不二的关系是"不分有无"的几，这是从实际存在理解"几"；体用不混的关系是"有无之间"的几，这是从逻辑形式理解"几"。体用之几既存在于真际中，也存在于实际中，合而观之才是真正的体用中道观。中道和作为中间状态的中介不同，中道是指既要看到体用不二，又要明确体用不混不偏。从理论渊源而言，以"有无之间"来区分体用，符合周敦颐的"诚神几"思想和朱子的性情观，能明体达用而不使体用混淆，也能作"情近性为正"或"情离性为邪"的价值判断，避免使良知天理混同于情识意欲等习气，导致冒认情识为本体的纵情论，以及有用无体的虚无主义。

如果将几视为不分有无、寂感、动静、内外、已发未发的，那么几就是无对之"独"。王时槐说："但举意之一字，则寂感体用悉具矣。意非念虑起灭之谓也，是生几之动而未形、有无之间也。独即意之入微，非有二也，以其无对谓之独。"[1] 生几之所以也是独，是因为几是动而未形的无对状态。"无对"是独的真正意义。王时槐在不少场合说几就是独，甚至称为"独几"。《支节漫语》载：

> 性者，天地人物同体，非有我之得私也。其在于人，此心太虚无际，而中含真机，息息不停，有无难名，善恶未分，恍惚杳冥，其中有精。孔门曰"独"、曰"礼"，曰"几"，孟子曰

---

① 王时槐：《王时槐集》，上海古籍出版社 2015 年版，第 371—372 页。

"几希"，周曰"动而未形，有无之间"，程曰"天理"，白沙曰"端倪"，皆指此也。[①]

本性于人心上呈现，是一种中涵生机、不分有无、善恶未分的状态。不同的学者对这种状态的描述不同，既可以称为"独"、"几"，也可以称为"端倪"。这表明，几和独的意义上是一致的，都体现了本体的动态入微、浑然一体和无对待的特征。

如果从不分有无和具足体用的角度来理解几，无论是从存在论还是从功夫论，都无需在几前追求一个未发的虚寂实体，也不需在几后追求一个感通流行的发用，几前无未发，几后无已发；一切传统分隔意义上的体用样态（寂感、动静、内外等、发未发）都具足在见在之几上，即寂而感行，即感而寂存，无分于动静内外，体用不二，真可谓无对之独体。"有无之间"的几既需要沟通体用（如事几），也会面临后天意念初起时的善恶分殊（如念几），这样的几总在相对之中，不可能是与物无对的"独体"。而"不分有无"的几既不需要面对一个对立者，也不处在两者之中，所以才是真正的与物无对的"独体"。从这个意义而言，阳明学中"体用不二"和"具足体用"的"研几"境界也是"见独"和"体独"的境界。

---

① 王时槐：《王时槐集》，上海古籍出版社 2015 年版，第 547 页。

第五章　独体论

独是描述本体及体用关系的另一种方式。《大学》与《中庸》三处言"慎独"，引起历代学者思考。有多重意义上的独，时空的独处，心情的孤独、心念的独知、本心的独几和不分体用的独体。程子曰："天地万物之理，无独必有对"①，不管哪种语境的独皆有"无对"意义。在由众多个体组成的日常境域中，我们通常从"无人相伴""无人知晓"的意义上来理解独，比如，从众人中抽身而出的独处，在人群中缺乏伴随者的孤独。独处是物理空间的"无人相伴"，孤独是心理状态的"无人相伴"，独知是"人所不知而己所独知"的知觉，都是个体身心的无对状态。然而个体的独处、孤独或独知只是"独"的表面现象，因为这三者只是从整体境域里抽离而获得相对的"单独"，都存在潜在的对待者，而非绝对的"与物无对"。极端的个体主义者或单子式的独立存在，必会在较大境域内找到相对者，也非真正的"独立"。只有具足体用的实体才是真正的"与物无对"。换言之，真正的独不是"至小无内"、单子式的孤立存在，而是"至大无外""绝对无对"的全体大用。

一　朱子的人心隐微与道心惟微之独

朱子从个体的空间独处深入到个体的心念之独，独指人所不知

① 程颢，程颐：《二程集》，中华书局 2004 年版，第 121 页。

的隐微心念，也就是心之微几（"几，善恶"和"动而未形，有无之间"两种状态），独知是个体对隐微心念的知觉。独处和独知都有隐秘性，相比独的无对性，朱子更着意于独的隐微性，以强调独处和独知的道德修养意义。在《大学章句》和《中庸章句》中，朱子最早以几来说明独，独指"心之所发"的隐微意念。朱子解释《大学》之"慎独"说："人所不知而己所独知之地……盖有他人所不及知而己独知之者，故必谨之于此以审其几焉。"① 独可以指闲居独处，但更主要是指他人不知晓、己所独知的"心之所发有不实"的自欺心念②，于此独知处的"审几"功夫是慎独的一种。朱子解《中庸》之"慎独"说："独者，人所不知而己所独知之地也。言幽暗之中，细微之事，迹虽未形而己独知之。"③ 独也指他人不知而己所独知的将萌意念。朱子所谓的独包含两层意思，一是个体式的独处，二是与独处相关的不睹不闻的隐微心念，闲居独处是独的表面现象，他人不知而自己独知的隐微心念才是独的内在实质。

在《朱子语类》中，独的意义有所扩大，从己所独知的隐微心念深入到己亦不知的隐微之心，独的含义也从空间独处明确转变为心念之微。《朱子语类》载：

> 戒慎恐惧乎其所不睹不闻，是从见闻处戒慎恐惧到那不睹不闻处。这不睹不闻处是功夫尽头。所以慎独，则是专指独处而言。如"莫见乎隐，莫显乎微"，是慎独紧切处。④
>
> 问"慎独"。曰："是从见闻处至不睹不闻处皆戒慎了，又就其中于独处更加慎也。是无所不慎，而慎上更加慎也。"⑤
>
> 不睹不闻者，己之所不睹不闻也；独者，人之所不睹不闻

---

① 朱熹：《四书章句集注》，中华书局1983年版，第7页。
② 朱熹：《四书章句集注》，中华书局1983年版，第7页。
③ 朱熹：《四书章句集注》，中华书局1983年版，第18页。
④ 黎靖德：《朱子语类》卷六十二，中华书局1986年版，第1501页。
⑤ 黎靖德：《朱子语类》卷六十二，中华书局1986年版，第1502页。

也。如此看，便见得此章分两节事分明。先生曰："'其所不睹不闻'，'其'之一字，便见得是说己不睹不闻处，只是诸家看得自不仔细耳。"①

问："昨闻先生云'人所不知而己所独知处'，自然见得愈是分晓。如做得是时，别人未见得是，自家先见得是；做得不是时，别人未见得非，自家先见得非。如此说时，觉得又亲切。"曰："事之是与非，众人皆未见得，自家自是先见得分明。"②

在上述几则文献中，独有三重境域，不仅指个人的独处，也指人所不知己所独知的心念，还可以指己所不睹闻的心之隐微状态，这种心之隐微包括"几善恶"和"动而未形、有无之间"两种几。人处于世界中，首先是公共的现象世界，人与自己皆可以睹闻；其次是闲居独处的现象世界，人所不知而己可独知；再次是不分独处与共处的隐微心念，人可不知而己可独知；又次是在此独知中的心之隐微，连自我亦不可睹闻觉知。独的范围包括后三者，即"从见闻处戒慎恐惧到那不睹不闻处"。从公共见闻处脱离出来而进入闲居独处，是独的最初含义，而"人所不知己所独知"的心念也不过是日常经验中的个体意念之独显，只是他人不知而已，自己还能知觉。而自己独处时也不睹闻的心之隐微处，才是独的尽头。朱子云："'其所不睹不闻'，'其'之一字，便见得是说己不睹不闻处，只是诸家看得自不仔细耳。"这表明，自己所不知的隐微之处（不睹不闻处）才是朱子所要强调的独，才是慎独的关键。所以，独的范围有起点和终点，起点是指个人独处而言，终点是指独处时的"己所不睹不闻处"。朱子云："从见闻处至不睹不闻处皆戒慎了，又就其中于独处更加慎也。"这表明，朱子重点强调的独有两个要素：个人独处，自己不睹不闻的隐微处。同样，慎独的范围包括"从见闻处戒慎恐惧到那不睹不闻

---

① 黎靖德：《朱子语类》卷六十二，中华书局 1986 年版，第 1502 页。
② 黎靖德：《朱子语类》卷六十二，中华书局 1986 年版，第 1501 页。

处"，慎独的功夫重点指自己独处时而己所不知的隐微处。

以隐微状态解释独，是朱子诠释《大学》《中庸》的新思想。隐微状态可以作两义解，既可以指人心之隐微，也可以是道心之微。按照朱子对《大学》《中庸》的解释，他都对独和慎独作了人心之隐微的理解。比如，他在《大学章句》中，虽然表面上说独是人所不知而己所独知之地，但是重点不在形式上的闲居独处，而在于说人"心之所发有未实"的自欺的隐微心念，这种自欺是人所不知而己所独知的，慎独就是面对心之所发有实与不实的几微状态时，"谨之于此以审其几"，使心"禁止自欺"以"自快足于己"。① 又如，他在《中庸章句》中，表明上仍然是说独是人所不知而己所独知之地，但是重点在于强调在人所不睹不闻的幽暗状态中，"迹随未形而几则已动，人虽不知而己独知之"，这种独几是"人欲将萌"的隐微状态，独知是对这种几微状态的觉知，慎独是于此几微状态"尤加谨焉，所以遏人欲于蒋萌，而不使其滋长于隐微之中。"② 联系朱子的《通书解》，可以发现，他对《大学》《中庸》中独的理解，基本上符合周敦颐的"几善恶"，是人心之微动，人欲将萌之际，即"几者动之微，善恶之所由分也。盖动于人心之微，则天理固当发见，而人欲亦以萌乎其间矣。"③ 人心之隐微处，就是"几善恶"的心念初起、理欲分化关头，如朱子云："'几者，动之微'，动则有为，而善恶形矣。"④ 对于未经功夫锻炼的人来说，可能是己亦所不知的不睹闻之独，而对于洞见本心之天理的人来说，对此隐微状态的觉知，便是本心的独知（朱子尚未明确说独知是良知），即朱子所云"事之是与非，众人皆未见得，自家自是先见得分明"⑤。于此几微之处戒慎，

---

① 朱熹：《四书章句集注》，中华书局 1983 年版，第 7 页。
② 朱熹：《四书章句集注》，中华书局 1983 年版，第 18 页。
③ 周敦颐：《周敦颐集》，中华书局 2009 年版，第 16 页。
④ 黎靖德：《朱子语类》卷九十四，中华书局 1986 年版，第 2393 页。
⑤ 黎靖德：《朱子语类》卷六十二，中华书局 1986 年版，第 1501 页。

是慎独的紧要处，即朱子所云"莫见乎隐，莫显乎微，是慎独紧切处"①。

其次，虽然于《大学章句》《中庸章句》中，朱子主要将不睹不闻的隐微（独）解释为人心之微（几），而在《朱子语类》的相关讨论中，隐微还可以指道心惟微（诚体微动）而不可睹闻的状态，独知是心体触及道的境界。道体（诚体）的萌动是"动而未形、有无之间"的隐微状态，如朱子云："动而未形，有无之间也，言圣人毫厘发动处，此理无不见。寂然不动者，诚也，至其微动处，即是几。几在诚神之间。"② 这说明，不睹不闻的隐微还可以用来说明诚体（实理）的微动。个人独处时，于此诚体（实理）之发端的独知，便是本心的明觉；于此诚体萌动的几微处戒慎也是慎独，即朱子所云"这不睹不闻处是功夫尽头"。如果说只是在人欲将萌之际用功，似乎还够不上慎独功夫的尽头，但若说体道的功夫，尚可说是尽头。不过这种以道心之微（诚体微动）来解释独的意思，却不太明显。

总之，在朱子的语境中，已经从时空上的"个体独处"深入到认知心或道德心的"心之隐微"意义上。"心之隐微"的独有两种意义，一是常人的独处时的人心隐微处，即"心念初起"时天理人欲的分际，以及心之所发实不实、诚不诚的细微状态，对此隐微处的觉知就是独知，于此隐微处的戒慎就是慎独；二是道心萌动的隐微处，独知就是人于诚体（实理）之萌动处（道之隐微处）无所不知的境界，这种境界也类似庄子的"朝彻，然后可以见独"的境界。无论哪种理解，都是在"人所不知己所独知"的基础上将独理解为"人心之微"或"道心之微"的几，独知就是知几的状态。但是这种"心之隐微"的独，只得了几的"动之微"的特征，与几"不分有无"的"无对"特征无关。

---

① 黎靖德：《朱子语类》卷六十二，中华书局 1986 年版，第 1501 页。
② 黎靖德：《朱子语类》卷九十四，中华书局 1986 年版，第 2398 页。

二　王阳明的良知即独知：心体之统觉

朱子将独从外在的独处深入到内心的隐微状态和对隐微心念的独知，这是独的内心化。阳明则进一步将独知理解为本心，这是独的本心化。虽然在阳明的诗文中，随处可见对自身孤独境遇的感慨，但从理论而言，阳明重在论本体意义上的"独知"。朱子以"先于人知""知几"等察识活动来理解独知，阳明则直接认为独知就是本心之良知。《传习录》载："所谓人虽不知而所独知者，此正是吾心良知处。"① 这是将独知的意义从对隐微之心的觉知，上升为本心的状态。按照耿宁的解释，这说明作为本然意识的良知并不是从社会中介中来，不是出自其他人的外部观点，人在良知中不是以一种旁观者的眼睛来看待自己，它更多的是一种个人对其意向的原初本己意识。② 尽管在朱子和阳明的语境中，独知都是从"他人不知"的角度而立论，但朱子的独知表面上是人所不知而己所独知的状态，却潜在地处在"第三视角"的注视下，也就是说在形式上人是独处或独知的，在实际上人的独处和独知却似乎有神明的注视，随时会面对公众的审判眼光，因而需要在独处或独知之地戒慎。而阳明的独知尽管也是他人不知的，但这种独知主要是指心的发动不需要他人的、社会的等第三视角的关注，更强调了主体的道德自觉性和自发性。阳明又说："无声无臭独知时，此是乾坤万有基。"③ 独知作为本心之知，与初萌的欲念一样，都是不睹不闻的隐微之心；但与初萌的欲念不一样的是，独知除了具有"无声无臭"的隐微特征，还是后天情识欲念萌发的基础。如果说朱子解释《大学》《中庸》主要从"几，善恶"的层面强调心念之隐微；那么阳明则从"动而未形""无声无臭"的

---

① 王守仁：《王文成公全书》第一册，中华书局 2015 年版，第 148 页。
② ［瑞士］耿宁：《人生第一等事——王阳明及其后学论"致良知"》上，商务印书馆 2014 年版，第 225 页。
③ 王守仁：《王文成公全书》第三册，中华书局 2015 年版，第 938 页。

层面强调本心良知之隐微。王阳明在朱子论独的两种意义——存在论意义上的人所不知而己所独知,认知论意义上的对己亦不知(隐微心念)的觉知——的基础上,又增加了本体论意义上的独知——作为万有根基的本心之知,独知既是人所不知己所独知的状态,又是对隐微心念的察识,更是心之本体和万有之根基,相应在功夫论上可以说"谨独即是致良知"①。

从心性现象学的角度看,独知除了具有存在论、认知论、本体论三种意义之外,还是唯一的、统一性的心体统觉,这是无对意义上的独知。阳明诗云:

> 良知即是独知时,此知之外更无知。谁人不有良知在,知得良知却是谁?知得良知却是谁?自家痛痒自家知。若将痛痒从人问,痛痒何须更问为?②

"良知即是独知时",是直接说独知时所显现的知就是本心之良知。"此知之外更无知",是说良知从本质上而言就是本心的独知,除却独知之外,别无其他的知可称为良知。此处的独知不是独处时"人所不知己所独知"的意义,而是本心之统觉,因统觉的唯一性和整体性才可谓"知外无知"。若是己所独知的知,则不能说是"知外无知",因为己所独知的知是知觉,知觉之外还有其他的知。从作为本心之统觉而言,良知与日常的认知活动不一样。在性质上,认知活动是主体发出的活动或者说心体的作用;而"良知即是独知时,此知之外更无知",表明良知既是主体的作用,又是心体本身,良知之主体与对象、本体与作用是统一的。这种统一性体现在"即主体即对象、即本体即作用"上,而不是先有主体和对象的分化再有统一。常识哲学也认为主体与对象应当是统一的,但他们所谓的统一,是主

---

① 王守仁:《王文成公全书》第一册,中华书局2015年版,第235页。
② 王守仁:《王文成公全书》第三册,中华书局2015年版,第939页。

体与对象在主体对象化与对象主体化的互摄过程中实现统一，是先有区分然后有统一。而良知之为唯一的整体的统觉，不是先有主客二分的对象化活动，而是当下见在的即主体即对象、即本体即作用的，良知独知着自身及发用，因这种唯一的整体的知觉活动，才可谓之无对之独知。若是良知之外还有知，则知之主体、知之作用与知之对象不是统一的整体，就不是唯一的无对之独知。从形式而言，认知活动有感性活动、知性活动和理性活动，对象有印象材料、知性材料及理性对象等，知的统觉对这些对象作概念推理、范畴规约及命题判断的活动，这都是知外有知的形式；唯识宗也将心识也作了相分、见分、自证分、证自证分的区分。无论是认识论哲学还是唯识宗，都是知之外还有知的理论。而"良知即是独知时，此知之外更无知"，表明独知作为本心之良知，是唯一的整体的心体统觉，不仅很难从主体与对象、本体和作用上作出区分，也很难从"知外有知"的形式上区分。

"谁人不有良知在，知得良知却是谁?"这是探寻能觉知良知主体或良知本体的是什么。有一些存在者需要外在的观察者才能获得呈现，如南镇观花之花，在人心的观照下，则花与心一起明白呈现，若无心之观照，则归于幽冥之寂。日常理论认为，若无人心知观照，则花也自开自落，可是正如贝克莱所认为的，"当我们尽力设想外物（不依赖我们而）存在时，我们仍然只不过在设想我们自己的观念而已。"[①] 那么，所谓"能独立于人心之外的自在者"这种观念也是发自人心的设想。所以从根本上说，若无人心的觉照，则所谓自在者始终是幽冥不显的，而无法获得存在的澄明。存在的澄明与存在者自在不一样：存在的澄明是从意义、价值、现象的显现而言，是存在者获得觉解、被视为存在现象、被赋予存在意义的过程；存在者自在是从存在关系而言，是某些存在者被理解为存在之后，因为其相对于觉解者的一些固有不移的属性，被进一步推想为不依赖于觉解者而独立

---

① 北京大学哲学系外国哲学教研室：《西方哲学原著选读》上卷，商务印书馆 1981 年版，第 513 页。

存在的自主性。然而无论是何种区分，都是处于主客关系下的存在。对于所谓的"独立自在者"而言，能觉知其存在的是人心，而对于良知这种能觉照一切的主体或本体而言，能觉知良知的又是什么呢？

"知得良知却是谁？自家痛痒自家知。"这里指出，能自觉良知主体或良知本体的就是独知，这是通过自己痛痒只能自己知晓的独知来比喻良知活动的统一性。在这里，"自家痛痒自家知"的意义不限于朱子学中与"他人不知"相对的"己所独知"，更多强调的是对象与主体的统一性。朱子认为："事之是与非，众人皆未见得，自家自是先见得分明。"①独知的对象是觉察欲念初萌、善恶将形的隐微状态。从阳明诗文可以看出，不仅自己的感受、自己的隐微心念，而且良知本体，都是靠独知主体而获得自我觉知。在这个意，良知本体即是独知主体。前文已经指出，独知作为本心之良知，无论是性质上还是形式上都是统一的，是不分主体与对象、本体与作用，不分印象、概念和推理，将见分、相分和自证分统一为一体的主体性统觉，良知不仅能照察他者，更能明觉自身。所以，独知之为独，不仅是"人所不知己所独知"的个体式的独，还是"知外无知"这种统一性的独。"自家痛痒自家知"不仅是借喻独知的"人所不知己所独知"的特征，而且说明良知自知是一种既能发出明觉照察作用，又能明觉照察自身的统觉。"知外无知"既体现了统一性，也体现了唯一性，惟有统一的无所区分的才能是真正的无对之独。所以，良知从他人与自我相对角度而言是独知，从性质和形式而言也是作为统觉的独知。

"若将痛痒从人问，痛痒何须更问为？"这进一步说独知是自知隐微感受和心念，他人无从直接感知。但阳明此诗，似重在强调独知的统一性和唯一性，与朱子强调察识隐微心念不一样。独知既是良知本体，又是纯粹的主体性统觉，据此可以得出心之本体即主体的结论。心之本体在哪里？本体就在独知主体上。可是这个主体又在哪

---

① 黎靖德：《朱子语类》卷六十二，中华书局1986年版，第1501页。

里？只能在"人所不知己所独知"的明觉和"知外无知"的统觉作用上。这种作用为什么是独知的？这是因为良知不仅是独处意义上的，更是不分共处和独处的、将主体与对象、本体与作用统一起来的统觉，"人所不知己所独知"是独知的存在论表现，"知外无知"是独知的现象学内涵。这是符合"本体无体，以用为体"思想的，也可以得出"主体无体，以对象为体"的结论。现代有一种日渐兴盛的观点，就是将阳明的良知之独知思想与唯识学的自证分相比较，认为独知如自证分，既能以见分觉知相分，又能以自证分自证自身存在。二者在心的现象层次上固然具有可比性，可也带来两个问题。其一，自证分是相宗描述心识现象的，是描述真心化为妄心后的种种层次和状态，这种分析本身无关乎觉悟，而良知则是关乎觉悟本心的，是以明觉之心觉照无明妄行的心之本体，所以，良知和自证分的根本旨趣不一。其二，若问自证分是良知的哪个作用，是明觉还是照察，还是独知？论者往往会认为以上皆不是，自证分是良知本体，而不是作用。可是这个本体又是在哪里？难道是孤悬独立的自证分？以自证分比喻良知，是对良知作了"知外有知"的分解，不仅违背了良知是一个心体统觉（不分主体与对象、本体与作用、不分诸心相）的理论，也不符合心学中"本体无体，以用为体"的整体思想，必然导致良知的结构化和形式固化的后果，也会使良知从涤除无明的明觉之体堕为泛泛的心识现象。

据上述，阳明所谓的独知，除了在存在论上指"人所不知己所独知"之外，还在现象学上指纯粹的整体的统觉。至此，独知已经兼有"个体式的独"和"统一式的独"两种含义。

此外，独知还指即本体即功夫的慎独功夫。《传习录》载：

正之问："戒惧是己所不知时功夫，慎独是己所独知时功夫，此说如何？"先生曰："只是一个功夫，无事时固是独知，有事时亦是独知。人若不知于此独知之地用力，只在人所共知处用功，便是作伪，便是见君子而后厌然。此独知处便是诚的萌芽，此处不论善念恶念，更无虚假，一是百是，一错百错，正是王霸义利诚伪善恶界头。于此一立立定，便是端本澄源，便是立诚。古人许多诚身的功夫，精神命脉全体只在此处。真是莫见莫显，无时无处，无终无始，只是此个功夫。今若又分戒惧为己所不知，即功夫便支离，亦有间断。既戒惧即是知，己若不知，是谁戒惧？如此见解，便要流入断灭禅定。"①

如果独知只是停留在"人所不知己所独知"的个体独处意义上，那么慎独就是戒慎于己所独知的功夫。如果独知是心之本体，不论是在主体静中自觉与动中觉他，还是在独处自觉与共处被觉的状态下，都能始终从本心出发，始终保持本心的明觉作用，又能在觉自身、觉他者和被觉知的时候时时返归本心，那么独知从根本而言，是不分动静、独处和共处的。在独处时固然是知外无知的独知，在共处时也是知外无知的独知，只有这一个良知本心在起作用，那么慎独功夫也是不分独处或共处的。朱子将独处时的状态区分为"己可睹闻"和"己亦无所睹闻"两种状态，己无所睹闻的隐微之处（心之发诚否，意念微动）是独知的用功之地。同样，黄宏纲将独处时的境遇区分为"己所独知"和"己所不知"两种状态，他认为戒惧是己所不知时功夫，慎独是己所独知时功夫，这就将功夫分成两段。但阳明认为，功夫不可间断，独知无分于有事无事，人若只在人所共知处用功，而在独处时无所忌惮，不知于独知之地用力，便是作伪。共处和独处的功夫只是一个慎独，慎独功夫都不可间断，即"无时无处，无终无始，只是此个功夫"。只是独处时的慎独功夫更为基本，因为"此独知处便是诚的萌芽"，独处时的慎独是"端本澄源"的功夫。如果分慎独为己知的功夫，戒惧为不知时的功夫，则"功夫便支离，

① 王守仁：《王文成公全书》第一册，中华书局 2015 年版，第 43 页。

亦有间断"。

黄宏纲将人的境遇区分为独知和无知两种。然而，对于认知和知识而言，固有不知的领域，对于良知本心的道德觉解而言，不存在不知的境界。如果说有己所不知的境界，则只是未感而未形之时，如果感而将形之际，则良知于心之动无所不知。阳明认为，无论是独处还是共处，是有事还是无事，独知和慎独的功夫只是一个。慎独固然是独知时的功夫，而戒惧也是良知之精明不爽失的状态，并不和独知相离。所以，独知首先是"独处"时的独知，这是存在论意义上的个体之独；其次是不分主客、体用的统觉，这是心性现象学层面的整体之知，也被现代学者称为"大良知"；最后才是无分于有事无事、寂感内外、即本体即功夫的独知，这是功夫论意义上的独知。

三　阳明后学的独知异见

阳明的"独知为本心之良知"的思想为门人弟子所接受，王畿、邹守益和欧阳德都持有"良知即独知"的思想，比如邹东廓就主张"以独知为良知，以戒惧谨独为致良知之功。"[1] 然而能发明独知真义的却是少数。有一些阳明学者仍然是从"人所不知己所独知"的意义来理解独，如季本云："圣人之学，只是慎独，独处人所不见闻，最为隐微，而己之见显莫过于此。故独为独知，盖我所得于天之明命，我自知之，而非他人所能与者也。"[2] 他虽然认为独知与良知（天之明命）有关系，但独知之所以称为独，并不是因为良知是统一的精神现象、无对的心之本体，而是仍然停留在人所不知、己所独知的隐微意义上。有一些明代学者是从朱子察识意念初萌的意义理解独知，如黄宗明云："吉凶悔吝生乎动，动处乃善恶所萌，独知之地，故惟诚意为实下手功夫。"[3] 黄宗明认为独处时的心念初起、善

---

① 黄宗羲：《明儒学案》，中华书局 2008 年版，第 8 页。
② 黄宗羲：《明儒学案》卷十三，中华书局 2008 年版，第 277 页。
③ 黄宗羲：《明儒学案》卷十四，中华书局 2008 年版，第 298 页。

恶所萌时的状态，是独知的对象，这是沿用朱子的思想。这种独知和慎独的思想也为阳明学者所承认，比如阳明就认为不分有事无事的独知是"诚的萌芽"，是"王霸义利诚伪善恶界头"，是"端本澄源"的立诚之际①。但是这一部分学者尚未理解王阳明的作为心体统觉的独知。

还有一些学者不仅未能接受王阳明的"良知即独知"思想，未领悟独知是纯粹整体的心体统觉，反而将良知分化，认为独知是良知的萌芽。聂豹可谓这种思想的典型，他将良知视为寂体，将独知视为已发。《致知议辨》载：

> 双江子曰："程子云：'不睹不闻，便是未发之中，说发便属睹闻。'独知是良知的萌芽处，与良知似隔一尘。此处着功，虽与半路修行不同，要亦是半路的路头也。致虚守寂，方是不睹不闻之学，归根复命之要。盖尝以学之未能为忧，而乃谓偏于虚寂不足，以该乎伦物之明察则过矣。夫明物察伦由仁义行，方是性体自然之觉，非以明察为格物之功也。如以明察为格物之功，是行仁义而袭焉者矣。以此言自然之觉，误也。其曰：'视于无形，听于无声。'不知指何者为无形声而视之、听之？非以日用伦物之内，别有一个虚不动明之体以宰之，而后明察之形声俱泯。是则寂以主夫感，静以御乎动，显微隐见，通一无二是也。夫子于《咸卦》，特地提出'虚寂'二字，以立感应之本，而以至神赞之，盖本卦之止而说以发其蕴，二氏得之而绝念，吾儒得之以通感，毫釐千里之差，又自可见。"②

聂豹将独知视为良知的萌芽，所谓不睹不闻是未发之中的虚寂之体。独知属于睹闻，即不是从具足体用的心体统觉，而是从有无之间的寂

---

① 王守仁：《王文成公全书》第一册，中华书局 2015 年版，第 43 页。
② 王畿：《王畿集》，凤凰出版社 2007 年版，第 135 页。

静意识来理解独知。

欧阳德认为独知的含义不是个体闲居独处的独知。欧阳德云：

> 良知即是独知，独知非闲居独处之谓。静亦此知，动亦此知。虽稠人广众之中，视听言动、喜怒哀乐纷交错应，而此知知明是是非非，毫发不能自欺。即此是独，即此是良知本体。从慎独不自欺处出发，即是良知发用，即是天理物则。①

独知是不分独处共处的心体统觉，慎独是不分有事无事的功夫，所以欧阳德说"静亦此知，动亦此知"。共处时虽然视听言动和喜怒哀乐的活动纷繁交错，貌似人人皆知而非己所独知，其实按照独知的不分主体与作用、不分作用的层次的统一性而言，这种复杂性中独知自然明觉是非、照察善恶，丝毫不爽失，所以，以统一性的统觉来理解独知，才是真正的独和良知本体。欧阳德进一步解释说：

> 夫人神发为知，五性感动而万事出。物也者，视、听、言、动、喜、怒、哀、乐之类，身之所有，知之所出者也。视听、喜怒之类，有礼有非礼，有中节有不中节。苟密察其心之不可欺者，则莫不自知之。故知也者，事物之则，有条有理，无过不及者也。物出於知，知在于物，故致知之功，亦惟在于格物而已。
>
> 夫隐显动静，通贯一理，特所从名言之异耳。故中也，和也，中节也，其名则二，其实一独知也。故是是非非者，独知感应之节，为天下之达道。其知则所谓贞静隐微，未发之中，天下之大本也。就是是非非之知而言，其至费而隐，无少偏倚，故谓之未发之中。就知之是是非非而言，其至微而显，无少乖戾，故谓之中节之和。非离乎动静显见，别有贞静隐微之体，不可以知

---

① 欧阳德：《欧阳德集》，凤凰出版社 2007 年版，第 154 页。

是知非言者也。程子谓："言和则中在其中，言中则涵喜怒哀乐在其中。"①

欧阳德解释了何以独知是不分有事无事的整体性的心体统觉。他的解释路径，是从知与物的统一性而言。物不是不依赖人的主观认知而独立存在的实体，而是指视听言动、喜怒哀乐之类，是知的发出过程。这里暂且不讨论阳明学中关于物的思想，且以这种物的定义来看待知物关系。从欧阳德所论可知，物就是已发之情，是知体于身体上的显见。物固然是出于知体的，但是"知无体，以物为体"，知体也是依赖于物这种显见之情才能落实的。从这种体用关系而言，所谓的"隐显动静"，在实质上是"通贯一理"的，只不过根据体用而命名有别而已。所以，从究竟而言，所谓的中、和、中节，"其名则二，其实一独知"。中与和都是独知这种不分主体与作用的统觉在不同情况下的称谓。独知之知，是贞静隐微的未发之中，是"天下之大本也"；独知感应之节，即是是非非之情，"为天下之达道"（当然，也会有中节有不中节之差异）。知与物的关系，就是是是非非之知和知之是是非非的关系。是是非非之知是言独知之体，是该费隐、无偏倚的未发之中；知之是是非非是言独知之用，当其发动是至微而显的、无少乖戾的几微之时，可谓之中节之和。这种知物关系和近代哲学中主体的对象化和对象的主体化关系近似，但是近代哲学的主客统一性是建立在主客二分的基础上，而欧阳德强调，"非离乎动静显见，别有贞静隐微之体，不可以知是知非言者也。"这是说，欧阳德所谓的知物关系和主客二分是不同的，既不是在现象之外别有不可识的本体，也不是在对象之先有未发的主体，而是体用一源的，即程子所谓："言和则中在其中，言中则涵喜怒哀乐在其中。"

---

① 黄宗羲：《明儒学案》卷十七，中华书局 2008 年版，第 365 页。按：《欧阳德集》卷四《寄聂双江》第 129 页，只有《明儒学案》所录的后半部分，疑《明儒学案》关于欧阳德《寄双江》文有误增。

王畿提炼出阳明思想中独知的形而上特征，将独从日常经验（心之隐微）或纯粹经验（独知）上升到形而上的独体。阳明的独知，在"人所不知己所独知"的特征之外，尤重"知外无知"的统一性（心体之统觉），这种统一性具足主客体用，不分知觉形式，王畿在此基础上进一步提出独知的"与物无对"的特征，"与物无对"是对独知的"统一性和不分性"的形而上概括。王畿首先认为良知即是独知：

　　　　良知即是独知，独知即是天理。独知之体，本是无声无臭，本是无所知识，本是无所拈带拣择，本是彻上彻下。独知便是本体，慎独便是功夫，只此便是未发先天之学。①

良知即是独知、天理，这是继承阳明的思想。独知是本体，慎独是功夫；独知作为本体，本来具有不睹不闻、无声无臭、无所知识的先天特征，这是王畿所谓的先天之学。至此，王畿尚未指出独知的形而上意义。《答王鲤湖》又载：

　　　　独知者，非念动而后知也，乃是先天灵窍，不因念有，不随念迁，不与万物作对。慎之云者，非是强制之谓，只是兢业保护此灵窍，还他本来清净而已。②

一般将独知理解为在人所不知时，人对自己的心念微动的独知，王畿指出，独知并非念动而后知的意义，独知就是先天之灵窍。先天性体（天理）在人心的微动，即为良知或独知。作为先天之灵窍，独知是"不因念有，不随念迁"的；"不因念有"是说独知先天本有，不是念动而后才有，否则只是日常经验的独知；"不随念迁"是说独知不

①　王畿：《王畿集》，凤凰出版社2007年版，第262页。
②　王畿：《王畿集》，凤凰出版社2007年版，第264页。

分有事无事而恒常存在，不分独处共处皆存在，不受时空限制。而慎独功夫，不是念起之后作省察克治心念之功，而是在先天本体的微几上用功，是"兢业保护此灵窍，还他本来清净而已"。如此，则慎独功夫不是戒慎于意念之几，而是戒慎于本体（本心）之几。

独知是良知，是先天之灵窍，这个思想并不鲜见。然而独知"不与万物作对"，则是王畿对独的形而上意义的提炼。自郑玄和朱子以来，学者都从个体式的独处或独知来理解独，然而这种独在形式上仍然有相对者，独只是个体暂时在空间或知觉上的无对而已，独并不具备真正的形而上意义。只有在"与物无对"中，独才被赋予形而上意义。王畿《致知议略》载：

> 独知无有不良。不睹不闻，良知之体，显微体用，通一无二者也。戒慎恐惧，致知格物之功，视于无形，听于无声，日用伦物之感应，而致其明察者，此也。知体本空，着体即为沉空；知体本无，离体即为依识。①

王畿对于独的形而上理解，除了"与物无对"之外，还有"通一无二"。从"与物无对"也必会得出"通一无二"，这是说，独既然与任何一个存在者都不是相对者，那么独就是"一"或"不贰"。这就从阳明"知外无知"的统一性和唯一性的独知，提升为"一"与"不贰"的独体。

根据独知无对及不贰的思想，可以进一步理解心学和理学的关系。王畿云："谓独知即是天理则可，谓独知之中必存天理，为若二物则不可。"②独知即是天理，而不可谓独知中涵天理，二者不是相对的或相包容的二物。独知不仅是"与物无对"，而且也是"与理无对"。"与物无对"是独的形而上形式，独是绝对的无对（甚至不能

---

① 王畿：《王畿集》，凤凰出版社 2007 年版，第 131 页。
② 王畿：《王畿集》，凤凰出版社 2007 年版，第 262 页。

称为"无对者"），若有对待者则不得谓之独。"与理无对"是独知的内涵，只有天理才称得上真正的独。从独知"与理无对"的特征来看，心学与理学并非对立，朱子理学重在发挥天理的内涵，而阳明心学重在论天理的呈现，心即理，良知、独知即理的灵窍。若要从根本上理解何谓心学，还得从根本上理解何谓天理。独知"与理无对"除了说明天理是真正的独体之外，也指出了心学和理学的一致性。

不过，一些阳明后学已经获悉王畿的独知"与物无对"的思想，仍然从"有"的角度坚持朱子学立场，认为独知是人所不知、己所独知的"善恶之几"。比如，张元忭被黄宗羲称为"从得龙溪之绪论"[1]，却对几、对独的理解都停留在朱子学立场。张元忭说：

> 周子曰："几，善恶。善有善几，恶有恶几。"于此而慎察之，善必真好，恶必真恶，研几之学也。吾兄论几，则曰："善恶是非，未落对待，而以念上用功为几浅，非第一义。"窃谓未然。所谓独者，还是善念初动之时，人不及知，而己独知之，非无可对待之谓也，无对待则不可以言几矣。人心之欲，固以先事预防，禁于未发，为不犯手功夫。[2]

几固然是独，但是从哪种角度看待二者的一致性，是张元忭和主流阳明学者的差异。主流阳明学者将"善恶之几"视为第二义，而体用之几是不分有无的、无对待的。而张元忭并未领会阳明的"见在之几"、龙溪的体用之几就是周敦颐的"圣人之几"，反而一再强调"善恶之几"，坚持认为几是念之初起，不可以"无对待"言几，由此推断独并非"无对待"的，而是人所不知己所独知的善念初动之际。尽管王畿已经提炼出"无对之谓独"的形而上意义，一些后学却未能领悟独几的真义。

---

① 黄宗羲：《明儒学案》卷十五，中华书局 2008 年版，第 323 页。
② 黄宗羲：《明儒学案》卷十五，中华书局 2008 年版，第 325 页。

四 王时槐的独几和独体

在阳明和多数门人弟子那里，独知就是良知。在王栋和刘宗周那里，独是心之所主的意。在王时槐思想中，独的意义更广，独既可以指心之生几（良知和生意），也可以指性体。独可以在不同意义上，分别被理解为心之隐微、心之生几（良知、意）或性体。

（一）独几

阳明龙溪的独知是从本体角度阐发良知"知外无知"和"与物无对"的统一性，王时槐的独几则是从体用关系角度指出本心是不分体用的纯粹经验，以区别主客、体用二元对立的日常经验。王时槐接续了晚明"由心转性"的思想趋向，以性为终极本体，以良知和意为本性开显的本心。知意是性的发窍（先天之子）和情识意念的本原（后天之母），是"动而未形、有无之间"的生几，可谓之独几。

王时槐对朱子学和阳明学的合理之处都有所继承，既接受了朱子以心之隐微为独的思想，又接受了王畿"独者无对"的思想。他说：

> 不睹不闻，隐且微矣，而又莫见莫隐，有无之间，不可致诘，故曰独，谓其无对也。此是描画此心以示人处。①
>
> 所云"未发无可着力"，即生所谓心体无可着力也。《中庸》言不睹闻，可谓隐微矣。而实莫见莫显，故不睹闻。隐微非无也，见显非有也，有无不可名状，故强名之曰独。独者无对之谓也，离独而言寂，则为偏空；离独而言感，则为着相，故学惟在慎独。慎之一字，则戒慎恐惧四字也。独者，用之原而体之呈露处也，惟此为可致力，于此时时入微，是谓慎独，是谓摄末归

---

① 王时槐：《王时槐集》，上海古籍出版社 2015 年版，第 484 页。

本，摄用归体，即《大学》知止之功，无二学也。①

独和几一样，都是《中庸》所谓的"不睹不闻"的隐微。此隐微，朱子在《大学章句》和《中庸章句》中解释为独处时的欲念初起、善恶将形的几微状态。而王时槐认为，心之隐微并非善恶初分的心念，心之隐微形式上是不可睹闻、莫见莫显的几，但实质上是"隐微非无也，见显非有"的独。这表明，王时槐同时吸收了前人的隐微之独和无对之独的思想。

王时槐对独的定义有一个推论过程，这个推论是前人容易忽视的。王畿论"无对之独"主要就独知的体用显微通一无二的特征而论，而王时槐的"无对之独"则与心之真几有逻辑关联。联系上述二则文献，可以发现二者在论证独的定义上有一个相似的推论过程：从隐微到不分有无，再到"与物无对"。首先，心体是不可睹闻的隐微，这是公认的前提；其次，心之隐微表面上是不可睹闻的，实质上并非不可显见的无，而是"隐微非无也，见显非有"的，这种不可以有无形容的隐微就是"动而未形，有无之间"的心几；再者，由不分有无推出无对，由"有无不可名状"的几过渡到"无对之独"。如果将几视为"有无之间"的，那么几从过程角度体现为体用中介；如果将几视为"不分有无"的，那么几则从当下存在的角度体现了不分寂感、动静、内外、已发未发等，几就是无对之独。这就是回到前文提出的论题：心学本体论中的"几"名为"有无之间"，实为"不分有无"，阳明学者虽用"有无之间"来描述生几，但并不是表达一种沟通体用的中介，他们实质上是用"不分有无"的几来表达具足体用的独。

虽然自朱子起，就有以几来解释独的趋势。但是朱子所谓的几是作为心之隐微的善恶之几，阳明学者以良知为独知，而良知是具足体

①　王时槐：《王时槐集》，上海古籍出版社 2015 年版，第 416 页。

用的见在之几（神化之几），所以从阳明学整体思想而言，独就是几。只不过阳明后学中存在是以善恶之几为独，还是以体用之几（神化之几）为独的差异。王时槐从体用之几理解独，本心真几就是独，也可谓之独几。无对之独和不分有无的几，是本心同质异名的两种状态，几是本心之"动微"，独是本心之"无对"。《瑞华剩语》载：

> 《学》《庸》吃紧致力处，皆言慎独。独者无对也，此心真几不涉空有二边，为物不二，故曰独。先正谓："几前无未发，几后无已发。"①

王时槐认为，心之真几是"几前无未发，几后无已发"的状态，是不可以用前后、内外、动静来形容的。这种状态不分体用又不落有无两边，其中没有对立存在，所以是"与物无对"的独几。

王时槐进而以天根月窟之说来阐述几即为独。《答曾德卿》载：

> 手翰所问"亥子中间"，即所谓坤复之间、晦朔之间、一动一静之间之说也。举要言之，即所谓动而未形、有无之间，吾心之真几，圣门所谓独也……天根月窟之说，邵子自谓："乾遇巽为月窟，是姤也；地逢雷为天根，是复也。"复为阳生而升，姤为阴生而降，一姤一复，闲往闲来，即所谓一动一静之间，无二说也。②

亥子、坤复、晦朔、动静之间，都是"动而未形、有无之间"的几，既可以形容宇宙时空内的运动变化，也可用以描述心之真几。几也是独。然而几是中间状态，独是无对状态，为何以几为独？王时槐举天

---

① 王时槐：《王时槐集》，上海古籍出版社 2015 年版，第 514 页。
② 王时槐：《王时槐集》，上海古籍出版社 2015 年版，第 408—409 页。

根月窟论证，表面看起来几是一动一静、一姤一复之间，实质上几是生理的屈伸往来不息。从静而有息看，几是中间；从往来不息看，几也就是不贰、无对之独。

王时槐继而从"动之微"来说明几和独的一致。《答祝士广》载：

> 所谓"几之初动"四字，更要深体。盖此几之动，无初无终，白沙先生所谓"至无有至动"，所谓"静中端倪"，此几生生无一刻停，岂有初终？《易》所谓"动之微吉之先见"者，微者，无声臭之谓，惟常生而常微，不涉声臭，故有吉而无凶，《学》《庸》所谓慎独者，此也。独者无对之谓，此几内不着空，外不着相，有无之间，不可名状，故曰独也。慎独者，尽性之功，不慎独则性虽人人具足，而吾不能实有诸己。①

按照分析的眼光，几是体用有无之间的；按照实际的眼光，几之动是无初无终，无一刻停息的生生状态。几之动微，无时间上的始终，无空间上的内外，也无形而上之空寂和形而下之迹象的区分，所以是无对之独。基于几和独的一致性，在几之初动处着实致力就是慎独。

独与几一样，皆为本体之发端。仍然以前述文献为例，《答王儆所》载：

> 《中庸》言不睹闻，可谓隐微矣。而实莫见莫显，故不睹闻。隐微非无也，见显非有也，有无不可名状，故强名之曰独。独者无对之谓也，离独而言寂，则为偏空；离独而言感，则为著相，故学惟在慎独。慎之一字，则戒慎恐惧四字也。独者，用之原而体之呈露处也，惟此可谓致力，于此时时入微，是谓慎独，

---

① 王时槐：《王时槐集》，上海古籍出版社 2015 年版，第 366 页。

是谓摄末归本，摄用归体，即《大学》知止之功，无二学也。"①

所谓"独为用之原"，是说独是后天发用的直接本原（本性是第一本原）；所谓"独为体之呈露"，是说独和几一样是本性的最初显现；而"用之原"和"性之呈露"并称，是说独几就是体用有无之间。当然，"有无之间"的说法也只有在分析何为本体、何为发用时才有意义，若用以描述独几的实际存在，会带来使独几固化为事物的弊端。与此相反，聂豹虽然也承认隐微之独，认为隐微之独是天地之根，不过他认为独之上还有未发之体，独知是良知的萌芽，属于已发（独知是良知的萌芽处，与良知似隔一尘。②）这就将独视为有无之间，将体、独、用分为三层。《支节漫语》载：

性者，天地人物同体，非有我之得私也。其在于人，此心太虚无际，而中含真机，息息不停，有无难名，善恶未分，恍惚杳冥，其中有精。孔门曰"独"、曰"礼"，曰"几"，孟子曰"几希"，周曰"动而未形，有无之间"，程曰"天理"，白沙曰"端倪"，皆指此也。此盖性之呈露，亘万古而常然，通昼夜而不二，善学者默识乎此，勿涉纤毫安排，惟敬以存之而已。③

凡是儒学中可以立言用功的学问，如独、礼、几、理等，都是宇宙本体之呈露，也是不分有无、善恶的初始状态。各家对独几有不同领悟，在王时槐那里，良知和生意就是独几。（1）良知是与物无对的独知。王畿也认为良知即是独知："乾知即良知，乃混沌初开第一窍，为万物之始，不与万物做对，故谓之'独'。以其自知，故谓之

---

① 王时槐：《王时槐集》，上海古籍出版社 2015 年版，第 416 页。
② 王畿：《王畿集》，凤凰出版社 2007 年版，第 135 页。
③ 王时槐：《王时槐集》，上海古籍出版社 2015 年版，第 547 页。

'独知'。① 良知作为万物之始是与物无对、卓然独立的自知状态。王时槐云："一窍之灵，脉脉长生而无生相，凝然在无边空寂之中，独立而无侣，故曰'如有所立卓尔'，'一阳初动处，万物未生时'。"② 作为本性灵窍的良知是动而未形、生而未生的，故而良知是独立无侣、与物无对的独知。又云："是窍也，其体本无声臭，其用乃有知识。夫内执无声臭，是谓沉空；外倚有知识，是谓着相。体用之间，不落有无，强名之曰窍，是圣门所谓不睹闻而显见之独，动而未形、有无之间之几也。"③ 进一步强调良知作为本性之发窍，既不沉空，也不着相，是不落体用有无的独。现实存在的见在良知也是不分有无的独。《答萧勿庵》载："知前更无未发，知后更无已发，合下一齐俱了，更无二功，故曰独。独者无对也，无对则一，故曰不贰也。"④ 见在良知作为不分已发和未发的生几，是无对之独。又云："虞廷曰中，孔门曰独，舂陵曰几，程门主一，白沙端倪，会稽良知，总无二理。虽立言似别，皆直指本心真面目。"⑤ 这也强调良知既是几也是独。

（2）作为心之真机的意也是独。王时槐云："意，心之真机。动而未形，所谓独。"⑥ 意也是动而未形的生几，也是与物无对的独体。又云：

> 意非念虑起灭之谓也，是生几之动而未形、有无之间也。独即意之入微，非有二也，以其无对谓之独。⑦
>
> 性之发为意，意之微萌，动而未形，善恶未分，所谓独也。

---

① 王畿：《王畿集》，凤凰出版社 2007 年版，第 131 页。
② 王时槐：《王时槐集》，上海古籍出版社 2015 年版，第 519 页。
③ 王时槐：《王时槐集》，上海古籍出版社 2015 年版，第 577—578 页。
④ 王时槐：《王时槐集》，上海古籍出版社 2015 年版，第 392—393 页。
⑤ 王时槐：《王时槐集》，上海古籍出版社 2015 年版，第 420 页。
⑥ 王时槐：《王时槐集》，上海古籍出版社 2015 年版，第 446 页。
⑦ 王时槐：《王时槐集》，上海古籍出版社 2015 年版，第 371—372 页。

> 圣学吃紧在诚意，诚意之功只在慎独，能慎独则意无其意，所谓脉脉常生而无生相。①

这两则进一步强调作为心之生几的意，不是指生灭起伏的意念，而是动而未形、善恶未分的几，也是无对之独。在这个层次上诚意之功即是慎独。又云：

> 性本生生，意乃生生之微几，动而未形，所谓独也。独者，无对之称，盖有无不足以名之，故曰"独"也。意与念有辨，至于念则纯驳分焉。独几常生而无可睹闻之相，于此慎之，则此意常微，即孔子无意之谓。②

此则由性论及意、独的内涵。所谓"性本生生，意乃生生之微几"，是说性即是生生之理，而意则是描摹此生理的状态，即，性作为生生之理，意是本性之生生状态，可谓本性中涵之德。意是生生之微几，不可视为念虑事物那样已形成的存在，而是动而未形、将动未动、生而未生的独几。

（二）独体

如果将"无对"的特征推到极致，则独的最终指向是全体大用的独体，独几不过是独体的现实表现而已。无论是"无人相伴"的独处，还是王畿的"与物无对"和"通一无二"的独知，还是王时槐的不分体用的独几，都没有达到绝对的独体。独的概念固然都有"无对"的意义，但也有相对和绝对之分。相对的独是日常经验中的独处、独知和孤独感，是从全体大众中退场而获得的相对的单独状态，在其他境域仍然隐藏着伴随者。绝对的独是不可分的"通一无

---

① 王时槐：《王时槐集》，上海古籍出版社 2015 年版，第 517 页。
② 王时槐：《王时槐集》，上海古籍出版社 2015 年版，第 571 页。

二"，不分有无、动静、内外、寂感、先后、形而上和形而下的，如果有分则有对，而不得谓之严格的独体。独体必须在全体大用的意义上才能真正成立，否则，独永远会停留在"人所不知而己所独知"这种相对的个体独处和个体独知上。个体式的独由于在体用关系上并不具足，所以无论是世俗生活中的个人主义者，还是"独与道德为友，独与天地精神往来"的素隐行怪者，都脱离不了相对状态。只有能兼具形而上之体和形而下之用，精粗本末一贯者，才可谓之真正的"见独"和"体独"。王时槐云："孔子之道，即人伦物理而造天载之神，精粗本末，一以贯之，至远而近，至高而卑，至虚而实，道其至矣乎？彼役其识于是道之下者，俗学也。恣其见于是道之上者，异学也。均之不可以语孔子中庸之道。"① 无论是沉溺于形而下的世俗生活者，还是超拔于形而上的悟道者，均是有待者，均不可以语中庸之道，均不可谓之见独或体独，惟仁者能谓之见独或体独，惟中道能为体独的境界。个体之独和仁者之独的差异，其实是有对之独和无对之独的差异。只有至大无外、具足体用、全体大用的道体，才能真正称为"与物无对、通一无二"的独体，如老子的道、无极之太极等；能体知独体的，只有浑然与物同体的"仁者"；能为独体之显现状态的，就是具足体用而无分体用的生几。所以，独的真正意义是"无对"，而不是独处；而"无对"的真正意义是"通一无二"，否则会陷入相对中。

另一方面，独处、独知之地虽能体现个体之慎独、诚意的道德意义，但与公共生活关联不大，因而在公共道德价值上有所欠缺，如王畿云："至于闭关独善，养成神龙虚誉，与世界若不相涉，似非同善之初心。"② 相对之独只具有独善而非同善的道德价值。

此处亦须从本体论和心性现象学的角度指出"独体"和"独夫"的区别。全体大用能使"独"体现为真正的"无对"，而"无对"

---

① 王时槐：《王时槐集》，上海古籍出版社 2015 年版，第 490 页。
② 王畿：《王畿集》，凤凰出版社 2007 年版，第 121 页。

亦能昭示全体大用为真正的独体。独体之无对，不仅是存在上的无对，亦是认知与意欲上的无对象。若存在上有对，则不成为独体；若认知与意欲有对象，则有主客之分，若主体欲将一切存在纳入意欲之对象，使天下之公有成为小我之私有，而成为主体统辖之物，其社会形式上固然是无对的，但会成为社会政治中"独夫"。"独夫"是将全体对象化和意欲化的体现。只有存在上无对待的全体大用、心性现象上有整体表象而无意欲对象的仁者，才是真正的独体或体独者。

在王时槐思想中，心之生理（本性）、中道与独体是一个意思。王时槐云："独者，谓此心生理为物不贰，故曰独也。敬以存此生生之德，是谓主一，是谓谨独，无二功也。"① 生理是生几的本体，是为物不贰的独体，慎独之功夫就是敬存生理（敬存）、专精于独体（主一）。又说："此心之独，无间于动静、昼夜、死生，故学惟在慎独，更无余事。"② 本心之生理超越了日常经验一切对立状态，所谓慎独是慎于无对之生理，而不是慎于日常的独处和独知。独亦是中，王时槐说："千圣谈学，皆指中道，不落两边，如言中、言仁、言知、言独、言诚是也。若言寂则必言感而后全，言无则必言有而后备，以其涉于偏也。"③ 独是兼具寂感有无的状态，是不落两边的中道。唯有不落两边的独才可谓之中，而两边之中会导致中点的无限后退，并不是真正的中道。

生理涵摄各种本体概念的内涵，可谓全体大用的独体。《仰慈肤见》载：

> 宇宙此生理，以其万古不息谓之命，以其为天地万物所从出谓之性，以其不可以有无言谓之中，以其纯粹精至极不可名状谓之至善，以其无对谓之独，以其不二谓之一，以其天则自然非假

---

① 王时槐：《王时槐集》，上海古籍出版社 2015 年版，第 588—589 页。
② 王时槐：《王时槐集》，上海古籍出版社 2015 年版，第 485 页。
③ 王时槐：《王时槐集》，上海古籍出版社 2015 年版，第 485 页。

人力谓之天理，以其生生谓之易，以其为天地人物之胚胎如菓核之含生谓之仁。①

此理非动非静而常动常静，非体非用而即体即用，故曰"其为物不二，则其生物不测"，若分动静，岐体用，则不识生理真面目，是二见矣。②

生理之前无寂也，生理之后无感也，生理之前无无也，生理之后无有也。生理亦无前也，亦无后也，寂感不二，有无不分，前后无际，故曰"独"，圣学之要，慎独尽矣。③

生理具有自然生机性、无限性、公共性、道德超越性和完满性等特征。心学家从不同方面来说明生理。1. 生理之流行即命，表现了宇宙本体的现实活动性。2. 生理即性。命强调宇宙本体后天流行的一面，性则强调宇宙本体先天未发的一面。3. 生理即中。此中非过犹不及之中庸，而是借般若中观来描述本体非有非无、有而无、无而有的统一。4. 生理即至善，是不可用善恶形容的绝对完满性。5. 生理即一，具有统一性和普遍性，即"充塞天地皆生理"。6. 生理即仁。有万物一体之相及仁民爱物之心。7. 生理即天理。宇宙生生不息而井然有序，其中必有流行之天则，即理。8. 生理即易。生理表现为易的生生，以及生而敛、敛而生的屈伸往来之理。9. 总之生理即独。宇宙之生理超越了一切寂感、有无体用的二元对立框架，是不分理气、不分体用、不分动静、为物不二之独。

（三）慎独

独几和独体除了指出本心（良知和生意）是体用之几、体用之独的意义外，还具有纠正两种致良知偏失、区分儒释的意义。在致良知中，舍体逐用固然偏离本性，但离用而趋无也会导致体用分隔。舍

---

① 王时槐：《王时槐集》，上海古籍出版社 2015 年版，第 537 页。
② 王时槐：《王时槐集》，上海古籍出版社 2015 年版，第 538 页。
③ 王时槐：《王时槐集》，上海古籍出版社 2015 年版，第 539 页。

体而逐用的表现是以为顺应知觉情感流行即是致良知、即是见性，离用而趋无的表现是以为人伦事物与本性无干，不留意后天修为。独体说与慎独之功是对此两种学说和道德实践的纠偏。《答郭存甫》载：

> 今云"独者，性之萌芽处"，又云"独者，对人之称"，此亦甚是也。大抵佛家主于出世，故一悟便了，更不言慎独。吾儒主于经世，学问正在人伦事物中实修，故吃紧于慎独，但独处一慎，则人伦事物无不中节矣。何也，以独是先天之子，后天之母，出入有无之枢机，莫要于此也。若只云见性，不言慎独，恐后学略见性体而非真悟者，便谓性中本无人伦事物，一切离有而趋无，则体用分而事理判，甚至行检不修，反云与性无干，则其害有不可胜言者矣。此圣门所以吃紧于慎独，其为万世虑至深远也。为善学者亦非一途，有彻悟本性而慎独即在其中者，有精研慎独而悟性即在其中者。①

如果独有个体之独处和本体之独几两种意义，那么相应有两种慎独的境域。性中本具人伦事物，所以见性必然包含在人伦事物上用功的慎独。此处独是独处，慎独是以独处为起点而在人伦事物上修养，既可以悟无以应有，也可以研有以悟无，悟性与慎独并无二致，这是儒家经世与悟性相济之处。而在王时槐看来，佛学主于出世，所不求慎独，佛学之本体及功夫不涵摄人伦事物的世间法，此为儒佛之根本区别。

在即体即用上的本体上用功，是第二种慎独境域。此处独是独体或独几，慎独是戒慎于体用一源，此时慎独与研几的功夫一致。《答贺汝定》载："'来谕所云：'收敛非为，藏乎无朕，入于至寂，绝其妄生之端，而真生之几盎然顺流矣。此几万古不息，无起无灭，又何

---

① 王时槐：《王时槐集》，上海古籍出版社 2015 年版，第 449 页。

昼夜死生之别乎？'此言甚契我心。但于此愈微愈密，体用本末一齐俱了，终日乾乾，只是此件而已，此孔门慎独之正脉也。"[1] 生几是生而无生的状态，研几便是收敛妄生，入于虚寂本体，再焕发生生真几，研几之入微便是慎独，这种极深研几功夫是慎独之正脉。《赠刘公霁进士北上五条》载："一念之微，是谓真几，不二不息，有无不足以名之，于此谨之曰'研几'，亦曰'慎独'，圣学舍此，别无致力处矣。"[2] 这是说，研几便是慎独。由于独几是性体的呈露，而王时槐认为"心体无可着力"，"惟此为可致力，于此时时入微，是谓慎独"，所以尽管不能在虚寂本体上直接用功，但可以在本体之呈露的独几上用功。此研几与慎独之功，便是本体之功夫，亦可以说是间接在本体上用功。

五　晚明心学家的独体论

将"无对"的特征推到极致，则从独几深入到独体，无对之独的最终指向是终极本体和全体大用。事实上，朱子的道体、阳明龙溪的良知、王时槐的性（生理），都隐含着全体大用的意思，只是未明确表达为独体，而最终由晚明心学家唐鹤征、钱一本、耿庭怀和刘宗周等，明确提出兼体用、合性情、具理气、统心性的独体。

心学的独体不同于客观自然存在，唐鹤征视独体为无善无恶的道德本体。他认为，独知犹非独体，独体不可于"知微"上求，而应于"知微之先"求无善恶的道德本体[3]。他说："平旦之气，一念未起，何以好恶与人相近？正所以指明独体也。一念未着好恶，明德之明，炯然暂露，乃是《大学》知体，《中庸》性体。"[4] 独体是一念未生之际、未染著善恶习气的道德本体，即《大学》知体和《中

---

① 王时槐：《王时槐集》，上海古籍出版社 2015 年版，第 380 页。
② 王时槐：《王时槐集》，上海古籍出版社 2015 年版，第 597 页。
③ 黄宗羲：《明儒学案》卷二十六，中华书局 2008 年版，第 614 页。
④ 黄宗羲：《明儒学案》卷二十六，中华书局 2008 年版，第 615 页。

庸》性体，具有人人相近的好善恶恶的天性。耿庭怀将独体视为体用一源的统体，他说："独体本自惺惺，本自寂寂，而却有不惺惺不寂寂之物欲。独体本自无起，本自无灭，而却有常起常灭之人心。"① 独体具有本体的虚寂不可睹闻和作用的惺惺常觉两方面特征。独体之表现为起灭动静的人心，本体是无起灭动静的恒常存在，总为兼具体用的统体。

刘宗周为言"独体"的集大成者，他以《中庸》慎独为建宗立极之说，统合太极阴阳、理气、心性，乃至本体和功夫。晚明由良知学走向性学的思想，经刘邦采、王时槐至刘宗周而趋于成熟。刘宗周认为，古今性学之所以隐晦不明，是因为将性视作一物：佛家言性空，空与色相对；道家言性玄，玄与白相对；儒家言性理，理与气相对。② 三家所理解的性皆是有对之物，而真正的性是无对之独体，即"天命之谓性，此独体也。"③ 至于阳明的独知，只是独体的显露和功夫入手点："独体无朕，主不得一知字。今云独知，是指下手亲切处。"④ 性作为独体，不是与心、气相隔的孤悬本体，而是心性合一的统体，他说"独，一也。形而上者谓之性，形而下者谓之心。"⑤ 无论是形而上的性理，还是形而下的心气，皆统一于独体。自性宗立场而言，刘宗周认为天命之性即是作为全体大用的独体，即"'天命之谓性'，以其情状而言，则曰'鬼神'；以其理而言，则曰'太极'；以其恍惚而言，则曰'几'、曰'希'；以其位而言，则曰'独'。"⑥ 天命之性兼具太极之理、造化（鬼神）之性质和几微之状态，在名位上无物与之相对，故而是体物不遗的独体。自心学角度而言，刘宗周认为独是"心之极"⑦，亦是作为全体大用的心，他说：

---

① 黄宗羲：《明儒学案》卷六十，中华书局 2008 年版，第 1486 页。
② 刘宗周：《刘宗周全集》第二册，浙江古籍出版社 2007 年版，第 419 页。
③ 刘宗周：《刘宗周全集》第二册，浙江古籍出版社 2007 年版，第 396 页。
④ 刘宗周：《刘宗周全集》第二册，浙江古籍出版社 2007 年版，第 424 页。
⑤ 刘宗周：《刘宗周全集》第二册，浙江古籍出版社 2007 年版，第 390 页。
⑥ 刘宗周：《刘宗周全集》第二册，浙江古籍出版社 2007 年版，第 383 页。
⑦ 刘宗周：《刘宗周全集》第二册，浙江古籍出版社 2007 年版，第 392 页。

"合心意知物，乃见此心之全体。更合身与家国天下，乃见此心之全量。"若能见心之全体和全量，则王艮的"格物"、阳明的"致知"和杨简的"无意"诸说，都只偏言心的一旨而未至独体境地①。性与心还可统一于独体，刘宗周曰："《大学》言心到极至处，便是尽性之功，故其要归之慎独。《中庸》言性到极至处，便是尽心之功，故其要亦归之慎独。"② 可见，刘宗周认为独体可统合心性，而慎独统贯尽性与尽心之功，心性在本体上可相互发明，在功夫上可相互推致。

独体还是统贯本体与功夫的中和之学，刘宗周言："一独耳。指其体谓之中，指其用谓之和。" 相应地，慎独是彻上彻下的功夫："言慎独，而身心意知家国天下一齐俱到，在《大学》为格物下手处，在《中庸》为上达天德统宗，彻上彻下之道也。"③ 独体不分本体与功夫，而慎独可统贯《学》《庸》的功夫论。总之，在刘宗周看来："独之外，别无本体；慎独之外，别无功夫。"④ 独体是即本体即发用、即本体即功夫的全体大用，它是以气为实质、以理为气之条理、以大化流行为载体、以心知为自觉主体的实体。只有在这个意义上，才能理解心学家所谓"盈天地间皆道"、"盈天地间一气，气即理"的思想⑤。

总之，独具有隐微和无对二义，隐微强调道德修身意义，而无对指示本体意义。独的特征，逐渐从时空经验的相对隐微和相对独立，深入到本体的超验的绝对隐微和绝对无对。独的意涵，也逐渐从具有道德修身意义的个体心念上升到心学的道德本体。从独处到朱子的独知，是独从外在时空到内在心理的转变；一变而为阳明的独知，是独从常识自知到良知心体的提升；再变而为龙溪的独知，是对独的形

---

①　刘宗周：《刘宗周全集》第二册，浙江古籍出版社 2007 年版，第 409 页。
②　刘宗周：《刘宗周全集》第二册，浙江古籍出版社 2007 年版，第 390 页。
③　刘宗周：《刘宗周全集》第二册，浙江古籍出版社 2007 年版，第 396、397 页。
④　刘宗周：《刘宗周全集》第二册，浙江古籍出版社 2007 年版，第 300 页。
⑤　刘宗周：《刘宗周全集》第二册，浙江古籍出版社 2007 年版，第 407、408 页。

而上概括；再变而为王时槐的独几，是对本心活动之纯粹经验的深入描述；再变而为刘宗周等人的独体，是心学用以描述道德本体和全体大用的高峰。上述各种独皆有无对特征，但只有从体用关系描述作为全体大用的道德本体，才真正走向绝对无对的独体。但无论是独知、独几还是独体，都是心学经验中的独，与广延世界的自然存在有别，所以需要从体验层面的慎独功夫来理解。

由于独的思想有所演进，那么慎独功夫也相应变化。郑玄所谓"慎其闲居之所为"①，为独处一室而戒慎。朱子所谓审慎"人所不知而己所独知之地"②，为戒慎心之所发的意念。阳明认为"谨独即是致良知"③，"只是一个功夫，无事时固是独知，有事时亦是独知。"④那么慎独是不分独处共处、有事无事的不可间断的致良知功夫。王时槐视独为性之发窍和性之生几，那么慎独就是于性之呈露、本心动而未形之际戒慎，慎独功夫也是研几之学。刘宗周视独体为全体大用，那么慎独也是彻上彻下的统合身、心、意、知、家、国、天下的功夫。

---

① 卫湜：《礼记集说》卷一百二十四，清通志堂经解本。
② 朱熹：《四书章句集注》，中华书局 1983 年版，第 18 页。
③ 王守仁：《王文成公全书》第一册，中华书局 2015 年版，第 235 页。
④ 王守仁：《王文成公全书》第一册，中华书局 2015 年版，第 43 页。

第六章　本体宇宙论

中国哲学中的宇宙论不仅包含老庄的自然宇宙论，汉代的气化宇宙论，玄学的本体宇宙论，理学的本体宇宙论，也包括心学的心性宇宙论。其所理解的宇宙本原虽不一，但其宇宙整体的视角和宇宙生发的思路却是一致的。自然宇宙论和气化宇宙论都无异议，易引起歧义的是"本体宇宙论"。在近现代中国哲学研究传统中，往往援引西方哲学之"本体"（on to）解释中国哲学之"本体"（本根），其典型是将以王弼为代表的魏晋玄学视为"本体论"。汤用彤说："汉代寓天道于物理。魏晋黜天道而究本体……于是脱汉代宇宙之论（Cosmology or Cosmogony）而留连于存存本本之真（ontology or theory of being）。"① "玄学盖为本体论而汉学则为宇宙论或宇宙构成论。"② 但王弼在论证"以无为本"时也认为"有生于无"，仍然带着明显的宇宙生成论特色，只是用"本末""体用"关系来给"有生于无"以新的解释，所以实质上是一种"本体的宇宙论"。钱穆早已指出王弼的玄学是一种"新宇宙论"："王弼特地注周易，正为要把周易的宇宙论来代替前汉经学家五天帝王的宇宙论"，"王弼的新宇宙论出世而两汉经学上旧的宇宙论亦告解体。"③ 钱穆和汤用彤关于王弼玄学

---

① 汤用彤：《魏晋玄学论稿》，上海古籍出版社2001年版，第44页。
② 汤用彤：《魏晋玄学论稿》，上海古籍出版社2001年版，第60页。
③ 钱穆：《中国学术思想史论丛》（三），东大图书有限公司1977年版，第71、72页。

是"宇宙论"还是"本体论"的不同理解，代表了中国哲学研究中的两种选择：是以西方哲学的"本体"来覆盖中国哲学之"本体"，还是沿着中国思想传统而还原其本来的哲学特征？这种思考同样适用于对宋明哲学中理本体和心性本体的讨论。事实上，在现代中国哲学研究中，不仅张岱年、陈来等学者曾质疑中国古代哲学有没有与西方哲学所谓的"本体"和"本体论"类似的概念①，而且后来学者也逐渐认识到汤用彤开创的中国哲学本体论研究范式是一种"本体论的误置"②。在中国哲学语境中，"本体论"并非如"ontology"那样研究实体存在的种类范畴，而是更接近于以最高原则、第一原因和终极实在为对象的"本原论"。即便承认中国哲学有道家本体论、玄学本体论和理学本体论，那也一定是不同于西方哲学本体论（ontology）的，因为无论是老子的"无"，玄学的"无"，还是理学的"理"，都必然会由无生为有，由理发为后天之气、由性发为后天之情、由太极化为阴阳五行，"生""发""化"等活动充分体现了宇宙论的特征。尤其是儒家哲学中，本体和本原具有一致性，儒学"本体论"与单纯探求时空形式中的本原及其演化的"cosmology"，或单纯从逻辑上探求本体和存在范畴的"ontology"相区别，而是既包含作为"存在之依据"的"本体"，又包含此"本体"以超时空形式而生发演化的宇宙论。对于这种"本体论"和"宇宙论"相结合的方式，牟宗三评论："这种存在论即在说明天地万物之存在……不在明万物之构造。此种存在论亦函着宇宙生生不息之动源之宇宙论，故吾常亦合言而曰本体宇宙论。"③ 无论是老庄道家、汉代经学家、魏晋玄学，还是宋代理学、明代心学，都或明确或隐晦地展示出探索作为开端、原则、元素、原因、基础的本原（本根）的特点，其思路都倾向于

---

① 张岱年：《张岱年全集》第 5 卷，河北人民出版社 1996 年版，第 629 页；陈来：《仁学本体论》，生活·读书·新知三联书店 2014 年版，第 13 页。

② 郑开：《中国哲学语境中的本体论与形而上学》，《哲学研究》2018 年第 1 期。

③ 牟宗三：《园善论》，联经出版事业有限公司 2003 年版，第 328 页。

宇宙生发论而非西方哲学的本体论（ontology），只是各种哲学理论所理解的本原含义有别，其宇宙演化方式亦存在时空形式或逻辑形式之别。

心学的本体宇宙论集中体现为良知发窍论，它具有宇宙整体的视域，以混沌元气、先天之理或虚寂真心为本根或本体，以"窍"为生发初始状态，从气、理和心的角度按照时空形式、逻辑形式和内时间形式，展现出"本根—窍—万有"的宇宙发生模式，是一种将气化宇宙论、理性宇宙论和心性宇宙论相结合的本体宇宙论。这表明心学家并不是简单地讨论人心之良知的主观世界，而是既具有用狭义良知从主观心知体验来诠释道德理性的维度，也具有从广义良知从一体之气化来解释客观自然世界的维度。心学的本体宇宙论是中国哲学语境中宇宙论的集大成者。现时代，在气化宇宙论让位于自然科学，理性宇宙论面临着沦为"独断论"的质疑之际，心学基于气化宇宙论和理性宇宙论的心性宇宙论则为哲学留下了空间，对探讨道德意识的产生和纯粹经验的形成具有启发意义。

一　中国哲学语境中的窍

宇宙论不仅从宇宙整体视角研究本根和宇宙构成，而且还探究宇宙生发过程，"发窍"即宇宙生发的最初状态。中国哲学语境有诸多的"窍"：孔窍、道窍、易窍和心窍。孔窍是常识中一种中空开口的非封闭存在，被视为出纳物质、感通信息或化生事物的门户。道窍是宇宙起源论中混沌初开的窍，是无中生有或从有返无的门户，可谓之有无之窍。易窍指易学用来比拟现实世界的形质孔窍或有无之窍的卦象，具有中虚开窍的形象和往复通达的作用，如兑艮复姤等，可谓之阴阳之窍。心窍除了指思想开窍之外，在心学宇宙论视野中主要指道德本体、混沌之气和虚寂真心的最初开显状态。

（一）常识的孔窍

常识中的窍是一种中空开口的非封闭实体，其第一个特征是中虚含容性,《说文》释窍曰:"穴也,空也。"① 窍的第二个特征是必源于某个本体,若是纯粹虚空或封闭实体则会"出无本而入无窍"②。中国古医论认为肝开窍于目,脾开窍于口,肺开窍于鼻,肾开窍于二阴等③,以人体脏腑为九窍之本体。《礼记·礼运》载:"天秉阳,垂日星;地秉阴,窍于山川。"④ 日月为天之垂象,山泽为地之发窍,窍和现象一样必有所发或所依之本体。窍的第三个特征是因中虚开口而具有出纳物质、感通信息和化生事物的功能。《周礼集说》载黄氏曰:"窍者,气之所由以通者也。"⑤ 律管孔窍、人身九窍属常见的气息物质相通之窍,《礼记》视山泽为通天地气息的窍。⑥ 微观孔窍也有感通的功能,比如在中医理论中,"伤寒自毫窍而入","瘟疫自口鼻而入"。⑦ 以恩培多克勒和原子论为代表的古希腊"流射说",甚至将孔窍与流射物质相合视为产生感觉的一般原理。⑧ 窍的第四个特征是开显发明性,朱子云:"自上古陶为土室,其当中处上为一窍以通明。"⑨ 在密室中开窍以取明,窍是光照入口或暗室显现光明之处。形质孔窍为哲学语境诸"窍"确立了基础意义。

(二) 道家宇宙论的有无之窍

老子从宇宙论角度提出作为万物本根的有无之窍。《老子》第一章云:"常无欲,以观其妙;常有欲,以观其徼。""徼"在宋元明以来被理学家朱熹和心学家王畿、耿定向等视为"窍",而吴澄以为

---

① 许慎:《说文解字》,中华书局1963年版,第152页。

② 郭庆藩:《庄子集释》,中华书局1961年版,第800页。《庄子》本指自生自死而无本根,此处借用。

③ 张志聪:《黄帝内经集注》卷一《金匮真言论》,浙江古籍出版社2002年版,第30—32页。其他如《周礼·天官·冢宰》:"两之以九窍之变,参之以九藏之动。"

④ 孙希旦:《礼记集解》卷二十二,中华书局1989年版,第608页。

⑤ 陈友仁:《周礼集说》卷三,文渊阁四库全书本。

⑥ 《礼记·礼运》载:"地秉阴,窍于山川。"意谓地秉持于阴气,为孔于山泽,窍在下而通气于上。参见孙希旦《礼记集解》卷二十二,中华书局1989年版,第609页。

⑦ 吴有性:《瘟疫论》提要,上海科技出版社1991年版,第1页。

⑧ 北京大学哲学系外国哲学史教研室编译:《古希腊罗马哲学》,生活·读书·新知三联书店1957年版,第77—78页。

⑨ 黎靖德:《朱子语类》卷九十,中华书局1986年版,中华书局1986年版,第2322页。

"徼"即孟子所谓的"发端"。① "徼"、"窍"或"端"在宇宙论意义上具有一致性，因为在"道由无形质落实向有形质的活动过程"中可能存在一个边界、门户或开端②，而"徼"、"窍"或"端"均可表达有无之间的边界和门户意义。自无观之，"窍"是无的最初生发处；自有观之，"窍"则是万物所来之门；"徼"、"窍"或"端"均可视为万物的直接根源。③ 清代学者徐大椿认为，"以观其窍"就是观万物最初受气成形的状态，窍是无为无形的道的最初"发泄之处"。④ 道从无形生发为有形万物的"徼"或"窍"还可被称为"玄牝之门"，《老子》第六章载："玄牝之门，是谓天地根。""玄牝之门"即大道母体化生万物的开端和通道。与此不同，庄子从自然与人为的关系提及"凿浑沌之窍"⑤，日凿一窍而浑沌七日死。浑沌既指有无一体、清浊未分、尚未开窍的自然和气⑥，也指未生起欲望与经验的自然无为。"窍"比喻人能生起感觉、欲望和情识的感官或感应门户。庄子赋予"窍"以负面价值，凿浑沌之窍既是对自然的破坏，也是从无到有、从清虚无为到有欲有为、从自然到文明的开始。

道家哲学将常识的孔窍转化为形而上的道窍，老子的有无之窍

---

① "徼"的意义约有四种，其一曰归结，如王弼注"徼，归终也。"其二作"窍"，如马叙伦说"徼当作窍"。其三作"曒"。其四作边际，如吴澄曰："徼者，犹言边际之处，孟子所谓端是也。"（参见陈鼓应《老子注译及评价》，中华书局1984年版，第60页）本文拟采用"窍"和"端"的解释。这不仅因为边际、发端和发窍的意义有相通之处，都能表示从无到有（从体到用）的起始和边界，而且因为宋元明以来不少理学家、心学家和道教学者的确将"以观其徼"写作"以观其窍"。朱子曰："'常无欲，以观其妙；常有欲，以观其窍'，只是说'无欲、有欲'，今读者乃以'无、有'为句，皆非老子之意。"（《朱子语类》卷一二五《老子》）王畿曰："尝无欲以观其妙，尝有欲以观其窍，万物芸芸以观其复，非老氏之言乎？"（《王畿集》，《寿东廓翁七袠序》）陆世仪亦录王畿之语："常无欲，以观其妙，未发之中也；常有欲，以观其窍，已发之也。"（《思辨录辑要》卷三十一）元代陈致虚亦作"以观其窍。"（《周易参同契分章注》卷上，《大易总叙章》第一）从文字而言，"徼"和"窍"均从"敫"，二者意义之异同当别论，此处以二者的一致性为前提。

② 陈鼓应：《老子注译及评价》，中华书局1984年版，第55页。

③ 有与无皆为万物之本始，"无"为无形的终极本原，而"有"为形而下直接根源。

④ 徐大椿说："窍，发泄之处也。物始受气发动成形，而又无所不足。"参见徐大椿《道德经注》卷上，文渊阁四库全书本。

⑤ 郭庆藩：《庄子集释》，中华书局1961年版，第309页。

⑥ 郭庆藩：《庄子集释》，中华书局1961年版，第309—310页。

是道化生万物的开始，庄子的浑沌之窍是对自然无为的最初破坏。如果说形质孔窍具有中虚开口、以形体为本、感通化生和开显发明等四个实体特征，那么老子的有无之窍则是虚窍，其所依之本体是虚寂无为的道，其中虚即"谷神"的虚空而不测，其开口即"玄牝之门"的开放性，其化生即"天地根"的化生万物①，其感通出入于有无之间而非实体之间。反之，庄子的浑沌之窍的本体虽然也是自然无为，但其开窍是朝向外部的感觉经验，其生化的是情识欲望和知识技能，其感通出入的是自然与人为之间。相比孔窍的具体实在性，道家的有无之窍或浑然之窍更体现了万物化生和经验产生的本原性。

（三）易象的阴阳之窍

易学和《礼记》一样视山泽为天地之孔窍，《易·咸》曰："天地感而万物化生"，陆绩借《说卦》"山泽通气"而释曰："天地因山泽孔窍以通其气。"② 易学还以中空开口的卦象来形容孔窍，泽兑☱和山艮☶都是描述形质实体开窍的形象，而地雷复和天风姤则是天道虚体开窍的代表。邵康节将复姤二卦比拟为天根月窟，形象地描述宇宙之气和宇宙之心的循环活动。邵子《观物吟》曰："乾遇巽时观月窟，地逢雷处见天根。"③天根月窟指复姤二卦，既代表宇宙之气的一阳初动和一阴始藏，亦能见天地生物和退藏之心；而"天根月窟闲来往"④则是阴阳的升降出入或一气的屈伸运动。

惠士奇阐发了易窍的道德意义。易窍的根本特征是虚通性，其典型是泽☱，为"上虚下实"的四正之体。邵雍说"天根月窟闲来往"，而惠士奇则认为"泽为日月往来门"。泽是天地相感的阴阳之窍，具有滋润万物，上下通达的功能。山泽结合则"山下有泽，泽气上通。山上有泽，泽气下通。通则虚，虚则能受。"⑤ 咸和损都取

---

① 陈鼓应：《老子注译及评价》第六章，中华书局1984年版，第85页。
② 李道平：《周易集解纂疏》卷五，中华书局1994年版，第315页。
③ 邵雍：《邵雍集》，中华书局2010年版，第435页。
④ 邵雍：《邵雍集》，中华书局2010年版，第435页。
⑤ 惠士奇：《惠氏易说》卷三，文渊阁四库全书本。

象于泽☱而具有虚通性。易学中的窍可分为天地之窍和人身之窍，天地之窍无欲而人身之窍有欲。天地之窍如咸，体现了"天地感万物，圣人感人心"的无欲虚通境界。而人身之窍皆为有欲之窍，目欲色，鼻欲臭，耳欲声，口欲食，舌欲味，颐之六四"其欲逐逐"即指出有欲之窍以口为甚。如何能恢复人身之窍的虚通性？惠士奇认为需用谦和损。易取象于地山谦，"山者虚而能通，常受泽之益。"①而谦必源于损，损而后能虚，虚而后能通气。所以谦之象亦损之道，二者代表了相辅相成的道德品质。惠士奇认为老子的"常无欲，以观其妙；常有欲，以观其窍"，就是指天地之窍无欲而神妙，人身之窍则需用"为学日益而为道日损"的功夫，减损人的烦恼欲望而增益道义。

（四）心学的发窍

明代心学比道家、易学和宋代理学更集中地以"窍"来描述心，"灵窍"一词在晚明士人心中甚至是心性之精华的代称，被广泛用于思想界和文学界。② 心学家在道德实践和功夫论上很重视发窍。葛寅亮认为"道之灵窍寄于人心"③，故而以微眇之人能恢弘广大之天道。尤时熙认为"道理于发见处始可见，学者只于发动处用功，故功夫即是本体。"④ 功夫不限于修养后天或存养先天，在道德本体的发窍上用功则功夫即本体。另一方面，心学家也极重视从理论上阐述心学的发窍论。心的意义论其大概无外乎三种：从气的角度指精微气质的精神活动，从理的角度指道德理性所发的情感活动，从经验角度指灵明觉知的心知体验活动。心学发窍论即从这三个角度来将良知视为理之灵窍、气之灵窍和心之发窍，以描述理之初显、气之初具和经验初萌的状态。心学家借鉴了孔窍的特征，以道家宇宙论和理学本体论

---

① 惠士奇：《惠氏易说》卷三，文渊阁四库全书本。
② 袁中道曰："万历中间出三异人，乃黄詹事平倩，陶祭酒石篑，予兄袁吏部中郎是也……其诗文出自灵窍，黄新而古，陶新而细，袁新而奇。"参见袁中道《珂雪斋集》外集，卷十三，明万历四十六年刻本。
③ 葛寅亮：《四书湖南讲》，《论语湖南讲》卷四，明崇祯刻本。
④ 黄宗羲：《明儒学案》卷二十九，中华书局 2008 年版，第 639 页。

为基础，以心知体验为特色，从气化宇宙论视角视良知为宇宙混沌一气开显的精华，从理性宇宙论视角指出良知是道德本体呈现为道德情感的开端①，从心性宇宙论指出良知是从虚寂无为生发为灵明觉知的初始状态，而这三者都统一于"见在良知"中。在心学发窍论中，形质孔窍的特征得到集中体现和转化，良知作为发窍具有虚明灵觉、发于道德本体、沟通有无寂感，尤其是开显明觉的特性。可以说，心学发窍论是中国哲学中"宇宙论"和"窍论"的思想集成。

二 气之灵窍与气化宇宙论

心学发窍论吸收了道家的自然宇宙论和两汉的气化宇宙论，以宇宙整体为视角，以自然无形、混沌元气或太虚之气为本根，从外时空的存在维度探求"有生于无"或"元气化生阴阳五行"的生发过程，并以良知为宇宙混沌之气的灵窍。以王阳明为代表的心学家，认为良知具有广狭二义，广义的良知指混沌元气化生天地万物的内在动力，可以被称为气之灵窍或造化之精灵，狭义的良知指人心良知，属于气之灵窍的最精华部分。这表明，心学家的思想并不是简单地讨论人心之良知的主观世界，他们其实也具有用气化宇宙论及广义的良知来解释客观自然世界的维度。

（一）气之灵窍：广义的良知和狭义的良知

良知与常识的孔窍一样以气质为基础，只不过孔窍是形质实体，而良知是灵明虚体。秦汉学者也曾以气来描述孔窍和精神活动的关系，《韩非子·解老》载："知事天者，其孔窍虚。"② 《淮南子·精神训》载："夫孔窍者，精神之户牖也。"③ 但他们所谓的孔窍只是人的感官。而明代心学家以良知为气之灵窍，则是从宇宙论层面视良知

---

① 从根本上说，这种视角依然是从宇宙生发角度审视道德本体开显为道德情感的过程，属于未发到已发的思路，而不是探讨现象背后的依据，所以可谓之本体宇宙论。

② 王先慎：《韩非子集解》，中华书局1998年版，第140页。

③ 刘文典：《淮南鸿烈集解》，中华书局1989年版，第222页。

是混沌元气的最精微开显处。心学家常用《庄子》中的混沌与窍来说明宇宙元气与良知的关系。比如王阳明的发窍论就体现在以下三句话中：

> 一窍谁将混沌开？[1]
>
> 天地万物与人原是一体，其发窍之最精处，是人心一点灵明。[2]
>
> 良知是造化的精灵，这些精灵，生天生地，成鬼成帝，皆从此出。[3]

王阳明这三则文献展现出明显的发窍论，包含着气化宇宙论的几个要素：（1）宇宙整体的视域。"混沌之开"是宇宙创始之意，"天地万物与人原是一体"是宇宙万物同体或同一本原之意，"良知是造化的精灵"和"这些精灵，生天生地"是宇宙本根化生之意。（2）气为本根。现代学者已经认识到，尽管气在心学中处于边缘地位，但心学家"论性、论心、论道、论功夫乃至论良知都或明或暗地联系着'气'这一向度。"[4] 气是构成天地万物的本根，第二则文献中的"天地万物原是一体"，就是从万物"同此一气，故能相通"[5]的层面指出气为构成万物的基质。在气的层面，阳明发窍论中的"混沌"指气的本然太虚和自然无形状态，"一体"言气的普遍存在和整体状态，"造化"言气的自然运动和化育流行状态，"天地万物"指气的

① 王守仁：《王文成公全书》第三册，中华书局 2015 年版，第 919 页。

② 王守仁：《王文成公全书》第一册，中华书局 2015 年版，第 133 页。

③ 王守仁：《王文成公全书》第一册，中华书局 2015 年版，第 129 页。

④ 陈立胜：良知之为"造化的精灵"：王阳明思想中的气的面向，《社会科学》，2018 年第 8 期。对王阳明思想之中"气"的因素之阐述还可见小野泽精一等主编、李庆译：《气的思想》第三编之第三章《明代哲学中的气：王守仁和左派王学》，上海人民出版社 2014 年版，第 420—436 页。陈来：《有无之境》第四章第三节《心与性》之中"性与气"部分，人民出版社 1991 年版，第 87—90 页。邓克铭：《王阳明思想观念研究》第二章《王阳明心学中之性体观的特色》之第三节《关于"性即气"之解释》，台大出版中心 2010 年版，第 46—55 页。

⑤ 王守仁：《王文成公全书》第一册，中华书局 2015 年版，第 133 页。

凝聚成形状态。（3）描述了由混沌开窍为良知，进而生出天地万物的宇宙生成论。第一则引文暗喻良知是混沌之发窍，第二则引文指良知是气之发窍的精华，第三则引文则直接指出良知作为"造化的精灵"能够"生天生地"和"成鬼成帝"。对此，王畿申论道："良知是造化之精灵……造者，自无而显于有；化者，自有而归于无……吾之精灵，生天生地，生万物，而天地万物复归于无。"① "造化"即从无生有和从有返无的气化流行过程，而良知作为"造化之精灵"也就是宇宙论中有无相生的动力和门户。上述宇宙整体视域、本根之气、发窍和宇宙生化等要素，共同搭建出心学中的气化宇宙论。

但气化宇宙论会面临两个问题：其一，从良知和本根的关系来说，良知本是人心，为何能成为混沌之窍？如果说人心能开辟出客观世界，会导致违反常识的极端唯心论。这需要理解阳明发窍论中良知的广狭两种意义：广义的良知是"气之灵"，即一体之气的发窍或造化之精灵；狭义的良知是"气之灵"基础上的"心之灵"、"性之灵"或"理之灵"②，即气之发窍的最精处。关于广义上的良知，王阳明说："人的良知，就是草木瓦石的良知。若草木瓦石无人的良知，不可以为草木瓦石矣。岂惟草木瓦石为然，天地无人的良知，亦不可为天地矣。"③对此，存在主义的理解是："草木、瓦石、天地的意义总是相对于人而言……没有人的良知，便没有意义关系中的草木、瓦石、天地。"④ 这是将没有进入意义世界的存在视为混沌，良知作为混沌之窍的意义就是指天地万物通过人心的理解而对人敞开存在。这种解释有一定意义，但是没有解释草木瓦石如何有良知？联系王阳明此论的语境，其实他是在气为本根和万物一体的视域下，将良知为"心之灵"或"性之灵"的意义转移到气上，使良知成为

---

① 王畿：《王畿集》，凤凰出版社 2007 年版，第 85 页。
② 王守仁：《王文成公全书》第一册，中华书局 2015 年版，第 42 页。
③ 王守仁：《王文成公全书》第一册，中华书局 2015 年版，第 133 页。
④ 杨国荣：《心学之思：王阳明哲学的阐释》，中国人民大学出版社 2009 年版，第 121 页。

"气之灵"和"造化之精灵"。"灵"本来具有生机的意义，由于阳明认为"流行为气，凝聚为精，妙用为神"①，如果良知是气之精灵，"精"又是气之凝聚，那么阳明所谓的"人的良知与草木瓦石的良知"就不是在狭义上指知觉心或道德本心，而是在广义上指气的精华，是气之运动而化生事物的生机动力，也是万事万物所禀受的气之精灵。同时，良知作为混沌之窍或气之发窍，实际上是以虚中聚实、无中生有的显现方式来描述太虚之气的凝聚，而不是从实中开虚、有中生有的形象描述混沌被凿开或物质实体的敞开。

由此看来，阳明发窍论第三则引文"良知是造化的精灵，这些精灵，生天生地，成鬼成帝，皆从此出"，其中"造化的精灵"指广义的良知，也就是具有化生动力的良知（气之灵）；第二则引文"天地万物与人原是一体，其发窍之最精处，是人心一点灵明"，其中"一体"之本根元气，"发窍"指广义的良知（气之灵），也就是元气的化生动力，而"发窍的最精处"指狭义的良知（心之灵），也就是落在人身的气之精灵；第一则引文"一窍谁将混沌开"，其中的混沌之窍可以兼有广狭二义，但主要是从广义上形容作为气之灵的良知是混沌开辟的动力和初始状态。此义并非孤证，王畿认为："天地间一气而已……其气之灵，谓之良知。"② 钱德洪认为："天地间只此灵窍，在造化统体而言，谓之鬼神；在人身而言，谓之良知。"③ 他们都是在万物一体之气的意义上论良知是气之灵窍，只不过王畿的"气之灵"主要指广义的良知，而钱德洪所谓的"天地之灵窍"在天地造化则为广义的良知，在人身则体现为狭义的良知。所以，心学气化宇宙论中的"混沌之窍"、"气之灵窍"，主要是从广义上论良知是混沌元气或太虚之气中涵的生机、精灵。

其二，从良知和事物的关系而言，良知如何能生出天地万物等客

---

① 王守仁：《王文成公全书》第一册，中华书局 2015 年版，第 25 页。
② 王畿：《王畿集》，凤凰出版社 2007 年版，第 182 页。
③ 黄宗羲：《明儒学案》卷十一，中华书局 2008 年版，第 226 页。

观事物？钱穆曾质疑王阳明的"良知是造化的精灵，这些精灵，生天生地，成鬼成帝，皆从此出"有"堕入渺茫的本体论之嫌"："这里把良知说成是天地万物后面的一个绝对实体，良知便是造化，天地鬼神全由良知生成，试问此事何由证知？岂不说成了人的良知乃与上帝造物一样，这实在太渺茫了。"① 钱穆的质疑代表了常识哲学对极端唯心论的怀疑，但是一方面，钱穆只是在人心的层面论良知与万物的生成关系，而没有理解良知作为"造化的精灵"是广义上的气之灵窍，是本根元气化生万物的生机动力，故而误以为作为人心的良知与造化或本根绝对同一，而成为天地万物背后的绝对实体；另一方面理论界定不清，既认为阳明此论堕入本体论，又认为良知之生物如同上帝之造物，将心学的宇宙生成论与上帝创世论混同。但钱穆之质疑表明，既需要澄清广义上的作为万物精灵的良知与狭义上的作为人心灵明的良知（二者都可以被称为气之窍），也需要澄清广义的良知"化生天地万物"的两种内涵：在阶段上，良知作为混沌之窍或气之灵窍，是本根化生万物的初始阶段，是万物所从出的门户；在动力上，良知作为"造化的精灵"实为气之化育万物的内在动力，如陈立胜指出，精灵"标志良知的创造义、创生义"，"是指构成生命之为生命的内在活力"②，那么王阳明说精灵（良知）"生天生地，成鬼成神"，即等于说混沌元气以其内在生机而化生万物。此义亦非孤证，王畿也从气化宇宙论角度指出良知"化生天地万物"的意义："通天地万物，一气耳。良知者，气之灵也。生天生地生万物，而灵气无乎不贯，是谓生生之易。"③ 广义上的良知是天地万物中贯通的气之精灵，能化生天地万物并使它们能相互感通和转化，这是生生之易的体现。

---

① 钱穆：《阳明良知学述评》，《中国学术思想史论丛》（七），东大图书有限公司 1977 年版，第 79 页。

② 陈立胜：《良知之为"造化的精灵"：王阳明思想中的气的面向》，《社会科学》2018 年第 8 期。

③ 王畿：《王畿集》，凤凰出版社 2007 年版，第 348 页。

可见，心学的气化宇宙论中的良知具有广狭二义。在广义上，可以说气化宇宙论包含着万物皆有良知（灵窍）的思想。在狭义上，则只能说气化宇宙论包含着万物皆有灵窍的思想，而不同事物的灵窍有所不同。荀子曾论"水火有气而无生，草木有生而无知，禽兽有知而无义。人有气有生有知亦且有义，故最为天下贵也。"① 荀子并未将自然性视为"气之灵窍"，但承认水火、草木、禽兽和人分别具有气质、生长、知觉和道德等不同的属性。心学家则认为万物的灵窍（特指生机）表现为不同的属性，沈懋孝说："草木之生有灵机，其性能发生。鸟兽之生有灵机，其性止能飞走。人之生尤得其灵机之完，能言能行能视听能思虑能学习，则人者可教之使为善。"② 植物、动物和人的灵窍分别表现为发生、感官活动和良知，是逐渐从气质性贴近道德性的过程，是质的逐步完备而非量的差异。不仅天地间万物皆有灵窍，而且一体之中也如此，沈懋孝认为："满腔皆灵机，遍体皆灵窍。"③ 皆以气质为基础，而筋肉骨血具生长性，感官具知觉活动性，良知具思虑、学习、为善之属性。

　　心学气化宇宙论中的混沌与发窍也有广狭二义。在广义上，混沌即一体之气的浑然未分状态，发窍即气之凝聚的精华。阳明说："夜来天地混沌，形象俱泯，人亦耳目无所睹闻，众窍俱翕，此即良知收敛凝一时。天地既开，庶物露生，人亦耳目有所睹闻，众窍俱辟，此即良知妙用发生时。可见人心与天地一体，故上下与天地同流。"④ 此论认为天地自然有开合，则人与万物的众窍也随之翕辟，这种将人心与天地造化相合的思想是心学具有气化宇宙论的明证，其中的混沌、窍和良知皆取广义，混沌为气的浑然状态，众窍包括人与万物之窍，良知也包括"造化之精灵"和灵明之心。在狭义上，混沌是纯

① 王先谦：《荀子集解》卷五《王制》，中华书局 1988 年版，第 164 页。
② 沈懋孝：《长水先生文钞》，《长水沈先生洛诵编》之《补原性》，明万历刻本。
③ 沈懋孝：《长水先生文钞》，《长水沈先生洛诵编》之《补原性》，明万历刻本。
④ 王守仁：《王文成公全书》第一册，中华书局 2015 年版，第 131 页。

气所聚的真心，发窍即灵明的人心良知。阳明说："婴儿在母腹时，只是纯气，有何知识……皆是精气日足，则筋力日强，聪明日开。"① 这是从狭义上论纯气聚则为人形，而精气足则开窍为人心良知与感官。查铎承此义曰："赤子之心混混沌沌，只是一团醇气……种种知能已具此真心中，特未发窍，故无可见耳。"② 这是在狭义上将混沌醇气比为赤子之心或本心，发窍指混沌醇气所开显的本心良知。查铎又曰："阳明提出良知二字，此乃吾人灵窍。此灵未发窍处，混混沌沌，原自无是无非。"③这也是从狭义上以混沌为无是非善恶的真心，而良知为其灵窍。同样，王畿也将"良知和意见"比拟为"元气和火"④。心学的气化宇宙论虽然借鉴了宇宙论的形式和气的维度，也可以用来解释包括人心的客观自然的宇宙生成，但其宗旨是用来说明心学的道德本心。

面对同一宇宙本根，老子和庄子的宇宙论其实指出了两种宇宙开窍方式和两种窍："道"的自开而形成"有无之窍"，"道"被凿开而形成"混沌七窍"。心学家也从混沌元气层面区分出"自开与被开"两种开窍方式和"良知与感官"两种窍。王畿借《易》之蒙卦说，宇宙本来是"混沌未分，只是一团纯气，无知识技能掺次其中"的"童蒙"状态⑤，这是即心即气的本根。宇宙混沌有两种开窍方式，一种是自身的"混沌日开，日长日化"⑥，这时良知就是混沌之发窍，即"大始之知，混沌初开之窍，万物所资以始"⑦。另一种是外在的"凿混沌之窍"，这时感官即为混沌之七窍，若对混沌纯气

---

① 王守仁：《王文成公全书》第一册，中华书局2015年版，第18页。
② 查铎：《查先生阐道集》卷三《答邵纯甫书》，清光绪十六年泾川查氏济阳家塾刻本。
③ 查铎：《查先生阐道集》卷三《答卢仰苏学博书》，清光绪十六年泾川查氏济阳家塾刻本。
④ 王畿：《王畿集》，凤凰出版社2007年版，第294页。
⑤ 王畿：《王畿集》，凤凰出版社2007年版，第87页。
⑥ 王畿：《王畿集》，凤凰出版社2007年版，第87页。
⑦ 王畿：《王畿集》卷六《致知辩》，凤凰出版社2007年版，第135页。《致知议略》类似："乾知即良知，乃混沌初开第一窍，为万物之始。"参见《王畿集》，凤凰出版社2007年版，第131页。

"强开以知识，杂以机械"，则"混沌凿而七窍伤"①。王畿认为良知和感官皆属混沌之发窍，良知为天然虚窍，而感官是外向实窍；任运良知、充养纯气是待混沌自化的养蒙之法，而强加由感官所滋生知识技能则是凿开混沌之窍的行为。② 王时槐同样从宇宙论角度论发窍，但不是区分出两种窍，而是集生生之气与业习之气、良知与感官知觉于发窍一身。一方面，《答王养卿》载："惟此一窍，乃太虚中生生之灵窍也。一切念虑知识、万事万物皆从此一窍流出，此是天然自有，不学不虑，而人人具足者也。"③ 这提出了从太虚、灵窍到念虑知识事物的宇宙发生论，太虚之灵窍即生气即良知，这是窍的正面意义。另一方面，《书南皋卷后》载："性本无病，惟混沌一开，此窍立焉，则业习之气有潜注其中。"④ 混沌指本性，窍指良知，发窍一形成便不免内涵习气之病，而习气之病就潜在于感官知觉，这是发窍的负面意义。王时槐的发窍论以"一心开二门"的思路指出一窍开出良知与知觉、生气与习气这两种共时性和一体性的存在。王畿和王时槐的发窍论差异就是"一气开二窍"和"一窍开二气"的不同。

良知和感官作为宇宙一气的发窍，是一种主次关系。查铎认为良知发窍为感官作用，并主宰后者，他说："心之灵明，发窍于一身，则在目为明，在耳为聪，在手为恭，在足为重。"⑤ 心之灵明即良知，良知在人身又发窍为七窍四肢的感官作用，皆是一气的贯通。耿天台认为良知是感官作用的所以然之理，他说："惟此视听言动所以然处，便是此心发窍处也。此心发窍处，便是天地之心之发窍处也。"⑥ 如果感官是身之发窍，那么良知是人心和天心之发窍，是感官作用的

① 王畿：《王畿集》，凤凰出版社2007年版，第87页。
② 两种窍的论述亦见于《王畿集》卷十二《与曾见台》，凤凰出版社2007年版，第305页。
③ 王时槐：《王时槐集》，上海古籍出版社2015年版，第380页。
④ 王时槐：《王时槐集》，上海古籍出版社2015年版，第577—578页。
⑤ 查铎：《查先生阐道集》卷四《语录》，清光绪十六年泾川查氏济阳家塾刻本。
⑥ 黄宗羲：《明儒学案》卷三十五，中华书局2008年版，第820页。

所以然依据。另一方面，良知和感官作用也是可以相互转化的。查铎认为，若依赖感官而任用情识，则"良知化而为知识，知识化而为机变，种种过恶皆从此出。"① 反之，耿定向认为，若加以致知功夫，则"知体透露出头，不为声色臭味埋没，方能率令得耳目口鼻，使视听言动各循其则。"② 如此，良知既能主宰感官知觉，也能转化并流于知识机变；若加致知之功，则良知也能统率感官知觉。

（二）从灵窍到自然属性

气之灵窍除了具有广狭二义之外，心学家还作了更为细致的分析，他们将"气之灵窍"的含义扩大，认为万物皆有灵窍。他们认为，气之灵窍既是混沌元气或太虚之气的内在生机，也是元气聚为有形事物后，各类事物的自然属性。荀子曾对万物的自然性作出区分："水火有气而无生，草木有生而无知，禽兽有知而无义。人有气有生有知亦且有义，故最为天下贵也。"③ 宇宙万物皆属一气，水火、草木、禽兽和人的自然性，分别是气质、生长、知觉和礼义，后一种物类具备前一种物类的自然属性，并逐层具有新的属性，气是最基本最广泛的属性，生长次之，而礼仪则是最稀罕最高的自然属性。

荀子并未将自然性指为"气之灵窍"，而心学家认为万物禀气所具有的自然性即为气在此类生物上的灵窍，从"生之谓性"层面区分出生长、感官和良知。沈懋孝认为："满腔皆灵机，遍体皆灵窍"，"草木之生有灵机，其性能发生。鸟兽之生有灵机，其性止能飞走。人之生尤得其灵机之完，能言能行能视听能思虑能学习，则人者可教之使为善。"④ 气之灵窍普遍存在于万物之中，人与草木鸟兽皆禀受气而发窍，体现为此类事物的自然性，并具有不同的功能。宇宙一气在草木等植物上发窍为生机，其性能是生发；在鸟兽等动物上发窍为

---

① 查铎：《查先生阐道集》卷三《书札》，清光绪十六年泾川查氏济阳家塾刻本。
② 黄宗羲：《明儒学案》卷三十五，中华书局 2008 年版，第 820 页。
③ 王先谦：《荀子集解》卷五《王制》，中华书局 1988 年版，第 164 页。
④ 沈懋孝：《长水先生文钞》，《长水沈先生洛诵编》之《补原性》，明万历刻本。

感官活动，其性能是飞走。在人身上发窍为良知，人在视听言动、思维学习等气质活动基础上还能教化以为善。由于人心禀受气的精华，气之灵窍在人身上体现得更为完备。植物、动物和人的自然性是逐步完备的关系。

（三）发窍和根窟

心学家常借鉴邵雍的思想，以天根月窟说明宇宙一气或宇宙之心的初始活动。根窟为造化之初机，发窍为混沌之初开，二者似是而非，所以需将二者区分开来。王畿和耿定向代表了在此问题上的两种不同思想。耿定向用根窟说明一念之生灭，倾向于认为根窟即是发窍。他认为："一念之动，无思无为，机不容已，是曰天根；一念之了，无声无臭，退藏于密，是曰月窟。"[①] 天根即一念初动，月窟即一念寂寥。比如乍见"孺子入井"而生怵惕恻隐之心，则此受外境触动而自然生出的仁爱、不忍之心即是天根，而此怵惕恻隐之发出也不是实现什么邀誉、交情和其他经验层面的后果，而就是归复无所欲求的至善本性，此即是月窟。简言之，此一念之动和一念之了就是良知的常寂常动，天根月窟就是本体之生机和本体之敛机。耿定向还以老子的"常无欲以观其妙，常有欲以观其窍"比附这种说法，则根窟不仅可以形容作为本体之生机和敛机的良知，还等同于沟通体用、有无的窍。

王畿以天根月窟形容良知之觉悟和翕聚的活动，从中可看出根窟和发窍的异同。他说："学贵得之于初。一阳初起，阳之动也，是良知觉悟处，谓之天根；一阴初遇，阴之姤也，是良知翕聚处，谓之月窟……一姤一复，如环无端，此造化合辟之玄机也。"[②] 根据王畿的论述，可以发现根窟和灵窍的相似之处。首先，根窟说和发窍论都是从初始状态描述良知，两种思想都贵在"得之于初"。其次，良知之明觉既是一阳初起的天根，也是宇宙混沌的开窍，所以自良知而

①　王畿：《王畿集》，凤凰出版社 2007 年版，第 99 页。
②　王畿：《王畿集》，凤凰出版社 2007 年版，第 100 页。

言，根窟和发窍极易混淆。当然，根据王畿的论述还可以发现二者的不同。一方面，根窟是从存在论角度以一阳初起和一阴初遇形容良知的翕辟活动，而发窍论则是从宇宙生发角度以良知为宇宙混沌开显的初始灵窍。另一方面，根窟的特征是阴阳相推、屈伸往来、循环无端的，而良知作为发窍是不与万物相对的，是宇宙本体的最初开显状态。王畿云："夫独知者，非念动而后知也，乃是先天灵窍，不因念有，不随念迁，不与万物作对。"① 这是说，发窍指良知本体，而根窟则是良知的作用，因此二者是不同的。

比较王畿和耿定向的思想，可以发现，耿定向倾向于认为根窟就是发窍，而王畿倾向于认为根窟是发窍的作用，也就是说，本体之发窍可以内涵根窟的往复活动，而根窟则不可被视为本体之发窍。综合二者的思想，可以得出，发窍与根窟在所指、性质与特征上存在异同。从所指而言，发窍可指无对之知而不可形容起灭之念，而根窟在不同意义下可被理解为良知的翕辟作用或念的起伏活动。从特征而言，发窍是无迹象的与物无对的独，而根窟却不免存在往来相对之迹象。从性质而言，发窍是从整体上描述宇宙混沌的开显，而根窟作为"造化合辟之玄机"②，是宇宙开阖的阴阳相推之力量，天根的开张动力造成了宇宙开窍，而月窟的收敛之力造成了宇宙闭合，在此意义上根窟比发窍更根本；同时，发窍是第一源头（易之寂体、道之虚无）的最初开显，而根窟只是最初往来于窍门的现象，就此而言窍比根窟更根本。这两种关系并不矛盾，因为根窟既是宇宙开阖之机能也是宇宙翕辟之现象，而发窍也非一个具体的静止门户，发窍之开张即为天根，发窍之聚敛即为月窟，二者是一而二的关系。

三 理之灵窍与理性宇宙论

心学发窍论沿袭宇宙论的生发思路，以逻辑上的"生发"代替

---

① 王畿：《王畿集》，凤凰出版社 2007 年版，第 264 页。
② 王畿：《王畿集》，凤凰出版社 2007 年版，第 100 页。

时空中的"生发",来解决理学本体论中理的开显问题。发窍论以理为所发之本体,以良知为"先天灵窍"或"性理发窍",从而实现了理本体论和宇宙论、宇宙本根和道德本体、良知的气质性和道德性的统一,是一种理本体宇宙论或理性宇宙论。

(一) 理之灵窍

在心学家看来,宇宙论中的混沌自然就是本体论中的道德本体。季本曰:"天地之初名为混沌,混沌者,太极函元,形气未分之时也……当其时,灵窍未开,阴阳浑合,纯然一理而已。"① 混沌既是元气未分之时,也是纯然一理之际,所以混沌之开窍也是理之开显。常识的孔窍依于形质实体,而心窍则发于理本体。王畿曰:"良知是天然之灵窍,时时从天机运转。变化云为,自见天则。"② 理本体发窍为良知,则其称谓从宇宙论中的"混沌初开之窍",转变成"天然灵窍"或"先天灵窍"③,灵窍从自然天理而活动,并在变动中展现理则,此是良知在气质性中展现的道德性。心学家从不同角度指出良知是道德本体的发窍。王时槐从先天之理角度指出:"性者先天之理,知属发窍,是先天之子,后天之母也。"④ 良知是先天之理的发窍。高攀龙从性理角度指出:"明察者何也? 乃知觉运动中之天则,仁义礼智中之灵窍。"⑤ 明察即良知的明觉照察作用,是性理于知觉运动中的体现,故而良知是性理的灵窍。刘宗周从诚体角度指出:"诚无为,便是心髓入微处,良知即从此发窍者。"⑥ "诚无为"是与"几善恶"相对的纯粹至善、实理自然的道德本体⑦,而良知即是诚体的发窍。以上诸论从不同方面指出良知是道德本体的灵窍,从而将

---

① 季本:《说理会编》卷二,天津古籍出版社 2017 年版,第 48 页。
② 王畿:《王畿集》,凤凰出版社 2007 年版,第 79 页。
③ 王畿:《王畿集》,凤凰出版社 2007 年版,第 264 页。
④ 王时槐:《王时槐集》,上海古籍出版社 2015 年版,第 392—393 页。
⑤ 高攀龙:《高子遗书》卷四,文渊阁四库全书补配清文津阁四库全书本。
⑥ 黄宗羲:《明儒学案》卷十,中华书局 2008 年版,第 185 页。
⑦ 周敦颐:《周敦颐集》,中华书局 2009 年版,第 12—15 页。

本体的开显和宇宙的生发相结合，可谓之"理本体宇宙论"或"理性宇宙论"。

理之灵窍的实质是天理的诚明本质展现为良知的虚明、灵明和明觉作用，而形质孔窍的"开显发明"意义也在心学发窍论中得到集中体现。理作为最高原则和原因，本具明澈无碍的本质，所以理本体不是因为良知之明觉才开显为现象世界，而是理本体的自明本质，使其作为自身显现的先验主体性而开窍为良知之明觉。在此开显中，一切存在者"分有"理之明，才能在广延世界表现为规则的明确，在道德世界获得道理的明白，在思想世界获得意义的澄明。若具理而不明反而是不可想象的。海德格尔在《哲学的终结和思的任务》中说："唯有透过光亮，显现者才显示自身，也即才显现出来。但从光亮方面来说，光亮却又根植于某个敞开之域，某个自由之境。"① 这段话可用来说明良知作为理本体之发窍的意义。光亮"所透之处"即光明与或黑暗相通的"窍"，而光亮所根植的敞开之域或自由之境则是良知所依存的理本体界。理本体的明澈性像光一样经由良知发窍，而使存在者获得显现。在朱子看来："所谓明德者，只是一个光明地事物，如人与我一把火，将此火照物则无不烛。"② 像光明使广延世界敞亮一样，明德使人之存在的道德世界明白地呈现，因此正是理所开显为良知才使得世界敞亮起来，人才体验着周遭的广延世界和道德世界。查铎认为："阳明提出良知二字，此乃吾人灵窍。此灵未发窍处，混混沌沌，原自无是无非，此灵应感处昭昭明明，自知是非。凡日用应感种种不同，各有自然条理。"③ 此论更明确指出良知作为理之灵窍，其意义是让无是非善恶的混沌世界开显为自然昭明、自有条理的道德世界。

① 海德格尔：《面向思的事情》，陈小文、孙周兴译，商务印书馆 1996 年版。
② 黎靖德：《朱子语类》卷十四，中华书局 1986 年版，第 265 页。
③ 查铎：《查先生阐道集》卷三《书札》之《答卢仰苏学博书》，清光绪十六年泾川查氏济阳家塾刻本。

（二）发窍的理气二维属性

理性宇宙论中的道德本体和理之灵窍，与自然宇宙论的混沌元气和气之灵窍具有同一性，因为道德本体的开显其实就是理乘气或气具理的过程，时空形式的发窍和逻辑形式的开显完全一致，而理所开显的良知也正是混沌元气发窍的"最精处"（阳明）。这说明，良知作为发窍集中体现了理与气的精微结合，既具有天理的道德内涵，又具有虚灵明觉的作用形式，兼有气质性和道德性两方面。

由于理具有不混于气的先天性和存在于气的后天性，所以发窍所体现的理气关系包括存在与本质两方面。就现实存在而言，理气不分开，理依存于气。顾宪成和钱一本都以理气的共时性存在来论发窍。他们认为，宇宙本初并非存在气和理两层世界，而是"厥初一气"的存在①，气的主宰即为性理。这种理气关系其实是朱子思想的延续和明代理气论的整体特色②，即认为理不是气之外的独立存在，只是气所当然者为理；性不是心之内的独立事物，"只是理所当然者便是性"③。据此，气之灵窍不在理之外，而是气具理后所开显的"最精处"；而理之灵窍也非外于气，而是"谓之发窍便已落于气"④。

若就本质而言，理具有不混于气的先天性，对窍的理气属性的界定是先天与后天，而不是时间先后。王时槐基于理气的性质差异，认为发窍是介于先天与后天之间，他说："知者，先天之发窍也，谓之发窍，则已属后天矣。虽属后天，而形气不足以干之。故知之一字，内不倚于空寂，外不堕于形气，此孔门之所谓中也。"⑤ 先天和后天分别指理和气。虽然开窍即属后天之气，但因尚处于理的初显阶段，

---

① 钱一本：《像抄》卷一，明万历刻本，《四库存目丛书》经部第14册，第110页。
② 陈来：《元明理学的"去实体化"转向及其理论后果》，参见陈来《从思想世界到历史世界》，北京大学出版社2015年版，第313—347页。
③ 黎靖德：《朱子语类》卷六十，中华书局1986年版，第1426页。
④ 钱一本：《像抄》卷一，明万历刻本，《四库存目丛书》经部第14册，第110页。
⑤ 王时槐：《王时槐集》，上海古籍出版社2015年版，第344页。

故形气尚不足以干扰其先天性，这种先后、内外之间的"中"不是时空形式的"中"，而是性质发生转变的中间阶段。王时槐将介于先天与后天、理与气之间的灵窍形象地称为"先天之子，后天之母"①，从逻辑上赋予其宇宙生发（本体开显）的中间特征。李材认为发窍具有流于后天气质的倾向，他说："灵之体虽本虚，而灵之用必乘气发窍之后，后天之分数居多。"② 灵之体为理，灵为理之发窍，灵之用是理乘气而发窍后的作用。李材认为发窍的作用是后天气质居多，"一到发灵后，终日终夜只是向外驰走"③，"任灵则必至从质，从质则其流必至灭天"④，发窍实际上具有偏离先天之理而流于后天气质的倾向。王时槐和李材对发窍的理气属性的论述，是关于理乘气之过程的性质——发窍是偏于形而上之理还是偏于形而下之气，而不是从时间上描述发窍是理乘气的过程，或从成分上描述发窍是理与气的结合。故而王时槐的"先后天之间"不可视为宇宙论中的时空前后，而李材的"后天分数居多"也不可视为理气份量的多寡。

由于发窍集中体现了理与气的精微结合，所以顾宪成将其称为人与禽兽不同的"虚灵"和"几希"⑤。朱子曾在《大学或问》以"理同气异"来区分人物，而在《四书集注》又以"气同理异"来区分人物。⑥ 但在心学家看来，无论是从"理同气异"还是"气同理异"，都是将理气分开来讨论人与物的差异，而没有看到理气的完美结合之处才是区分人与物的关键。高攀龙认为，朱子所谓的"知觉运动之蠢然，人与物同；仁义礼智之粹然，人与物异"并未找到人与物的异同点，因为人与禽兽同禀五行之气而生，且都不外于五常之

---

① 王时槐：《王时槐集》，上海古籍出版社 2015 年版，第 392—393 页。
② 黄宗羲：《明儒学案》卷三十一，中华书局 2008 年版，第 675 页。
③ 黄宗羲：《明儒学案》卷三十一，中华书局 2008 年版，第 669 页。
④ 黄宗羲：《明儒学案》卷三十一，中华书局 2008 年版，第 675 页。
⑤ 钱一本：《像抄》卷一，《四库存目丛书》经部第 14 册，第 110 页。
⑥ 黎靖德：《朱子语类》卷四，中华书局 1986 年版，第 59 页。此外，朱子还认为人物在理和气上皆有同有异："知觉运动，人物皆异，而其中却有同处。仁义礼智是同，而其中却有异处。"参见《朱子语类》卷五十九，中华书局 1986 年版，第 1378 页。

德，那么知觉运动固然是物之所同，仁义礼智也非人之独异，但人唯有"这一点灵窍却独异"。①高攀龙又认为，虽然人与万物同禀受理气，但"人只有这一点明察，是异于禽兽处。"② 明察即理与气结合最精微的良知，是人与万物的根本区别。天地万物同属宇宙一体之气，同禀太极阴阳之理，人却独以良知灵窍为异于万物的关键，其原因不在于气或理的异同，而在于理气的完美结合，良知也因此而成为人物相别的"几希"。如果说人与万物的区分不在于气或理的差异，而在于理与气的完美结合，那么理性宇宙论其实是从狭义上看待发窍和良知，这是其与气化宇宙论的不同之处。

（三）发窍和发端

发窍论中的发窍和性情论中的发端相似，都是从体用、寂感、未发已发的关系来论述道德本体的显现活动，且都体现了已发的初始状态，只是理学家多用发端来说明性理和四端之情的关系，而心学家多用发窍说明性理和良知本心的关系。性情论是理学家和心学家的共识，而发窍论则是心学对性情论的深化。发端侧重于描述道德本体初发的情感现象，而发窍则重在说明道德本体之微动，是本体发为道德情感的中间阶段，是比四端之情更深微的"动而未形"的本心之微几，是四端之情所能表现的前提条件。按照本体生发的过程来界定，性理为良知之体，而四端之情只是良知之用。理学家较少关注发端的前提，朱子曰："寂然是体，感是用。当其寂然时，理固在此，必感而后发。如仁感为恻隐，未感时只是仁；义感为羞恶，未感时只是义。"③ 朱子以体用、寂感的大格式说明性理与四端的关系，四端虽然尚处于本性发用的初始阶段，但已经属于"动而有形"的情感现象，并包含了善恶、羞恶、是非的价值判断。对于"动而未形"、将感而未感、未发已发之间的几微状态（理之发窍），朱子语焉不

---

① 高攀龙：《高子遗书》卷四，文渊阁四库全书补配清文津阁四库全书本。
② 高攀龙：《高子遗书》卷四，文渊阁四库全书补配清文津阁四库全书本。
③ 黎靖德：《朱子语类》卷七十五，中华书局 1986 年版，第 1922 页。

详，而心学家却对此备加详述。

发窍与发端在阳明学中并不对立。阳明的良知兼具发窍和发端两种意义。耿宁从道德意识现象学的角度，将阳明良知观提炼为两种主要意义：向善的禀性，对意念活动的道德品评（或内在于意念中的自身判断）。前者属于"心之本体"或"理之灵"，是见父自然知孝、见孺子入井自然知恻隐等自然倾向，被阳明视为道德基础；后者属于对"心之发动的意"的觉知或意念的自身意识，已经表现为知是非、知恻隐、知羞恶等情感，与孟子的仁义智之端有联系。① 这两种良知分别指"本然良知"（作为体的良知）和"良知之用"（作为用的良知）。阳明认为，"本然之良知"具有虚灵明觉的特征，这时"意之本体便是知"②，"有知而后有意"③，"虚灵明觉之良知应感而动者谓之意"④，可以说良知是意的本体，意只是良知的感应活动。本然良知的发用是在意识活动中始终伴随的照察作用，阳明称为"意之灵明处"⑤ 或"意之明觉"⑥，表现为知是非、知善恶的良知。如何区分这两种良知观和发窍、发端的关系？可从两方面说明。第一，是否具有善恶的道德意向。作为理之发窍的良知，如老子所谓的"恍惚"，是虚灵明觉的独知，中涵天理而善恶未判（无善无恶理之静⑦），有纯善之禀性而无善恶意向（也就是说，这种本性的善尚未

---

① ［瑞士］耿宁：《论王阳明"良知"概念的演变及其双义性》，参见氏著《心的现象——耿宁心性现象学研究文集》，商务印书馆 2012 年版，第 167—187 页。

② 王守仁：《王文成公全书》第一册，中华书局 2015 年版，第 7 页。

③ 王守仁：《王文成公全书》第一册，中华书局 2015 年版，第 58 页。完整表述为："有知而后有意，无知则无意矣。知非意之体乎？"

④ 王守仁：《王文成公全书》第一册，中华书局 2015 年版，第 58 页。

⑤ 王守仁：《王文成公全书》第一册，中华书局 2015 年版，第 113 页。完整表述为："指意之灵明处谓之知。"

⑥ 王守仁：《王文成公全书》第一册，中华书局 2015 年版，第 95 页。完整表述为："以其发动之明觉而言，则谓之知。"

⑦ 王守仁：《王文成公全书》第一册，中华书局 2015 年版，第 36 页。完整表述为："无善无恶者理之静，有善有恶者气之动。"

表现为意识活动中的向善），而四端之情已经表现出明确的善恶意向①。第二点，是否形成道德判断和道德情感。作为心之本体和理之灵窍的良知，无是非善恶（无善无恶心之体②），而对意念活动的知是非善恶的良知，已经有了分别意识（知善知恶是良知③）。据此二点，阳明的"本然良知"属理之发窍，良知有纯善禀性而无善恶意向，是意的本体；阳明的"良知的发用"属性之发端，在感应活动中对意识起着知是非善恶的道德判断。从本然程度看，性理为良知之体，而四端之情是良知之用。

王阳明的两种良知观被王龙溪和邓定宇更明确地区分。《龙南山居会语》载："邓子拥衾问曰：'良知浑然虚明，无知而无不知。知是知非者，良知自然之用，亦是权法，执以是非为知，失其本矣。'先生曰：'然哉！是非亦是分别相，良知本无知，不起分别之意，方是真是真非。'"④他们认为，本然良知"浑然虚明"，无是非善恶的分别，良知的作用才表现为知是非善恶。本然良知即理之发窍，而是非之知作为四端之情，只是良知的发用。查铎说："良知原是浑然，爱敬其发窍处也。"⑤ 这也认为良知是理的发窍，四端之情又是良知的发窍。王时槐区分了良知和知之发端，他认为发窍属"内不倚于空寂，外不随于形气"的浑然状态⑥，而发端是已成形的情感现象，阳明所谓的"知善知恶是良知"是指"知之发端"，与"四端之心"

---

① 　自注：需要区分向善的禀性和善恶意向。性理初萌时只有向善的禀性或倾向，而善恶意向则是经验层面意念初萌时的善恶，即《通书》所谓"几，善恶"，朱子解曰："几是动之微，是欲动未动之间，便有善恶。"意念初萌之善恶是气动之初便有了善恶的意向，并将形成显著的善恶习气和行为。而向善的禀性从本质上说，只是一个向善的倾向。善恶意向是殊途、混杂的，而向善的禀性在本质上只是"好善必然恶恶，恶恶亦是为好善"的一致倾向。

② 　王守仁：《王文成公全书》第一册，中华书局 2015 年版，第 145 页。完整表述为："无善无恶心之体，有善有恶意之动，知善知恶是良知，为善去恶是格物。"

③ 　王守仁：《王文成公全书》第一册，中华书局 2015 年版，第 145 页。

④ 　王畿：《王畿集》，凤凰出版社 2007 年版，第 166—167 页。

⑤ 　查铎：《查先生阐道集》卷二《再答孟我疆书》，清光绪十六年泾川查氏济阳家塾刻本。

⑥ 　王时槐：《王时槐集》，上海古籍出版社 2015 年版，第 344 页。

一样属于"即情以验性"的情。① 凡此诸论，皆说明发窍指本然良知，而发端指良知之用，已开始关涉道德判断。所以，发窍比发端更根本，而发窍论比性情论更深微地指出性理显发的初始状态，是对性情论的深化。

从思想发展来看，晚明心学家对发端的理解逐渐等同于发窍。万廷言以生理来统一发端和发窍，他说："孩提爱敬，世儒看作形生以后，最切一窍发念最好处，却小看了。乾坤只是一箇生理，一箇太和元气，故爱敬是乾坤骨髓，生人的命脉，从这些子结聚方成人，故生来便会爱敬，不是生后始发此窍也……若人深体此意，则天地日月风雷山川鸟兽草木，皆是此窍，无物不是孩提，无时不是孩提。"② 爱敬在孟子以来一般归于仁之发端，而万廷言认为不可将爱敬之情视为发窍的最初一念，爱敬就是生理本体的发窍，一切事物皆有此窍（本体内涵的生意）。刘宗周评陈献章曰："静中养出端倪，不知果是何物？端倪云者，心可得而拟，口不可得而言。"③ 又曰："静中养出端倪，端倪即意，即独，即天。"④ 刘宗周所谓静中养出的"端倪"，不是四端之情，而是不可名状的本心经验，是心之所主的"意"和不分体用的"独"。这就把端倪的意义从孟子以来"一念触发"的道德情感上升为本心状态，端倪就是心之发窍。晚明以来的心学家，万廷言将四端之情的爱敬视为生理的发窍，刘宗周将端倪视为道德本体的发窍（意），发端的意义逐渐等同于发窍。

四　心之发窍与心性宇宙论

心学发窍论的创新之处在于按照宇宙生发的思路，从内时间性

---

① 王时槐：《王时槐集》，上海古籍出版社2015年版，第558页。
② 黄宗羲：《明儒学案》卷二十一，中华书局2008年版，第506页。
③ 黄宗羲：《明儒学案》，中华书局2008年版，第5页。
④ 黄宗羲：《明儒学案》卷六十二，中华书局2008年版，第1545页。

的"心知体验"角度提出了一种体验式的心性宇宙生成论①，也可以成为经验宇宙论。心学的道德本体不会孤悬独立，而必要落实为心知体验活动。阳明说："心无体，以天地万物感应之是非为体。"② 欧阳德说："性无体，以知为体；知无实，事物乃其实地。"③ 钱德洪认为："心无体，以知为体……知无体，以感应之是非为体。"④ 心学的道德本体是无形象体段的虚体，无论是阳明、龙溪等的知体，还是刘师泉、王时槐等的性体，都不会孤悬独立而必然会呈露为知觉、意念、情识和感应事物，否则会沦为阳明所谓的"悬想本体"⑤ 或康德所谓的"先验幻相"。在这个意义上，心学家所谓的心之本体不是指的内在本质，而是从心知体验角度指"本然的心境或心的本然状态"⑥。若追问阳明"一窍谁将混沌开"的答案为何是良知，原因在于良知是宇宙一气"发窍之最精处"⑦；良知为何是宇宙一气开窍的精华，原因在于良知是天理的诚明本质的自然展现；而良知如何将天理的本质展现，则在于"灵明"或"明察"的心知体验活动。所以，发窍的气之灵窍和理之灵窍意义都要落实到心知体验上。心之发窍区别于理气之灵窍的独特意义，即在于从心知体验来揭示经验活动的初始状态和存在澄明的意义。虽然发窍往往被心学家描述为宇宙混沌之初开，但其实质是描述内时间性的心知体验活动，即从虚寂混沌的无意识境界产生以明觉生机为特征的纯粹经验，并形成具有是非善恶属性的道德意识，这一过程可谓之"经验的宇宙论"。虽然关

---

① 心之发窍只是本心的虚灵明觉等纯粹经验状态，尚未形成明确的具有攀缘逐境、分别思量功能的"识"，而不可以道德意识或认知意识的"意识体验"来说明这种状态，故以"心知体验"来说明。亦即，在"我"形成之前笼统唤作"心知"，在"我"形成之后可谓之"意识"。

② 王守仁：《王文成公全书》第一册，中华书局2015年版，第134页。

③ 欧阳德：《欧阳德集》，凤凰出版社2007年版，第109页。

④ 黄宗羲：《明儒学案》卷十一，中华书局2008年版，第232页。

⑤ 王守仁：《王文成公全书》第一册，中华书局2015年版，第146页。

⑥ 陈来：《有无之境——王阳明哲学的精神》，人民出版社1991年版，第82—83页。

⑦ 王守仁：《王文成公全书》第一册，中华书局2015年版，第133页。

乎心知体验，但"经验的宇宙论"不可被理解为与本体论、宇宙论并立的认识论，因为认识论是建立在"我思"基础上的意识活动，而"经验的宇宙论"还包含了"我思"形成之前的纯粹经验。窍的开显发明意义在"经验的宇宙论"中可以从两个角度展开，一是虚寂冥然获得存在澄明的过程，二是心知体验活动获得独知明觉的过程，这二者是一致的。

（一）存在澄明

心之发窍的宇宙论意义主要体现在存在论上，指人心与万物从虚寂冥然中获得存在的澄明。以"南镇观花"为例，阳明曰："你未看此花时，此花与汝心同归于寂。你来看此花时，则此花颜色一时明白起来。"① 如果没有良知的觉知，则一切事物无存在意义；因良知的觉知，才让万物与人一起从虚寂中获得存在意义。世界之被体验为世界就在于良知的觉知，所以良知就是虚寂冥然的开窍——存在意义的澄明。存在意义的澄明是一种现象学意义的"出场"，而不是指客观世界被产生，也不是"沿着本体论路径（ontological approach）追问本体论存有（ontological being）的问题"②。陈来认为，"阳明在这里不说无是意即无是花，只是说'汝心与花同归于寂'。寂对感而言，如说'应感而动者谓之意'，心未为花所感时未动此意，但心不可谓之无；花未进入知觉结构，在意象上处于'寂'的状态，但不等于花的不存在。阳明既然没有对'自开自落'提出异议，表明他所说的不是指自开自落的存有问题。"③ 无论是心与物同归于寂，还是心与物同时明白，都是指在意识观照下是否获得"存在意义澄明"的问题，而不是讨论客观事物是否"存在"的问题。杨国荣认为："草木、瓦石、天地的意义总是相对于人而言……没有人的良知，便

① 王守仁：《王文成公全书》第一册，中华书局 2015 年版，第 133 页。
② 郑开：中国哲学语境中的本体论与形而上学，《哲学研究》2018 年第 1 期。
③ 陈来：《有无之境——王阳明哲学的精神》，人民出版社 1991 年版，第 58 页。

没有意义关系中的草木、瓦石、天地。"① 这也是说良知使万物有了
与人相关联的存在意义。王畿认为："一念灵明从浑沌立根基……从
此生天生地，生人生万物，是谓大广生，生生而未尝息也。"② 这同
样是从存在意义的澄明而言，良知为混沌发窍，天地万物因为良知而
获得存在意义。在"心性宇宙论"中，不是有一个虚寂冥然的客观
存在因良知而呈现，因为虚寂冥然只是未获得存在意义的权称；也不
是良知使存在者从虚寂冥然中被知觉，因为存在的澄明是意义的形
成，而不是日常的知觉经验。"心性宇宙论"是将自然宇宙论中混沌
开显的问题，转换为存在意义的澄明问题。

（二）心知体验

心之发窍还从内时间维度揭示了心知体验的过程。在心学家看
来，从宇宙一气而言，气化宇宙论的宇宙灵窍和心知体验中的人心灵
窍同属宇宙精气③；从存在意义而言，宇宙乃吾心投射之宇宙，天地
乃良知明照之天地，因此宇宙混沌的开窍就在于意识的明觉活动，二
者也是统一的。罗洪先描述了静修中的心知体验：

> 当极静时，恍然觉吾此心虚寂无物，贯通无穷，如气之行
> 空，无有止极，无内外可指、无动静可分，上下四方，往古来
> 今，浑成一片，所谓无在而无不在。吾之一身，乃其发窍，固非
> 形质所能限也。是故纵吾之目，而天地不满于吾视；倾吾之耳，
> 而天地不出于吾听；冥吾之心，而天地不逃于吾思。④

当修到极静时，身心俱泯，物我两忘，进入虚寂混沌中。此混沌非断

---

① 杨国荣：《心学之思：王阳明哲学的阐释》，中国人民大学出版社 2009 年版，第121 页。
② 王畿：《王畿集》，凤凰出版社 2007 年版，第 167 页。
③ 钱德洪说："天地间只此灵窍，在造化统体而言，谓之鬼神；在人身而言，谓之良知。"见《明儒学案》卷十一，中华书局 2008 年版，第 226 页。
④ 罗洪先：《罗洪先集》卷八，凤凰出版社 2007 年版，第 298 页。

灭顽空，而是良知独知时。在此原发体验中，因独知的虚灵生机与明觉，而有所恍然，体现为一种无主客对待、无内外分别的纯粹经验，淡化了时空中的一切形式。宇宙浑然一片，因有所明觉而恍惚似在，又冲虚无物而似乎不在，这就是"心性宇宙论"中心的本然状态。于此继续生发，渐感宇宙一切不离吾心，有"我"的自觉，并觉知"身"的存在而区分身心，才渐由纯粹经验过渡到日常经验。罗洪先所谓"吾之一身，乃其发窍"非指形质之身，而就是指良知为本心的发窍。人在独知、明觉时使一切敞亮起来的、淡化时空形式的境界，即心知体验中混沌开显的纯粹经验，所以，灵知堪为虚寂混沌的发窍。罗洪先以良知作为心知体验开端和纯粹经验起点的静修经验，展现出一种典型的经验式的宇宙论或心性宇宙论。

在心知体验中，心之发窍除具有开显发明的意义之外，还有生生不息的意义。形质孔窍无生意可言，而生生则是心窍与形质孔窍根本不同的特性。生生既是心知体验活动的基本特征，也是经验式宇宙论或心性宇宙论的内在化生动力，从心的本然状态生发为意识活动等日常经验，源于良知的生机。可见，心性宇宙论与气化宇宙论一样，都是以良知为生化动力。王阳明说："心之虚灵明觉，即所谓本然之良知也。"[1] 这指出良知的特征是虚灵明觉，虚即本心虚寂无物、无是非善恶的特征，明觉是心的存在澄明和常惺惺的特征，灵即本心感应无穷、生生不息的特征，皆是心知体验中的状态。王畿认为："一念灵明从浑沌立根基……从此生天生地，生人生万物，是谓大广生，生生而未尝息也。"[2] 这是说，良知从虚寂冥然的无意识状态中发窍，而表现为意念中的灵明作用和生生不息的特征。周汝登说："阳明先师拈出良知两字，乃从生机中指个灵窍与人。"[3] 周汝登与王畿一样，特别强调良知的生机特征，从生机角度指出良知是心之灵窍。罗洪先

---

① 王守仁：《王文成公全书》第一册，中华书局 2015 年版，第 58 页。
② 王畿：《王畿集》，凤凰出版社 2007 年版，第 167 页。
③ 周汝登：《王门宗旨》卷十二《蓬莱会籍申约后语》，明万历刻本。

说："欲得此理炯然，随用具足，不由思得，不由存来，此中必有一窍生生，夐然不类。"① 这是说，良知作为心之灵窍具有生生特性，能在感应中呈现道德理性，这种生机是自然而有，非从思索存养中获得。查铎说："天地之大德日生，吾人同得天地之心为心，皆有此生生之灵窍，是为仁。"② 这指出，具有天地生意的心（知与仁）为生生之灵窍。总之，良知的生机特征，使心从本然状态生发为现实状态，既能展现天地万物而让后者获得存在意义的澄明，也能通过格物致知而让道德理性贯通于后天经验，这样就使心性宇宙论和理性宇宙论统一起来。

从根本上说，心性宇宙论的意义不仅在于从体验维度揭示宇宙本体落实为道德经验的过程，还在于指出顺从宇宙本体而行道德实践；心学家的核心关切不仅在于高远的"宇宙意识体验境界"，更在于践行天理而行"博施济众、仁民爱物的社会实践"。③ 若执守心知体验的虚明境界，则被阳明视为不切实的"说光景"④。这就要求即便在心知体验中，也必须从本体之发窍的无善无恶、虚灵、明觉、生生的纯粹经验，过渡到"知善知恶"的致知、"为善去恶"的格物、慎独复性的诚意活动中去，所以阳明认为"见善即迁，有过即改，方是真切功夫"，而执守心知体验活动发窍阶段的光景则"不是功夫"。⑤

总体上，儒家心性宇宙论的根本宗旨不是停留在心知体验中，否则与佛道无别。查铎明确指出气化宇宙论和心性宇宙论都要以理性宇宙论为基础。查铎说：

---

① 罗洪先：《罗洪先集》卷十五，凤凰出版社 2007 年版，第 649 页。
② 查铎：《查先生阐道集》卷七《文类》，清光绪十六年泾川查氏济阳家塾刻本。类似说法还有："吾人之生，同出太虚，原有灵窍生生，炯然不昧处，斯谓之仁。"参见《查先生阐道集》卷九。
③ 陈来：《王阳明的万物一体思想》，《中共宁波市委党校学报》2019 年第 2 期。
④ 王守仁：《王文成公全书》第一册，中华书局 2015 年版，第 34 页。
⑤ 王守仁：《王文成公全书》第一册，中华书局 2015 年版，第 34 页。

往闻教，谓有道者不为造化役……夫造化不得而役，必有先于造化者矣，此吾人无始以来虚明之灵窍也……此窍不属有无，而人人具足，不落方所，而处处圆成，昭然而显，而不可以象求，炯然而澄而不可以智索，又安可以方术求之也。世有求之调息，不知亦权法耳。毕竟调者何人，夫一呼一吸为息，即一动一静之闲，此乾坤阖辟之机，吾人生死之根也。然必自定性始，故息字从自从心，息定而性不定者有之，未有性定而息不定者也。①

儒家所理解的道不仅指自然宇宙论的气、心性宇宙论的心，而且是理性宇宙论的理。理的昭然显现处即为良知——人的虚明灵窍。灵窍既具有"无始、无象、不落方所"等超出广延世界时空性的特征，又普遍存在于时空中，故能不为宇宙造化所局限。人人自然具足此灵窍，而不能以形象、知识、技能求得。此灵窍虽然可以展现为气化宇宙论和心性宇宙论，以生灭之念和呼吸之息为动静阖辟之枢机，但究其实质，念息的动静开阖只是气质层面的"生死之根"，调理念息的功夫也只是体验灵窍的权法。若要不为宇宙造化所拘役，则不可执守身心体验而务必求诸本性。这说明，心学发窍论的实质在于超越气化宇宙论中的气质活动和心性宇宙论中的身心体验，而寻求道德理性之开显和践行。

五　发窍的本体宇宙论特征

在心学发窍论中，形质孔窍的中空开口、以形体为本、感通化生物质信息、开显发明等四个特征，升华为心窍的虚灵开放、以性理为本、沟通虚实有无和化生情识意念、诚明和澄明等四个特性。与形质

---

① 查铎：《查先生阐道集》卷二《书札》之《与刘凝斋督抚书》，清光绪十六年泾川查氏济阳家塾刻本。

孔窍的相对稳定性不同，发窍另一关键特征在于"发"，从中体现了宇宙论的阶段性、整体性和分裂性，并在每个特征中都展示出发窍的二重性。

（一）几：生发的阶段性和母子二重性

发窍论指出窍是体用有无、已发未发、寂感的中间状态，比传统性情论更细微而清晰地描述了体用关系。嵇文甫认为，王时槐对良知的新理解是从未发已发之间把握一个"窍"，即此便是知几、慎独、诚意，便是致良知。① 这个论断其实适用于多数心学家的思想。即气而言，窍是有无之间，亦即太虚与形器、无极与阴阳五行之间②。即理而言，窍是先天之理和后天之气之间。即心而言，窍是寂感、已发未发之间，亦即空寂无意识与情识意念之间。王时槐同时从理、气和心的角度指出："夫知者，先天之发窍也，谓之发窍则已属后天矣，虽属后天而形气不足以干之。故知之一字，内不倚于空寂，外不随于形气，此孔门之所谓中也。"③ 先天即本体宇宙论层面的性理，和后天之气相对；空寂即经验宇宙论层面的虚寂冥然，和感触、知觉、意念相对；形气则是自然宇宙论层面的现实存在者，和无形之太虚相对。此三者在心学家看来是统一的，而良知作为发窍，既是先后天之间，空寂和感动之间，也是太虚混沌和形气之间，故而可谓之体用之间的"中"。不过，发窍不是静止的中介，明代心学家常借用周敦颐的"有无之几"来描述良知处于体用中间的状态，"几"比"中"更符合"发窍"的宇宙生发的特征。周敦颐说："寂然不动者，诚也；感而遂通者，神也；动而未形，有无之间者，几也。"④ 按照朱

---

① 嵇文甫：《晚明思想史论》，东方出版社 2013 年版，第 45—48 页。
② 在查铎看来，灵窍还可以指太极，是混沌无极和阴阳五行万物之间。他说："上天下地，往古来今，同此一灵窍，即所谓太极也。此窍方其未判之先，混混沌沌，中涵动静之机。摩荡既久，自此生天生地生万物。故太极生阴阳，太极即在于阴阳之中。阴阳生五行，阴阳即在于五行之中。五行生万物，五行即在于万物之中。"参见查铎《查先生阐道集》卷四《语录》，清光绪十六年泾川查氏济阳家塾刻本。
③ 王时槐：《王时槐集》，上海古籍出版社 2015 年版，第 344 页。
④ 周敦颐：《周敦颐集》，中华书局 2009 年版，第 17 页。

熹的理解,"几"就是"动静体用之间"的状态①,具有"动而未形"的端倪性和"有无之间"的中间性。"几"指出发窍的生发性、初始性和中间性,发窍是"动而未形、有无之间"的微几和有无相生的门户。

发窍有"一门通二境"的特征。自无观之,窍是混沌虚无的开显;自有观之,窍则是万有化生之门,所以发窍兼具着被开和能开的双重角色,具备无之子和有之母(气的维度),先天之子和后天之母(理的维度),空寂之子和意念之母(心的维度)的双重性。王畿说:"大始之知,混沌初开之窍,万物所资以始。"② 这是从有无之间指出良知发窍兼有混沌之子和万物之母的二重性。王时槐说:"性者先天也,知属发窍,是先天之子,后天之母也。"③ 这是从体用之间指出良知发窍兼有先天性理之子和后天气质之母的二重性,这种观点被黄宗羲誉为"言良知者未有如此谛当。"④ 发窍的二重性导致对本原的细致区分。在儒家哲学语境中,本原可分为终极本原和直接本原。朱子论《通书》曰:"'大哉乾元,万物资始',诚之源也。须知此'大哉乾元,万物资始'以上,更有'寂然不动'者。"⑤《彖传》将乾元之气视为万物创始化生的本原,周敦颐将乾元之性视为诚的源头,但朱子认为乾元但尚不是终极本原,其上的寂然不动之理才是真正的本原。窍作为先天之子和后天之母,应当是万物的直接本原。

发窍和性情论中的发端皆会引起二重性问题,但是发窍的母子二重性是自然本具的特征,而四端却会产生头端或尾端的歧义。这是因为,"窍"如"门"一样以独立之体而沟通内外、彼此和有无,但"端"却不免如事物一样有两端之分,"窍"比"端"更形象自然地切入了不可分割的二重性。换言之,当说性理之发窍的时候,不会产

---

① 周敦颐:《周敦颐集》,中华书局 2009 年版,第 17 页。
② 王畿:《王畿集》,凤凰出版社 2007 年版,第 135 页。
③ 王时槐:《王时槐集》,上海古籍出版社 2015 年版,第 392 页。
④ 黄宗羲:《明儒学案》卷二,中华书局 2008 年版,第 46 页。
⑤ 黎靖德:《朱子语类》卷九十四,中华书局 1986 年版,第 2397 页。

生尾窍或首窍的歧义，而当提出"恻隐为仁之端"的时候，却不免产生头端还是尾端的疑问。朱子和弟子曾论曰："旧闻蔡季通问康叔临云：'凡物有两端。恻隐为仁之端，是头端？是尾端？'叔临以为尾端。近闻周庄仲说，先生云，不须如此分。曰：'公如何说'？曰：'恻隐是性之动处。因其动处，以知其本体，是因流以知其源，恐只是尾端。'曰：'是如此。'"①尾端即针对本体而言其流绪，头端即针对发用而言其源头。但是在孟子、朱子等人的语境中，恻隐之心是用以证明本性存在的端绪，只能明确为性之发动的尾端，却不能明确为其他情感的头绪，所以发端不如发窍那样具有确定性。

（二）独：生发的完整性和体用二重性

发窍在宇宙生发的同时也能维持宇宙本体的完整性。常识中的孔窍、门户在化生事物后能保持自身的完整性和相对他者的独立性，而宇宙论中的发窍虽然名曰"有无之间"或"先天之子、后天之母"，却只是从生发的时间和逻辑上存在"先天、发窍、后天"或"无、窍、有"三种宏观阶段，并不意味着发窍与宇宙本体、所化生者是三种隔离的存在，否则世界的整体连绵性会中断。和事物化生的具体性、分离性、变异性不同，宇宙发生总是带着整体性、连续性和同一性。发生时间和发生逻辑上的"未发、发窍、已发"三个阶段，在实际存在中每个阶段都是完整的宇宙本身：未发是浑然整体的宇宙本体，发窍时是宇宙完整地呈现，化生时也是宇宙完整地存在，而且这三个阶段是一个绵延过程。所以，宇宙本体和发窍不是包含与被包含的关系，而是同一关系。发窍的实质就是宇宙本体在"整体生发"过程中最初开显的阶段，而不是"宇宙整体"化生出来的局部现象和具体存在者。对此，王时槐解释道，为了避免致知功夫走向著空或落相的偏失，"故不得已而强言之曰：'是先天之子后天之母

---

① 黎靖德：《朱子语类》卷九十五，中华书局 1986 年版，第 2428 页。

也'"①但这并非指存在着上有先天，下有后天，良知又为先后天之间的三种割裂情形。若简单地将窍视为有无之间的中介，会带来两个困境：一是存在上会导致体用或有无与窍成为隔绝三者，并会造成体用无限分割和中介无限后退的理论困境；二是在功夫体验上会导致王畿所谓的要么"舍寂缘感而逐物"，要么"离感守寂而泥虚"的困境②；这二者皆不合乎世界整体绵延存在的事实及心学体用一源的功夫论。事实上，明代学者很明确地指出不存在固定的中介。钱启新云："动而未形，有无之间，不是未形与形交界处，亦不是有无过接处。"③ 刘宗周也认为："几者动之微，不是前此有个静地，后此又有动之着在，而几则界乎动静之间者。审如此三截看，则一心之中，随处是绝流断港，安得打合一贯？"④ 从宇宙整体而言，有无之间不存在未形与有形的分界处或有无二者的衔接处，从来都是动之微的绵延状态。从心之整体而言，不存在寂然静止、动念不已、动静的交界处三种心态，否则心中随处都会停滞而非绵延不绝的状态。

发窍在生发中保持宇宙本体完整性的特征就是"独"。程子曰："天地万物之理，无独必有对"⑤，独既是与物无对的，又是体用无对的，兼具体用的双重性。王畿说："乾知即良知，乃混沌初开第一窍，为万物之始，不与万物做对，故谓之独。"⑥ 在自然宇宙论中，发窍是宇宙整体性的开显，而不是与物相对的局部存在。王畿又说："夫独知者，非念动而后知也，乃是先天之灵窍，不因念有，不随念迁，不与万物作对。"⑦ 在经验宇宙论中，发窍是先天性理开显为全体本心的状态，而不是意念中存在动静、彼此、前后、内外之分的局

① 王时槐：《王时槐集》，上海古籍出版社 2015 年版，第 393 页。
② 王畿：《王畿集》，凤凰出版社 2007 年版，第 133 页。
③ 黄宗羲：《明儒学案》卷五十九，中华书局 2008 年版，第 1438 页。
④ 黄宗羲：《明儒学案》卷六十二，中华书局 2008 年版，第 1534 页。
⑤ 程颢，程颐：《二程集》，中华书局 2004 年版，第 121 页。
⑥ 王畿：《王畿集》，凤凰出版社 2007 年版，第 131 页。
⑦ 王畿：《王畿集》，凤凰出版社 2007 年版，第 264 页。

部知觉现象。王时槐强调发窍是不分体用的独，他说："知属发窍，是先天之子，后天之母也。惟知为先天之子、后天之母，则此知正在体用之间。若知前求体则着空，知后求用则逐物。知前更无未发，知后更无已发，合下一齐俱了，更无二功，故曰独。"① "先天之子、后天之母"不可理解为常识中母生子、子生孙的独立生成关系，而是指同一宇宙本体在不同阶段的表现。从生发阶段而言，发窍是体用之间的微几；从存在而言，发窍是不分体用、已发未发的独；几与独是同一的，是宇宙本体初开阶段的整体状态。以此观之，则"念庵先生乃举未发以究其弊，然似未免于头上安头。"② 若于流行发用之外别求寂然未发之寂体，和纯任发用一样，是将宇宙整体割裂为体、窍、用三种局部现象。

几和独的统一，表明心学家总是带着宇宙整体的眼光审视心的开显，也揭示出心学的宇宙论和本体论（非 ontology）具有同一性。王时槐说："大率虞廷曰'中'，孔门曰'独'，舂陵曰'几'，程门'主一'，白沙'端倪'，会稽'良知'，总无二理。虽立言似别，皆直指本心真面目。"③ "端倪""中""独""几""一""良知"是从不同方面形容心的本然状态和整体状态。心之初显（端、窍），就是心之整体（一、独）开显为本心（几、良知），心之本体就是心之整体。与此相似，查铎带着宇宙整体的眼光审视道德本体："维天之命于穆不已，此性之所自来。以其不落见闻，故谓之隐微；以其至尊无对，故谓之独；以其不落边际，故谓之中；以其与物同体，故谓之仁；以其一真无妄，故谓之诚；以其炯然灵昭，故谓之良知。皆性之别名耳，其实皆一性也。"④ 生生不息、隐微、独、中、仁、诚、良知皆是宇宙本体关于化生动源、时空特征、全体存在、道德性等不同

---

① 王时槐：《王时槐集》，上海古籍出版社 2015 年版，第 392—393 页。
② 王时槐：《王时槐集》，上海古籍出版社 2015 年版，第 498 页。
③ 王时槐：《王时槐集》，上海古籍出版社 2015 年版，第 420 页。
④ 查铎：《查先生阐道集》卷三《书札》之《再答邵纯甫书》，清光绪十六年泾川查氏济阳家塾刻本。

角度的表现。可见，心学家往往将宇宙本体和宇宙发生结合而论，正如牟宗三所认为的，中国哲学之本体论也涵有宇宙生生不息之动源的宇宙论。①

（三）坎陷：生发的分裂性和真妄二重性

宇宙本体除了保持生发与存在的整体性，还会自发窍起而"坎陷"自身，从而分裂为局部存在和对立现象，如真气与习气、至善与善恶、本心与情识意念、纯粹经验与后天经验。宇宙本体的分裂和宇宙存在的整体性并不矛盾，因为由发窍生发的现实杂多总体和贯穿于其中的理则，也共同构成宇宙整体。"坎陷"一词源于《易传·说卦》的"坎，陷也"，又得自黑格尔哲学"自我否定"之义。牟宗三以"良知自我坎陷"说明无执本心如何成为与物相对为二的"了别心"，并认为解决此一问题乃是知识形成之关键。② 这是说，心窍自从混沌真气、道德本体或虚寂无意识状态那里开窍之后，并非如形质孔窍那样单一地起着沟通化生作用而保持自身不变，而是在开窍的同时坎陷自身，让自身分裂为一部分本真一部分变异的存在，从而形成真心与妄心，或道德本心与意识心同时并存的二元心态。因此发窍还兼具着本真与幻妄、至善和善恶的双重性。良知作为发窍能坎陷自身而分裂为作为体的知和作为用的知：自气而言，即大始之知和知识（王畿）、生生之气和业习之气（王时槐）；自性理而言，即无善无恶和知善知恶（阳明），无是无非与知是知非（王畿）；自心知体验而言，即虚灵明觉和知觉。③ 由于窍的自我坎陷导致其在保持本真的同时有所变异，所以一方面自知识论而言，这种变异会从体用之间的良知进一步分裂为道德意识和认知意识。另一方面自功夫论而言，自混沌一开为此窍，则有业习潜注之病（王时槐④），这提示出心学

---

① 牟宗三：《园善论》，联经出版事业有限公司 2003 年版，第 328 页。
② 牟宗三：《认识心之批判》下，台北学生书局 1990 年版，第 196 页。
③ 参见前文的气之灵窍、理之灵窍和心之发窍的论述。
④ 王时槐：《王时槐集》，上海古籍出版社 2015 年版，第 577—578 页。

的复性功夫，不可放任地顺着发窍的路径生发、分裂下去，也非单纯地在后天情识意念上用功，而是在发窍上用慎独研几功夫，让良知始终保持其本生本止和即体即用的状态。

六 为哲学留下地盘的心性宇宙论

心学发窍论从理、气、心三种角度提出三种宇宙论：从混沌纯气发窍的气化宇宙论，从先天性理发窍的理性宇宙论，以及从虚寂真心发窍的心性宇宙论（或经验宇宙论），并展现出"无—窍—万有"、"先天—窍—后天"或"虚寂—窍—经验"的宇宙生发模式。这表明，心学家并不是简单地讨论理与心维度中的本体论和宇宙论，而且也试图通过良知、发窍将客观自然的气化宇宙论也纳入心学视野中。三种宇宙论的本根、发窍和生发过程具有一致性。在心学发窍论中，"窍"的意义非形而下的通道或窍门，而是在更根本的视野中指理、气、心生发的最初状态，以及有无、先后天、寂感的门户。心窍的实质是气的活动性和存在性、理的明澈性和条理性、心的主宰性和体验性的最初结合。发窍论所蕴含的新宇宙论是对老庄自然宇宙论、两汉气化宇宙论和理学本体宇宙论的继承、融合和深化，并创造性地发展出心性宇宙论（经验宇宙论）。

单纯的气化宇宙论如果限于思辨，会引起庄子式"有夫未始有始者"的本原无限后退的悖论，如要超出思辨以求明确的宇宙本原、万物构造和生成过程，则需交由自然科学来解决。单纯的理性宇宙论需要论证本体的自在前提，否则会陷入终极本体的独断论，以及对终极本体合法性的质疑。而基于二者的心性宇宙论则从心知体验层面为哲学留下了一定探讨空间，其宇宙生发思路对探讨道德意识的产生和纯粹经验的形成具有启发意义。

在理论方法与理论形式上，心学的心性宇宙论沿袭了气化宇宙论从无到有的生成模式，继承了理学本体论的道德内涵，在更严格批判意义上悬置对道德本体不加反思的断言和对道德意识不加分别的泛言，而去寻求最纯粹的无前提的经验来源和心知活动起点，从最直接的心知体验角度探讨道德意识或纯粹经验的本原、形成过程和现象，以及道德本体在心知体验中所能成立的可能性和依据。在这一点上，心性宇宙论与笛卡尔寻求确定知识的起点、胡塞尔寻求作为无前提的自身显现之可能性、牟宗三"智的直觉"有相似的方法和旨趣。但心性宇宙论并非探讨心理学意义上的认知心理之形成过程，或常识哲学的感觉经验之形成，而是和道德本体呈现为本心和道德意识是同一过程，亦即，心知体验过程也就是道德本体的呈现。可以说，心性宇宙论就是靠心知体验过程来把握道德本体的学说，这同牟宗三以"智的直觉"来把握的"道德形而上学"，倪良康所谓的本体论和现象学联姻的"道德现象学"① 具有一致性。其形式虽然近似胡塞尔的"发生现象学"，但不同之处在于心学的经验宇宙论始终具有道德理性视野和心知体验功夫。心性宇宙论的展开（或道德本体的呈现），以良知为发窍而包含两步：前一步是从道德理性向良知本心的呈现，后一步是本心的自我坎陷而形成道德意识和日常经验的过程。在心学语境中，这一过程就是理发窍为良知，再生发为后天情识的过程。而这两步所能展开，都依赖于对"发窍"的直观体验和理论描述。在心性宇宙论中，"窍"不仅指道德本体的发端，还指从虚寂中生起心知体验和纯粹经验的本然状态，因此，"发窍"是在理论上是最接近道德本体的，在心知体验中也是最具有直接现实性和自明性的意识起点和纯粹经验本原，而关于"发窍"的直观体验和戒慎入微也被某些心学家视为后天唯一可以入手做功夫之处。②

总之，心学的发窍论以宇宙整体为视域，以混沌元气、先天之理

---

① 倪良康：《东西方哲学思维中的现象学、本体论与形而上学》，《哲学研究》2016 年第 8 期。

② 比如，王时槐就认为发窍就是本体的呈露和发用的本原，是体用之间的"几"和不分体用的"独"，是后天唯一可以致力复性的功夫，他说："独者，用之原而体之呈露处也，惟此为可致力，于此时入微，是谓慎独，是谓摄末归本。"参见《王时槐集》，上海古籍出版社 2015 年版，第 416 页。

或虚寂真心为本根，以"窍"为生发的初始状态，分别从气、理和心的角度按照时空形式、逻辑形式和内时间形式，展现出"本根—窍—万有"的宇宙生发思路，是一种将气化（自然）宇宙论、理性宇宙论和心性宇宙论相结合的新宇宙论。在气化宇宙论让位于自然科学，理性宇宙论面临独断论质疑的时候，心学基于气化宇宙论和理性宇宙论的心性宇宙论则为哲学留下了探讨空间，对探讨道德意识的产生和纯粹经验的形成具有启发意义。

第七章 生生本体论与心性现象学

前文所论述的几、独、作为独几的发窍、以及不离不混的体用关系，实质上是本体的动态化、生发化、整体化、过程化的现实体现，王阳明及其后学常用佛教的中观方式来描述本体的这种状态，如生而无生、无起无不起、有而未尝有、无而未尝无、动而未尝动、静而未尝静等。① 本体的这种状态就是生生，心学本体论也是生生本体论。我们以"生生"来理解心性本体，再以纯粹经验来理解"生生"。作为既能与西方哲学之"存在"相联系，又能体现中国哲学之特质的概念，"生生"在近二十年逐渐登场而成为中国哲学的显著思潮。陈来先生《仁学本体论》主张："中国没有 onto 即 being，故中国没有 ontology，但中国哲学自身有本体，实体的讨论，故有自己的本体论。"② 中国哲学自身的本体论包括心本体、理本体、性本体、气本体等，然而朱子与阳明在思想成熟后，皆不专以理、性或心来形容宇宙本体，其思想主旨更倾向以生生指宇宙本体。在心学视阈中，宇宙本体是通过心之体知而呈现的生生状态——纯粹经验。生生是即形而上之理即形而下之气的实体，即虚寂即存有即活动的本体，即体即用的纯粹经验。可以说，生生既是实体，又是本体，还是纯粹经

---

① 耿宁也认识到这一点，参见［瑞士］耿宁《人生第一等事——王阳明及其后学论"致良知"》上，商务印书馆 2014 年版，第 281 页。
② 陈来：《仁学本体论》，生活·读书·新知三联书店 2014 年版，第 13 页。

验，生生本体论融贯了以往哲学家思考的虚寂/存有/活动、动力/目的等本体论问题。

关于现代中国哲学中的生生思想，有学者总结出三个阶段：其一是重构中国古典哲学的维度，李泽厚的《该中国哲学登场了》和《中国哲学如何登场》认为西方哲学发展到后现代德里达那里已经到头了，而中国哲学和后现代哲学可以接头。[①] 陈来《仁学本体论》继而认为研究西方哲学的存在问题对于中国哲学来说是误入歧途，应该逆证生生之仁体，从而开启了拒斥存在而回归生生的先声。其二是兼摄并超越中西的立场，丁耘和孙向晨重新阐发"生生"，分别将亚里士多德和莱维纳斯归诸"生生"哲学。牟宗三晚年从《心体与性体》的"存有/活动"范畴转向亚里士多德"四因说"的"动力因/目的因"范畴，认定儒家形而上学是目的论系统，但丁耘认为在亚里士多德那里，目的因是对存有问题的最终回答，而动力因是对自然问题的最终回答，二者不一不异。因此，在新哲学建构中应当思考为何西方哲学有存有问题，为何中国古典思想近乎提出了自然问题，却没有提出存有问题。丁耘从海德格尔回归亚里士多德，试图用"即虚静即存有即活动"的生生化解西方哲学因"存有问题"而内含的矛盾，以推进中国哲学的重构。孙向晨从后海德格尔哲学莱维纳斯的思想出发，认为海德格尔以西方哲学的根本问题"存在"来反思"上帝死亡"后的西方现代性，已经走向死角。海德格尔虽然以"此在"论"存在"，但"此在"被理解为"向死存在"，"此在"便陷入一种有限性，而无法实现超越性。孙向晨提出，如果说死亡规定了"此在"的有限性与整体性，那么生生就规定了此在超越自身存在的承续性与无限性。中国文化中的"生生不息"观念昭示了"存在"的积极面向。其三是接续西方的立场，杨泽波希望与现代西方哲学的问题意识接轨，在《儒家生生伦理学引论》阐发了"生生"观念的

---

① 李泽厚：《李泽厚对话集·中国哲学登场》，中华书局 2014 年版，第 11 页。

内涵。杨国荣继承了熊十力的本体论，但发现"十力学派"的本体论遗留了本体的时间性问题，他立足现代性对整个人类所带来的挑战，思考在传统本体论消解之后，人类如何在时间域中确立超越性，认为既然传统意义的本体已死，那么在海德格尔之后再谈没有时间性的本体已无可能，而儒家"生生"本体观所包含的时间因子可成为新本体论建构的依据和资源，他提出"内觉""伦理心境"和"人性中的自然生长倾向"等理论来重构新本体论。① 在以上三个维度之外，我们以心学甚至可以说东方哲学特有的纯粹经验维度来理解"生生"，以现象学的方式来重构中国古典哲学的心性本体论。

一 纯粹经验与心性现象学

体知宇宙本体的纯粹经验，构成了心性现象学的内容。宇宙本体通过心之体知而呈现，本体论通过现象学而构建，这是心学本体论不同于形而上学之思辨本体论的特征，在这个意义上，可以说心学本体论即是心性现象学，是即本体即现象的学说。

所谓纯粹经验，我们理解为宇宙本体（道、性、形上之理或太虚之气）通过心的本然状态而呈现出的生生体验，是一切精神现象和日常经验的基础。在最广泛的意义上，有身心参与的活动都可以称为经验，日常经验是可说的，用知识表达的宇宙本体观念是可思言的，而关于宇宙本体的纯粹经验则是无法思言的。儒学的本体论、功夫论和境界论要走出观念的层面，就要以身心体验来印证对宇宙本体的知识论思考，并将"尽心知性"、"穷理尽性"、"心即理"、"心即气"、"心即事"等概念命题还原为经验，揭开被知识理论遮蔽的本体论和功夫论面纱，昭显幽深的体知宇宙本体的纯粹经验。由于纯粹经验无法用日常经验的具体感受描述，也超出了现有知识的范围，

---

① 荀东锋：《"生生"与"名名"——论中国哲学的"底本"》，《哲学分析》2022 年 12 月 21 日。

显得不可言说、不可睹闻，所以被披上了"神秘主义"的外衣，西方学者一般将这种经验归于神秘体验或神秘主义。而在那些于天道性命之学深造有得，并体证宇宙本体的儒家学者眼中，纯粹经验并不神秘，反而是本真的存在和本然的状态。

我们可以通过对比中西方哲学中的相关概念来得出心性现象学的"纯粹经验"意蕴。关于宇宙本体（本性、本心）的体验，与詹姆士思想中的宗教体验及作为主体与客体之原始素材的"纯粹经验"①，与西田几多郎所谓的"照事实原样而感知"的"纯粹经验"②，与杜威所谓的内在于自然（nature）且先于反省经验的"原始经验"③ 有相近之处。但不同的，西方学者的宗教神秘体验大都存在一个外在神秘主宰者，其经验具有外在性，而中国儒者则通过功夫修养，从内在超越维度实现纯粹经验，中国儒家的纯粹经验主要是关于宇宙本体的体验，宇宙本体并非一个外在的神秘主宰。西方学者还将先于反省而未曾分化的感觉经验称为纯粹经验，中国儒家的纯粹经也不同于气的维度上的单纯的感觉经验，而是所体证到万物一体和全体大用的境界。

关于纯粹经验，我们还可以通过对比功夫论视域中的纯粹经验与日常经验来得出其意蕴。体知宇宙本体或"本然之性"（本心）的功夫属于纯粹经验，而察识、锻炼、修养"气质之性"或身心处理具体事物的功夫属于日常经验。儒学体知宇宙本体的纯粹经验也可被称为"原始经验"、"原初经验"，它除了具有经验上的单纯性之外，还具有相对于意识活动和日常经验的超越性，未曾分化为主客、人我的整体性，以及能坎陷为主客、人我的本原性。日常经验功夫论和纯粹经验功夫论之间的区别，首先是内容的区别。前者的内容通常是分开的、固定的、成型的，所面对的是驳杂的身心、主客、人我、

① ［美］威廉·詹姆士：《彻底的经验主义》，上海人民出版社1965年版，第2页。
② ［日］西田几多郎：《善的研究》，商务印书馆1997年版，第7页。
③ ［美］约翰·杜威：《经验与自然》，商务印书馆2015年版，第18页。

寂感、内外等关系。而后者的内容是纯粹而整体的"生生"，它先于主客、人我等对立面，只有当要研究和掌控的时候，原始经验才转化为主体与客体、心灵与自然等，而成为认识的内容。① 纯粹经验具有直接感知的清晰性，这一点亚里士多德也承认："对我们来说明白易知的，首先是那些浑然一体的东西。"② 但是当人们将其分解成支离的要素以便去认识它们，于是纯粹经验就演变成日常经验。其次，二者的功夫特征也有区别。纯粹经验的功夫具有连续的同一性。詹姆士认为："我的经验的后一个环节接续前一个环节时，我所真正感觉的是，虽然它们是两个环节，但是从这一个环节到那一个环节的过渡却是连续的。"③ 心学中"生生不已"、"密运不止""无分于动静"的功夫体验表达的就是纯粹经验在时间上的连续性和同一性。这种连续同一性还体现在主客、内外等关系上。哲学史上的主体和客体往往被视为绝对不连续的实体，主体对客体的呈现或客体对主体的领会存在鸿沟，而心理上的表象、影像或内容就是鸿沟的中介。④ 但心学所谓的"心即物"或者"心即事，事即心"⑤，反而意味着能知的心与所知的事物是无中介的连续体，是同一性的纯粹经验。甚至，连理、心、气的关系也体现了这种连续的同一性，"心即理"、"心即气"作为一种功夫体验，根本不需要中介来沟通三者的关系。本质上，"纯粹的原始经验"是当下直接被给予的真实存在和原初自在，是整体统摄分化的状态，心学家常用"逝者如斯"、"生生"、"见在"、"切己"、"几"、"独"、"一"来形容之。最后，日常经验的功夫论常要面临这样的问题：如何通过处理外部世界的关系（如身体与事物的感应、寂感）来影响内部心灵，心理活动如何把握客体而

---

① 按：尽管原始经验先于日常经验，但二者的关系不是时间先后的生成关系，而是浑然与分裂的关系。

② ［古希腊］亚里士多德：《物理学》，商务印书馆 1982 年版，第 15 页。

③ ［美］威廉·詹姆士：《彻底的经验主义》，上海人民出版社 1965 年版，第 26 页。

④ ［美］威廉·詹姆士：《彻底的经验主义》，上海人民出版社 1965 年版，第 28 页。

⑤ 王时槐：《王时槐集》，上海古籍出版社 2015 年版，第 385—386 页。

相应获得心灵对客体的主动自由性（如应物不累、情顺万物），心灵如何获得关于客体的知识与经验（如格物致知）。然而关于原始经验的功夫论则解决这样的问题：如何实现主体与客体、物质和心灵的同一，如何使个体与他者、宇宙同一，如何焕发宇宙生命力并获得真正的不朽。相比之下，前者更关注个体身心的自主性，纵然是由人而天、下学上达的功夫，也会留意于追求某种可操控身心的功夫程序。而后者更具有超越的宇宙意识，将主客、人我、心理与自然的各种对立因素融合于虚寂无为，实现一种无限自由的心灵和体验。概言之，纯粹经验有以下特征：是体证宇宙本体的经验，而不是与日常事物打交道的经验；不可思言，只可默会；纯粹经验是未经分化的整体状态，并不是外在于日常经验的实体，而是转分裂与对立的日常经验为万物一体、万古如一的状态。

　　体证宇宙本体的纯粹经验就是本心。就纯粹经验的形式和内涵而言，良知之明觉和意之生机是纯粹经验的形式，是本心不分有无的独几状态；至善天理是纯粹经验的道德意涵，是本心内涵的"全体天命之性"。心学家所体知的纯粹经验在形式上与释道之心知体验相近，但在道德意涵上则与释道有别。儒释道在修行活动中皆有淡化时空的感受，从而获得一种纯粹的心知经验。在日常经验中，心有彼此内外之分，人们总是有外在事物不属于内的隔阂感，有内在观念无力改变外在世界的分裂感，而以内外、你我、彼此相互称谓。心无内外的境界只能在纯粹经验中实现，欧阳德《答沈思畏侍御》载："一念良知，彻头彻尾，本无今昨、人己、内外之分。"[①] 良知无方体，无时空的对待性，这就是一种纯粹经验。然而，这只是道出了纯粹经验的活动形式，若仅仅追求纯粹经验的形式，儒释道的生命体验无大差别，无法体现出儒家"人生第一等事"的意义。纯粹经验的实质在于其蕴含的天理。纯粹经验的道德内涵既是儒家心性本体论与释道

---

　　① 欧阳德：《欧阳德集》，凤凰出版社 2007 年版，第 171 页。

心性本体论的根本差别，也是融贯理学与心学的最为关键之处。

但生生之纯粹经验的意义并不止于在传统学术层面中从道德内涵来作儒释道之辨，而在于从心性本体论引出心性现象学，并从现象学的维度重构中国古典哲学的心性本体论。从心性本体论引出心性现象学的关键问题，至善天理为何能以本心的纯粹经验展现，从而成为日常经验和道德意识的来源？换言之，就是从纯粹经验中如何焕发出道德意识的起点？这需要对心性本体论作现象学的说明，以描述至善天理呈现为本心的纯粹经验，再焕生出道德意识的过程。从现象学的方式来理解至善天理以本心来显现的过程，是本体论和现象学的结合，是理解儒家心性现象学的关键，既需要从现象学角度描述本心的纯粹经验，还要从现象学角度重构至善天理的意涵。在现象学的本体论重构中，道德本体不是在思维中被推论出来的——绝不能将道德本体归之于一个抽象的概念或形而上的实体就了事——而是以本心体知出来的。在心学家看来，"良知即是天理"，本心与至善天理具有同一性，从本心现象来呈现至善天理，就是天理的自身显现，在这个意义上，纯粹经验便是道德本体自身的显现方式，因此它既是心性本体论又是心性现象学的核心内容。

虽然纯粹经验是心性现象学的核心内容，但需要区分纯粹经验和道德意识。纯粹经验需要以纯粹的"知"和"觉"的心之活动为基础，但是未必有分别、思量、执着的"识"参与其中。若严格区分，纯粹经验和纯粹意识不一样。因为意识活动总有"识神"的参与，从而丧失了心之活动的纯粹性，而不能谓之纯粹经验。基于这个理由，我们认为，道德本体可以通过纯粹经验和道德意识表现，但是道德意识总是在日常经验中，而至善天理通过直觉、直观、当下一念而呈现的纯粹经验，不能简单地称为道德意识；如果是有思考、反省的道德心理活动，才可称为道德意识。现代语境中的道德哲学，是对后天道德意识的讨论。心性现象学除了讨论后天经验层面的道德意识外，还讨论本心的状态，也就是作为意识根基的纯粹经验。

纯粹经验与现象学的亲密关系，除了纯粹经验是道德本体的自身显现之外，还在于体证宇宙本体的功夫就是现象学的还原法。这也就是说，现象学的"向事实本身还原"的方法，在明代心学中就体现为"向宇宙本然状态还原"的功夫，宇宙本然状态也就是心学家眼中的事实本身。以宋明哲学中的"体验未发"为例，"体验未发"实际上是一个深层的意识还原过程，还原到笛卡尔"我思"之前，还原到胡塞尔"意向性"之前。但这并不是还原到生命（气的维度）诞生之初的无明、无意识状态，而是还原到人的文化潜意识（天命之性全体在此），类意识（孟子主张的人禽之辩）或社会性（万物一体）的最本己的起点上。这种起点看起来是有前提的（文化，类，社会），但只是用概念表达出来显得有前提，而还原到不可说的纯粹体验上（子罕言性与天道）。因此，这种还原不是知觉意义上（气的维度）的还原，而是"人生第一等事"的还原。这种还原可以称为复归本体的功夫或"朝向本体之功夫"，而不是日常经验的具体道德修养或"发用之功夫"。功夫论中的现象学还原法，就是把凡是不属于本体、妨害清净本体的经验习气扫除，从而呈现出自然清净的心之本体。"体验未发"的功夫论还原与胡塞尔现象学的还原法也有区别，因为后者只是在观念上悬置妨碍自明性显现的因素，但在事实上可能还是存在这些因素，只是这些因素不参与意识之自明的还原过程。而"体验未发"的功夫论还原，就是通过克己、诚意等方法，在事实上扫除廓清妨害心之本体的习气欲根等因素，而不是在观念上悬置它们。

至于"体验未发"所获得的寂静意识或冥想经验，按照耿宁的说法是通过表象而非指向来达到一种"空洞的视阈意向性"[①]。这种体验未发的功夫，当然是有意识参与的，但是一旦明确地使用了意识，那就不是体验未发了，而是体验已发或者说处于现实意识活动中。如果没有意识参与，那么就陷入混塞幽暗中。如同朱子所说：

---

① ［瑞士］耿宁：《中国哲学向胡塞尔现象学之三问》，参见氏著《心的现象——耿宁心性现象学研究文集》，商务印书馆2012年版，第447—472页。

"夫岂以日用流行者为已发,而指夫暂而休息不与事接之际为未发时耶?尝试以此求之,则泯然无觉之中,邪暗郁塞,似非虚明应物之体,而防微之际一有觉焉,则又便为已发,而非寂然之谓。"① 朱子曾经在意识之外去寻求未发之体,结果只剩下泯然无觉、邪暗郁塞的状态,这显然不是虚明无蔽的心之本体或者说本源意识。但对虚明之体稍微觉察之际,就已经转变成已发之心了,非未发本体。那么寂静意识到底是有意向,还是没有意向?事实上,心学家在寂静意识里已经体悟到两种纯粹经验:明觉之知和生机之意,对事物有一种清净无碍的觉知,且有一种生生之意和卫生感,这就是一种表象而非指向的"空洞意向性"。在生机和卫生感的基础上又诞生出"为他感"——被耿宁解读为孟子哲学中的道德萌芽②,并由此焕发出道德意识的起点。类似的体验也见于禅宗,但为什么禅宗的当下即是的禅意或静默的禅修不能带来为他感,而儒学以同样的意识体验,却能带来为他感?这是儒家心性现象学的很重要的问题。杨国荣提出"内觉"、"伦理心境"和"人性中的自然生长倾向"等理论来重构新本体论,这些因素在心学本体论及心性现象学中就是"明觉"、"为他感"和"生生之机"(卫生感)。

以上只是举出"体验未发"的维度来说明纯粹经验与现象学之关系。其实,心学中还有透性、悟性、默会、研几、慎独等功夫,都是不同于日常修养的功夫论,也都体现了近似"体验未发"的心性现象学。因此,儒家心性现象学无论是对理解心学本体论还是对重构中国古典哲学本体论,都有极为重要的意义。

二 两种世界观

由纯粹经验出发还是由日常经验出发,会形成两种世界观:生生

---

① 朱熹:《朱子全书》第 21 册,上海古籍出版社 2002 年版。第 1315 页。
② [瑞士]耿宁:《中国哲学向胡塞尔现象学之三问》,参见氏著《心的现象——耿宁心性现象学研究文集》,商务印书馆 2012 年版,第 447—472 页。

哲学和常识哲学。基于心性现象学的纯粹经验，世界的真相是生生，而不是理本论或气本论。常识哲学之所以易将"气"实体化和基质化，是因为总以日常生活中的物质和物体来理解气，然而这不过是气凝滞成形的一个面向，气本来未必就一定是作为载体的质料或以质料构成的物体。常识哲学之所以易将理形式化，是因为总以日常生活中的理则与范式来思惟理，然而这不过是理的主宰性和规范性的一个表现，理本来未必就一定是形式与规则。世界的本然状态是不可说之生生，谓之理气皆可。谓之以太、单子、原子、物质，是将此生生实体化，而欲从构成角度为世界寻找一个基质。谓之上帝、真主、天帝，是将生生绝对主宰化，而欲从主宰角度为世界寻找一个终极主宰和起点。谓之理念型相，是将生生抽象化或形式化，欲为日常经验寻求统一的形式和依据。谓之绵延、"逝者如斯"、大用流行，固然得生生之浑然不息状态，却未免失于浅显、形象而沦为日常经验。而以为生生本来虚无寂灭，固然得其不可说、不可睹闻之超验维度，却未免神秘化、虚无化而无法解释现实。以上皆是以后天所见所思之物质载体、理则形式、人格主宰和感觉认知的限度去规定生生之真相，或者以后天流行现象直接规定生生真相，或者离现实而别寻真相，皆只能揭示真相之一个面向。

　　生生之真相本不可说，强言之则谓之理气皆可。然而所谓气本论和理本论，本原论与本质论，以及本原的承载性和本质的理则性，都是对经验世界观察思量而获得的。人们从具体事物上发现了存在者有气质作为载体，并以一定形式构成，以一定法则运动，于是依此现象推究出存在者整体上的本原论和本质论的哲学。可这都是从形而下的经验世界来推究构成基质、生成本原、所以然的形式和所当然的法则。而究其本然，本无所谓承载性、根据性和法则性。

　　生生哲学的"本然"与常识哲学的"本原"、"本质"两种观念有别。日常的本原观和本质观是即经验世界而推知形而下的载体和形而上的物自体，而未必是本然世界。此经验世界的原因以及原因的原因，亦非纯粹经验的本然真相。换言之，就杂多事物而言，可以论述事物之为事物的原因，必有物质载体、形式依据和运动规则。然而关于载体、形式、规则的哲学的起点是经验现象，是因经验事物而在。而未曾有日常经验及事物之分别的本然阶段，能不能也据此推知有物质载体、形式依据和运动法则呢？这依然存疑。就纯粹经验而言，既无关于杂多事物与自我心识的经验，也无载体、形式与规则的分别，只是本无理气分别的生生。日常哲学的起点是杂多事物和日常经验，故其本原论与本质论是即有质有形的事物与有心有理的经验而论其本，当然会得出物质本原和形式依据与运动法则。而心性现象学的起点是纯粹经验，是日常经验尚未形成的阶段，这不仅是时空上的初始，更从根本上变换了推究本原与本质的方式。由于日常经验与意识念虑尚未生发，就不能再按照日常哲学那样即事物而推究其载体与形式，而是认为原初真相只是生生，谓之理也可，谓之气也可，理气未分，亦无载体气质和所以然之形式的分化。此原初真相的生生，非经验中的由此生彼的生灭动静，或由此及彼的运动。此原初真相谓之纯粹经验的本原观或本质观亦可，谓之本无本原与本质亦可。纯粹经验不仅无载体与形式之分别，也无本原与本质之观念，和本原论与本质论之认知视角。

关于纯粹经验本无理气分别的意涵，王时槐《仰慈肤见》载：

> 张子言："太和所谓道，中涵浮沉、升降、动静相感之性，是生絪缊、相荡、胜负、屈伸之始。"又曰："气块然太虚，升降飞扬，未尝止息，《易》所谓絪缊，庄生所谓以息相吹野马者欤！此虚实动静之机，阴阳刚柔之始。"张子此言，盖深明此体，原无理气之分，亦苦心之言也。[1]

---

[1] 王时槐：《王时槐集》，上海古籍出版社 2015 年版，第 538 页。

这是说，生生的纯粹经验本无理气之分，或者无本质与现象的二分，只是浑然的生生状态。王时槐所引张载、庄子与《易》之论，皆说明太虚本体本来只是天地氤氲的浑然流行状态、生物以息相吹的万物一体状态。虽中涵升降、动静之理，却未明显分出理气；虽有生生之动，却未有明显的生灭变化，而只是浑然的生而未生、生生不息的状态。

西田几多郎将纯粹经验视为本原，作为"一切精神现象的原因"①，这种观点有一定意义。可是纯粹经验固然具有日常经验之初始状态和原因的意思，却不能被简单地视为本原。本原的内涵应当有所区分。本原具有初始状态、基本质料的意义，是世界所以产生的来源和原因，探究本原的思想便形成宇宙论哲学。然而一方面，宇宙论有三种：气的维度上的自然宇宙论、理的维度上的本体宇宙论和心的维度上的经验宇宙论，后两种宇宙论又可以统一为心性本体宇宙论，也就是心性本体论按照现象学的方式呈现出来，而成为心性现象学。自然宇宙论从自然存在角度寻求世界所以产生的基础和原因，追问世界何所从来、又何所去。而经验宇宙论则从心的觉知体验角度，寻求精神现象和日常经验产生的基础和原因，追问人心的经验从何而来，以及人所承载的宇宙本体（全体的天命之性）是如何通过本心而显现的，这种通过本心而显现的、能成为一切精神现象之基础的便是纯粹经验。不过，纯粹经验虽然是一切精神现象的原因和日常经验的初始状态，却不在于表达自然宇宙论，当心学家以性或心为本原时，他们也许确实是想表达客观自然的宇宙生成论，但是实质上是道德本体通过本心呈现的经验的宇宙生成论。经验的宇宙生成论是以本心（性）之纯粹经验为基础，而客观自然的宇宙生成论则以构成宇宙自然的客观物质为基础。另一方面，在心学家王时槐等人看来，纯粹经验尚不足以成为真正的本原，最多只能是日常经验的直接本

---

① ［日］西田几多郎：《善的研究》，商务印书馆1997年版，第8页。

原。因为，纯粹经验就是良知和生意这两种本心的活动，而良知和生意也只是宇宙本体的发窍，只是沟通宇宙本体和日常经验的门户，而不是真正的本原和本体。如此看来，西田几多郎以纯粹经验为一切精神现象的原因和本原，属于尚未体验宇宙本体的情形，而将一切精神现象的来源归诸心理学意义上的单纯知觉活动，这与儒家的纯粹经验所有不同。

纯粹经验的世界观和日常经验的世界观，近似牟宗三所区分的本体的存有论（无执的存有论）与现象的存有论（执的存有论）①，然而本体的存有论和现象的存有论未免成为二元对立的二重境界，而纯粹经验的世界观则与日常经验的世界观并不对立。纯粹经验不同于又不离于日常经验。生生之纯粹经验既能发出日常经验，又能融摄日常经验而为全体大用；生生之纯粹经验不离日常经验，而能消解日常经验的一区执持与分别。纯粹经验既是描述心性本体的状态，又是人时时具足体用的经验，尧舜之圣，不离日常经验；愚夫愚妇，未尝失其纯粹经验。凡圣之同，在于都生活在相近的日常经验中；凡圣之别，在于觉与不觉纯粹经验而已。

三　生生与理气

在明代心学家看来，理、气和心是生生的别称，生生的纯粹经验融合了理、气、心三种存在维度，是显密结合的浑然整体。亚里士多德说："对我们来说明白易知的，首先是那些浑然一体的东西。"② 当人们运用知性将浑然本体分析成支离的要素之后，生生的纯粹经验就分解成日常经验的本体或现象。以日常经验为基础的哲学，以性为形而上之理（本体），以气为形而下之具（载体），以合性与知觉的心为经验主体。然而在悟得纯粹经验的人看来，当下随处所及的经验

---

① 牟宗三:《现象与物自身》，台北联经出版事业有限公司 2003 年版，第 38 页。
② ［古希腊］亚里士多德:《物理学》，商务印书馆 1982 年版，第 15 页。

莫不是本性的呈现，本性其实是不分理、气、心的生生，心学家有时将生生、生理、心之生理等概念混用。

（一）生理

生生的第一个维度是生理，生理指能生的依据、生发的道理或万物一体所共同的生生本质。儒家思想中的理有多重，包括太极之理和万事万物之理，总括所有的现象存在而一以贯之的理其实是生理。在心学家那里，生理不同于佛道的虚寂本体，而是兼有虚与生、无与有、寂与感的本体，无极、太极与阴阳五行亦是生理之贯通。生理本来指人性中的"心之生理"，朱子学者言"性为心之生理"，是从"心者性之宅舍"而言，这是指性为心所禀受和包含的本质。阳明学者言"性为心之生理"，从心即性、心即理、知行合一的体验维度而言，是说生理就是心的生生本质，不分先天和后天，是心所体证的宇宙本体。

一部分明代学者从朱子学"心为性之宅舍"的角度言生理。夏东岩《读白沙与东白论学诗》载："人得天地之气以成形，气之精爽以为心。心之为物，虚灵洞彻，有理存焉，是之谓性。性字从心、从生，乃心之生理也。故朱子谓'灵底是心，实底是性，性是理，心是盛贮、该载、敷施、发用底，浑然在中。'"[1]夏东岩从文字解性，性字从心、从生，乃心之生理。其所谓心，非盈天地皆心之大心，而是气之精爽之人心。其所谓性，主要指人心所禀受而贮藏的生生实理，非充盈天地的宇宙本体。性虽然在心的盛贮、该载、敷施、发用时皆存在，但心大性小则无疑。

与此相近，郝敬亦从朱子学的角度论"性为心之生理"，《论语详解》载：

或问性，曰："性者心之生理。"问心，曰："心者性之宅

---

① 黄宗羲：《明儒学案》卷四，中华书局 2008 年版，第 75 页。

> 舍，言心而性已具，程子云'心统性情'者也，朱子云'心者人之神明，具众理而应万事神明者，性也。'"①

郝敬所云之性虽是生理，但只是从心的内涵角度认为性为心所具之生理，而心为统包性情的容舍。此亦为心大性小之说。

以王阳明和湛若水为代表的心学家从"心即性"的体验维度言生理，将生理提升到宇宙本体的地位。湛若水主"性为心之生理"，《明儒学案》载：

> 性者，天地万物一体者也。浑然宇宙，其气同也。心也而不遗者，体天地万物者也。性也者，心之生理也，心性非二也。譬之谷焉，具生意而未发，未发故浑然而不可见；及其发也，恻隐羞恶辞让是非萌焉，仁义礼智自此焉始分矣，故谓之四端。②
> 夫至虚者心也，非性之体也。性无虚实，说甚灵耀？心具生理，故谓之性；性触物而发，故谓之情。③

湛若水的"性为心之生理"与朱子学的"心统性情"不一样，他认为性为心之生理，而不是心所包容的生理，心与性非不同存在。湛若水将心与性皆上升为包罗天地万物的宇宙本体，心与性非一非二，其相同点在于性是心的生理或者说是心的生生本质，其不同点在于心是能体验天地万物的灵明虚体，而性是万物一体的生生本质，无虚实与灵明。

王阳明从心、性、理同一的角度言"性为心之生理"。《传习录》载：

---

① 郝敬：《九部经解》第七十一册《论语详解》卷十七，明万历刊本，第8页。
② 黄宗羲：《明儒学案》卷三十七，中华书局2008年版，第876页。
③ 黄宗羲：《明儒学案》卷三十七，中华书局2008年版，第882页。

所谓汝心，亦不专是那一团血肉。若是那一团血肉，如今已死的人，那一团血肉还在，缘何不能视听言动？所谓汝心，却是那能视听言动的，这个便是性，便是天理。有这个性才能生。这性之生理便谓之仁。这性之生理，发在目便会视，发在耳便会听，发在口便会言，发在四肢便会动，都只是那天理发生，以其主宰一身，故谓之心。这心之本体，原只是个天理，原无非礼，这个便是汝之真己。[①]

王阳明认为心不是心脏，而是能发出视听言动作用的心本体。这个能视听言动的道理，即是天理，才是心本体的本质（本性）。有此性方能生出各种作用，发在耳目口上便有视听言动之作用。心非统性情之心，心、性、理是就不同角度而言的一个存在，即能主宰一切生发活动的本体而言谓之心，即心所以能生发的道理或依据而言谓之理，即心所蕴含的生生本质而言谓之性。从体验的角度看，心具有能生的本质，源于其所蕴含的天理是生发的，所谓生理，便是天理通过心来呈现其能生的本质。

除湛若水与王阳明外，阳明后学也将生理视为为宇宙本体，并在不同程度上发挥了生理的特征。王畿阐发了生理的两种基本特征，认为生理为万物之本原和本质。《跋徐存斋师相教言》载："性者心之生理，万物之原，其同体于万物，乃生生不容已之机，不待学虑而能，所谓仁也。此千圣以来相传学脉。"[②] 王畿所论性为心之生理，不是"心统性情"之性，而是具有两种更广泛更基本的特征。一是本原论，性是万物生发的本原。二是本质论，万物同体，于万物中皆可见共同的本质（本性）——生生之机。所以，生理兼有本原论上的生之母体，本质论上的生之机理等意义。作为心之生理的本性，与作为万物之原的本性是一致的，因为生理无论是从客观自然角度而

---

① 王守仁：《王文成公全书》第一册，中华书局 2015 年版，第 44 页。
② 王畿：《王畿集》，凤凰出版社 2007 年版，第 412 页。

· 315 ·

言，还是从体验的角度而言，都是客观事物和经验事物（意念事物）所生成存在的依据，能兼容客观自然与主观体验双重维度，在客观事物和意念事物中能贯通万物一体的生理便是仁。

邹守益不仅以生理为本根和本体，而且注重养生理的戒惧功夫，于此发明生理的生发和收敛两种相互涵摄的维度。《明儒学案》载："性字从心从生，这心之生理，精明真纯，是发育峻极的根本。戒慎恐惧，养此生理，从君臣父子交接处，周贯充出，无须臾亏损，便是礼仪三百，威仪三千。"① 邹守益认为，性为心之生理，是发育之本根和统领之本体。"发育万物"所以为本原，"峻极于天"所以统万物。而另一方面，养此生理在于戒慎恐惧，戒惧非遏制生机，而是于收敛中焕发生机，于生机中贯彻敛机，所以能在扩充生理的同时保持礼仪节度。这说明，生理具有生发和收敛两种维度。

宋仪望详论"性为心之生理"，于此发明生理的生意与条理两种维度。《明儒学案》载：

> 自古及今，人同此心，心同此理。所谓理者，非自外至也。《易系》曰："天地之大德曰生。"人得天地生物之心以为心，所为生理也。此谓生理，即谓之性，故性字从心从生。程子曰："心如谷种。"又曰："心生道也。"人之心，只有此个生理，故其真诚恻怛之意流行，于君臣父子兄弟夫妇朋友，以至万事万物之间，亲亲疏疏，厚厚薄薄，自然各有条理，不俟安排，非由外铄，是所谓天命之性，真实无妄者也。自尧、舜以来，其圣君贤相，名儒哲士，相与讲求而力行者，亦只完得此心生理而已。此学术之原也。②

宋仪望认为人人有相同的生物之心，心有共同的本质（性），即天地

---

① 黄宗羲：《明儒学案》卷十六，中华书局 2008 年版，第 340 页。
② 黄宗羲：《明儒学案》卷二十四，中华书局 2008 年版，第 551 页。

间的生理。此生理既表现为真诚恻怛的流行生意，又能体现为万事万物之间的自然条理，所以生理兼有生意与条理两种维度。此生理为儒学之根源。

王时槐与宋仪望为同期江右吉安学者，二人所论生理有相近之处。江右学者李材虽反对以知为体，不注重直觉体验，但其主张"仁为生理，生理即性"①，则与众人相同。王时槐自 1591 年后阐发性为心之生理，《答贺汝定二首》载："惟鄙人近来自觉此心之生理，本无声臭而非枯槁，实为天地万物所从出之原，所谓性也。"② 王时槐以生理论性，其规模格局皆超过前人。其所阐发的生理之内涵，亦足以发明儒学之世界观。在王时槐看来，生理是即存有即活动的，不仅贯通于一切存在，亦贯通于一切变化中。因生理故有生发、发展、变化、收藏，生理的这种地位可谓之"乾元"。《偶书所见》载："宇宙生生之理，涵于性中而无声臭，故曰'元'，由微而著，乃为'亨利贞'，总之一元之贯彻而已。故但言'乾元'，则天地万物古今变化皆举之矣，故圣学莫要于体元。"③ 这是说生理作为变化之根，就是元，而元亨利贞就是生理的由微渐著的贯通过程。《仰慈肤见》载：

> 天地之生理无不贯，故草木鸟兽一尘一毛，莫不受气而呈形；圣人之生理无不贯，故人伦庶物一瞬一息，莫不中节而尽分。是以圣门教人"大闲勿逾，细行必矜"，非矫饰也，寔以全吾生理，是尽性之实功也。故曰"洒扫应对便是形而上者"。④

生理之贯通有两点：一是从气质角度看，生理也含有气的维度，天地

① 黄宗羲：《明儒学案》卷三十一，中华书局 2008 年版，第 673 页。
② 王时槐：《王时槐集》，上海古籍出版社 2015 年版，第 375—376 页。
③ 王时槐：《王时槐集》，上海古籍出版社 2015 年版，第 528 页。
④ 王时槐：《王时槐集》，上海古籍出版社 2015 年版，第 541 页。

之生理的贯通导致事物莫不受气而成形；二是从经验活动看，生理自有理的维度，圣人之生理的贯通使人伦事物无不合乎性分节度。而这两点特征皆通过心来显现，悟心之生理，则知生理既能化生万物，又能即后天经验而悟先天本体。生理是宇宙本体，则所谓尽性，非完成一人之才性，而是全生全归之学，全吾人之生理以复归宇宙生理。

生理不仅贯通于客观事物和人伦事物，而且贯通于知识意念，王时槐与万廷言持有相近观点。王时槐《仰慈肤见》载："思虑知识，皆生理之发见，不可执思虑知识为生理。"① 这是说思虑知识皆是生理的发用。但王时槐强调："生理浩乎无穷，不可以方所求，不可以端倪执，不可以边际窥。彼以一念初萌为生理，殊未然。"② 虽然生理贯通于知识念虑，但生理是弥贯宇宙的全体大用，不可将其狭隘地理解为一念初萌。与此相近，万思默认为："孩提爱敬，世儒看作形生以后，最切一窍发念最好处，却小看了。乾坤只是一个生理，一个太和元气，故爱敬是乾坤骨髓，生人的命脉，从这些子结聚方成人，故生来便会爱敬，不是生后始发此窍也。"③ 这是说生理就是天地之统体，而爱敬只是生理之发端，不可将生理局限于人物禀气成形后的一念发端处。

王时槐将哲学史上的本体概念皆归属生理，以生理贯通宇宙本体的各种特征。《仰慈肤见》载：

> 宇宙此生理，以其万古不息谓之命，以其为天地万物所从出谓之性，以其不可以有无言谓之中，以其纯粹精至极不可名状谓之至善，以其无对谓之独，以其不贰谓之一，以其天则自然非假人力谓之天理，以其生生谓之易，以其为天地人物之胚胎如菓核

① 王时槐：《王时槐集》，上海古籍出版社2015年版，第539页。
② 王时槐：《王时槐集》，上海古籍出版社2015年版，第543页。
③ 黄宗羲：《明儒学案》卷二十一，中华书局2008年版，第506页。

之含生谓之仁。①

世界的真相是生理。生理表现为几方面的特征，而哲学史上的本体概念都是从某一特征而言生理。生理是万古不息的流行活动，此为命的意义。生理是常识所见的天地万物的本原，这是性的意义。生理不可以常识所谓的有无而论，常识的有无带着人有限量的感觉与思维边界，而生理是超越于有无的，此为中。生理是纯粹的、绝对完满的存在，不可以世俗世界的善恶价值判断形容，此为至善。生理超越了人类认知限度，无与之相对并存的具体事物，亦不可以一或多形容生理，不可成为感觉或思维的对象，这是独体或不贰。生理本来具有且自然体现为规范性而成为事物的活动依据，此为天理。生理本是生生不息的状态，此为易。生理中涵生意而能发生并通彻天地万物，此为仁。总之，生理比性体更能说明宇宙真相，生理可贯通一切本体，而性、命、独、至善、仁只是有侧重地表现了生理的某一特征。

总括以上明代心学家关于生理的观点，生理有本体、本根的含义，以及生发、条理、贯通、主宰、收敛等特征。生生作为宇宙本体，当然蕴含理的维度，但是作为宇宙本体的生理，不是具体事物的运动变化之物理，而是最大的一以贯之的理，也就是能生万物、生生不已的道理和条理。生理可解决"孤悬本体"与"流行无本"两种本体论偏失。性本虚寂，执之则为顽空；性不离日用常行，执用则无本。而生之一字，本虚而生却不顽空；理之一字，不离日用常行而非无本，那么生理则兼显密二义，具形上之理与形下之气，兼主宰与流行，能使第一本体和全体大用两种意义融贯起来。

（二）生气

生生还有气的维度，生气也被有的心学家称为真气。如果悟得生理，则气也是"理气不二"的真气。中国哲学史上的"生之谓性"，

---

① 王时槐：《王时槐集》，上海古籍出版社 2015 年版，第 537 页。

以生为人与万物的本性，那么生是属于气还是属于理？王阳明认为"生之谓性"的生是指气，但告子的"生之谓性"是论气而不论理。《传习录》载：

> "生之谓性"，"生"字即是"气"字，犹言气即是性也。气即是性，人生而静以上不容说，才说气即是性，即已落在一边，不是性之本原矣。孟子性善，是从本原上说。然性善之端须在气上始见得，若无气亦无可见矣。恻隐羞恶辞让是非即是气，程子谓"论性不论气不备，论气不论性不明"，亦是为学者各认一边，只得如此说。若如得自性明白时，气即是性，性即是气，原无性气之可分也。①

凡是生的活动都是气的运动。生生本性有两个维度，一个是形而上的生物之理，一个是形而下的生物之气，既可以说"理即是性"也可以说"气即是性"，但是却不能单纯说"气即是性"，否则就偏于形而下的一边。同样是说"气即是性"，一是直接指气为性之全体，这是告子"生之谓性"论，阳明批评为"才说气即是性，即已落在一边"；一是以气为性的一个内涵，可以说气属于性而不能说性即是气。形而上的生理要通过形而下的生气才能显现出全体的生生，因此程子说"论性不论气不备，论气不论性不明"，生生本性必须要有气的维度才能现实存在。

王畿认为性不能离气质，《抚州拟岘台会语》载："盖性是心之生理，离了气质，即无性可名。"② 天地之性不是与气质之性相对的存在，而是气质之精华，可见在心学家那里，理与气是一致的。他又对"生之谓性"作了本然生理和自然生理的区分，《答中淮吴子问》载：

---

① 王守仁：《王文成公全书》第一册，中华书局 2015 年版，第 75 页。
② 王畿：《王畿集》，凤凰出版社 2007 年版，第 19 页。

人生而静，天命之性也。性无不善，故知无不良。感物而动，动即为欲，非生理之本然矣。见食知食，见色知好，可谓之知，不得谓之良知。良知自有天则，随时酌损，不可得而过也。孟子云，口之于味、目之于色，性也，然有命焉。立命正所以尽性。故曰，天命之谓性。若徒知食色为生之性，而不知性之出于天，将流于欲而无节。君子不谓之性也。①

生之性包含天命之性和食色之性，分别对应"本然之生理"和"自然之生理"②。天命之性是能视听言动的生理，发而为良知。食色之性是感物而动的自然生命。若只论气而不论理，则自然之生理有局限性，即"目之于视色，如以背视，则目不为色所引，而视止于明矣；耳之听声，如以背听，则耳不为声所引，而听止于聪矣。"③告子徒知以食色为生之性，而不知天命之性，这不是本然生理。

冯从吾就"生之谓性"问题总结了生理与理气的关系。《少墟集》载：

性者，心之生理。生之一字，乃吾儒论心论性之原，故曰"天地之大德曰生"，又曰"生生之谓易"，"乾则大生，坤则广生"。天地以生物为心，而人得之以为心，此天理之所以常存而人心之所以不死也。吾儒之所谓生，指生理生字而言，论理不论气。告子之所谓生，指生死生字而言，论气不论理。谓理离于气，不是；谓气即为理，尤不是；惟论气不论理，此生之谓性之说，所以开异学之端也。④

---

① 王畿：《王畿集》，凤凰出版社 2007 年版，第 69 页。
② 王畿：《王畿集》，凤凰出版社 2007 年版，第 183 页。
③ 王畿：《王畿集》，凤凰出版社 2007 年版，第 183 页。
④ 冯从吾：《少墟集》卷一《语录》五十八章，文渊阁四库全书本。

生是儒家心性论之大源头,《易传》对此多有论述。天地以生物为心,生既是心之为心的理由之一,又是理所以能存在于心而常活动的原因。所以,生理一语可能既能描述心之生动活泼的经验特征,又能描述理的常存恒定的特征。生理因兼有理气,所以能论心而有性,论气而有理。相反,告子所谓的"生之谓性"主要指人的"食色、生死"等自然气质而言,这是论气不论理。关于理气关系,人们对以下两种观点很容易鉴别,一是理离于气,这是体用分殊的观点;二是谓气即为理,这是体用相混的观点。然而对告子"生之谓性"却难鉴别,程子言"论性而不及气则不备,论气而不及性则不明",论性必然兼顾气。告子"生之谓性"之言与"性为心之生理"极易混淆,因为告子固然是论性且论气,但是却论气而不论理。

在常识中,人人皆说"盈天地皆气"(世界是物质的),可是对于何谓气则有不同理解。如果说盈天地皆形气,则失之粗陋;如果说盈天地皆真气,则似乎存在一种不同于形气的真气。王时槐对于真气和形气作了区分,二者不是不同的物质,而是同一气的滞碍不化和无滞通化。所谓形气,指滞而不化的存在,即现代语境所谓的能凝聚成形的物质载体,与攀缘执着的情识意念等。所谓真气,即不滞而通化的生理,是心对形气事物觉解后的即理即气的存在。与阳明、王畿一样,王时槐也对气作了不同于理学家的新诠释,气与理并非对立的两种存在,如果通化无碍,真气即是理;如果滞碍不化,理也会沦为形气。于是,形气的定义从形体质料扩展到滞碍不化。形气不仅包括组成事物的气质,还包括后天经验的习气。《答贺汝定二首》载:

> 惟鄙人近来自觉此心之生理本无声臭,而非枯槁,实为天地万物所从出之原,所谓性也。生理之呈露,脉脉不息,亦本无声臭,所谓意也。凡有声臭可睹闻,皆形气也。形气云者,非血肉粗质之谓,凡一切光景闪烁,变换不常,滞碍不化者,皆可睹闻,即形气也。形气无时无之,不可着,亦不可厌也。不着不

厌，亦无能不着不厌之体。若外不着不厌，而内更有不着不厌之
体，则此体亦属声臭，亦为形气矣。于此有契，则终日无分动
静，皆真性用事，不随境转，而习气自销；亦不见有真性之可
执，不言收敛，自得其本然之真收敛矣。①

有两种理解气的角度，一是本根论的载体，指构成事物的气质；二是
经验论的感知、执着对象，指形气或习气。在心学家的语境中，气是
既经验又超验的存在。所谓经验的，是说一切可感知、可执着、滞而
不化的都是形气，即"凡有声臭可睹闻，皆形气也"。所谓超验的，
是说作为理与心显现基础、作为天地万物本根的真气是不可睹闻的。
心学家所谓的形气不是认知的对象，而是本根论的蔓衍和功夫论的
对象。按照修身复性的功夫，对待形气应当"不可著，亦不可厌"，
但若有不著不厌的主体，则此主体反而沦为有迹象的形气。性本空
寂，若生出空寂不可执之念，则此念反是徒增习气的妄念。据此而
论，性和性之呈露的意皆无声无臭，皆不可谓之形气。甚至可以说，
盈宇宙间惟此真气，不分先天之理和后天之气，因理即是气之条理，
气即是理之活动。王时槐《与贺汝定》载：

> 彼盖不知盈宇宙间一气也，即使天地混沌，人物销尽，只一
> 空虚，亦属气耳。此至真之气，本无终始，不可以先后天言，故
> 曰'一阴一阳之谓道'。若谓别有先天在形气之外，不知此理安
> 顿何处？通乎此，则知洒扫应对，便是形而上者。②

"盈天地皆性"和"盈天地皆气"（包括盈天地皆心）是一致的。即
使一切形质事物尽皆消散，只剩虚空，此虚空亦属真气。心学家所谓
的至真之气即张载的"太虚无形，气之本体"。真气与本性一样超越

①　王时槐：《王时槐集》，上海古籍出版社 2015 年版，第 375—376 页。
②　王时槐：《王时槐集》，上海古籍出版社 2015 年版，第 371—372 页。

时空，即"至真之气，本无终始"，所谓先天后天，不过是人们以经验常识将当下存在的形气事物当作后天，将不可感知的能生本体当作先天。然而事实上真气、本性、本心既是当下的，又是超时空的。从当下生存体知先天本体，则会体知"洒扫应对便是形而上"的生生纯粹经验。对此，《明儒学案》评价说："盖佛氏以气为幻，不得不以理为妄；世儒分理气为二，而求理于气之先，遂堕佛氏障中。"① 佛家以气质事物为幻妄，自然也不会承认事物之理；而世俗学者为了对抗佛家，从超越气之外寻找先天根据或真实本体，便陷入佛家的理论陷阱，而将先天后天分为二截。

真气与形气本无区别，真气就是形气的本然状态，是本心对形气的觉解。形气是滞碍不化的存在，故能为心所执。但若悟得本心之生理，则能还原到事实本身。王时槐《答周时卿》载："夫本心常生者也，自其生生而言即谓之事，事即心也。故心无一刻不生，即无一刻无事，事即本心，故视听言动、臣弟友、辞受取予皆心也。洒扫应对便是形而上者，岂有零碎本领之分哉？学者终日乾乾，只是默识此心之生理而已。时时默识此心之生理，内不落空，外不逐物，一了百了，岂有零碎本领之分哉？"② 本心生生不息的状态即事，以现代语境而言，事即当下经验。关键是觉解此心无一刻不生，而无所滞碍，则心总是处于当下维度而直悟世界真相。浑然的当下维度内不落虚寂，外不逐形气，无内外、先后、形上形下之区分。所谓无区分，就意味着还原到浑然的事实本身，甚至连还原也无。

在整个宋明理学中，理相比气都具有价值优先地位，即便是已经体悟到理气不分先后的心学家，也认为生理比生气更为根本。他们认为理气虽然在时间上无先后或"理在气中"，但是在逻辑上可以说"理为气根"。《三益轩会语》载：

---

① 黄宗羲：《明儒学案》卷二十，中华书局 2008 年版，第 468 页。
② 王时槐：《王时槐集》，上海古籍出版社 2015 年版，第 378 页。

> 太极者，性也。动而生阳，才动即属气矣。动之一字，乃天
> 地万物之所从出也。动极而静，静极而动，一呼一吸，一屈一
> 伸，息息如是，无始无终，无少间断，所谓生生之易也。未有太
> 极而不生者，亦非先有太极而后有生，故理气更无先后，但谓理
> 为气根则可耳。①

以日常经验观之，太极是理之极，天地万物是阴阳五行之气的衍生，
先有太极而后有万物，太极之动乃万物化生之根源，这是"理为气
根"和"理生气"的思想来源。

所谓"理为气根"，实质上是承认逻辑上的"理在气先"，认为
生理之活动即生出气，这是一种本体宇宙论。朱子学之理是定理，心
学之理是生理，然而如此说亦将朱子学和阳明学固定化。确切言之，
朱子学偏重阐发天理的确定内涵，亦不否定理之流行；阳明学偏重阐
发天理的呈现，亦不否定心之条理。理不生则万象枯槁窒塞，成为顽
固滞碍之法则。理生则理气合一，而有生生不息的现实存在。生理是
条理和生机的统一，即形而下而见形而上。这是心学家"理为气根"
的理论内涵，是当时思想背景所致，也是他们的思想局限所在，未能
将纯粹经验贯彻到底。抛开这些理论前提来看，所谓"理为气根"
或"理在气先"，都是自经验现象而寻求现象的依据和现象的载体。
人们以日常的物质和物体来反思其本原和基质，认为气是物质实体，
然而这不过是根据事物的凝滞成形特征而推出气的载体义和质料义。
同样，人们以日常的事物运动和社会活动来反思其规范和法则，认为
理是一种法则和原理，然而这不过是根据运动的条理而得出理的形
式义和主宰义。至于世界之本然状态，未必就是作为形式与规则的理
或具有构成与承载作用的气。事实上，生生本无理气之分，谓之理气
皆可。

---

① 王时槐：《王时槐集》，上海古籍出版社 2015 年版，第 486 页。

（三）生生

理学家早就承认理气不分的生生流行。程子云：“（此道体也。）天运而不已，日往则月来，寒往则暑来，水流而不息，物生而不穷，皆与道为体，运乎昼夜，未尝已也。是以君子法之，自强不息。及其至也，纯亦不已焉。”[①] 程子于道体中区分了“与道为体”和“纯亦不已”二者。日月寒暑、水流物生等是“与道为体”的生生之气，而“纯亦不已”者是生生之理，生理和生气的无间结合就是生生不息的道体。

朱子“与道为体”的思想也阐发了生理与生气是不可分离的流行状态。《朱子语类》载：

> 天地之间，阴阳交错，而实理流行，盖与道为体也。寒暑昼夜，阖辟往来，而实理于是流行其间，非此则实理无所顿放。犹君臣父子夫妇长幼朋友，有此五者，而实理寓焉。故曰“其体则谓之易”，言易为此理之体质也。程子解“逝者如斯，不舍昼夜”，曰：“此道体也。天运而不已，日往则月来，寒往则暑来，水流而不息，物生而不穷，皆与道为体。”《集注》曰：“天地之化，往者过，来者续，无一息之停，乃道体之本然也。”即是此意。[②]

实理之流行与阴阳五行之生气的活动是同一的。实理是道之本体，生气是道之载体，是“与道为体”的体质。此二者共同构成道体。于道体中，载体是流行的生生之气，实理是无分动静的理。然而实理在显现存在中，随其载体而表现为流行的状态，朱子谓之“实理流行”。“实理流行”即“道体之本然”，是描述体用不二的生生状态，

---

① 朱熹：《四书章句集注》，中华书局 1983 年版，第 113 页。
② 黎靖德：《朱子语类》卷九十五，中华书局 1986 年版，第 2423 页。

谓之理亦可，谓之气亦可，即王时槐云："性本生生，为生生属气可也，谓生生即性亦可也。"① 所以，实理之流行或道体之本然就是生生之理和生生之气的显微无间状态。

从生生与存有来说，生生蕴含了传统的本体论，但性、理、太极、气等名相皆不足以单独说明宇宙真相。在生生中并不区分传统的本体论。王阳明认为生理与气不可分："若如得自性明白时，气即是性，性即是气，原无性气之可分也。"②《答陆原静书》又说："理者气之条理，气者理之运用；无条理则不能运用，无运用则亦无以见其所谓条理者矣。"③ 王阳明此处的理气观与明代朱子学者的理气观相近，认为理不是外在于、先于气的存在，而是气的条理，气是理的活动，理与气是同一本体的两个面向。

王畿也认为生理与气不相对，《抚州拟岘台会语》载："孟子言性，亦不能离气质。盖性是心之生理，离了气质，即无性可名。天地之性，乃气质之精华，岂可与气质之性相对而言！"④ 孟子所谓性即天地之性，即理学家所谓理。王畿认为性是气质之精华，而不与气质相对，则理气本一体。如果只是天地之性，便非生理本身。

王时槐早期指出理气是不离不混的关系，《答王养卿五条》载：

> 太极者，性也。天地人物，本同一原者也。谓之发窍，则属于气，人与物始有异矣。性为先天，不假修也；气为后天，则纯驳昏明，万有不齐。故圣学贵修以还吾本纯本明之体，而致一于先天也。性本生生，为生生属气可也，谓生生即性亦可也。何也？性者生生之真体，生生者性之妙用，一而二，二而一者也，非判为两歧，亦非混而无别也。⑤

---

① 王时槐：《王时槐集》，上海古籍出版社 2015 年版，第 401 页。
② 王守仁：《王文成公全书》第一册，中华书局 2015 年版，第 75 页。
③ 王守仁：《王文成公全书》第一册，中华书局 2015 年版，第 75 页。
④ 王畿：《王畿集》，凤凰出版社 2007 年版，第 19 页。
⑤ 王时槐：《王时槐集》，上海古籍出版社 2015 年版，第 401 页。

理气之别也可称为性气之别，又可称为先天后天之别，也是太极与天地人物之别。性本生生，生生理气不分，谓生生属气属性皆可。但是，"性者生生之真体，生生者性之妙用"，二者也是不离不混的关系。王时槐后来甚至认为连理气之名也无，何况理气之别。《仰慈肤见》载：

> 张子言："太和所谓道，中涵浮沉、升降、动静相感之性，是生絪缊、相荡、胜负、屈伸之始。"又曰："气块然太虚，升降飞扬，未尝止息，《易》所谓絪缊，庄生所谓以息相吹野马者欤！此虚实动静之机，阴阳刚柔之始。"张子此言，盖深明此体，原无理气之分，亦苦心之言也。①

作为纯粹经验的生生，不是从日常经验中观察思量出现象的本原或本质，本无理气、本质与现象之分，只是生生的纯粹状态。

总体上，生生不分理气。若分析而言，生生可谓之生理或生气，其生发状态可谓之生几，其浑然不分状态可谓之独。生理或生气是从本体自身而论（王阳明所谓"性之性"②），生几或独是从本体之显现状态、存在状态而论。生几不属有无而在有无之间。相对于无中生有的生成论，生几是一种新的生生宇宙观。生几避免了庄子提出的初始者无限后退的悖论。生几以前若有无生之本体，这会落入庄子"有始也者，有未始有始也者，有未始夫未始有始也者"的无限后退中，而儒家的宇宙生成观不分体用有无，回避了这个无限后退的悖论。

生生（生理、生气）不仅是世界的真相，亦是人从一切起心动念的非本真的生存态退场后所体悟的纯粹经验。人从非本真的生存态退场并非以灭绝心灵和身体的方式而与世隔绝，也不是简单地返

---

① 王时槐：《王时槐集》，上海古籍出版社 2015 年版，第 538 页。
② 王守仁：《王文成公全书》第一册，中华书局 2015 年版，第 85 页。

归到前意识的状态，更不是还原到自然主义状态。人仍在世界中，只不过是纯粹经验的状态，不仅尚无习气种子微萌的潜意识，亦无习气种子所起的现行，更无粗放的攀缘逐境之意向。此纯粹经验只是一种纯粹的生生。生生似有主宰，此主宰本不在生生之外，但若真执一个主宰，则是以意识心分别身心、理气，而生生亦成日常经验的流行现象。生生似有理则，顺此生生而其中自有条理，此即生理，然而执此生理则从前意识的常寂常明的状态而转为对象化的意识活动，从而分别出一般的共性和杂多的现象。生生似有气质，此生生即是气，然而如果以为生生之载体为气，便是从后天经验中杂多的事物中寻求基质本原。生生的纯粹经验即为世界的真相。生生本不分理气，若以意识反思，则才动即属气，而恒常不动者便是理。生生的真相不分动而未形的生与相对恒常的存在，而以日常经验观之则有生成与存在。生生的真相本不分体相用（本体、现象与作用），而以知识思索则有体相用。生生的真相本无主宰与流行，只有在对象化的意识中以时空先后和因果的眼光看待身心、理气、体用，才似有主宰与流行。生生是从一切分别意识中退场而获得的纯粹经验。从这个意义上，与其说在生生中沟通了体用，使第一本体和全体大用融贯，不如说是消解了体用，剥落了一切理气性命之规定以及主宰流行之分别，而直任生生。

如果说纯粹经验中是无意识分别的状态，如良知是寂而常明的，意根是生而无生的，而意识活动则是有生有灭的，那么这种观点也未能直觉到真正的世界。真正的世界总是一种"逝者如斯"的生生的纯粹经验，不仅无一切动静、寂感、有无等生灭对待的现象，而且也无前意识（心知意）和意识活动（念虑）的分别。王时槐《答王养卿五条》载："所云心、知、意俱无生灭，而念有生灭，此亦常情之见云耳。若直透真源，则逝者如斯，总无生灭之相，即动静、寂感、有无，皆不足以名之。若硬作几层分看，则障道矣。"[1] 若悟得世界

_____

① 王时槐：《王时槐集》，上海古籍出版社 2015 年版，第 401 页。

真相即此生生的纯粹经验，则生死一体，万法归寂。日用常行不必刻意筹划，所有的生存烦劳都是顺此生生而归此生生，不必于烦劳上再多一层操心。"存则顺事"，顺事中自有个体之烦劳，此烦劳不仅动于心念而且劳于气血，然悟得此身心烦劳本属"生之事"，亦归彼生生之大荒，就会顺此生之事而无需多虑。"没则吾宁"，现象消逝中本会有个体之牵挂，此牵挂便属多一层的操心，若透得真性而归彼大荒，则本无牵挂而有顺适自然之宁愿，且"宁愿"亦属见此真性之际的意识状态而自会消散。若仅有一丝我的念头，则此我非停留于血气心知之小我，而未体验宇宙之真我。

从日常经验还原到本性（悟性）并体证到生生的纯粹经验，是不是该摒弃日常经验的情识思虑，摒弃意识对象？甚至连向本性的"还原"也没有呢？王时槐《三益轩会语》载："悟心体者，则情识思虑皆其运行之用，何可去也？且此心廓然充塞宇宙，只此一心，更无余事，亦不见有情识思虑之可言，如水常流而无波，如日常照而无翳，性情体用皆为剩语。"[1] 悟心体者，并非视情识思虑为洪水猛兽，必欲弃之而后得解脱，并非进入一个彼岸世界。悟心体者，其纯粹经验不脱离日常经验，日常经验的情识思虑皆心体之流行，这是一种全体大用、宇宙合一的境界。体验到心的生生，无情识思虑可言，亦无性情体用可言，剥落了一切障碍生生无碍的对象化存在，甚至连收敛、剥落、还原的方法也无。但是悟生生者，一方面是"空相二字总为剩语"[2]，一方面是"时时俱立俱达，时时发育峻极"[3]，在消解有无、体用、主客的同时亦能尽性，是本体还原与本体建构的双向展开。

总括以上明代心学家关于生生与理气的观点，可以发现，他们更倾向于将生生理解为心、理、气的本质。明代心学家表面上是持有心

---

①　王时槐：《王时槐集》，上海古籍出版社 2015 年版，第 483 页。
②　王时槐：《王时槐集》，上海古籍出版社 2015 年版，第 540—541 页。
③　王时槐：《王时槐集》，上海古籍出版社 2015 年版，第 538 页。

本体的，实际上他们的心本体是理学家理本体的纯粹经验化，因此他们实际上持有的是"心即理"的心性本体。可是，心性本体如果要能够统合气本体，并且能够解释天地万物，那么他们就需要一个更为基本的本体论——生生本体论。无论是心本体、理本体还是气本体，在中国哲学中的共同特征是生，生不仅贯通于客观事物和知觉意念等存在，而且贯通于天地万物的生成、发展、变化和收藏的活动中。可以说，生生本体是比理本体、气本体和心本体更为基础的本体。所以，明代心学家实际上持有的是生生本体论。

四　生生与活动

如果说生理、生气属于生生与存有的问题，那么以下有关生灭动静的讨论则属于生生与活动的问题，这个问题更体现了生生的纯粹经验特征。生生即是虚寂的非间断的活动。

（一）生生本体论与现象宇宙论及佛教宇宙论

理解生生的世界观或纯粹经验，关键是理解生生的活动。生生的活动不同于日常现象的活动，生生的世界观和日常经验的生灭世界观也不一样，可从所指、时空观和形式三个方面来说明。

生生和生灭的所指有区别。生生是形容宇宙本体，生灭是形容现象。就宇宙本体视域来看，现象整体是生生无穷、生而未生的状态，只有看待局部现象，才有生灭变化。朱子《集注》认为："天地之化，往者过，来者续，无一息之停，乃道体之本然也。"[1] 自道体观之，天地之化是生生不息的状态，而不是生灭起伏。另外，现象变化可以被感知或认识，而生生本体则无法发现其变化的端绪。王时槐说："生生者，非念头起灭之谓也。是吾性之生理，无朕兆可睹，无端绪可执，不睹闻而常显见，亘万古而不息者也。"[2] 又说："思虑知

---

① 朱熹：《四书章句集注》，中华书局 1983 年版，第 113 页。
② 王时槐：《王时槐集》，上海古籍出版社 2015 年版，第 588 页。

识可敛可放，而生理不可得而敛放也。思虑知识有起灭，有明暗，有昼夜生死，而生理则无起灭、明暗、昼夜生死之可言也。"[1] 生生本体无生灭变化，不可被感知和认知，而意念活动则有生灭变化，可以被认识。基于这一点，虽然生生未截然分出现象和本体，而被理学家和心学家以"大化流行"形容，但与柏拉图所谓的现象世界是不一样的，因为现象世界是可以被认识的。因为生生不可感知和认识，故而心学家常用"虚寂无形"来形容之；另一方面，心学家（与理学家）对生生又有"逝者如斯"、"大化流行"的体验；合此二者，生生可谓"于穆不已"的纯粹经验，"于穆"则无声无臭而非有，"不已"则绵延而非无。生生"于穆不已"、非有非无的特征，实质上是说生生既虚寂无形又绵延实存，是既存有既活动既虚寂的本体。这些关于生生的体悟被心学家视为"孔门言生理之密旨"和"千圣心法之秘"[2]。

其次，心学家对生生与生灭的体验也不一样。生生遍满宇宙，对生生的体验超越了时间先后、空间有无、日常经验中的寂感、已发未发等二元对立框架，是一种"独"的状态。王时槐《仰慈肤见》载："生理之前无寂也，生理之后无感也，生理之前无无也，生理之后无有也。生理亦无前也，亦无后也，寂感不二，有无不分，前后无际，故曰'独'。"[3] 王时槐对生生之描述，强调其在空间维度不分寂感动静，时间维度不分先后，存在维度不分有无。凡是寂中生感、无中生有的情形，都属于时间之先后、存在之有无的生。王时槐的"生理之前无无，生理之后无有"，近似张载所谓的"知太虚即气，则无无"，若知太虚即生理或生气或生生，则太虚不是虚无，亦不属有形者。

基于生生无先后、有无的时空特征，生生本体论与西方哲学的宇宙生成论不同，因为后者探讨有先后层次的生成过程，可谓之现象所

---

① 王时槐：《王时槐集》，上海古籍出版社 2015 年版，第 539 页。
② 王时槐：《王时槐集》，上海古籍出版社 2015 年版，第 539 页。
③ 王时槐：《王时槐集》，上海古籍出版社 2015 年版，第 539 页。

以生成的宇宙论，而生生本体论则探讨本根之生发与发用之返本的共时性过程。此过程就其共属生生之体用关系而言，是生生本体论；就其共属同一本体之存在而言，是生生的存在论；就其包含由体发用、由用返体的过程而言，可谓之本体宇宙论。刘宗周认为：

> 《太极图说》言："太极生阴阳，阴阳生五行，五行生成万物，物钟灵有人，人立极有圣，圣合德天地。"似一事事有层节，岂知此理一齐俱到？在天为阴阳，在地为刚柔，在人为仁义，人与物亦复同得此理。①

周敦颐的《太极图说》主张太极、阴阳、五行、万物是一个有时间先后的生成过程，这与西方哲学的宇宙论相近，皆有明显的生发层次。刘宗周认为这四者是一个共时性的生生状态，而不是层层节节的生成过程。易言之，"生成必有一生成者为其始根"，而生生乃是"事事物物存在的基本状态。"② 生生之纯粹经验与生成之日常经验的不同，前者是既存在论即本体论即宇宙论的，而后者只属于现象的宇宙生成论。

不仅如此，心学家还认为儒学是以生生为本体，而佛学主张有未生之前的状态，因此儒佛的宇宙论不同。王时槐《仰慈肤见》载：

> 谈异学者，喜谈父母未生前，言思路绝，为最上乘第一谛，殊不知万古此生理充塞宇宙，彻表彻里，岂离一切，别有未生前可容驻脚？若云即于一切中要悟未生前，乃为见性，亦未免落空有二见，非致一不二之学也。③

---

① 刘宗周：《刘宗周全集》第二册，浙江古籍出版社 2007 年版，第 409 页。
② 张瑞涛：《心体与功夫——刘宗周〈人谱〉哲学思想研究》，人民出版社 2014 年版，第 128 页。
③ 王时槐：《王时槐集》，上海古籍出版社 2015 年版，第 539 页。

佛家常言"未曾生我"之前的"言语道断，心行处灭"的境界，禅宗常说"未生我前谁是我，生我之时我是谁？"探讨我识之前的本然状态是什么，言思路绝的本然状态是什么，这是有时间先后的宇宙论。心学家认为佛教宇宙论属于无中生有、由此生彼的思维方式，有先后、彼此、有无之对待，非致一不二之学。心学家认为，生生不息即本然状态，勉强可以说有体用，而不可以说有前后有无，若一定要追问"生生之上更有无生一着"，则"生生与无生遂成两截，此等蔽说全属盲谈"①，因此儒学的本体论即体用论即宇宙论，这是儒佛宇宙论的分别。

（二）生生、理与气的动静观

生生到底是什么状态的生，或者说生生的运动形式是什么？生生到底有没有现象生灭之形式呢？我们还可以通过比较生生（生理）与理、气的动静观来理解生生本体之活动。以日常经验为基础的哲学观，认为形而上之理是定静的，形而下之气是有动静生灭的。而纯粹经验的哲学观，认为生生无分动静而似有动静，与形而上之理的定静和形而下之气的动静不同亦不异。无论是纯粹经验的哲学观还是日常经验的哲学观，都认为动静只可以形容现象界的形气活动，而生生或形而上之理是无分于动静的。然而生生和理虽无分于动静，却不等于二者动静观一致。理无分于动静，是因为理相对于气而言是普遍恒常的实体，不可以动静来形容，只可以定静来说明，这犹如水性非动，水性非静，流水与潭水才有动静。然而生生作为纯粹经验，无分于动静，是生生不已、生而未生的状态，不是单纯的定静实体或生灭现象，可谓之非动静的连续体。当然，生生兼有"理之静"和"气之动静"的特征。气是或动或静的（现象），理是必静和必动的（性）。气之或动或静不必多说，理之必动必静则需说明。就理为事之所以然依据和所当然之固而言，是普遍必然的一定性，此为理之必

①　王时槐：《王时槐集》，上海古籍出版社2015年版，第374—375页。

静。理之必静指普遍必然性和恒常不变性，不是指时间之不流逝和空间之不位移的特征。但就理的存在而言，理非孤悬隔绝本体，而是有能生能动的特性，此为"理生气"或"太极动而生阳"，理存在于气之活动中，此为朱子所谓的"天理流行"，此能动的特性和依气的存在即理之必动。理之必静是指理的内涵，理之必动是指理的显现存在。理的显现即气的活动，非理之外别有一发用过程，所以理之动实为理之用，非指理如一物而作位移运动。气之或动或静与理之必动必静，构成作为全体大用的生生本体。

生生本体或生生纯粹经验则不可以动静来说明。《传习录》载：

> 侃问："先儒以心之静为体，心之动为用，如何？"先生曰："心不可以动静为体用。动静时也，即体而言用在体，即用而言体在用，是谓体用一源。若说静可以见其体，动可以见其用，却不妨。"[1]

定是本体之性质，动静皆后天经验，可以说以恒常不变者为体，以生灭动静者为用，但不能说"以心之静为体，心之动为用"。静作为现象之暂时不动，其实属于现象的变化状态，不是本体的恒常不变性；动作为现象的活动，不等于本体的显现存在，现象的静和动才构成本体的存在。作为纯粹经验的本心，不可以静动为体用，无分于动静体用又不离动静体用，无分是说生生本然状态，不离是说生生现实状态，可谓本然与现实的连续体。

那么生生纯粹经验的动静观是什么？王阳明《答陆元静书》比较了现象、理和本心的动静观，《传习录》载：

> "未发之中"即良知也，无前后内外而浑然一体者也。有事

---

① 王守仁：《王文成公全书》第一册，中华书局2015年版，第39页。

无事，可以言动静，而良知无分于有事无事也。寂然感通，可以言动静，而良知无分于寂然感通也。动静者所遇之时，心之本体固无分于动静也。理无动者也，动即为欲，循理则虽酬酢万变而未尝动也；从欲则虽槁心一念而未尝静也。动中有静，静中有动，又何疑乎？有事而感通，固可以言动，然而寂然者未尝有增也。无事而寂然，固可以言静，然而感通者未尝有减也。动而无动，静而无静，又何疑乎？无前后内外而浑然一体，则至诚有息之疑，不待解矣。未发在已发之中，而已发之中未尝别有未发者在；已发在未发之中，而未发之中未尝别有已发者存；是未尝无动静，而不可以动静分者也。①

其一，"有事无事，可以言动静"，这是指经验现象有动有静，有生有灭。"良知无分于有事无事"，这是说良知作为纯粹经验是不可以经验现象的动静而言，通常用以描述心之活动的"寂然感通"，其实是有动有静的心理现象，而良知作为纯粹经验是无分于寂然感通的。"动静者所遇之时"，有动有静是用于形容时空中的经验现象，心之本体作为连续体，不等于时空中的动静现象。其二，"理无动者也，动即为欲，循理则虽酬酢万变而未尝动也"，这是指形而上之理是始终不动的定，虽然存在于不同的经验中而本身未尝动；反之，"从欲则虽槁心一念而未尝静也"，有欲之心虽然系心于一念而貌似不动，其实心被欲望牵引而有所动。其三，纯粹经验的本心兼具理气，既超越于日常经验又不离于经验现象，所以是"动中有静，静中有动"的状态。"有事而感通，固可以言动"，本心会表现为经验现象的动，然而"寂然者未尝有增也"，本心虽然呈现为经验现象，但本心之天理始终定静。"无事而寂然，固可以言静，然而感通者未尝有减也"，本心在未感动时候，以经验人看来是静止的寂然的状态，但是本心所

---

① 王守仁：《王文成公全书》第一册，中华书局 2015 年版，第 79 页。

涵的生机是未尝熄灭的。总之，现象中的动静是单纯的有动有静，形而上的理是单纯的恒常定静，而作为纯粹经验的本心是"动而无动，静而无静"的状态。因其显现时会表现为有所动的经验，虽有所动而本心之体并未尝动，故而是动而无动；因其藏密时会表现为静止的经验，此时纯乎天理而定静，但是心之生机时时待发，所以又是静而无静。总之，本心之纯粹经验是超越时空之前后内外的一体状态，是至诚无息的生而无生的状态。

王阳明《答陆元静书》接着集中阐发了生生之理的动静观。《传习录》载：

> 太极生生之理，妙用无息，而常体不易。太极之生生，即阴阳之生生。就其生生之中，指其妙用无息者而谓之动，谓之阳之生，非谓动而后生阳也。就其生生之中，指其常体不易者而谓之静，谓之阴之生，非谓静而从生阴也。若果静而后生阴，动而后生阴，则是阴阳动静截然各自为一物矣。阴阳一气也，一气屈伸而为阴阳；动静一理也，一理隐显而为动静。春夏可以为阳为动，而未尝无阴与静也；秋冬可以为阴为静，而未尝无阳与动也。春夏此不息，秋冬此不息，皆可谓之阳、谓之动也；春夏此常体，秋冬此常体，皆可谓之阴、谓之静也。自元会运世岁月日时，以至刻杪忽微，莫不皆然，所谓动静无端，阴阳无始，在知道者默而识之，非可以言语穷也。[①]

此则比较了"恒动、恒静"与经验中的动静。生理的生生之意不是单纯的生起之动，而是既表现为经验现象的动静不息（恒动），又内涵常体不易的理（恒静），总体是动而无动的状态。"恒动"与"恒静"都是生生的一体两面，"恒动"是阳之生，是气的状态；"恒静"

---

① 王守仁：《王文成公全书》第一册，中华书局 2015 年版，第 79 页。

是阴之生，是理的性质。生生兼具理气，所以是恒动恒静的，这种关系正如"有无"是道的一体两面。"恒动"不与"静止"相对，而与"不易"相对。有动有静其实是恒动不止的表现，如果没有静就无所谓动，所以"恒动"必然是恒常的动静变易。恒动的是发用之气，而不易的是常体之理。"妙用不息之动是阳之生，非动而生阳；常体不易之静是阴之生，非静而生阴。"这是说，无论是恒动之妙用，还是恒静之定体，都是生理之生生的状态，而不是常识经验中"动而生阳，静而生阴"的有所生。经验现象中的有所生必然会生出异质的存在，而阳之生和阴之生只是生理的一体两面，只是生生之易的屈伸往来，所以不是"动而生阳，静而生阴"的有所生。局限于现象中，则阴阳动静是不同的现象；而在生理中，阴阳动静是一物的屈伸往来，恒动恒静是生生兼具理气的表现，非截然为二物。如果以此眼光来观察现象，则春夏秋冬皆恒动不息，皆可谓之阳之动（恒动）；春夏秋冬皆常体不易，皆可谓之阴之静（恒静）。这就动静无端，阴阳无始的状态。

王时槐阐发了生生的运动形式。他认为生生的运动形式就是往来屈伸、生而无生的"易"。以道观之，生生中的现象变化，既非生灭不断，也非静止不动，而是往来屈伸的形式。张载以屈伸往来描述气的运动，心学家以屈伸往来描述意念视听等心的活动。那么屈伸往来又是什么样的运动形式呢？心学家多用太极的"动极而静，静极而动"来形容之。王时槐说：

> 太极者，性也。动而生阳，才动即属气矣。动之一字，乃天地万物之所从出也。动极而静，静极而动，一呼一吸，一屈一伸，息息如是，无始无终，无少间断，所谓生生之易也。[1]

---

① 王时槐：《王时槐集》，上海古籍出版社 2015 年版，第 486 页。

生生之易即太极之动，是动极而静，静极而动的无始终、无间断的状态。易的屈伸往来和与事物的生灭变化貌似都有静有动，但屈伸往来是"一"的活动，而生灭是不同事物之间的变化活动，或者说，生生是本体的屈伸往来，而生灭是二物的相互转化。若知生生是本体的往来屈伸，则可谓谓之知易，知易则知死生之说，死生皆自性之屈伸，而不是由此物变为彼物，或由此世界进入彼世界。形神之辨不足以论生死之说。形神有生灭，固然为论气不论性；而神不灭论也不等于承认生生本体，神魂亦是精气往来，因此神不灭论亦是论气不论性。但若只看到性理恒在，而不顾精气游魂，亦是论性不论气。但若说形有生有灭，性则不生不灭而恒在，此亦属于理气二分的看法，其实无论形神生灭还是性理恒在，皆属于生生本体之存在。

王时槐又总结了生生的含义，并比较了三家之生生。《答陈蒙山年丈》载：

> 易者，变易也。此体常运谓之生，运而无迹谓之无生。无生即真生，真生之运甚微，无变易之迹，而实涵变易之真机，故名之曰"易"也。孔子言"生生之谓易"，"一阴一阳之谓道"，至明切矣。若指其呈露遍满而言，则自一息、一念、一举动、一语默、一刻、一时、一日、一月、一年、一纪，以至元会运世之始终，皆生生也，皆变易也。故举"易"之一字，而道无余蕴亦。此理不但吾圣人为然，虽二氏亦然。佛氏曰："一切法不生，我说刹那义。初生即有灭，不为愚者说。"老氏曰："天地之间，其犹橐龠乎！虚而不屈，动而愈出。"皆与"生生之易"言异而旨同也。[1]

这里对生生作出总结。首先，生生本体的生是真生，一方面生的动力

---

① 王时槐：《王时槐集》，上海古籍出版社 2015 年版，第 383 页。

是自生而非源自他生，"中涵变易之真机"；另一方面虽自生而始终保持自性不变，即"无变易之迹"。生的实质是"此体常运而又运而无迹"，所以是"生而无生"的状态。生的形式是易之屈伸往来，可谓之"生生之易"，屈伸往来的形式是道体自身一阴一阳的运动，而不是两物的变化，表现为一息、一念、一举动、一语默、一刻、一时、一日、一月、一年、一纪的屈伸往来。在生生之易的屈伸往来、生而无生的意义上，三家相通，儒家谓之"生生之易"，佛家曰："一切法不生，我说刹那义"，老子曰："天地之间，其犹橐籥乎！"都是形容生而无生的真相。据此，我们也可以理解生生的世界观，非从无中生有，非从有中断灭于无，而是万古常生，生生不息，生而无生。常识所谓的生产、生出，是一种从无产生有的形式，而从易来看，生生本体形式上是幽明屈伸的，实质上是生生不息的连续体。

（三）存在论的生和宇宙论的生

生生之生具有两种意义。一是中涵屈伸之机，生而无生，生生不已，这是存在论上的虚而生、生而虚的状态。二是本体能化生万物，这是宇宙论意义上的生。前者是本虚而生，后者是本实而生。生生本无虚实，虚实皆因从后天经验观照而得出。虚寂与太极是本体之终极性，若非此虚实两方面的终极性，则生生容易与日常经验中的生灭现象相混同。

（1）宇宙论的生。生生（生理）能生万物，这近似日常哲学的本原观。这一维度的生有渐次，由纯粹经验到日常经验的过渡必从一个起点开始。《传习录》载：

> 仁是造化生生不息之理，虽弥漫周遍，无处不是，然其流行发生，亦只有个渐，所以生生不息。如冬至一阳生，必自一阳生，而后渐渐至于六阳，若无一阳之生，岂有六阳？阴亦然。惟其渐，所以便有个发端处；惟其有个发端处，所以生；惟其生，所以不息。譬之木，其始抽芽，便是木之生意发端处；抽芽然后

发干，发干然后生枝生叶，然后是生生不息。若无芽，何以有干
有枝叶？能抽芽，必是下面有个根在。有根方生，无根便死。无
根何从抽芽？父子兄弟之爱，便是人心生意发端处，如木之抽
芽。自此而仁民，而爱物，便是发干生枝生叶。墨氏兼爱无差
等，将自家父子兄弟与途人一般看，便自没了发端处；不抽芽便
知得他无根，便不是生生不息，安得谓之仁？孝弟为仁之本，却
是仁理从里面发生出来。①

从整体而言，仁之生理周遍宇宙，从发生而言，生理之流行必有渐次
和发端。一阳是四时之发端，发芽是木之生意的发端，亲爱是人心生
意的发端，孝悌是仁理的发端。王阳明举经验世界的现象证明生理之
流行必有渐次和发端。

王畿认为良知是从本然状态到日常经验的起点。《龙南山居会
语》载："一念灵明从浑沌立根基，专而直，翕而辟，从此生天生
地，生人生万物，是谓大广生，生生而未尝息也。"② 良知灵明的具
有静专动直、静翕动辟的状态，所以能生化一切后天经验，并且良知
本身是生生不息的。

王时槐以知体和意根为日常经验化生之本原，《三益轩会
语》载：

　　夫乾，静专动直，吾心之知体，寂然一也，故曰静专。知发
为照，有直达而无委屈，故曰动直。夫坤，静翕动辟，吾心之意
根，凝然定也，故曰静翕。意发为念，则开张而成变化，故曰动
辟。知包罗宇宙，以统体言故曰大。意裁成万物，以应用言故
曰广。③

①　王守仁：《王文成公全书》第一册，中华书局 2015 年版，第 32 页。
②　王畿：《王畿集》，凤凰出版社 2007 年版，第 167 页。
③　王时槐：《王时槐集》，上海古籍出版社 2015 年版，第 505—506 页。

王时槐将王畿所谓的良知作用作了分化，静专动直是乾知（良知）的作用，静翕动辟是坤元（意根）的作用。此二者的发用能相互作用。良知本身是寂然无思无为的明觉，知的发用为直觉和直观，知觉和反映从来都是直接而无委屈的作用。意是本生本止、生而无生的凝定状态，意的发用为意向和分别，意向和分别从来都是向外敞开而作思量谋划作用的。知是一切经验的统觉，将感触和反思所获得的经验统一直观为经验整体（统体）；意是一切经验的主宰，将直观的整体经验作出进一步的分别、推理和判断（裁成变化）。总之，二者的相互作用才能生发出一切后天经验。

当然，生生本体之生天地万物，不是气本论意义上的由基质而构成万物，与其说这种生是母子关系，不如说生生本体是一切生化现象的场域，万物与生生是鱼水关系。如前文在"发窍的本体宇宙论"中指出的，未发是浑然整体的宇宙本体，发窍时是宇宙完整地呈现，化生时也是宇宙完整地存在。因此，生生宇宙论中，理气无先后，太极与万物亦无先后，生生宇宙论就是生生本体论。《三益轩会语》载：

> 太极者，性也。动而生阳，才动即属气矣。动之一字，乃天地万物之所从出也。动极而静，静极而动，一呼一吸，一屈一伸，息息如是，无始无终，无少间断，所谓生生之易也。未有太极而不生者，亦非先有太极而后有生，故理气更无先后，但谓理为气根则可耳。①

太极之生包含两个方面：自太极与万物的关系而言，动乃是万物所化生的根本动力，动而生阳、五行、万物，这是宇宙论的生化过程。自太极之全体而言，太极是动而无动、无始无终的状态，这是太极的存

---

① 王时槐：《王时槐集》，上海古籍出版社 2015 年版，第 486 页。

在状态。动而无动指太极虽有屈伸动静的状态，而其本身无生灭成毁；无始无终是指太极虽有所动，但无由此生彼的间断状态。太极之动乃万物化生之动力因，此为太极之必生。万物之动静皆属于太极之生，非先有太极而后生，可以说理气无先后。因此，太极之生包含宇宙论和存在论两个方面，前者有先后，后者无先后。

（2）本体论或存在论的生。生生（生理）之存在是生而虚、虚而生的状态。刘文敏以虚为宗，虚为心之本体。《明儒学案》载：

> "嘿坐澄心，反观内照，庶几外好日少，知慧日着，生理亦生生不已，所谓集义也。"又言："吾心之体。本止本寂，参之以意念，饰之以道理，侑之以闻见，遂以感通为心之体，而不知吾心虽千酬万应，纷纭变化之无已，而其体本自常止常寂。彼以静病云者，似涉静景，非为物不贰、生物不测之体之静也。"凡此所言，与双江相视莫逆，故人谓双江得先生而不伤孤另者，非虚言也。然先生谓："吾性本自常生，本自常止。往来起伏，非常生也，专寂凝固，非常止也。生而不逐，是谓常止；止而不住，是谓常生。主宰即流行之主宰，流行即主宰之流行。"其于师门之旨，未必尽同于双江，盖双江以未发属性，已发属情，先生则以喜怒哀乐情也，情之得其正者性也。①

刘文敏所发挥生理之内涵，重在生生不已、本生本止的特征，而非日常经验之生灭起伏。生而不放逐，是生中有止；止而不滞留，是止中常生。此说能沟通理气、主宰与流行、本体与作用，实为王时槐之思想资源。刘文敏虽与聂豹相视莫逆，但聂豹严分已发未发，性与情、生与未生似有间隔。而刘文敏主本生本止，则性与情不贰，情之正即性。《明儒学案》载："知体本虚，虚乃生生，虚者天地万物之原

---

① 黄宗羲：《明儒学案》卷十九，中华书局2008年版，第430页。

也。"① 从本体的角度而言，本虚而生和本太极而生具有异曲同工之妙，都是强调从终极依据发生万物。从发用的角度而言，本虚而生和太极而生稍微不同，本虚而生更强调的是生的虚寂本质，太极而生更强调的是生的终极本原。而从纯粹经验本身而言，虚寂而生和太极而生都表达了生生（生理）的生而无生、自性常在的状态。

刘文敏所阐发的生生（生理）内涵为门人王时槐的思想来源。王时槐《潜思札记》载：

> 性能生天、生地、生万物，而空寂自若也。天地有成毁，万物有生灭，而空寂固自若也。此空寂之性，弥宇宙，贯古今，无一处不遍，无一物不具，无一息不然；无边际，无方所，无始终；常为天地万物之根柢，而了无声臭，不可睹闻，以其不可得而名，故强名之曰未发而已。②

这是说，生理（性）虽然能化生宇宙万物，但是其本身始终保持着虚而生、生而虚的状态，其生万物并非以消灭自身为代价的由此生彼。以燃烧自己、转化自身为代价的生是经验世界的成毁与生灭，而生理（性）则始终是自持未发。不仅宇宙本体如此，本心也是常生常寂的，《三益轩会语》载："本心常生常寂，不可以有无言，强而名之曰几，几者微也，言其无声臭而非断灭也。"③ 本心是常生常寂的几微状态，常寂而无声臭，故非有；常生而非断灭，故非无。

与其说王时槐"虚而生"和"寂而感"的生生哲学是对江右归寂派与浙中流行派的调整折中，不如说是"本体无体，以用为体"思想的自然结论，"虚而生"就是本体涵摄发用表现和体用一源的本质要求。换言之，与其说王时槐的生生本体是对阳明后学两种偏颇本

---

① 黄宗羲：《明儒学案》卷十九，中华书局 2008 年版，第 430 页。
② 王时槐：《王时槐集》，上海古籍出版社 2015 年版，第 517 页。
③ 王时槐：《王时槐集》，上海古籍出版社 2015 年版，第 511 页。

体观的调整，毋宁说是阳明学本体观的发展。虚寂和太极都是第一本体的基本特征。但儒家所论之虚寂非绝对虚无、顽空，而是本虚而生。虚寂有两种意义，从体而言，虚所以能立体；从用而言，虚而生所以能发用。性体本虚，是以无为本；虚而生，是以无为用。王畿深明此理，《水西精舍会语》载："有生于无，故曰，有之以为利，无之以为用。"[①]《白鹿洞续讲义》又载："心性虚无，千圣之学脉也。譬之日月之照临，万变纷纷而实虚也，万象呈露而实无也。不虚，则无以周流而适变；不无，则无以致寂而通感。不虚不无，则无以入微而成德。"[②] 此二者说明，可以从"以无为本"的角度论本体是本虚本寂的，也可以从"以无为用"的角度论本体是虚寂而生生的。

（四）生理之充塞：广生和大生

生理（生生）是最普遍的存在，无论是理学家还是心学家都认可一切事物都有生理，理学家所谓的生理是事物生生不息的性理，心学家所谓的生理则偏重于本心所体验的纯粹经验。生理体现为生意或生机，生意是宇宙事物的生生倾向或状态，生机是宇宙万物的内在生发动力。但是客观主义哲学家在生理和生机（生意）方面出现分裂，这以朱子为代表，而经验主义哲学家则在生理和生意（生机）方面则持有一致性观点，以心学家为代表。这种区别体现在两方面。

首先从具体视角和整体视角来看这种差别。朱子基于具体事物的视角，认为即便是枯槁事物也有生理，但不是所有的事物都有生意。《朱子语类》载：

> 问："枯槁之物亦有性，是如何？"曰："是他合下有此理，故云天下无性外之物。"因行街，云："阶砖便有砖之理。"因坐，云："竹椅便有竹椅之理。枯槁之物，谓之无生意，则可；

---

① 王畿：《王畿集》，凤凰出版社 2007 年版，第 64 页。
② 王畿：《王畿集》，凤凰出版社 2007 年版，第 47 页。

谓之无生理，则不可。如朽木无所用。止可付之爨灶，是无生意矣。然烧甚么木，则是甚么气，亦各不同，这是理元如此。"①

纯叟言："枇杷具四时之气：秋结菩蕾，冬花，春实，夏熟。才熟后，又结菩蕾。"先生顾谓德明曰："如此看去。"意谓生理循环也。②

朱子认为既然天下无性外之物，那么一切事物包括枯槁事物也有性理，所以生理贯通一切存在。朱子所谓的生理，是事物所禀受的性理，或者说理气按照一定规则而在事物中形成的性理。一切事物包括阶石朽木都有性理，但只有那些能够展开为如春生夏长秋收冬藏那样生理循环的事物才有生意，而朽木等枯槁事物不能进行生理循环则没有生意。朱子的思想停留在个体事物维度，将事物分为有生意和无生意两类，而不能从宇宙整体角度看待万事万物都是一气的循环，所以在他那里，生理和生意出现断裂。

心学家则不然，他们从宇宙整体维度将生理和生意统一，认为一切事物既有生理，也有生意。王阳明说"草木瓦石皆有良知"，就是说天地万物皆是一气之贯通。③王时槐不言生理循环，而是说生理充塞，认为一切事物都有心之生理的贯通，一切作用都是心之生理的充塞。《仰慈肤见》载：

即一身而言，目之视，耳之听，口之尝，四肢之动，心之思，一生理之充塞，以为视、为听、为嗅、为尝、为思也。即宇宙而言，天之覆，地之载，日月之明，草木之萌，鸟兽之育，一生理之充塞，以为覆、为载、为明、为萌、为育也。此理非动非静而常动常静，非体非用而即体即用，故曰"其为物不二，则

---

① 黎靖德：《朱子语类》卷四，中华书局1986年版，第61页。
② 黎靖德：《朱子语类》卷四，中华书局1986年版，第62页。
③ 参见前文第六章"气之灵窍"部分。

其生物不测"，若分动静，歧体用，则不识生理真面目，是二见矣。①

朱子说枯槁之物无生意，因其无法体现生理循环，而草木人类有生意，是因为可以体现生理循环。朱子所谓的生理循环是理气按照一定法则的运动，只体现在有生命的事物上。与此不同，王时槐不言"生理循环"，而言"生理充塞"。无论有生命的还是无生命的事物都是生理之充塞。即一人而言，耳目口鼻心之视听言动思等是生理之充塞；即宇宙而言，天地日月草木鸟兽之覆、载、明、萌生、孕育等，皆是生理之充塞。生理之充塞如同佛家常言的"作用见性"，一切存在事物的运动皆可视为本体的发用。生理兼有理之恒定和经验之恒动（有动有静）的纯粹经验，总体上是常动常静、动而非动、生而无生的。

其次从客观主义维度和主观主义维度来看这种差别。朱子基于客观主义维度，认为朽木等枯槁事物就是没有生意。而心学家从主观体验的维度，认为一切事物都是心之生生经验的展现，所以生理能充塞宇宙。王时槐《仰慈肤见》载：

> 心体廓然无际，乾也；意从中发，坤也。乾坤法象，人人具足，不特人耳，鸟兽昆虫皆然。邵子所谓"一物其来有一身，一身还有一乾坤"是已。惟乾大生，坤广生，总之一生理之充塞流贯，非有二也。②

生理之充塞流贯表现为两种生，广生和大生，也就是心的生生之动力和能生之场域。王时槐借鉴乾坤阴阳合德之说，一物有一太极，则一

① 王时槐：《王时槐集》，上海古籍出版社 2015 年版，第 538 页。
② 王时槐：《王时槐集》，上海古籍出版社 2015 年版，第 544 页。

物有一身，一身有一阴阳和乾坤。乾坤比喻心之良知和意根。良知是本心之明觉，能明照而使心体敞开为无边际的场域，而能使一切意识念虑于其中发生而成为经验，又能统贯其中的意识念虑为一个心之整体，所以良知的功能是明而廓然无际，照而形成表象而成为知觉的基础，又通过统觉而使心成为一觉醒的整体。良知的功能被称为"大生"，意思是能囊括一切生生的场域和能力。意是本心之生机，良知之明敞开场域，而意之生机则从中发生，从而形成种种具体的意识念虑等精神现象。因其能够不断衍生和扩展，所以意的功能是"广生"。总之，广生和大生都是生理之充塞，是生理化生一切经验事物和精神现象的两种基本功能。

心学家从主观体验的维度，认为心之生理内涵不可遏制的生机，因此从心而显的事物也体现了相应特征。王时槐《西原会规十七条》载：

孟子曰："苟能充之，足以保四海；苟不充之，不足以事父母。"程子曰："充拓得去，则天地变化草木蕃；充拓不去，则天地闭，贤人隐。"甚矣，此心之生理可充而不可遏也。[①]

这是说，生理充盈一切存在，对于生理只可顺其生机去扩充拓展，而不可遏制。朱子的生理是客观事物的性理，所以朱子认为枯槁事物无生意。而王时槐的生理是通过本心之生机来体验到的纯粹经验，所以王时槐认为一切存在，包括天地、草木和人心都有生机而可以充拓。

（五）生生与不动心

以常识而论，生生是一种动微的状态，而心性学的一个要旨在于不动心，这似乎自相矛盾。心之定是心之本体的在任何情境中都能"集义"，使心之活动"合理"、"合义"，而不是心在任何情境中都

---

① 王时槐：《王时槐集》，上海古籍出版社 2015 年版，第 588—589 页。

保持静止不动。心之动是心在后天经验中的活动。生生兼具心之本体的"定"和心之现象的"动",是动而未动的状态。生生之纯粹经验的特征,如"生而无生"、"动而无动"、"静而无静"等,虽然从一方面指从气质维度上描述自然现象从无到有、从有化无的精微运动,包含现象的有无两种转化状态,如《易》所谓"天地氤氲",庄子所谓"野马以息相吹",张载所谓"中涵浮沉、升降、动静"的太和,但实质上,"生而未生"并不是在经验和现象层面说一个事物既在生成又没有在生成,如赫拉克利特所谓的"既在又不在",心学家主要是以这些精微现象来比喻生生纯粹经验的体用、理气等多维度的紧密纠缠状态。王阳明对此作了区分,《传习录》载:

> 先生曰:"孟子不动心,告子不动心,所异只在毫厘间。告子只在不动心上着功,孟子便直从此心原不动处分晓。心之本体原是不动的,只为所行有不合义,便动了。孟子不论心之动与不动,只是集义,所行无不是义,此心自然无可动处。若告子只要此心不动,便是把捉此心,将他生生不息之根反阻挠了。"①

阳明比较了孟子的不动心和告子的不动心,告子的不动心是将心执定为一个死板之物,是在经验现象层面让心执持不动。孟子的不动心是指心之本体不动,心之本体不动则本体常在,那么无论心在经验现象层面之动静都无妨于心之本体,则心之动与不动都是集义。按照阳明的解释,只要心之本体原本不动,无论是动心还是不动心的现象都不妨碍集义,这也是程子"动亦定,静亦定"的意思。心学家多认为本心之生生不是生灭不断的意念活动,而是常生常寂的状态。本心常生是说本心常含生机而非枯寂死板的存在,本心常寂是说本心虽然中涵生机而感应无穷,但无对象化的分别意识和攀执意向,所以实

---

① 王守仁:《王文成公全书》第一册,中华书局 2015 年版,第 132 页。

际上并无所生。常生是从发用现象层面说本心是恒动的，即王阳明所谓"就其生生之中，指其妙用无息者而谓之动，谓之阳之生"①。常寂是说心之本体原本寂然不动，即阳明所谓"就其生生之中，指其常体不易者而谓之静，谓之阴之生"②。常生与常寂是生生的一体两面，并非存在两个心（一个寂的心和一个生的心）。所以，本心之生生与不动心并不冲突。《三益轩会语》载：

> 本心寂然不动，非强制使之不动也，本自不动，虽欲动之而不可得也。惟其亘古而不动，故能为万有之根也。日用云为，变化千状，而不动者自若也。学者不悟此体，乃欲槁心灰念以求不动，其为动也甚矣。③

王时槐认为，如果从经验层面"槁心灰念以求不动"，其实也是人为之妄动，寂然不动的是心之本体，即能生万物且能为万物依据的性理。不动心是指心之本体不动，不是在现象层面使用克制功夫使心不动，若如此则心无妙用不息之发用，从而丧失生机而成为死板枯寂的存在。心之现象是千变万化的，心之性理在千变万化中恒定自若，那么不动心实质上是兼有变动的心之现象与恒定的心之本体，可谓动而无动、常动常静的。生生本体就是此心常生常寂、动而无动的本然状态，与不动心并不冲突。

---

① 王守仁：《王文成公全书》第一册，中华书局 2015 年版，第 79 页。
② 王守仁：《王文成公全书》第一册，中华书局 2015 年版，第 79 页。
③ 王时槐：《王时槐集》，上海古籍出版社 2015 年版，第 486 页。

参考文献

(按首字母顺序)

一 古籍部分

般剌密谛，房融编译：《大佛顶首楞严经》，上海佛学书局 1995 年版。

程颢，程颐：《二程集》，中华书局 2004 年版。

陈献章：《陈献章集》，中华书局 1987 年版。

耿定向：《耿天台先生文集》，万历二十六年刘元卿刻本。

冯从吾：《少墟集》，文渊阁四库全书本。

方以智撰，张昭炜编：《一贯问答》，九州出版社 2015 年版。

高攀龙：《高子遗书》，文渊阁四库全书本。

郭庆藩：《庄子集释》，中华书局 1961 年版。

顾宪成：《顾端文公遗书》，文渊阁四库全书本。

顾允成：《小辨斋偶存》，文渊阁四库全书本。

管志道：《问辩牍》，北京图书馆出版社 1998 年版。

郝敬：《论语详解》，明九部经解本。

黄宗羲：《明儒学案》，中华书局 2008 年版。

黄宗羲：《黄宗羲全集》，浙江古籍出版社 1986 年版。

胡直：《衡庐精舍藏稿》，文渊阁四库全书本。

胡煦：《周易函书别集》，文渊阁四库全书本。

胡煦：《周易函书约注》，文渊阁四库全书本。

惠士奇：《惠氏易说》，文渊阁四库全书。

季本：《说理会编》，天津古籍出版社 2017 年版。

纪昀等：《四库全书总目提要》，中华书局 2016 年版。

静筠二禅师编：《祖堂集》，上海古籍出版社 2011 年版。

李衡：《周易义海撮要》，文渊阁四库全书本。

刘宗周述，黄宗羲撰：《孟子师说》，文渊阁四库全书本。

刘宗周：《刘宗周全集》，浙江古籍出版社 2007 年版。

刘元卿：《刘聘君全集》，四库存目丛书本。

罗钦顺：《困知记》，中华书局 1990 年版。

罗洪先著，徐儒宗编校：《罗洪先集》，凤凰出版社 2007 年版。

罗汝芳著，方祖猷等校：《罗汝芳集》，凤凰出版社 2007 年版。

陆陇其：《三鱼堂剩言》，文渊阁四库全书本。

马鸣撰，真谛译，高振农校释：《大乘起信论》，中华书局 2016 年版。

欧阳德著，陈永革编校：《欧阳德集》，凤凰出版社 2007 年版。

钱一本：《像象管见》，文渊阁四库全书本。

钱一本：《像抄》，明万历刻本。

邵雍：《邵雍集》，中华书局 2010 年版。

沈德符撰，杨万里校：《万历野获编》，上海古籍出版社 2012 年版。

沈懋孝：《长水先生文钞》，明万历刻本。

孙奇逢：《孙夏峰全集》，清大梁书院刻本。

孙希旦：《礼记集解》，中华书局 1989 年版。

唐鹤征：《宪世编》，明万历四二年纯白斋刻本。

王弼撰，韩康伯注，孔颖达疏：《周易注疏》，清嘉庆二十年南昌府学重刊宋本十三经注疏本。

王弼撰，韩康伯注，孔颖达疏：《周易正义》，北京大学出版社1999年版。

王守仁著，吴光、钱明等编校：《王阳明全集》，上海古籍出版社2015年版。

王守仁著，王晓昕、赵平略点校：《王文成公全书》，中华书局2015年版。

王畿：《龙溪王先生全集》，《四库存目丛书》集部第九八，明万历十五年萧良榦刻本。

王畿撰，吴震编校：《王畿集》，凤凰出版社2007年版。

王艮：《王心斋全集》，江苏教育出版社2001年版。

王时槐著，钱明、程海霞编校：《王时槐集》，上海古籍出版社2015年版。

王夫之：《船山全书》，岳麓书社1996年版。

徐爱，钱德洪，董沄：《徐爱钱德洪董沄集》，凤凰出版社2007年版。

阎若璩：《尚书古文疏证》，上海古籍出版社2010年版。

袁宏道：《瓶花斋集》，时代图书公司1934年版。

袁中道：《珂雪斋前集》，上海古籍出版社1989年版。

杨简：《杨氏易传》，民国四明丛书本。

杨简：《杨氏易传》，江户写本（旧藏者）昌平坂学问所。

杨简：《先圣大训》，明万历刻本。

杨简：《慈湖诗传》，文渊阁四库全书本。

杨简：《慈湖遗书》，文渊阁四库全书本。

湛若水：《圣学格物通》，明资政堂重刻刊本（哈佛大学古籍藏本）。

查铎：《查先生阐道集》，清光绪十六年泾川查氏济阳家塾刻本。

张载：《张载集》，中华书局1978年版。

张廷玉：《明史·儒林传》，中华书局1974年版。

张志聪：《黄帝内经集注》，浙江古籍出版社 2002 年版。

周敦颐：《周敦颐集》，中华书局 2015 年版。

周汝登：《王门宗旨》，明万历刻本。

邹守益著，董平编校：《邹守益集》，凤凰出版社 2007 年版。

邹元标：《南皋邹先生会语合编》，四库存目丛书本。

朱熹撰，黎靖德编：《朱子语类》，中华书局 1981 年版。

朱熹：《四书章句集注》，中华书局 1983 年版。

朱熹：《朱子全书》，上海古籍出版社 2002 年版。

二　今人论著

蔡仁厚：《王阳明哲学》，台北三民书局 1992 年版。

蔡仁厚：《王学流衍》，人民出版社 2006 年版。

蔡仁厚：《孔子的生命境界：儒学的反思与开展》，台北学生书局 1998 年版。

蔡仁厚：《宋明理学·北宋篇》，台北学生书局 1977 年版。

蔡仁厚：《宋明理学·南宋篇》，台北学生书局 1980 年版。

蔡仁厚：《新儒家的精神方向》，台北学生书局 1982 年版。

陈荣捷：《王阳明与禅》，台北学生书局 1984 年版。

陈荣捷：《王阳明传习录详注详评》，台北学生书局 1984 年版。

陈来：《有无之境——王阳明哲学的精神》，人民出版社 1991 年版。

陈来：《宋明理学》，辽宁教育出版社 1992 年版。

陈来：《朱子哲学研究》，华东师范大学出版社 2000 年版。

陈来：《中国宋元明哲学史》，香港公开大学 1999 年版。

陈来：《中国近世思想史研究》，商务印书馆 2003 年版。

陈来：《从思想世界到历史世界》，北京大学出版社 2015 年版。

陈鼓应：《老子注译及评价》，中华书局 1984 年版。

陈安仁：《明代学术思想》，商务印书馆 1940 年版。

陈永革：《阳明学派与晚明佛教》，中国人民大学出版社 2009 年版。

杜维明：《人性与自我修养》，中国和平出版社 1988 年版。

邓艾民：《传习录注疏》，法言出版社 2000 年版。

方祖猷：《王畿评传》，南京大学出版社 2002 年版。

何建、尹晓宁：《刘宗周与蕺山学派》，中国人民大学出版社 2009 年版。

黄信二：《王阳明致良知方法论之研究》，花木兰出版社 2011 年版。

侯外庐：《宋明理学史》，人民出版社 1987 年版。

侯洁之：《晚明王学由心转性的本体诠释》，台湾政大出版社 2012 年版。

嵇文甫：《左派王学》，上海开明书店 1934 年版。

嵇文甫：《晚明思想史论》，东方出版社 2013 年版。

李泽厚：《李泽厚对话集·中国哲学登场》，中华书局 2014 年版。

李明辉：《儒家与康德》，台北联经出版事业有限公司 1990 年版。

梁启超：《中国近三百年学术史》，天津古籍出版社 2003 年版。

林月惠：《良知学的转折——聂双江与罗念庵思想研究》，台湾大学出版中心 2005 年版。

柳存仁：《和风堂文集》，上海古籍出版社 1991 年版。

吕思勉：《理学纲要》，东方出版社 1996 年版。

吕澂：《中国佛学源流略讲》，中华书局 1979 年版。

吕妙芬：《阳明学士人社群》，新星出版社 2006 年版。

麦仲贵：《明清儒学家著述生卒年表》，台湾学生书局 1977 年版。

麦仲贵：《王门诸子致良知学之发展》，香港中文大学出版社

1973 年版。

牟宗三：《心体与性体》，上海古籍出版社 1999 年版。

牟宗三：《从陆象山到刘蕺山》，台北联经出版事业有限公司 2003 年版。

牟宗三：《圆善论》，台北联经出版事业有限公司 2003 年。

牟宗三：《宋明儒学的问题与发展》，华东师范大学出版社 2004 年版。

彭国翔：《良知学的展开》，生活·读书·新知三联书店 2005 年版。

彭国翔：《近世儒学史的辨正与钩沉》，中华书局 2015 年版。

钱穆：《宋明理学概述》，九州出版社 2010 年版。

钱穆：《中国学术思想史论丛》，安徽教育出版社 2007 年版。

钱穆：《中国学术思想史论丛》，东大图书有限公司 1977 年版。

钱穆：《中国近三百年学术史》，商务印书馆 2013 年版。

钱明：《王阳明及其学派论考》，人民出版社 2009 年版。

钱明：《阳明学的形成与发展》，江苏古籍出版社 2002 年版。

钱明：《浙中王学研究》，中国人民大学出版社 2009 年版。

容肇祖：《明代思想史》，台北开明书店 1962 年版。

唐君毅：《中国哲学原论·原教篇》，台湾学生书局 1991 年版。

汤用彤：《魏晋玄学论稿》，上海古籍出版社 2001 年版。

王汎森：《晚明清初思想十论》，复旦大学出版社 2004 年版。

吴震：《阳明后学研究》，上海人民出版社 2003 年版。

吴震：《聂豹罗洪先评传》，南京大学出版社 2003 年版。

吴震：《明代知识界讲学活动系年》，学林出版社 2003 年版。

吴震：《传习录精读》，复旦大学出版社 2012 年版。

吴光：《阳明学综论》，中国人民大学出版社 2009 年版。

吴雁南：《心学与中国社会》，中央民族学院出版社 1994 年版。

于化民：《明晚期理学的对峙与合流》，台北文津出版社 1988

年版。

徐儒宗：《江右王学通论》，中国人民大学出版社 2009 年版。

杨儒宾、祝平次编：《儒学的气论与功夫论》，华东师范大学出版社 2008 年版。

杨国荣：《王学通论——从王阳明到熊十力》，华东师范大学出版社 2003 年版。

杨国荣：《心学之思：王阳明哲学的阐释》，中国人民大学出版社 2009 年版。

余英时：《中国思想传统的现代诠释》，江苏人民出版社 1992 年版。

章太炎：《章太炎国学讲义》，海潮出版社 2007 年版。

章太炎：《章太炎全集》，上海人民出版社 1985 年版。

张君劢：《新儒家思想史》，人民大学出版社 2006 年版。

张岱年：《张岱年全集》，河北人民出版社 1996 年版。

张学智：《明代哲学史》，中国人民大学出版社 2012 年版。

张学智：《中国儒学史》明代卷，北京大学出版社 2011 年版。

张卫红：《罗念菴的生命历程与思想世界》，生活·读书·新知三联书店 2009 年版。

郑晓江：《江右思想家研究》，中国社会科学出版社 2003 年版。

赵俪生：《学海暮骋》，新华出版社 1992 年版。

赵园：《制度·言论·心态——明清士大夫研究续编》，北京大学出版社 2014 年版。

朱谦之：《日本的古学及阳明学》，上海人民出版社 1962 年版。

朱永嘉：《明代政治制度的源流与得失》，中国长安出版社 2015 年版。

左东岭：《王学与中晚明士人心态》，人民文学出版社 2000 年版。

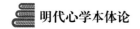

三 译著或外文文献

St. Anselm, "Proslogion", in Complete Philosophical and Theological Treatises of Anselm of Canterbury.

北京大学哲学系外国哲学史教研室编译：《古希腊罗马哲学》，生活·读书·新知三联书店 1957 年版。

［美］杜威：《经验与自然》，商务印书馆 2015 年版。

［瑞士］耿宁：《心的现象——耿宁心性现象学研究文集》，商务印书馆 2012 年版。

［瑞士］耿宁：《人生第一等事——王阳明及其后学论"致良知"》，商务印书馆 2014 年版。

［日］冈田武彦：《王阳明与明末儒学》，重庆出版集团 2000 年版。

［日］冈田武彦：《王阳明与明末儒学》，上海古籍出版社 2000 年版。

［美］霍尔特：《新实在论》，商务印书馆 2012 年版。

［日］荒木见悟：《明末清初的思想与佛教》，上海古籍出版社 2010 年版。

［德］海德格尔：《面向思的事情》，陈小文、孙周兴译，商务印书馆 1996 年版。

［德］康德：《纯粹理性批判》，商务印书馆 1960 年版。

［日］小野和子：《明季党社考》，上海古籍出版社 2013 年版。

［日］西田几多郎：《善的研究》，商务印书馆 1997 年版。

［美］詹姆士：《宗教经验种种》，华夏出版社 2000 年版。

四 论文

陈来：《王阳明的万物一体思想》，《中共宁波市委党校学报》

2019 年第 2 期。

陈立胜：《良知之为"造化的精灵"：王阳明思想中的气的面向》，《社会科学》2018 年第 8 期。

苟东锋：《"生生"与"名名"——论中国哲学的"底本"》，《哲学分析》2022 年第 6 期。

倪良康：《东西方哲学思维中的现象学、本体论与形而上学》，《哲学研究》2016 年第 8 期。

屠承先：《阳明学派的本体功夫论》，《中国社会科学》1990 年第 6 期。

屠承先：《明末清初本体功夫论的融合与终结》，《哲学研究》2001 年第 5 期。

吴增定：《胡塞尔现象学中的本原问题》，《世界哲学》2017 年第 3 期。

郑开：《中国哲学语境中的本体论与形而上学》，《哲学研究》2018 年第 1 期。

后　　记

　　本书是基于我的博士论文的前半部分而成。我的博士论文题目是《一性开二门：王时槐心性论研究》，共计 42 万字。论文已解决和庶几解决的问题包括：（1）以心性现象学视域研究明代心学家王时槐的思想，提炼出王时槐心性论的体系：一性开二门，即由性体的两种基本性质开显为本心的两种基本状态：良知明觉和意根生机，展现出王时槐对中晚明阳明学的继承、调适和转向，并开出心性哲学新方向的贡献。（2）以"意根坎陷"和"良知直照"来说明道德意识和认知意识的产生，指出在王时槐那里，"识心之执"并非"良知坎陷"所导致，良知从来不会坎陷自身，知意的共同作用为本心的分裂和识心的形成提供了可能。据此认为王时槐"一性开二门"的理论比牟宗三"良知坎陷"说能更清楚地说明识心的产生。但作者并未否定牟宗三"良知坎陷"的问题，只是为牟宗三的问题提出新的解决路径，或者说以明代心学家本有的思想资源将牟宗三的解决路径细化。（3）通过阐释"本心"之纯粹经验，将道德意识的自明起点推向更深一层，指出笛卡尔的"我思"并未到达意识的第一前提和自明起点，康德只解决了认知意识下知识的基础和形式，情感现象学仅停留在日常经验的情感现象分析上，牟宗三的"智的直觉"和胡塞尔的"本质直观"只是本心的部分特征，提出本心之纯粹经验是意识的原初自明起点。

　　作者本来是想完成一篇全面系统的关于王时槐哲学思想的论文，包含心性论（本体论）、功夫论、道德哲学、学派调适与三教融合、理论创新与思想影响等，但是在探讨心性论时激发了对中国哲学本体问题的思考，总论心学本体论的第一章就超过 10 万字，于是便改论文题目为"王时槐心性论研究"，可以说王时槐的思想还有可继续深入研究的空间。学界相关领域专家对论文的学术价值和写作特点皆有积极评价，认为理论富有创造性、论述深入细密、视野开阔等。虽然专家们的评价多集中在论述王时槐思想的部分，但论文中关于明代心学本体论的部分撑起了对王时槐心性论的研究，也是作者耗费一定心血写出的。

　　作者自博士毕业再次进入高校工作已逾五载，对论文的相关论题及内容逐渐淡忘。忽一日思惟，在这个"不发表就出局"的时代，与其让此文沉寂不发，还不如拿来出版。最初准备将论文全文出版，但限于出版篇幅和出版费用，便只选取论文中的明代心学本体论部分修改出版。此次修改，除了增加了第六章"本体宇宙论"、丰富了第七章"生生本体论和心性现象学"的纯粹经验部分之外，其余皆沿用论文原文，只对一些具体表述和注释作了修正。

　　本书的出版，一方面要感谢陈来先生在我攻读博士学位期间对论文的指导，以及他在 2022 年年底因防疫政策放开而受到波及后仍然坚持以古稀之年在康复之际为我作序的关怀之举，对此我深为不安且十分感激。第二要感谢碧泉书院·哲学与历史文化学院对我出版著作的支持，学院的出版资助弥补了我出版经费的不足。第三要感谢中国社会科学出版社的编审宋燕鹏先生的支持，他的工作保证了本书的顺利出版。

　　本书的内容只代表作者在本体论问题上的阶段性思考，作者仍然怀着开放的心态，随时汲取一切可资利用的营养，包括各种积极建议和批评意见，以推动相关论题研究向深入、广大、细致、创新等方面发展。希望本书的出版，能够为学界相关论题的研究做出一点微薄贡献，也希望读者能积极批评指正，共同推动学术和思想的进步。

周丰堇

2023 年 3 月 28 日